I0047881

ŒUVRES COMPLÈTES

DU CHANCELIER

D'AGUESSEAU.

SE TROUVENT AUSSI

CHEZ L'ÉDITEUR, RUE CHRISTINE, N.° 3, A PARIS;

ET CHEZ LES PRINCIPAUX LIBRAIRES DE FRANCE ET DE L'ÉTRANGER.

DE L'IMPRIMERIE DE I. JACOB, A VERSAILLES.

OEUVRES COMPLÈTES

DU CHANCELIER

D'AGUESSEAU.

NOUVELLE ÉDITION,

AUGMENTÉE DE PIÈCES ÉCHAPPÉES AUX PREMIERS ÉDITEURS,
ET D'UN DISCOURS PRÉLIMINAIRE

PAR M. PARDESSUS,

PROFESSEUR A LA FACULTÉ DE DROIT DE PARIS.

TOME QUATRIÈME,

CONTENANT TREIZE PLAIDOYERS.

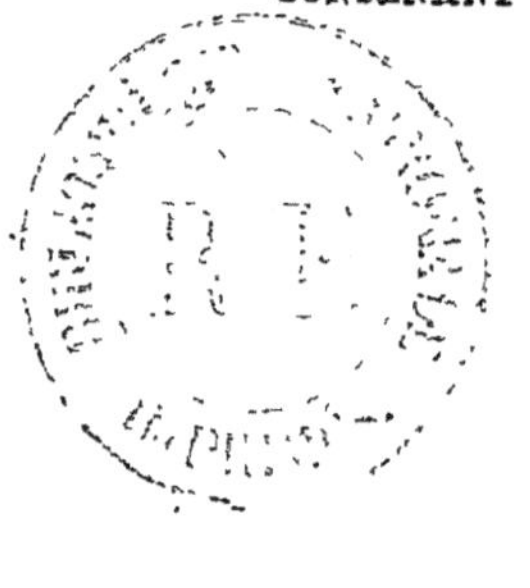

PARIS,

FANTIN ET COMPAGNIE, LIBRAIRES,
QUAI MALAQUAI, N.° 3.

H. NICOLLE, A LA LIBRAIRIE STÉRÉOTYPE,
RUE DE SEINE, N.° 12.

DE PELAFOL, RUE DES GRANDS-AUGUSTINS, N.° 21.

M. DCCC. XIX.

TITRES

DES DIFFÉRENS OUVRAGES

CONTENUS DANS LE TOME QUATRIÈME.

PLAIDOYERS.

FIN DES TITRES DU TOME QUATRIÈME.

ŒUVRES DE D'AGUESSEAU.

TRENTE-HUITIÈME PLAIDOYER.

PRONONCÉ EN DEUX AUDIENCES, LA DERNIÈRE DU 13 AVRIL 1696.

Dans la cause de M. le duc DE LUXEMBOURG et des autres ducs et pairs laïcs.

Il s'agissoit de plusieurs questions concernant la nature des pairies, 1.° Si ceux dont les pairies sont antérieures ou postérieures à une érection en pairie, peuvent être admis à former une demande pour faire déclarer qu'elle est éteinte.

2.° *Si la dignité de pair est masculine, et si les filles et les petites-filles peuvent la transmettre à leurs maris ou à leurs descendans.*

3.° *Si des lettres dans lesquelles le roi approuvoit un contrat de mariage contenant une cession de droits ainsi transmis, étant conçues et expédiées dans les termes et la forme nécessaire pour une nouvelle érection, faisoient revivre l'ancienne, ou ne devoient avoir effet que du jour qu'elles avoient été enregistrées.*

4.° *Si l'interprétation qui avoit été donnée à ces lettres par d'autres lettres postérieures, à l'enregistrement desquelles il y avoit eu opposition, pouvoit empêcher de regarder les premières comme un titre suffisant en faveur du fils de celui à qui elles avoient été accordées.*

PREMIÈRE AUDIENCE.

L'IMPORTANCE de la cause que vous avez à décider égale la dignité des parties qui en attendent le jugement. Il ne s'agit plus aujourd'hui d'une simple question de rang et de préséance.

Vous n'avez point à décider si l'une des parties précédera toutes les autres, comme plus ancien pair, mais s'il sera reçu en la cour comme pair.

Autrefois on lui contestoit les priviléges et les prérogatives de cette qualité, aujourd'hui on lui conteste la qualité même. On abandonne les conséquences pour s'attacher au principe; et, sans examiner quel devroit être son rang si la pairie subsistoit, on soutient que la pairie est éteinte, et que le grand homme qui l'avoit fait revivre par les lettres de 1661, l'a fait rentrer, par celles de 1676, dans le néant dont il l'avoit lui-même tirée.

Telle est la condition inégale, et la loi rigoureuse du combat qui se passe à vos yeux, que les uns ne hasardent qu'une diminution peu considérable de leur dignité, au lieu que celui qu'ils attaquent, expose sa dignité même.

Il s'engage dans une dispute dont l'un et l'autre événement, également extrême pour lui, peut le combler de bonheur ou de malheur.

Si la victoire peut l'élever en un moment au second rang entre les pairs de France, la défaite peut le priver même de la consolation d'être le dernier dans un ordre dont il a voulu être le second.

Jusqu'ici, dans l'attente d'un événement dont les effets seroient si différens, le public n'a envisagé que les parties; il a comparé leurs droits, leurs raisons, leur faveur. Ses vœux et ses suffrages ont été également balancés. Mais aujourd'hui il cesse de considérer les parties pour attacher tous ses regards sur la cour des pairs, seul juge d'un si illustre différend : il attend avec impatience l'arrêt que vous devez prononcer, et par lequel vous déciderez des prérogatives et de la dignité de tous les pairs de France, et vous affermirez en même temps les principes solides de cette portion importante du droit public qui est remise entre vos mains.

Le duché de Piney, érigé en 1576 et 1581 pour

la maison de Luxembourg, possédé ensuite par la maison d'Albert, transmis enfin dans celle de Montmorency, est la matière de cette grande cause.

C'est dans les lettres d'érection même, c'est dans les divers changemens qui sont arrivés dans la personne des possesseurs de ce duché, que toutes les parties prétendent également trouver le fondement solide de leurs prétentions.

Ainsi, Messieurs, souffrez que, pour vous expliquer le véritable état de cette contestation, nous nous attachions scrupuleusement à vous retracer les motifs et les principales dispositions des cinq différentes lettres, que nos rois ont successivement accordées aux possesseurs de la seigneurie de Piney.

Suivons ce duché, s'il est permis de s'expliquer ainsi, dès le premier moment de sa naissance; tâchons d'en observer les progrès, et voyons enfin dans quel temps on prétend en marquer la décadence et la fin.

La maison de Luxembourg, grande dans son origine, presque aussi ancienne que la monarchie française, après avoir donné des empereurs à l'Allemagne, et des reines à la France; après avoir vu son sang uni plusieurs fois par une longue suite d'alliances glorieuses, à celui de toutes les têtes couronnées, voyoit toutes ses espérances réunies dans la personne de François de Luxembourg, qui ne conservoit presque plus que l'éclat d'un nom illustre, et le triste souvenir d'une grandeur qui n'étoit plus, lorsque le roi Henri III voulut réparer l'injure de la fortune, en l'élevant aux premières dignités de l'état.

Ce fut dans cette vue, et par ces motifs expliqués dans les lettres de l'année 1576, que le roi érigea la terre de Piney en duché.

Les termes de l'érection sont si importans pour la décision de cette cause, que quoiqu'ils aient été lus plusieurs fois dans votre audience, nous croyons néanmoins qu'il est de notre devoir de vous les répéter ici dans leur entier :

« *Avons érigé et érigeons lesdites terres à notredit*
« *cousin, ses successeurs et ayans cause, tant mâles*
« *que femelles, en titre, nom, dignité, prééminence*
« *et autorité de duché, mouvant de notre*
« *couronne, et ressortissant ledit duché directement,*
« *et sans aucun moyen, par privilége spécial en*
« *notre cour de parlement à Paris* ».

Ainsi, en même temps que l'on élève la terre à la dignité de duché, on lui attribue par avance les droits de pairie en lui accordant le ressort immédiat en la cour.

Le roi ajoute ensuite ces termes remarquables, qui expliquent encore plus clairement tous les sujets qui sont compris dans la grâce du prince, et destinés à jouir du fruit de ses bienfaits.

« *Pour dudit duché de Piney jouir par notredit*
« *cousin, ses successeurs et ayans cause, tant mâles,*
« *que femelles, en quelque degré que ce soit perpétuellement* ».

Enfin, parce que cette grâce, si générale, si étendue, si indéfinie, résistoit à deux sortes de lois, savoir : à l'usage du royaume, qui rendoit les femmes incapables de succéder aux duchés, et à l'ordonnance de 1566, qui prononçoit expressément la réunion de tous les duchés à la couronne après la mort du dernier mâle : le roi, usant de toute la plénitude de sa puissance pour relever l'éclat de la maison de Luxembourg, déroge formellement à l'une et à l'autre de ces lois : il déclare qu'il veut que sa grâce soit exécutée *nonobstant que les femmes n'aient accoutumé de succéder en duché en telle qualité;* et il ajoute une clause dérogatoire à l'édit de 1566, dont nous ne pouvons encore nous dispenser de rapporter ici les propres termes :

« *Sans que, par le moyen de cette notredite pré-*
« *sente érection, ni notre édit de 1566, ou autres*

« *sur l'érection des terres et seigneuries en titre de* « *duchés, marquisats, ou comtés, on puisse pré-* « *tendre ledit duché être uni ni incorporé à notre* « *couronne, auquel notredit édit et autres, attendu* « *les causes et occasions si spéciales et particu-* « *lières qui nous meuvent d'honorer notredit cousin* « *et sa postérité du titre de duc, nous avons dérogé* « *pour le regard de notredit cousin, ses fils, ou* « *filles, ou ceux de sesdits enfans qui viendront* « *d'eux en loyal mariage, soit mâles ou femelles,* « *et semblablement pour ses autres héritiers ou* « *ayans cause* ».

Vous observez, MESSSIEURS, la différence qui se trouve entre la clause par laquelle le roi appelle au titre de duc, François de Luxembourg et ses successeurs, et celle par laquelle il déroge à l'édit de 1566.

Dans l'une, on se sert du terme de ses *successeurs et ayans cause, tant mâles que femelles.*

Dans l'autre, après avoir dérogé à la loi de la réunion des duchés au domaine de la couronne en faveur des descendans mâles et femelles de François de Luxembourg, on ajoute d'abord que cette dérogation aura lieu en faveur de ceux *qui viendront d'eux*, et l'on ajoute ensuite que l'on déroge *semblablement à cette loi pour ses autres héritiers ou ayans cause*, termes qui ne peuvent s'appliquer qu'aux collatéraux.

Ainsi le titre de duc n'est conféré qu'aux descendans de François de Luxembourg; mais la propriété du duché est conservée même à ses héritiers collatéraux.

Telles sont les clauses des lettres d'érection de Piney en duché, clauses que la cour trouva si contraires à l'édit de 1566, que, pour marquer son attachement inviolable aux volontés générales du roi, écrites dans ses ordonnances, elle déclara qu'elle ne pouvoit procéder à l'enregistrement des lettres accordées à François de Luxembourg qu'aux charges et conditions portées par l'édit de 1566.

Elle ordonna même qu'il seroit fait de très-humbles remontrances au roi sur les conséquences de cette érection.

Mais enfin le roi voulut exempter François de Luxembourg de la rigueur de ses ordonnances ; et la cour, ayant appris ses intentions par de secondes lettres, elle se conforma à cette loi particulière qui dérogeoit à la loi générale, et elle ordonna que les lettres seroient enregistrées, pour jouir par ledit de Luxembourg de l'effet et contenu en icelles, *sans tirer à conséquence.*

Après avoir obtenu une grâce si étendue, il ne manquoit à François de Luxembourg que le nom et la fonction de pair de France ; et c'est ce que le roi lui accorda en l'année 1581, par des lettres encore plus importantes pour la décision de cette cause que celles que nous venons d'expliquer, puisque la nature de la pairie est beaucoup plus incertaine que celle du duché.

Si nous considérons ces lettres en elles-mêmes, nous y trouverons d'abord les mêmes motifs qui ont servi de fondement à l'érection de Piney en duché.

L'ancienneté, la grandeur, les hautes dignités de la maison de Luxembourg, les services importans que François de Luxembourg et ses prédécesseurs avoient rendus à la couronne ; enfin l'état présent où se trouvoit réduit François de Luxembourg, déchu de l'élévation de ses pères, et privé de ces mêmes honneurs que ses ancêtres avoient distribués si libéralement à leurs sujets, pendant qu'ils étoient assis sur le trône de l'empire.

Toutes ces raisons déterminent le roi à joindre la qualité de pair à celle de duc, qu'il avoit déjà donnée à François de Luxembourg.

Les termes de cette érection ne sont pas moins considérables que ceux de la création du duché.

Nous avons créé et érigé ledit duché de Piney en titre, nom, qualité et dignité de pair de France, pour nôtredit cousin, ses hoirs et successeurs, mâles et femelles et ayans cause. Voulons et nous plaît que doresnavant notredit cousin, ses hoirs et successeurs, et ayans cause; mâles et femelles, se puissent intituler, dire et nommer et tous lieux et actes, ducs de Piney, pairs de France, et que cette qualité de pair de France, soit inséparablement unie à la qualité et dignité de duc, et que ledit duché de Piney, ses appartenances et dépendances, par accumulation, soit doresnavant, et à toujours, intitulé duché-pairie de France, pour, du contenu en ces présentes, jouir par notredit cousin, ses hoirs, successeurs et ayans cause, avec tous les honneurs, priviléges, prérogatives qui appartiennent aux autres duchés-pairies de France.

Après avoir ainsi créé et érigé la pairie en faveur de François de Luxembourg et de ses descendans, le roi déroge expressément à tous édits et ordonnances contraires, et particulièrement aux lois qui prononcent la réunion des duchés à la couronne, au défaut de mâles.

Si, après avoir examiné ces lettres en elles-mêmes, nous les comparons avec celles qui contiennent l'érection de Piney en duché, nous croyons qu'il n'est pas inutile d'y observer quelques différences considérables.

La première regarde l'érection de la terre en titre de duché dans l'une, et de pairie dans l'autre.

La seconde concerne la dérogation aux édits et aux ordonnances, aux mœurs et aux usages du royaume.

Dans l'érection de duché, après avoir appelé tous les successeurs mâles et femelles au duché de Piney, on ajoute ces termes importans : *En quelque degré que ce soit, et perpétuellement.*

Ces mêmes termes ne se trouvent point dans la création de la pairie; le roi se contente d'y appeler les successeurs, tant mâles que femelles, et ayans cause, sans ajouter *en quelque degré que ce soit, et perpétuellement.*

Dans la dérogation aux lois du royaume, si nous

consultons les lettres d'érection du duché, nous y trouverons cette clause considérable: *Nonobstant que les femmes n'aient accoutumé de succéder en duché de telle qualité.*

La même clause n'est point répétée dans la dérogation que l'on a insérée dans la création de la pairie.

Enfin, la dérogation à l'édit de 1566 est faite dans les lettres de l'érection du duché pour tous les héritiers, même pour les collatéraux; et dans les lettres de la création de la pairie, on ne trouve qu'une dérogation générale, sans marquer qu'elle est faite en faveur même des héritiers collatéraux.

Quelque importantes que paroissent ces différences, on prétend qu'elles ne peuvent être d'aucune considération, si l'on observe que, par les dernières lettres, la qualité de pair est inséparablement unie à celle de duc, que le titre de pairie est confondu avec celui de duché, et que, par conséquent, les prérogatives accordées au duché ont été communiquées de plein droit à la pairie, qui n'a plus fait avec le duché qu'un seul corps de fief et de seigneurie.

Nous examinerons dans la suite quelle induction on peut tirer des différences qui se trouvent entre le duché et la pairie de Piney; contentons-nous de les observer à présent, et voyons quelle a été l'exécution de ces dernières lettres.

François de Luxembourg les présenta à la cour; elles y furent enregistrées sans aucune contradiction. Il y prêta le serment, et l'on vous a fait remarquer que l'on trouve dans son serment les termes de *conseiller de la cour de céans*, ajoutés à ceux de pair de France.

Il est mort en possession paisible des honneurs et des prérogatives attachés à cette qualité : il n'a laissé que deux enfans, Henri de Luxembourg, qui fut duc et pair après lui; Marguerite de Luxembourg, qui épousa M. le duc de Tresmes; et c'est de son chef que M. le duc de Gesvres prétend avoir une espérance éloignée de succéder un jour à la pairie de Piney.

Henri de Luxembourg, privé de la consolation de laisser après lui des héritiers mâles du nom et de la maison de Luxembourg, voulut au moins en faire subsister l'ombre et l'image dans la personne des maris de ses filles : il ordonna par son testament que ceux qui les épouseroient seroient tenus de prendre le nom et les armes de Luxembourg. Il ajouta même qu'en cas qu'il plût à Dieu d'affliger sa maison jusqu'au point de priver ses filles d'enfans mâles, il vouloit que les filles aînées de ses filles ne pussent se marier que sous la même condition; c'est-à-dire, qu'il veut que leurs maris passent, comme ceux de ses filles, dans la maison de Luxembourg, par cette espèce de fiction que la vanité des hommes a rendue si ordinaire.

Après avoir fait ces dispositions, il mourut en 1614, laissant deux filles, Charlotte et Liesse de Luxembourg.

Liesse est entrée dans la maison de Ventadour, mais elle est morte sans enfans.

Ainsi tous les biens de la maison de Luxembourg se sont enfin réunis dans la personne de Charlotte.

Elle épousa, en 1620, Léon d'Albert, seigneur de Brantes, frère de M. le connétable de Luynes.

Par le contrat de mariage, il se soumet à la loi du testament de Henri de Luxembourg : il prend le nom et les armes de la maison dans laquelle il entre; et, pour jouir de tous les priviléges attachés à ce nom, il obtient en même temps de nouvelles lettres du roi, afin d'être reçu duc et pair, comme possesseur de la seigneurie de Piney.

Le roi rappelle dans l'exposé de ces lettres les érections du duché et de la pairie, les clauses favorables aux filles, la condition portée par le testament de Henri de Luxembourg ; il ajoute que les lois générales du royaume et les coutumes particulières des lieux où la terre de Piney est située, s'accordent parfaitement avec cette loi domestique de la maison de Luxembourg, et que l'une et l'autre donnent également le duché de Piney à Charlotte de Luxembourg.

Enfin, le roi marque expressément, dans le préambule de ces lettres, que, par le mariage de Charlotte de Luxembourg avec Léon d'Albert, le duché-pairie de Piney lui appartient, comme ayant cause de sa femme, suivant les lettres d'érection; et par toutes ces raisons, il ordonne à la cour de recevoir le serment de Léon d'Albert, et de le faire jouir des honneurs, priviléges et prérogatives attachés à la dignité de pairie de France.

Ces lettres furent enregistrées le 8 février 1621 sans aucune opposition; Léon d'Albert prêta le serment, et fut reçu dans la cour des pairs.

Il se présenta bientôt après une occasion éclatante d'exercer la fonction à laquelle il venoit d'être admis.

Ce fut le lit-de-justice de 1621, où d'un côté on soutient que Léon d'Albert conserva le rang de l'ancienne érection; et l'on prétend de l'autre, que les rangs furent confondus par l'adresse du connétable de Luynes, qui ne put ni souffrir que son frère eût le dernier rang dans cette cérémonie, ni entreprendre de lui faire donner le second.

Nous examinerons dans la suite lequel de ces deux faits est le plus raisonnable.

Léon d'Albert a joui sans aucun trouble de la qualité de duc et pair. Il a laissé en mourant deux enfans, un fils et une fille.

Henri-Léon d'Albert, qui a depuis embrassé l'état ecclésiastique, interdit ensuite par le jugement de sa famille, et qui est encore vivant.

Marie d'Albert, connue dans le monde sous le nom de la princesse de Tingri, mais engagée par des vœux dans la profession religieuse.

Après la mort de Léon d'Albert, Charlotte de Luxembourg, sa veuve, épousa en secondes noces Henri de Clermont-Tonnerre; et c'est de ce mariage qu'est issue Charlotte-Bonne-Thérèse de Clermont de Luxembourg, qui a porté le duché de Piney dans la maison de Montmorency.

Quelque opposition qui règne entre les parties par rapport à ces faits, elles reconnoissent néanmoins également que jamais Henri de Clermont n'a pris la qualité de pair de France, qu'il ne s'est point présenté en la cour pour être reçu en cette dignité; et qu'il paroît même que dans le temps du mariage de M. le maréchal de Luxembourg, il n'étoit point en possession des honneurs attachés à ce titre, puisque le roi ne l'honore point de la qualité de son cousin.

Par quel secret motif Henri de Clermont eut-il la modération de ne point aspirer à la dignité éminente de pair de France? Est-ce parce qu'il la croyoit éteinte, ou parce qu'il étoit persuadé qu'elle vivoit encore en la personne de Henri-Léon d'Albert? Ou dira-t-on que Charlotte de Luxembourg ne voulut point souffrir qu'il prît une qualité qui, ne pouvant être divisée, devoit plutôt appartenir aux enfans du premier lit qu'à son second mari? Voulut-elle enfin se réserver la liberté du choix? C'est ce qui peut paroître assez obscur dans cette cause.

Quoiqu'il en soit, il semble que ce titre ne soit demeuré en suspens entre ceux qui pouvoient le prétendre, que pour réunir ensuite tous leurs droits en la personne de feu M. le maréchal de Luxembourg, et c'est ce qui fut exécuté par son contrat de mariage avec Charlotte-Bonne-Thérèse de Clermont de Luxembourg.

Nous ne nous arrêterons point à relever en cet endroit plusieurs circonstances qui vous ont été expliquées, et qui nous paroissent peu dignes d'entrer dans une cause où tout est également noble et important.

Attachons-nous à vous expliquer exactement les principales dispositions du contrat de mariage, et des lettres qui le confirment.

Nous avons observé que trois sortes de personnes pouvoient aspirer à la qualité de duc de Piney.

Charlotte de Luxembourg, fille de François, qui

sembloit y être expressément appelée par les lettres d'érection.

Henri de Clermont-Tonnerre, qui pouvoit alléguer en sa faveur les droits sacrés du mariage, et l'exemple récent de Léon d'Albert, mort en possession de la dignité de pair de France.

Et enfin, Henri-Léon d'Albert, fils du premier lit, fondé sur les priviléges de la masculinité, sur les prérogatives du droit d'aînesse, sur le testament de Henri de Luxembourg; en un mot, sur cette espèce de substitution favorable que la loi publique et particulière avoient introduite en sa faveur.

Mais sans examiner lequel de ces droits devoit être le plus fort, tous trois y renoncèrent expressément, et ne parurent les faire valoir que pour en revêtir plus solennellement M. et Madame de Luxembourg.

Il n'est pas inutile d'observer ici quel étoit alors l'état de Henri-Léon d'Albert. Engagé dans la profession ecclésiastique, et même dans les ordres sacrés, il parle et il agit comme un homme libre, pleinement majeur, maître de lui-même; cependant on prétend qu'il avoit été interdit long-temps auparavant, et que si l'on fit lever l'interdiction pour le mettre en état de signer ce contrat de mariage, on ne lui accorda qu'une liberté passagère, et presque momentanée, qui lui fut ôtée peu de temps après, par une seconde interdiction qui a toujours subsisté jusqu'à présent.

Telle étoit la situation de Henri d'Albert dans le temps de ce mariage.

Toutes les parties prétendent également en tirer avantage, comme nous l'expliquerons dans la suite. Il suffit à présent de remarquer que ce fut dans ces circonstances que Henri d'Albert fit en tant que besoin seroit, du consentement de Charlotte de Luxembourg sa mère, une démission en abandonnement pur et simple du duché de Piney, avec le titre de duc et pair de France, en faveur de la demoiselle de Clermont, sa sœur, et de M. le maréchal de Luxembourg.

La première condition de toutes ces démissions, fut que M. le maréchal de Luxembourg, qui dans ce temps-là portoit le nom de comte de Boutteville, joindroit le nom et les armes de Luxembourg au nom et aux armes de Montmorency; et s'il est vrai que par cette clause, le grand nom de Montmorency reçut encore, s'il est possible, un nouveau degré d'honneur et de dignité, en s'unissant à celui de Luxembourg, on peut dire aussi que celui de Luxembourg ne rougit point de se voir joint à celui de Montmorency.

La seconde condition de cet abandonnement, fut la clause de réversion du duché de Piney, en cas que M. et Madame de Luxembourg vinssent à mourir sans enfans.

On prévoit avec soin tous les événemens que l'on pouvoit appréhender.

Si Madame de Luxembourg meurt la première, l'usufruit du duché-pairie de Piney (c'est ainsi qu'on le qualifie) doit appartenir à M. de Luxembourg pendant toute sa vie.

Après sa mort, le duché doit retourner au comte de Clermont, à Charlotte de Luxembourg, sa femme, et au frère de Madame de Luxembourg.

Enfin, à leur défaut, la pleine propriété du duché de Piney doit, aux termes du contrat de mariage, appartenir à M. le duc de Gesvres, comme petit-fils de François de Luxembourg, et à ses descendans mâles et femelles.

La libéralité du comte de Tonnerre et de Charlotte de Luxembourg ne se renferma pas dans les bornes du duché de Piney; ils firent une donation universelle de tous leurs autres biens à Madame de Luxembourg, mais en même temps ils la chargèrent de payer toutes leurs dettes; et ce fut après toutes ces donations que l'on ajouta ces termes importans, dont on prétend tirer de si grands avantages contre M. de Luxembourg, *et attendu les grandes sommes que le sieur comte de Bouteville a données auxdits sieur et dame père et mère*, (termes équivoques qu'on ne sait si l'on doit appliquer ou à la terre de Piney, ou à ces autres biens que l'on donnoit à Madame de Luxembourg).

Voilà, Messieurs, quelles sont les principales clauses du contrat de mariage.

Quoiqu'il fût honoré de la signature du roi, on crut qu'il étoit nécessaire de le faire confirmer d'une manière encore plus solennelle, par des lettres patentes du mois de mars 1661.

Tout est important dans ces lettres, la forme, les dispositions; tout y est également essentiel à la décision de cette cause.

Dans la forme, on y reconnoît d'abord l'extérieur et l'apparence d'une nouvelle érection.

Ces lettres sont données en forme de chartes. On y lit ces mots dans le préambule, *A TOUS PRÉSENS ET A VENIR.*

On n'y marque point le jour du mois dans lequel elles ont été expédiées; elles sont scellées en cire verte; et sur le fondement de ces trois caractères différens, l'on a soutenu pendant long-temps, de la part de Messieurs les ducs et pairs, que ces lettres devoient être considérées comme une grâce nouvelle plutôt que comme une simple confirmation.

Si l'on passe de l'extérieur, et, pour ainsi dire, de l'écorce à la substance de l'acte, on y remarque d'abord que M. de Luxembourg n'y est point encore honoré par le roi de la qualité de son cousin, et qu'il n'y est appelé que le comte de Boutteville.

On y lit ensuite les termes de *grâce spéciale*, de *pleine puissance, et autorité royale.*

Et enfin on y trouve cette clause qui contient tout le dispositif de ces lettres.

Nous confirmons, approuvons et ratifions ledit contrat de mariage, ensemble lesdites démissions, cessions et consentemens; et en outre, de nos mêmes grâces et autorités que dessus, *avons déclaré, voulons et nous plaît qu'à* l'avenir *ledit sieur comte de Boutteville soit appelé du nom de Montmorency-Luxembourg, et qu'il porte au blason de ses armes celles de la maison de Luxembourg, pleines ou écartelées de Montmorency et de Luxembourg : lesquels noms et armes avons transférés en sa personne, pour jouir dudit duché de Piney et pairie de France, par ledit sieur comte de Boutteville, ses hoirs mâles et femelles qui naîtront en loyal mariage, tout ainsi qu'ont fait lesdits François et Henri de Luxembourg, et Léon d'Albert, dernier décédé et dernier reçu en notre cour de parlement.*

Le roi confirme ensuite toutes les autres clauses portées par le contrat de mariage, l'usufruit de la pairie réservé à M. de Luxembourg, en cas qu'il survive à Madame sa femme, le droit de retour stipulé en faveur de Charlotte de Luxembourg; de Henri de Clermont, et du frère de Madame de Luxembourg, et enfin au profit de Messieurs de Gesvres.

Et après toutes ces confirmations, le roi ajoute une dernière disposition générale, par laquelle il veut que, tant ledit comte de Boutteville et ses enfans mâles et femelles, issus dudit mariage, qu'à leur défaut M. le duc de Gesvres et ses descendans, jouissent dudit duché et pairie, aux honneurs, dignités, prérogatives, rangs et prééminences généralement quelconques, en toute justice et juridiction, en vertu de ladite érection dudit duché et pairie de Piney, tout ainsi qu'en ont joui ceux de la maison de Luxembourg, et que font les autres ducs et pairs de France.

Il semble d'abord que ces derniers termes décident la question du rang, qui a été agitée entre les mêmes parties, et qui est encore pendante en la cour, puisque l'on y confirme M. de Luxembourg dans la possession de tous les rangs et honneurs attachés à la pairie, en vertu de l'ancienne érection.

Mais on prétend, de la part de Messieurs les ducs et pairs, que cette objection est détruite par les termes qui suivent : *Comme font les autres ducs et pairs de France;* termes importans, d'où l'on conclut qu'il ne s'agit pas en cet endroit du rang que M. de Luxembourg doit garder avec les autres pairs de France, mais simplement du rang et de la séance en général; ou, si l'on peut s'exprimer ainsi, du rang absolu qui appartient à tout pair de France.

Ces lettres ayant été expédiées, M. de Luxembourg trouva d'abord un premier obstacle qui paroissoit s'opposer invinciblement à son élévation.

Quelque étendue que fût la grâce que le roi lui avoit accordée, elle paroissoit néanmoins n'avoir point d'autre fondement que la propriété du duché de Piney, qui sembloit être acquise à M. de Luxembourg par le consentement de toutes les parties intéressées, dont son contrat de mariage contenoit l'approbation et la signature.

Cependant rien n'étoit moins assuré que cette propriété. Les sieurs Beon du Massey prétendoient faire revivre une ancienne substitution de la maison de Luxembourg, qui comprenoit une partie des terres érigées en duché : la conséquence de cette éviction pouvoit non-seulement donner atteinte à la propriété de M. de Luxembourg, mais attaquer même les lettres d'érection dans leur principe, puisque par la rigueur de l'ordonnance de Blois, toutes les érections de duchés et de pairies dans lesquelles on avoit dissimulé au roi les substitutions dont les terres étoient chargées, devoient être déclarées nulles.

Non-seulement cette prétention étoit considérable, elle étoit même apparente, ou, pour mieux dire, entièrement autorisée par un arrêt du parlement de Toulouse qui déclaroit la substitution ouverte en faveur du sieur du Massey, descendu par des femmes de la maison de Luxembourg.

Ainsi les lettres que M. de Luxembourg avoit obtenues, lui auroient été inutiles, si par une seconde grâce le roi ne l'eût mis en état de pouvoir jouir de la première.

Il ordonna, par un arrêt rendu en sa présence, que sur la cassation de l'arrêt du parlement de Toulouse, les parties procéderoient au conseil, et cependant que M. de Luxembourg seroit incessamment reçu dans la dignité de pair de France.

A peine ce premier obstacle fut-il levé, qu'il en survint un autre de la part de Messieurs les ducs et pairs, dont les pairies avoient été érigées depuis 1581 jusqu'en 1661.

Ils formèrent une opposition indéfinie à la réception de M. de Luxembourg, mais ils la limitèrent ensuite au seul rang qu'ils lui contestoient.

Les sieurs du Massey intervinrent aussi en la cour, afin que l'arrêt qui seroit rendu ne pût faire aucun préjudice aux droits de propriété qu'ils prétendoient.

La cause fut plaidée pendant près de trois mois, et enfin la cour, par son arrêt du 20 mai 1662, ordonna que sans s'arrêter aux oppositions, et sans préjudice des droits des sieurs du Massey pour raison de la propriété du duché, il seroit incessamment procédé à la réception de M. de Luxembourg; et, sur la demande de Messieurs les ducs et pairs opposans pour la préséance, elle appointa les parties en droit.

Mais par un arrêté séparé de l'arrêt, il fut dit que pour éviter contestation, et sans préjudice du droit des parties au principal, M. de Luxembourg n'auroit rang et séance que du jour de sa réception, jusqu'à ce que l'opposition des ducs et pairs eût été jugée.

M. de Luxembourg fut reçu deux jours après. On vous a fait remarquer avec soin le terme de *pourvu par le roi de la dignité de pair de France*, qui se trouve dans l'arrêt de sa réception.

Reçu dans la cour des pairs, il demeura pendant vingt-sept années entières dans le silence, sans avoir fait la moindre démarche pour se faire rétablir dans l'ancien rang qu'on lui avoit refusé.

Cette cessation extérieure de procédures, et ce

repos apparent ne fut pas pour M. de Luxembourg un repos oisif et inutile.

Pendant cet intervalle, la cause reçut deux changemens considérables.

Le roi cassa l'arrêt du parlement de Toulouse qui favorisoit la demande du sieur du Massey.

La propriété du duché de Piney fut entièrement assurée à M. de Luxembourg par un arrêt du parlement de Rouen, rendu par forclusion à la vérité, mais qui jusqu'à présent n'a reçu aucune atteinte, et M. de Luxembourg obtint de nouvelles lettres du roi en 1676, par lesquelles il expose que Messieurs les ducs et pairs qui avoient formé opposition à sa réception, prétendoient que les lettres de 1661 ne pouvoient être considérées que comme des lettres de nouvelle érection, et que c'est pour détruire cette objection qu'il obtient ces dernières lettres par lesquelles le roi déclare qu'en accordant à M. de Luxembourg les premières lettres du mois de mars 1661, il n'a point entendu faire aucune nouvelle érection, mais seulement approuver le contrat de mariage de M. de Luxembourg, et agréer qu'il fût reçu et prêtât le serment à cause de la dignité de duc et pair de France, suivant ce qui a été pratiqué pour Léon d'Albert.

Quelque avantageuses que ces lettres parussent à M. de Luxembourg, il n'eut aucun empressement de s'en servir ; et ce ne fut qu'en l'année 1689 qu'il présenta une requête pour en demander l'enregistrement.

Messieurs les ducs et pairs s'y opposèrent, et l'affaire ayant été suspendue pendant quelques années, on obtint enfin en l'année 1692, un second arrêt, qui, en appointant les parties sur cette nouvelle opposition, joint cet incident au premier appointement de l'année 1662.

Le procès fut instruit contradictoirement. On réduisit la question au rang de la préséance.

On soutenoit d'un côté, que les lettres de 1661

ne donnoient à M. de Luxembourg qu'un nouveau droit et un nouveau rang.

On prétendoit au contraire de la part de M. de Luxembourg, que ces lettres n'avoient fait que déclarer le droit ancien, et que leur explication ne pouvoit être douteuse depuis que le roi avoit bien voulu en être lui-même interprète.

Les parties n'attendoient plus que le moment où la cour alloit terminer cette fameuse contestation par un arrêt solennel, lorsqu'une mort précipitée enleva en peu de jours M. le maréchal de Luxembourg.

La douleur de la France et la joie des ennemis de l'état, firent également son éloge; et sans vouloir le retracer dans cette cause, nous nous contenterons de dire que ce grand homme, vraiment digne des noms de Montmorency et de Luxembourg, les a laissés encore plus grands et plus illustres à ses descendans, qu'il ne les avoit reçus de ses pères et de ceux qui l'avoient précédé.

Peu de temps après son décès, Messieurs les ducs et pairs s'opposent à la réception de M. le duc de Montmorency son fils, quelques-uns d'entr'eux obtinrent des lettres en forme de requête civile contre l'arrêt du 20 mai 1662; tous unanimement se joignent ensemble pour demander que la pairie de Piney érigée en 1581, soit déclarée éteinte à défaut de descendans mâles.

M. de Montmorency demande à reprendre l'instance de préséance. Ils s'y opposent expressément: ils soutiennent que cette instance ne subsiste plus, ou du moins qu'il faut commencer par examiner si M. de Montmorency étoit véritablement pair de France, avant que de pouvoir l'admettre à prétendre aucun rang en cette qualité.

Sur cet incident, la cour a rendu un arrêt par lequel vous avez jugé que la reprise étoit une voie de droit qui ne pouvoit être refusée à tous ceux qui avoient un intérêt apparent; mais en même temps, par un sage tempérament, de peur que la reprise ne fût un préjugé en faveur de M. de Montmorency, vous avez ordonné qu'elle ne pourroit préjudicier aux droits des parties, ni leur donner aucun droit nouveau ; et parce que la question de l'extinction de la pairie, et l'opposition à la réception doivent être nécessairement décidées avant que de pouvoir fixer le rang de cette même pairie, vous avez ordonné qu'il seroit sursis au jugement de l'instance de préséance, jusqu'à ce qu'il eût été statué sur la demande à fin d'opposition, et sur les lettres en forme de requête civile, et vous avez préfini un temps dans lequel cette dernière demande devoit être réglée.

Depuis cet arrêt, de nouvelles parties se sont jointes aux anciennes, et ont uni leurs efforts contre M. de Luxembourg.

Neuf de Messieurs les ducs et pairs, dont les pairies sont de l'année 1663, interviennent en votre audience, et prétendent que si l'ancienne pairie est éteinte, M. de Luxembourg ne peut plus leur opposer la nouvelle érection de l'année 1661, parce qu'il y a renoncé expressément en obtenant les lettres de 1676.

M. le duc d'Uzès, quoique le plus ancien de tous les pairs de France, augmente encore le nombre des parties de M. de Luxembourg ; son unique intérêt est d'empêcher qu'à la faveur de la prétention de M. de Luxembourg on ne fasse revivre des pairies éteintes depuis long-temps.

Enfin, on a fait assigner M. le duc de Gesvres, comme appelé à la pairie de Piney, pour voir déclarer l'arrêt qui interviendra, commun avec lui.

Voilà, Messieurs, quel est l'état de cette grande cause, illustre par la qualité des parties qui y sont intéressées, plus illustre encore par l'étendue et l'importance des questions qu'elle renferme, véritablement digne de la majesté de votre audience, et de l'auguste tribunal de la cour des pairs.

Ceux de Messieurs les ducs et pairs qui sont parties dans cette cause, réunissent tous leurs efforts pour montrer que l'ancienne pairie de Piney est éteinte, et qu'on ne peut plus la faire revivre sans attaquer les lois fondamentales de l'état.

Ils vous ont dit que soit que l'on considère la nature de la pairie, soit que l'on s'attache aux préjugés de vos arrêts, soit enfin que l'on décide cette cause par les propres reconnoissances de M. de Luxembourg et de ses prédécesseurs, tout conspire également et dans le fait et dans le droit, à l'établissement de cette unique proposition que la pairie de Piney est depuis long-temps caduque et anéantie par le défaut de descendans mâles, du nom et de la maison de Luxembourg.

Si l'on regarde la pairie comme un fief, c'est un fief de haute dignité, formé sur le plan et sur le modèle de la couronne même, dont le droit commun rend les femmes incapables.

Si l'on envisage la pairie comme office, la nature prononce elle-même leur exclusion.

Enfin, si l'on considère la pairie comme fief et comme office tout ensemble, comment pourra-t-on soutenir que les femmes pourront posséder l'office réuni avec le fief, dans le temps que l'on convient qu'elles ne peuvent le posséder séparément?

Cette union qui se forme entre la terre et la dignité, ce concours de deux parties si différentes qui composent la pairie, les unit sans les confondre; le fief et l'office conservent encore leur nature, leur caractère, et leur qualité différente.

Si l'on joint ordinairement la qualité de pair à un duché ou à un comté, ce n'est pas pour dégrader et pour avilir la dignité en la confondant avec la terre; c'est pour soutenir la grandeur et l'élévation de cet office éminent, par un revenu tiré de la plus noble espèce de biens qui soit dans le royaume.

C'est ainsi qu'autrefois les sénateurs et les chevaliers romains devoient avoir un certain revenu pour être élevés à cette dignité; c'est ainsi que l'on attribue encore aujourd'hui des gages et des appointemens à toutes sortes d'officiers. Enfin, c'est ainsi que dans l'église l'on n'ordonne aucun prêtre sans un titre sacerdotal, et que les bénéfices étoient tous autrefois attachés à certaines fonctions; et cependant qui pourroit se persuader que le cens des chevaliers et des sénateurs romains fût confondu avec leur dignité, que les appointemens de l'officier puissent être regardés comme l'office même, et qu'enfin les fonctions ecclésiastiques et les saints ministères auxquels les prêtres sont appelés, ne seroient pas distingués du titre sacerdotal, ou du revenu que l'église leur assigne?

Mais sans sortir des pairies mêmes, combien d'exemples s'offrent en foule pour prouver que l'office ne perd point sa nature pour être uni avec le fief, et qu'on les considère comme étant encore distincts et séparés?

Combien de fois les pairs ont-ils rendus des hommages séparés, l'un pour le fief, l'autre pour la pairie.

N'a-t-on pas vu des pairies créées sans aucun fief, ou des pairies masculines attachées à des fiefs féminins, s'éteindre dans le temps que le duché se conservoit encore?

On a vu même la pairie attribuée à une personne, et la terre à une autre. Enfin dans l'espèce particulière de la cause, si la propriété de la terre de Piney eût été adjugée aux sieurs du Massey, M. le maréchal de Luxembourg auroit perdu le fief, et auroit peut-être prétendu ne pas perdre la qualité de pair.

Doutera-t-on après tant d'exemples, que la pairie ne soit un être toujours distinct et séparé du fief, et que par conséquent les femmes ne puissent être admises à l'un, sans être rendues par là capables de posséder l'autre?

Quand même on voudroit soutenir que l'office et le fief se confondent tellement l'un dans l'autre, qu'ils ne composent plus qu'un seul tout, et une même nature, les femmes ne seroient pas moins incapables de posséder les pairies, puisque dans cette confusion, l'office seroit toujours le principal, et le fief ne pourroit jamais être regardé que comme l'accessoire.

Si la nature ne souffre pas que le plus noble soit considéré comme la suite et la dépendance de ce qui est moins noble et moins élevé, l'intérêt du roi, l'utilité publique permettent-ils que l'on regarde un office comme l'accessoire d'une terre?

Aucune fonction, aucune puissance publique ne peut appartenir en propriété à des particuliers, ni faire partie d'un autre domaine que celui de la couronne.

Le choix des officiers, le caractère public est un privilége éminent qui est inséparable de la royauté.

Il n'appartient qu'au souverain de choisir les sujets qu'il veut bien associer, pour ainsi dire, à la puissance publique, et avec lesquels il partage les fonctions importantes de l'administration de la justice. Fera-t-on dépendre le caractère et le pouvoir des ministres de la justice, du hasard de la possession d'une terre, et de l'événement incertain des successions?

Si ces maximes sont véritables à l'égard des offices ordinaires, elles sont encore plus inviolables quand on les applique aux pairies.

Aucunes dignités plus personnelles, soit qu'on les considère dans leur principe, soit qu'on les examine par rapport à l'importance des fonctions qui y sont attachées, soit enfin qu'on les envisage dans leurs suites et dans leurs effets.

Dans leur principe, c'est une création singulière par laquelle le roi consacre une famille entière à son service plus particulièrement que les autres : il espère que la vertu des pères se communiquera aux enfans avec leur sang; et c'est dans cette vue qu'il choisit non-seulement la personne des pères, mais celle des enfans, tous appelés en vertu d'un même titre, tous choisis par le prince : c'est pour eux uniquement que l'office est créé; avec eux il s'éteint, et se réunit au domaine de la couronne.

Dans leurs fonctions, quels offices qui soient en même temps, et plus importans et plus personnels? Premiers officiers de l'état, ministres du couronnement de nos rois, leurs plus anciens conseillers, leurs principaux capitaines, les défenseurs zélés de la couronne, les vengeurs de la majesté royale méprisée, les fermes appuis de la loi salique : telle est en peu de paroles la description que l'on vous a faite des fonctions éminentes des pairs de France.

Enfin, si l'on considère ces grandes dignités dans leurs effets, on doutera encore moins de ce caractère essentiel de personnalité qui en est inséparable.

C'est ainsi que dans un temps où l'abus et l'erreur avoient fait passer des pairies entre les mains des femmes, on a plutôt souffert qu'elles en fissent les fonctions, malgré l'incapacité de leur sexe, que de permettre qu'elles les fissent exercer par d'autres; tant il est vrai que ces fonctions éclatantes sont essentiellement personnelles, incessibles, inaliénables; et que l'on cesse de pouvoir les posséder aussitôt qu'on devient incapable de les exercer.

On a porté encore plus loin les suites de cette personnalité. On l'a étendue jusqu'aux priviléges extérieurs, tel qu'est celui de n'être jugé qu'en la cour des pairs; et par un arrêt célèbre, rendu toutes les chambres assemblées le 17 mars 1628, on a jugé que Madame de Lesdiguières ne pouvoit point espérer que son procès lui fût fait en la cour, quoiqu'elle eût l'avantage d'être femme d'un pair de France, et même que la terre qui avoit été érigée en pairie en faveur de son mariage, vînt de son chef, et eût passé par elle à son mari.

Quelles sont les conséquences naturelles que l'on doit tirer de ces principes? La pairie, unie avec le fief, conserve toujours sa nature; quand elle souffriroit même quelque altération, elle ne pourroit jamais être l'accessoire du fief : toujours également personnelle, soit qu'on la considère dans son principe, dans ses fonctions ou dans ses effets, elle ne peut être possédée que par ceux qui sont aujourd'hui capables de l'exercer. Elle est donc non-seulement personnelle, mais masculine; et par une conséquence nécessaire, elle est donc éteinte par le défaut de descendans mâles de la maison du Luxembourg.

Si l'on pouvoit même multiplier une extinction, trouver des degrés dans l'impossible, et distinguer des parties dans le néant, on soutient que la pairie de Piney se trouveroit éteinte jusqu'à cinq fois.

Premier degré d'extinction dans la personne de Charlotte de Luxembourg, fille et unique héritière de Henri de Luxembourg. Comment auroit-elle pu transférer la pairie de Piney dans une famille étrangère?

Dira-t-on qu'elle a communiqué directement et par elle-même à son mari un droit, une fonction qu'elle ne pouvoit exercer, et qui cependant consiste toute dans l'exercice? On ne sépare point à l'égard des pairies, la propriété des fonctions; cette distinction singulière n'a été introduite que dans les offices vénaux, et dans les justices des seigneurs : et quoique la propriété en soit, pour ainsi dire, et dans un sens fort impropre, entre les mains des particuliers, il faut toujours à l'égard des offices vénaux, recourir à l'autorité du roi pour obtenir de lui qu'il joigne le caractère d'officier à la propriété de l'office; et à l'égard des justices seigneuriales, si l'on permet aux seigneurs d'accorder des provisions, on les regarde plutôt comme une prétention que comme un véritable titre, jusqu'à ce que par une réception solennelle les officiers du roi impriment le caractère public à celui qui est présenté par le seigneur.

Mais cette distinction de propriété et d'exercice n'a jamais été admise dans les pairies; et quand même on voudroit l'y appliquer, quelle conséquence pourroit-on en tirer, si ce n'est qu'il faudroit toujours que l'autorité du roi intervînt pour donner un titre solennel au mari, qui joignît en sa personne l'exercice à la propriété.

Que si la femme ne peut communiquer par elle-même l'office de pair de France à son mari, elle pourra encore moins le lui transférer comme un accessoire de la terre, puisqu'on prétend avoir prouvé qu'il est absolument absurde et impossible qu'une dignité si éminente soit regardée comme la suite et la dépendance d'un fief.

Si l'on joint à toutes ces considérations, que la femme, à la vérité, peut bien jouir en certains cas des honneurs et des prérogatives de son mari, mais qu'il est sans exemple qu'un mari reçoive de sa femme le rang, la noblesse, et tous les autres priviléges personnels, pourra-t-on se persuader que la pairie de Pincy ait pu passer de Charlotte de Luxembourg dans la personne de son mari?

Quand même cette pairie auroit encore subsisté dans la personne de Charlotte de Luxembourg, elle se seroit éteinte avec elle, et c'est le second degré d'anéantissement que l'on vous a fait observer. L'incapacité des femmes interrompt le cours et le progrès de la grâce du prince. C'est un milieu qui en arrête l'effet; c'est un obstacle insurmontable qui empêche la transmission de la pairie non-seulement en faveur du mari, mais des enfans mêmes.

Mais si cette dignité éteinte deux fois, et par la mort de Henri de Luxembourg, et par l'incapacité de Charlotte de Luxembourg, sa fille, avoit pu revivre, elle seroit encore anéantie une troisième fois dans la personne de Henri-Léon d'Albert. S'il a pu la recueillir, il n'a pu la transmettre par la voie de la succession directe, parce qu'il étoit engagé dans les ordres sacrés; et s'il l'a cédée à Madame la Maréchale de Luxembourg, sa sœur, bien loin qu'il l'ait fait revivre par cette cession, c'est au contraire le quatrième degré dans lequel la pairie a reçu encore, s'il est possible, une nouvelle atteinte.

Quand même la faveur de la fille du premier degré pourroit mériter la continuation, ou plutôt l'extension de la pairie, portera-t-on cette fiction si contraire au droit commun, jusqu'au second degré, jusqu'à la fille de la fille, jusqu'à celle qui ne conserve plus ni le nom, ni les armes de la maison de Luxembourg, dans laquelle cessent et finissent pour toujours les motifs de la première érection ?

Toutes les lois s'élèvent pour condamner cette prétention; les priviléges accordés à la famille, et même à la postérité, ne regardent point ceux qui descendent des femmes, et qui sont par conséquent d'une maison étrangère.

Les propres lettres d'érection de Piney en pairie, résistent à cette extension odieuse; on a distingué le duché de la pairie. Le duché paroît accordé aux mâles et aux femelles, en quelque degré que ce soit perpétuellement : ces termes si étendus, si indéfinis, ne se trouvent point dans la création de la pairie; et que peut-on opposer à cette différence essentielle qui exclut si positivement la fille de la fille ?

Enfin, cette pairie éteinte tant de fois, s'il est vrai qu'elle ait pu revivre une seule, est encore rentrée une cinquième fois dans le néant par les obstacles invincibles qui ont empêché qu'elle ne pût être communiquée à M. le maréchal de Luxembourg.

Il n'avoit que deux titres en sa faveur, le mariage et la cession qui lui avoit été faite.

Le titre du mariage étoit encore moins favorable pour lui que pour le mari de la fille même de Henri de Luxembourg; et la cession détruisoit son droit pour la pairie en même temps qu'elle l'établissoit pour la propriété de la terre. Une cession à prix d'argent, une cession d'une pairie, en faut-il dire davantage pour la combattre ?

Que s'il pouvoit encore après tous ces principes, rester quelque obscurité dans cette affaire, l'autorité certaine des préjugés de vos arrêts suffiroit pour la dissiper entièrement.

La cour a toujours suivi pour règle cette maxime fondée sur la nature des pairies, que toutes les fois qu'il arrive quelque changement, soit dans la terre, soit dans la personne auxquelles la dignité de pair est attachée, il y a une innovation dans la pairie, et par conséquent l'ancienne érection est détruite.

C'est ainsi qu'en l'année 1553, elle jugea que le duc de Guise précéderoit le duc de Nevers, quoique la pairie de Nevers fût plus ancienne, parce qu'il étoit arrivé deux changemens considérables, l'un dans le sujet réel de cette pairie, c'est-à-dire, dans le comté qui avoit été érigé en duché; l'autre dans le sujet personnel, parce que l'on avoit appelé les femelles à la possession du duché, au lieu que les mâles seuls pouvoient succéder au comté.

Ce fut encore par la même raison, que quoique Louis de Gonzague eût épousé la fille, et non pas la petite-fille du duc de Nevers, M. le connétable de Montmorency, dont la pairie étoit postérieure, lui contesta néanmoins le rang et la préséance. Si la cause fut appointée, on la préjugea cependant en faveur de M. de Montmorency, qu'on laissa dans la possession où l'on prétend qu'il étoit de précéder M. le duc de Nevers.

On a joint à ces exemples l'arrêt rendu entre M. le duc d'Aumale et le même duc de Nevers, où l'on soutient que dans le temps que l'on adjugea la préséance au duc de Nevers comme duc, on ajouta que ce seroit sans préjudice des droits et prérogatives de la pairie, pour marquer que si le duc d'Aumale étoit précédé comme duc, il pourroit espérer d'être le premier comme pair, parce que si la pairie étoit postérieure à l'ancienne pairie de Nivernois, elle étoit antérieure au mariage de Louis de Gonzague avec l'héritière du duché de Nevers.

L'on a suivi les mêmes principes dans ce siècle à l'égard de M. le duc de Bouillon. Quoique le roi lui eût conservé l'ancien rang des pairies d'Albret et de Château-Thierry, cependant cette grâce a été réduite et modérée dans l'arrêt d'enregistrement de l'échange de Sedan, et l'on ne lui a donné de rang en la cour, que du jour de cet arrêt.

Mais on soutient qu'il est inutile de chercher des exemples étrangers, dans le temps que la cause même fournit un préjugé décisif contre M. de Luxembourg. C'est celui de l'arrêté de 1662, qui ne lui a donné après une plaidoirie de près de trois mois, que le rang du jour de sa réception.

Cette provision a été pleinement exécutée pendant vingt-sept années, et il est sans exemple que dans des questions de rang et de préséance, une provision donnée avec pleine connoissance de cause, ait été révoquée par un jugement définitif.

On ajoute enfin à ce second moyen, une dernière preuve de l'extinction de la pairie, et on l'emprunte de la propre reconnoissance de M. le maréchal de Luxembourg, et de ceux qui l'ont précédé. Ils ont si bien reconnu que la pairie étoit attachée à la maison de Luxembourg, qu'ils ont cru ne pouvoir la faire passer à des femmes et leurs descendans, qu'en obligeant les maris à porter le nom et les armes de Luxembourg. Mais l'adoption n'est point reçue en France; une image, une fiction ne peut l'emporter, dit la loi, sur l'autorité, sur la vérité de la nature, et la pairie attachée à ces ombres, disparoît et s'évanouit avec elles.

Si dans la forme on oppose à tous ces moyens que la cause que l'on porte aujourd'hui en votre audience, est la même que celle qui fait la matière de l'instance appointée sur le rang et sur la préséance, on répond que ces deux questions n'ont rien de commun; que dans l'une on reconnoissoit l'existence de la pairie, que dans l'autre on en demande l'extinction; que dans l'une on exécutoit l'arrêt de 1662, et que dans l'autre on l'attaque par une opposition, et par des lettres en forme de requête civile.

Si dans le fond on oppose plusieurs exemples tirés de l'histoire des pairies, pour montrer que les femmes ne sont pas incapables de les posséder, on répond que la plupart de ces exemples ne regardent que les filles du premier degré, que d'ailleurs ils sont arrivés dans un temps d'abus et d'ignorance, un temps de trouble et de confusion, où l'usurpation servoit de titre, et la violence de droit légitime, et qu'enfin, l'induction que l'on peut tirer justement de ces exemples, est que les femmes ont pu communiquer la dignité de pair, dans un temps où elles pouvoient elles-mêmes l'exercer : mais bien loin que cette induction soit favorable aux prétentions de M. de Luxembourg, c'est au contraire ce qui prouve manifestement l'extinction de la pairie, puisque ces faits supposent nécessairement pour principe, que l'on ne peut communiquer que les droits qu'on est capable d'exercer : or, on convient qu'aujourd'hui les femmes sont incapables d'exercer les fonctions personnelles de la pairie; comment peut-on donc soutenir contre les principes des offices, contre l'intérêt de l'état, contre l'autorité même des exemples qu'on allégue, que les femmes puissent donner aujourd'hui ce qu'elles ne possèdent pas, et que leur droit, contre la nature de tous les autres droits, s'augmente en le communiquant ?

Après que MM. les ducs et pairs créés avant l'année 1661, se sont réunis pour combattre l'existence de l'ancienne pairie de Piney, ils divisent leurs forces pour attaquer l'induction que l'on peut tirer de l'arrêt de 1662; et ceux qui étoient mineurs dans le temps qu'il a été rendu, prétendent lui donner atteinte par des lettres en forme de requête civile.

Ils soutiennent d'abord, que ces lettres sont inutiles, et qu'elles sont plutôt obtenues par surabondance de droit que par nécessité, plus pour attaquer l'interprétation que l'on pourroit donner à l'arrêt, que pour détruire l'arrêt même.

Cet arrêt, vous ont-ils dit, leur est entièrement favorable. Il ne faut point séparer l'arrêté de l'arrêt. Il est vrai que d'un côté la cour prononce que M. de Luxembourg sera reçu dans la dignité de pair de France, mais de l'autre elle ordonne qu'il n'aura par provision, d'autre rang que du jour de sa réception.

Elle préjuge donc par là que l'ancienne pairie de Piney ne subsiste plus; elle regarde des lettres de 1661, comme des lettres de nouvelle érection.

C'est à ces lettres qu'elle réduit tout le droit de M. de Luxembourg.

Si elle le reçoit dans la dignité de duc et pair, c'est comme *pourvu par le roi* de cet office éminent : termes importans qui ne se trouvent dans aucun autre arrêt de réception, et qui marquent que la cour a regardé les lettres de 1661 plutôt comme des provisions nouvelles accordées par le roi à M. de Luxembourg, que comme une simple continuation de l'ancienne érection.

Ainsi, de quelque manière que l'on envisage, ou l'arrêt ou l'arrêté qui le suit, ou enfin l'arrêt de réception de M. de Luxembourg, tout est également favorable à la prétention de MM. les ducs et pairs en général ; tout conspire à marquer le véritable esprit et l'intention de la cour lorsqu'elle a reçu M. le maréchal de Luxembourg.

Que si l'on prétend joindre les lettres de 1676 à l'arrêt de 1662 ; si parce que la cour a reçu M. de Luxembourg, et que le roi a déclaré quatorze ans après, qu'il n'avoit point prétendu lui accorder un nouveau titre, on veut conclure de là que M. de Luxembourg n'a pu être reçu que comme duc et pair de 1581, c'est contre cette interprétation captieuse de l'arrêt, que les lettres en forme de requête civile sont obtenues.

Les moyens qui lui servent de fondement, sont écrits dans l'ordonnance :

Mineurs non défendus, ou non valablement défendus :

Contrariété évidente dans les dispositions du même arrêt.

Enfin, procédure proscrite également par toutes les ordonnances anciennes et nouvelles, également méprisée.

Mineurs non défendus. On a omis la principale partie de faire déclarer la pairie éteinte ; c'est peut-être par cette raison que la cour a appointé sur la question du rang et de la préséance, afin de marquer aux parties que cette question ne pouvoit être jugée, si l'on n'y joignoit une demande formelle à fin d'extinction de la pairie.

Que falloit-il donc soutenir en 1661 ? Que dès le premier degré des femelles, la pairie avoit cessé d'exister; que quoiqu'elles soient comprises dans les termes des lettres, elles ne peuvent jamais aspirer qu'aux droits réels qui peuvent subsister dans la personne des femmes, dans le temps que la pairie personnelle se réunit à la couronne; que cette distinction concilie parfaitement les clauses singulières des lettres d'érection avec l'autorité du droit commun; que le mot d'*ayant cause* ne s'applique pas plus naturellement aux maris qu'à tous les acquéreurs étrangers; qu'enfin, quand on voudroit étendre la faveur des pairies femelles jusqu'au premier degré, il suffiroit qu'une grâce si excessive eût une fois son effet, pour s'éteindre et pour s'anéantir entièrement; mais que de vouloir la faire passer de fille en fille, et de maison en maison, ce n'étoit pas moins attaquer les intérêts du roi, que détruire la véritable nature de la pairie; que par conséquent M. de Luxembourg n'ayant épousé que la fille de la fille, il ne pouvoit être admis à la dignité de pair de France, qu'en obtenant des lettres de nouvelle érection; que celles de 1661 n'en contenoient aucune; qu'elles supposoient le droit sans l'établir, et qu'ainsi il étoit vrai de dire qu'il n'avoit aucun titre pour être reçu en la cour.

Voilà ce qu'on devoit soutenir en 1662. Au lieu de se renfermer dans une pure question de préséance, il falloit former une opposition au titre; et si elle avoit été une fois formée, auroit-on pu procéder à la réception de M. de Luxembourg? Les mineurs n'ont donc point été valablement défendus; ils ont été trompés par l'extérieur et par l'écorce des lettres de 1661; ils ont cru qu'on pouvoit et qu'on devoit même favorablement les considérer comme des lettres de nouvelle érection. Mais enfin, M. de Luxembourg lui-même les a détrompés; il leur a fait ouvrir les yeux sur la véritable qualité de ces lettres; il a obtenu du roi une interprétation précise de sa volonté, par laquelle il déclare qu'il n'a prétendu faire aucune nouvelle érection en faveur de M. de Luxembourg. En cet état n'ont-ils pas un juste sujet de se plaindre de l'erreur dans laquelle on les a jetés, lorsque l'arrêt de 1662 a été rendu? On leur a persuadé que l'on pouvoit toujours recevoir M. de Luxembourg, puisque les lettres de 1661 pouvoient au moins être considérées comme des lettres de nouvelle érection; et depuis que M. de Luxembourg a été reçu, lorsqu'il s'est vu en possession paisible de sa dignité, on a changé l'état de la contestation par une déclaration du roi qui ruine le fondement de l'arrêt de 1662.

Tout est donc favorable dans ces lettres en forme de requête civile. L'unique motif de l'arrêt ne subsiste plus; il ne s'agit que de trouver un moyen spécieux dans la forme pour le rétracter; et peut-on en désirer un plus apparent que celui que M. de Luxembourg a fourni lui-même, en apprenant à Messieurs les ducs et pairs qu'ils s'étoient trompés lorsqu'ils avoient considéré les lettres de 1661 comme des lettres de nouvelle érection.

Mais cette omission de défense n'est pas la seule ouverture des lettres en forme de requête civile. Si l'on veut soutenir que l'arrêt de 1662 est un préjugé en faveur de l'existence de l'ancienne pairie, il renfermera deux dispositions contraires.

D'un côté, il ordonne que M. le maréchal de Luxembourg sera reçu comme pair de Piney, et de l'autre il prononce que cette réception ne pourra préjudicier aux droits de propriété prétendus par les sieurs du Massey.

S'il est vrai que la dignité de pair soit une suite et un accessoire inséparable de la terre de Piney, comment a-t-on pu recevoir M. de Luxembourg dans le temps que cette terre lui étoit contestée, dans le temps qu'il y avoit un titre subsistant, un arrêt du parlement de Toulouse contre lui?

Qui si l'on est obligé de reconnoître que M. de

Luxembourg pouvoit perdre la terre sans perdre la dignité, si c'est-là le seul moyen par lequel on puisse concilier l'arrêt avec lui-même, il faut donc en même temps avouer que la dignité dans laquelle M. de Luxembourg a été reçu, a été regardée comme une dignité purement personnelle, indépendante de la possession de la terre, et par conséquent que l'arrêt ne fait aucun préjugé en faveur de ses descendans.

C'est pour cela que dans l'arrêt de réception de M. le maréchal de Luxembourg, on a pris la précaution d'ajouter le terme singulier de *pourvu par le roi;* terme qui ne se trouve dans aucune autre réception d'un duc et pair, et qui marque visiblement dans quel esprit la cour a regardé les lettres de 1661.

Enfin, à tous ces moyens on en ajoute un dernier tiré de la procédure. Un de Messieurs les ducs et pairs qui ont pris la requête civile, a procédé, quoique mineur, dans une affaire si importante, sans le secours d'un tuteur ou d'un curateur légitime.

Si on leur oppose qu'ils ont écrit et produit dans l'instance qui n'a pour fondement que cet arrêt, ils soutiennent qu'il ne peut jamais y avoir de fins de non-recevoir dans une matière qui est toute de droit public, et dans laquelle ils agissent pour la conservation des honneurs et des priviléges de leurs offices, dont ils ne sont que dépositaires, pour les transmettre à leurs enfans, aussi grands qu'ils les ont reçus de leurs pères.

Messieurs les ducs et pairs, dont les duchés ont été érigés depuis 1662, interviennent dans cette grande cause, pour combattre principalement le titre de 1661, et l'arrêt qui le confirme.

Ils prétendent que leur intérêt est évident; que si l'érection de 1581 ne subsiste plus, que M. de Luxembourg ne peut plus avoir d'autre titre que les lettres de 1661. Mais ces lettres sont détruites par celles de 1676; et c'est ce qu'ils ont intérêt de prouver, pour empêcher que M. de Luxembourg ne les précède en vertu d'un titre qui ne subsiste plus.

Il ne faut point leur opposer qu'ils n'étoient pas encore ducs et pairs, lorsque la cause fut plaidée en l'année 1662; si cet argument étoit solide, il faudroit en conclure que ceux mêmes de Messieurs les ducs et pairs qui étoient reçus avant M. le duc de Luxembourg, n'avoient point droit d'attaquer l'érection de 1581, parce que, dans ce temps-là, leurs pairies n'étoient pas encore érigées.

C'est au contraire parce qu'ils n'étoient pas pairs en 1661, qu'ils ont intérêt de contester ce titre; s'ils l'avoient été, ces lettres leur seroient tout à fait indifférentes, et ils n'auroient garde de s'opposer à la réception de M. de Luxembourg.

En un mot, de même que les premiers ducs attaquent le titre de 1581, pour ne pas souffrir qu'on fasse revivre une pairie plus ancienne que la leur; ainsi les derniers ducs s'élèvent contre la prétention que M. de Luxembourg pourroit avoir, de faire au moins renaître la pairie de Piney en l'année 1661, parce que cette pairie se trouveroit toujours antérieure à leurs lettres d'érection.

Après vous avoir marqué leur intérêt, ils soutiennent que feu M. de Luxembourg a pris soin de leur donner par avance tous les moyens dont ils ont besoin pour soutenir leur cause.

Il a voulu que le roi, lui-même, fût l'interprète de ses volontés; il lui a fait déclarer qu'il n'avoit prétendu faire aucune nouvelle érection en 1661, mais seulement approuver le contrat de mariage de M. de Luxembourg, et agréer qu'il fût reçu pair de France; c'est-à-dire, que le roi a supposé que l'ancienne érection subsistoit; il n'a voulu donner aucun droit nouveau à M. de Luxembourg, il l'a réduit au seul titre de 1581.

Si ce titre subsiste, aucun des ducs n'est recevable à attaquer le rang de M. de Luxembourg; mais si ce titre est détruit, il n'y en a aucun d'entr'eux qui ne soit bien fondé à soutenir qu'il n'est point pair de France.

C'est inutilement que l'on répond que le roi n'a pas accoutumé de révoquer ses grâces, et qu'ayant fait feu M. de Luxembourg au moins duc et pair de 1661, il n'est pas à présumer qu'il ait voulu détruire son propre ouvrage en 1676, dans des lettres qu'il n'a accordées que pour favoriser M. de Luxembourg.

Ce raisonnement suppose que le roi ait eu intention de lui accorder en 1661 une grâce nouvelle. Alors on pourroit justement douter s'il a voulu révoquer cette même grâce en 1676.

Mais bien loin que le roi révoque une grâce accordée, il déclare au contraire qu'il n'a jamais eu intention de l'accorder.

Que peut-on répondre à une interprétation si précise, si solennelle de sa volonté? On ne peut point opposer aux intervenans ce que l'on oppose aux anciens ducs, qu'ils ont eux-mêmes jugé que ces lettres ne leur étoient pas favorables, puisqu'ils en ont empêché l'enregistrement.

Ceux de Messieurs les ducs et pairs qui interviennent de nouveau dans cette affaire, loin de s'opposer à la réception de ces lettres, en tirent avantage; ils s'en servent comme d'un moyen indubitable pour donner atteinte à l'arrêt de 1662, puisque si ces lettres eussent paru dans ce temps-là, jamais on n'auroit reçu feu M. de Luxembourg; et c'est ce qui fait voir que sa réception ne peut être un exemple et un préjugé décisif en faveur de Monsieur son fils.

La face de cette affaire est changée. Le seul titre que pouvoit avoir le père, est absolument détruit; et, dans cet état, comment le fils pourroit-il être reçu dans la dignité de pair de France?

On ne reçoit point un pair par provision; c'est une maxime incontestable. Mais comment pourroit-on le recevoir définitivement dans les circonstances présentes de cette affaire?

Sera-ce en vertu de l'ancienne érection de 1581?

Ce titre est au moins très-douteux, pour ne pas dire anéanti, et M. de Luxembourg lui-même demande que l'on appointe cette question, et qu'on la joigne à l'instance de préséance.

Le recevra-t-on en vertu des nouvelles lettres de 1661 ? Mais ces lettres ne contiennent aucune nouvelle érection ; le roi lui-même le déclare. M. de Luxembourg, bien loin de s'en désister, a repris l'instance, et en demande encore aujourd'hui l'enregistrement.

Peut-on lui accorder par provision ce qu'on sera obligé de lui refuser dans le jugement définitif?

Si l'on juge que l'ancienne pairie est éteinte; si l'on suit, comme on ne peut s'en dispenser, l'interprétation que le roi a donné lui-même aux lettres de 1661 ; si on anéantit par conséquent les deux titres de M. de Luxembourg, pourra-t-on le dégrader après l'avoir reçu ?

A quoi se réduit donc toute cette grande contestation ?

Deux titres semblent favorables à M. de Luxembourg.

Mais de ces deux titres, il y en a un dont les lois de l'état et les maximes fondamentales des pairies prononcent l'extinction ; et M. de Luxembourg lui-même a détruit l'autre, et s'est privé du seul droit qu'il pouvoit avoir.

Telle est en peu de paroles l'idée générale que Messieurs les ducs et pairs ont voulu vous donner de cette cause.

De la part de M. de Luxembourg, l'on vous a dit que les demandes sur lesquelles vous avez à prononcer, sont les derniers efforts d'une prétention chimérique, combattue par les propres termes des lettres d'érection, contraire à la puissance et à la volonté de nos rois, condamnée enfin par le simple récit du fait, et par l'état présent de la procédure ; que la multiplication des pairies affoiblissoit plutôt qu'elle n'augmentoit la force des raisons ; que la longueur affectée de cette affaire ne servoit qu'à la rendre moins favorable ; et qu'on pouvoit en une heure de combat, décider de l'empire du monde.

De quelque côté que l'on envisage cette affaire, soit par rapport à la demande à fin d'extinction de la pairie, soit par rapport aux lettres en forme de requête civile, soit enfin par rapport à l'intervention des ducs créés depuis 1661, on y trouve partout des fins de non-recevoir décisives dans la forme, et des moyens invincibles dans le fond.

Si l'on s'attache d'abord à la demande à fin d'extinction de la pairie, on soutient que la seule qualité de ceux qui la forment doit la faire rejeter ; et qu'il est sans exemple qu'on ait jamais osé porter en la cour des pairs une demande aussi extraordinaire.

Il n'appartient qu'au roi de créer des pairies ; il n'appartient qu'à lui seul de les détruire. Ces dignités sont l'unique ouvrage de sa volonté ; sa volonté seule peut les anéantir après les avoir tirées du sein de sa puissance suprême.

Le seul intérêt solide que puissent avoir Messieurs les ducs et pairs, c'est d'empêcher qu'on ne donne atteinte à leur rang, qu'on ne blesse les droits de leur préséance ; mais peuvent-ils trouver mauvais que le roi conserve une pairie ? Ils ne peuvent s'opposer à sa création, peuvent-ils empêcher qu'il ne conserve ce qu'il a créé ?

Ce n'est donc pas une demande qui puisse être formée par des particuliers, que celle de l'extinction d'une pairie. C'est entreprendre sur le ministère public, que d'intenter une action qui lui est uniquement réservée. Depuis six cents ans que l'usage des pairies est établi dans le royaume, on n'a jamais entendu dire qu'on ait formé une semblable contestation.

Quand même cette demande pourroit être écoutée dans la bouche de ceux qui la proposent, pourroit-elle être jugée en votre audience ? Seroit-elle différente des questions que l'on a agitées si long-temps dans le procès appointé sur le rang et sur la préséance ?

Quelle différence y a-t-il entre ce procès et la cause que l'on a plaidée devant vous, si ce n'est que l'on propose en forme de demande, ce qui n'avoit été jusqu'à présent qu'un moyen?

Par quelle raison soutenoit-on dans le procès appointé, que M. de Luxembourg ne pouvoit avoir l'ancien rang de 1581? N'alléguoit-on pas pour unique moyen l'extinction de la pairie? Si on avoit reconnu en ce temps-là qu'elle subsistoit encore, auroit-on pu contester le rang et la préséance qui étoient une suite et une dépendance nécessaire de l'existence de la pairie?

C'est pour cela que l'on s'est si fort appliqué à prouver l'incapacité des femmes, l'impossibilité de la transmission, les inconvéniens de cette continuation des pairies; et quels moyens vous propose-t-on encore aujourd'hui? Ce sont les mêmes raisons, les mêmes principes, les mêmes exemples.

Il n'y a rien de nouveau dans cette cause, si ce n'est le tour qu'on lui donne par une pure subtilité. On fait une demande de ce qui ne pouvoit jamais être qu'un moyen. On change l'apparence du procès, mais il demeure toujours le même. La question de l'extinction et celle de la préséance ne sont qu'une seule et même question; et la plus grande faveur que l'on puisse accorder à Messieurs les ducs et pairs, est de joindre au procès appointé la nouvelle demande qu'ils ont formée, et qui, dans les règles, ne devroit pas même être reçue.

Mais si l'on examine au fond cette demande si peu favorable dans la forme, il sera facile de reconnoître qu'elle n'est appuyée que sur l'abus que l'on fait de quelques principes auxquels on veut donner une étendue directement contraire à la puissance du roi.

C'est ignorer la véritable nature des pairies, que de les regarder comme de purs offices; et c'est cependant sur cette unique supposition que sont fondés tous les argumens de Messieurs les ducs et pairs.

Sans remonter jusqu'à la source prétendue et à

l'antiquité fabuleuse des pairies, il est certain que depuis très-long-temps elles sont inséparablement unies à des fiefs décorés du titre de duché et de comté.

Ainsi, quelle est la base et le fondement d'une pairie? C'est le fief. Quel est le premier degré de son élévation? C'est la qualité de duché ou de comté; et enfin, la dignité de pairie ajoutée à celle de duché, donne au fief le dernier degré de noblesse et de perfection auquel il puisse parvenir.

Mais ce qui perfectionne le fief, ne le détruit pas, et n'a pas la force de changer son ancienne nature.

Que les fiefs autrefois aient été personnels, c'est ce qui est peu important. Mais il est certain que depuis sept cents ans, ils sont devenus purement réels, patrimoniaux, héréditaires. Les femmes en France ont bientôt cessé d'en être excluses, et le grand M. Cujas a eu raison de dire avec toute l'antiquité, *lex salica francis displicuit, exceptâ regni successione.*

La dignité ou qualité de duché, ajoutée au fief, devient un accessoire du fief, réelle comme le fief même, transmissible par sa nature à tous les descendans; enfin quelque importante que soit la dignité de pair, elle est elle-même regardée comme un droit inhérent à la terre, personnel dans ses fonctions, réel dans son principe, et par conséquent rien n'empêche les femmes de les posséder, de les transmettre, de les communiquer.

Il ne s'agit point ici d'examiner si les femmes peuvent exercer par elles-mêmes cet office éminent, qui est uni à la terre qu'elles possèdent. Autrefois il est certain qu'on ne les en jugeoit pas incapables. Vos registres sont pleins d'exemples fameux, qui prouvent invinciblement que cet usage a duré pendant près de deux siècles.

Que si dans la suite, des raisons plutôt de bienséance que de nécessité, leur ont interdit l'entrée et la séance au parlement, le droit réel de communiquer ces fonctions à leurs maris est toujours demeuré en leur personne.

La dignité de pair ne s'éteint pas, quoiqu'elle soit séparée de l'exercice. Le droit se conserve, quoique l'action soit suspendue. Un mineur et un imbécille sont privés, l'un par une incapacité passagère, l'autre par une incapacité habituelle, du droit de remplir les fonctions personnelles; dira-t-on qu'ils ne peuvent en conserver le droit, et le transmettre à leur postérité?

Et ne voit-on pas tous les jours, que les femmes communiquent à leurs maris des droits qu'elles ne peuvent exercer par elles-mêmes? C'est ainsi que dans les pays d'états, le droit d'y avoir entrée, séance et voix délibérative, se perpétue par les femmes. L'exercice est interrompu, mais la propriété ne souffre aucune atteinte.

Les exemples s'offrent en foule pour prouver cette vérité. Les six anciennes pairies, sur le plan et sur le modèle desquelles toutes les autres ont été formées, ont passé par des femmes dans différentes maisons. Non-seulement la fille, mais la fille de la fille, et les degrés encore plus éloignés, ont été capables de les posséder et de les transmettre; et en effet, si le sexe n'est pas une raison d'exclusion, pourquoi le degré en sera-t-il une? L'incapacité naturelle d'une petite-fille est-elle plus grande que celle de la fille même? Les nouvelles pairies, l'Artois, la Bretagne, le duché de Nevers, le comté d'Eu, et une infinité d'autres qu'il seroit inutile de rapporter, enfin la pairie même de Piney, ont été communiquées par des femmes, et l'exemple de Léon d'Albert ne devroit-il pas suffire pour décider cette contestation?

Où est la loi, où est l'ordonnance qui ait détruit ces principes, et abrogé cet usage aussi ancien que la troisième race de nos rois.

C'est en vain que l'on emprunte ici le secours de l'édit de 1566.

Premièrement, on reconnoît donc par là que les

pairies n'étoient pas masculines de leur nature, puisqu'il a fallu une loi pour leur imprimer cette qualité.

Secondement, le roi s'est-il privé, par cette ordonnance, de la liberté d'y déroger? Quelques termes qu'elle contienne, c'est une liberté qui est, pour ainsi dire inséparable de la royauté. La masculinité des pairies est-elle établie par le droit naturel ou par le droit divin, pour pouvoir conclure que le souverain ne peut pas y déroger? aussi l'a-t-il fait presque toujours. Et si l'on excepte le seul duché d'Uzès, dans lequel la dérogation ne se trouve point, il n'y a aucune érection faite depuis 1566, dans laquelle le roi n'ait eu la bonté de modérer la rigueur de cette loi.

Il déclare lui-même qu'il ne l'a fait que pour se délivrer des importunités de plusieurs de ses sujets, qui lui demandoient continuellement de nouvelles érections.

Troisièmement, cette ordonnance ne parle pas même des pairies. Elle les a regardées comme un accessoire du duché qui devoit et commencer et s'éteindre avec lui.

Il est donc vrai que les pairies peuvent être femelles. Si elles ne le sont pas communément, le roi ne se prive pas du droit de faire quelquefois ce qu'il ne veut pas faire toujours.

Combien même d'exemples pourroit-on rapporter de pairies qui n'ont été originairement créées que pour des femmes?

Mais, sans entrer dans ce détail, il suffit d'avoir établi que les pairies ne sont point essentiellement masculines; ce sont des dignités qui empruntent tout leur éclat de celui que la majesté royale veut bien leur communiquer. Maître absolu de ses grâces, il peut les étendre ou les modérer ainsi qu'il lui plaît; et enfin, quel est le duc et pair qui osât seulement penser que toute la puissance du roi n'a pas l'autorité de faire une pairie femelle?

Mais si cette proposition seroit une espèce de blasphème, comme ils en conviennent eux-mêmes, ne doivent-ils pas reconnoître que sa volonté n'est pas différente de sa puissance, ou plutôt que l'une n'a pas eu d'autres bornes que l'autre dans l'érection de Piney?

Peut-on douter qu'il n'ait voulu que le duché ne passât aux femelles, et même à leurs descendans, quand on voit qu'il le crée pour François de Luxembourg, ses hoirs ou ayans cause, tant mâles que femelles, en quelque degré que ce soit, perpétuellement?

Qui osera distinguer, quand le prince ne distingue point? Jamais clause fut-elle plus étendue, plus générale, plus indéfinie?

Que si on n'a pas répété dans l'érection de la pairie ces termes : *En quelque degré que ce soit, perpétuellement*, c'est parce que cette répétition étoit inutile. Le roi, par ces dernières lettres, unissoit inséparablement la pairie au duché. Donc toutes les clauses qui sont dans l'érection du duché, sont de plein droit communiquées, transférées, appliquées à la pairie.

Quand même le roi n'auroit exprimé sa volonté que par ces termes de *mâles* et de *femelles*, pourroit-on douter de ses intentions; et ne voit-on pas que, lorsqu'il a voulu limiter sa grâce au premier degré, il l'a marqué expressément comme dans l'érection de Penthièvre de 1569, en faveur d'un cadet de la maison de Luxembourg?

Ecoutera-t-on, après cela, la distinction subtile des droits réels et des droits personnels, contre les termes mêmes des lettres d'érection?

Dira-t-on que le mari n'est pas expressément appelé? Mais à qui donc peut s'appliquer le terme d'*ayant cause*, et combien nos histoires et nos registres fournissent-ils d'exemples de maris qui ont été reçus à cause de leur femme?

Soutiendra-t-on encore que la cession qui a été faite à M. de Luxembourg n'est pas légitime? Mais comment pourra-t-on le prouver, dans le temps qu'elle réunit en sa personne les droits de tous ceux qui pourroient avoir la propriété ou la jouissance de la terre, ou l'espérance même de succéder ?

Enfin, sera-t-on réduit à vous faire envisager les conséquences dangereuses de la multiplication des pairies ? C'est au roi à les prévenir par sa prudence, et l'on ne doit point craindre que leur éclat soit terni par des alliances peu honorables, puisque nos mœurs ne permettent point à une duchesse de se marier sans l'agrément du roi, et qu'elle seroit justement privée des effets de la grâce du prince, si elle la profanoit par un choix indigne d'elle.

Après vous avoir montré que cette demande est non-recevable dans la forme, et insoutenable dans le fond, on a passé à l'examen des lettres en forme de requête civile qui font la seconde partie de la cause.

Depuis que l'on a introduit l'usage des requêtes civiles, on n'en a vu aucune plus odieuse et plus extraordinaire.

Il suffit d'envisager l'arrêt, pour être surpris de la témérité de ceux qui osent l'attaquer.

Un arrêt d'audience le plus solennel qui fût jamais rendu, il y a trente-quatre ans, après une plaidoirie de trois mois, après un délibéré. Quel jugement sera désormais en sûreté ?

Un arrêt qui ne fait aucun préjudice à ceux qui s'en plaignent; pouvoient-ils empêcher la réception de M. de Luxembourg ? Ils convenoient qu'il avoit au moins un titre subsistant.

Pouvoient-ils trouver mauvais qu'on appointât une cause si importante, et, selon eux, si difficile ?

Enfin un arrêt exécuté,

Par la réception de M. de Luxembourg;

Par les demandes qu'ils ont faites en exécution de l'appointement; écritures, factums, requêtes.

Faut-il, après des fins de non-recevoir de cette qualité, entrer dans le détail des ouvertures de requête civile ?

On dit d'abord que les mineurs n'ont pas été défendus.

Mais, qui pourra se le persuader!

C'est un arrêt rendu après trois mois de plaidoirie; rien de nouveau, le même moyen; le tour seul est différent.

La cause commune avec les majeurs; même intérêt, mêmes raisons, mêmes défendeurs.

On ajoute que cet arrêt renferme une contrariété évidente, puisque M. de Luxembourg fut reçu comme propriétaire de Piney, et cependant sans préjudice de la propriété.

Mais premièrement, contrariété fondée sur une pure subtilité; rien qui ne puisse être exécuté dans l'arrêt.

Secondement, les sieurs du Massey ne prétendoient rien dans les principales terres, qui, unies avec Piney, formoient le duché; ils ne demandoient que Piney, et convenoient même que M. de Luxembourg avoit droit de prétendre plusieurs détractions. Ainsi, M. de Luxembourg, propriétaire de la plus grande partie, en possession de tout; d'ailleurs la prétention des sieurs du Massey étoit sans apparence, et a été en effet condamnée. Tel est le motif de l'arrêt, par conséquent point de contrariété.

Enfin on oppose que M. de Brissac étoit sans tuteur ni curateur.

Mais pair, toujours réputé majeur; mais intérêt commun avec les majeurs; mais défendu par le ministère public; mais autant de ducs, autant de tuteurs dans cette occasion.

Que si les lettres en forme de requête civile ne devoient pas seulement être présentées, l'arrêt de 1662 subsiste donc en son entier, et quelqu'événement que puisse avoir la question de l'extinction de la pairie, on ne peut refuser à M. de Luxembourg la même justice que l'on a accordée à Monsieur son père, c'est-à-dire, de le recevoir avant le jugement du procès.

Le seul obstacle qu'on lui oppose est une pure subtilité: on prétend que la face de cette contestation est changée par les lettres de 1676, et que de deux titres qu'avoit M. le maréchal de Luxembourg, il est réduit à un seul, qui est celui de 1581.

Si l'on examine ces lettres dans la rigueur de la procédure, peuvent-elles priver M. de Luxembourg d'une dignité que Monsieur son père a possédée pendant plus de trente années? Peut-on même lui opposer? . . . .

Il a présenté ces lettres; Messieurs les ducs et pairs ont formé opposition à leur enregistrement : ils reconnoissent donc qu'elles leur sont contraires. Comment aujourd'hui espèrent-ils tirer avantage d'une déclaration qu'ils ont regardée comme le plus fort moyen de M. de Luxembourg?

Que si depuis ils ont fait intervenir les ducs érigés depuis 1662, on prétend qu'ils portent avec eux le caractère qui paroît inséparablement attaché aux demandes formées contre M. de Luxembourg, d'être aussi peu justes que recevables.

Peuvent-ils attaquer un titre qui a été donné à M. de Luxembourg avant qu'ils fussent appelés par le roi au même honneur que lui; et ne voit-on pas qu'ils viennent dans votre audience, plutôt pour fortifier le parti des ducs créés avant 1662, que pour soutenir un intérêt solide, et une prétention légitime?

Mais d'ailleurs quel avantage peuvent-ils tirer des lettres de 1676, pour former opposition à l'arrêt de 1662?

C'est une règle du droit, et une maxime dictée par l'équité même, que l'on ne doit pas rétorquer par une interprétation subtile, les grâces des princes, contre ceux qui les ont obtenues.

Le roi a voulu faire une nouvelle grâce à M. de Luxembourg, en lui accordant les lettres de 1676. Croira-t-on que dans ce moment il avoit voulu le dégrader? Se persuadera-t-on qu'il ait eu le dessein de révoquer la grâce qu'il lui avoit faite en 1661?

Il ne faut point diviser les termes des lettres, ni partager la clause qui comprend l'intention du prince.

S'il déclare d'abord qu'il n'a point prétendu faire une nouvelle érection en faveur de M. de Luxembourg, le roi ajoute ensuite qu'il a voulu approuver son contrat de mariage, et agréer qu'il fût reçu comme Léon d'Albert.

On prétend que, pour comprendre le sens de ces lettres, il faut ou les prendre, ou les rejeter en entier.

Si on les suit à la lettre, M. de Luxembourg sera reçu comme Léon d'Albert, et jouira de l'ancien rang.

Si on les rejette entièrement, il rentre dans le même état où il étoit avant 1676.

Ainsi ces lettres ne peuvent jamais lui nuire.

On ajoute que ces lettres n'ont point encore été enregistrées, et que peut-être elles ne le seront jamais. Mais sur un si léger fondement, on ne peut, sans injustice, refuser à M. de Luxembourg d'être reçu dans cour des pairs.

Que si, après toutes ces raisons, on persiste encore à demander à M. de Luxembourg en vertu de quel titre il demande à être reçu, il répond que c'est en vertu de l'ancien et du nouveau titre; qu'il est impossible qu'il n'ait pas au moins l'un des deux, et que la cour décidera, en jugeant le procès appointé, auquel de ces deux titres il faudra que M. de Luxembourg se fixe pour toujours.

Tout ce que l'on peut opposer à des raisonnemens si justes et si naturels, ne présente que de vaines subtilités, contraires aux termes des lettres, contraires à l'intention du roi qui les a accordées. Et contre qui enfin se sert-on de toutes ces interprétations forcées? Contre l'héritier de la maison de Montmorency, le fils de M. le maréchal de Luxembourg. C'est lui qu'on s'efforce de dégrader le premier, d'une dignité à laquelle on peut dire qu'il a été admis dans la personne de M. son père, d'une dignité qui n'est pas nouvelle dans sa maison, puisque c'est elle qui a eu l'avantage d'ouvrir cette carrière d'honneur (1) à toutes les autres du royaume, qui, peut-être, sans l'exemple qu'on leur a donné, n'auroient jamais osé y aspirer.

DEUXIÈME AUDIENCE.

Après vous avoir expliqué dans la dernière audience les circonstances importantes du fait, et les principaux moyens des parties, nous ne croyons pas devoir employer ici beaucoup de paroles pour vous faire connoître que, de quelque côté que l'on envisage cette cause, elle est également étendue, difficile et importante.

Son étendue renferme les principaux faits qui se sont passés depuis plusieurs siècles touchant la nature, la succession, les fonctions des premières seigneuries du royaume, et des plus anciens offices de la couronne.

Sa difficulté consiste à chercher, à découvrir au milieu de l'incertitude des faits, et au travers des ténèbres de l'antiquité, des principes également clairs, certains, décisifs, qui puissent fixer à l'avenir une jurisprudence constante et uniforme sur une matière si noble et si élevée, mais en même temps si incertaine et si arbitraire.

Et enfin, son importance ne regarde pas seulement l'intérêt de tous les pairs de France. Ses limites ne sont pas les mêmes que celles de la pairie; elle s'étend jusqu'aux droits sacrés de la couronne, du domaine public, et de la souveraineté de nos rois.

Tant de vues, de motifs d'intérêts différens, seroient capables de nous faire trembler, en commençant ce discours, si nous ne pouvions avec confiance

(1) Erection du duché de Montmorency en faveur d'Anne de Montmorency, en juillet 1551. Jusqu'à ce temps, il n'y avoit eu que des princes, dont les terres eussent été érigées en pairies. *Voyez* du Tillet, *des rois de France*, chap. *des pairs*, et autres auteurs.

nous rendre ce témoignage à nous-mêmes, que nous n'avons suivi dans l'examen d'une cause si obscure et si difficile, d'autres principes que les lois fondamentales de l'état, d'autres règles que les ordonnances de nos rois, d'autres préjugés que ceux de vos arrêts, d'autres guides que les exemples de ceux de nos prédécesseurs qui ont rempli avec le plus d'éclat les places importantes que la bonté du roi veut bien nous confier.

Après avoir fait cette protestation solennelle, à laquelle nous nous attacherons inviolablement dans toute la suite de ce discours, nous croyons qu'il est de notre devoir de vous tracer d'abord le plan général et l'abrégé des principales questions de cette cause.

Trois différentes parties se présentent devant vous, et réunissent aujourd'hui toutes leurs forces contre M. de Luxembourg.

Les premières, c'est-à-dire les ducs qui étoient majeurs, ou leurs auteurs dans le temps de l'arrêt de 1662, forment une demande importante, qui comprend elle seule toute la difficulté de cette cause; ils soutiennent qu'il y a lieu, dès à présent, de déclarer la pairie de Piney éteinte et anéantie par le défaut d'enfans mâles de la maison de Luxembourg.

Les secondes, qui sont ceux de Messieurs les ducs et pairs qui étoient mineurs lorsque l'arrêt de 1662 a été rendu, ne se contentent pas de demander, comme les autres, l'extinction de la pairie; ils attaquent aussi ce même arrêt, en cas qu'on veuille le leur opposer par des lettres en forme de requête civile.

Enfin les dernières, c'est-à-dire, les ducs qui ont été créés depuis l'année 1662, se servent des armes de M. de Luxembourg contre lui-même, et, soutenant avec lui que les lettres de 1661 ne contiennent aucune érection nouvelle, ils en concluent contre lui, qu'il ne peut être reçu dans la dignité de pair de France, ni les précéder en cette qualité, puisque ses deux titres sont également détruits; le premier, par le défaut de successeurs mâles; le second, par le propre fait de M. de Luxembourg, qui renonce expressément à tout l'avantage qu'il pouvoit en espérer.

Nous ne pouvons donc suivre un ordre plus naturel dans le partage de cette cause, que celui des trois différens chefs de contestations sur lesquels vous avez à prononcer.

Trois questions également importantes sont aujourd'hui soumises à votre jugement.

L'ancienne pairie de Piney est-elle absolument éteinte, ou subsiste-t-elle encore aujourd'hui avec son premier lustre dans la personne de M. de Luxembourg? C'est la première question.

L'arrêt de 1662 est-il un préjugé en faveur de M. de Luxembourg; et, supposé qu'il en soit un, peut-il être détruit par des lettres en forme de requête civile? C'est la seconde partie de cette cause.

Enfin, peut-on distinguer deux érections de Piney en pairie, une première de 1581, une dernière de 1661; et si cette distinction est une fois admise, peut-on dire que M. de Luxembourg ait renoncé absolument à la dernière? C'est la troisième question que vous avez à décider.

Mais, avant que de nous engager dans le détail de ces questions, nous sommes obligés de nous arrêter, pour ainsi dire, dès l'entrée de ce discours, pour examiner en peu de paroles deux fins de non-recevoir que l'on oppose à la première demande de Messieurs les ducs et pairs.

On prétend d'abord qu'aucun particulier dans le royaume ne peut être reçu à demander qu'une pairie soit déclarée éteinte et supprimée; que Messieurs les ducs et pairs ne peuvent jamais avoir de véritable intérêt dans cette cause, que pour le rang et la préséance, et non pas pour le corps et la substance de la pairie même; et que, par conséquent, la demande qui est portée aujourd'hui en votre tribunal, est une prétention toute nouvelle, proposée non-seulement sans fondement, mais même sans exemple. Il est inoui qu'un duc et pair ait jamais demandé qu'il fût fait défenses à un autre pair de prendre ce nom et cette qualité, et l'on espère que cette demande, aussi nouvelle qu'elle est irrégulière, paroîtra en même temps pour la première et la dernière fois dans le public.

On ajoute que si l'on restreint cette prétention à la seule contestation sur le rang et la préséance, c'est ce qui fait la matière d'un procès par écrit, et par conséquent que l'on ne peut juger en votre audience.

Commençons par examiner ces fins de non-recevoir, et ne craignons point d'avouer que nous les examinons avec un désir secret de les trouver assez fortes, pour nous dispenser de vous proposer ici nos foibles conjectures sur une question dont la difficulté surpasse infiniment nos lumières et notre expérience.

Nous ne doutons point du principe que l'on vous a proposé, qu'il n'y a point de règle plus sûre pour décider dans la forme si une demande est recevable, que d'examiner l'intérêt du demandeur dans le fond. La justice ne refuse jamais son secours à ceux qui ont un sujet apparent de l'implorer; et puisque ce secours n'est autre chose que l'action même qu'elle accorde, la mesure de la capacité d'intenter cette action, est toujours la même que celle de l'intérêt de celui qui l'intente.

Mais, loin qu'il faille conclure de ce principe que la demande de Messieurs les ducs et pairs ne doive pas seulement être écoutée, il semble au contraire qu'on peut en tirer une conséquence toute différente.

Leur intérêt est certain; on convient même que cet intérêt est raisonnable. Que les philosophes disputent entr'eux si cet honneur, ce rang, cette préséance, cette décoration extérieure, dont les ames qui seroient le plus en droit de la regarder avec indifférence, sont souvent les plus jalouses, est un avantage réel, ou un bien purement imaginaire; il est toujours constant que ce sont néanmoins ces distinctions qui, de tout temps, ont excité les plus fameuses querelles.

Si, pour soutenir le droit que l'on peut y avoir légitimement, il est absolument nécessaire de soutenir en même temps que la pairie, qui seule peut donner ce rang et cette préséance, est entièrement anéantie; si sans cette demande il est inutile de plaider sur la préséance, puisque tant que l'ancienne pairie subsiste, il est impossible de lui refuser l'ancien rang; si toutes ces propositions sont également simples et indubitables, s'étonnera-t-on de voir que Messieurs les ducs et pairs forment aujourd'hui cette demande, et ne sera-t-on pas surpris au contraire, de ce qu'ils la forment si tard?

Que si, pour détruire cette objection d'une manière encore plus invincible, il falloit avoir recours aux exemples de ce qui se pratique dans les autres matières, ils s'offriroient en foule pour confirmer le principe que nous venons de vous proposer.

C'est ainsi que, quoiqu'il n'y ait point de cause plus publique que celle qui regarde la validité ou la nullité des mariages, on permet néanmoins à tous les particuliers qui y sont intéressés, de les attaquer par la voie de l'appel comme d'abus. C'est par la même raison que l'on permet tous les jours, dans tous les tribunaux, à toutes sortes de parties, d'attaquer la noblesse et la qualité d'écuyer de ceux auxquels elles ont été condamnées à payer des dépens. Cependant, quelles comparaisons peut-on faire d'un pareil intérêt avec celui qui anime aujourd'hui Messieurs les ducs et pairs?

Mais cherchons des exemples encore plus analogues à la véritable espèce de cette cause. Si les officiers d'un siége subalterne avoient refusé de recevoir un homme pourvu d'un office dans leur siége, et que, pour unique raison, ils prétendissent que cet office est supprimé, si cette contestation étoit portée pardevant vous, diroit-on que les officiers de ce siége ne seroient pas capables de soutenir, de prouver les causes de leur refus, et de vous demander qu'il nous plût prononcer que l'office dont il s'agissoit entr'eux, seroit déclaré éteint et supprimé.

Supposons même que Messieurs les ducs et pairs ne fussent pas recevables à former expressément une demande en leur nom, pour faire déclarer la pairie éteinte, ne pourroient-ils pas au moins exciter le ministère public, nous dénoncer cette prétention; et qui oseroit soutenir que nous ne serions pas recevables à examiner cette demande, et à prendre sur cette espèce de dénonciation, les conclusions que l'intérêt du roi et du public remis entre nos mains, nous inspireroit dans une semblable occasion.

Retranchons donc entièrement cette première fin de non-recevoir. Les parties qui paroissent devant vous sont intéressées à former cette demande; leur intérêt est la règle de leur capacité; les exemples, la raison, tout concourt à les rendre recevables; quand ils ne le seroient pas, la loi de notre devoir nous obligeroit à examiner leur dénonciation.

Passons à la seconde fin de non-recevoir, et examinons encore plus sommairement si l'on peut dire que ce que l'on plaide en votre audience, n'est autre chose que ce qui est appointé.

Il faut convenir d'abord qu'il y a plusieurs moyens qui sont communs à l'une et à l'autre prétention.

Mais, quelque rapport qu'il y ait entre la question du rang et la question de l'extinction de la pairie, la cour les a néanmoins distinguées par son arrêt du premier février 1696.

Elle a considéré la cause qui se plaide aujourd'hui devant vous, non-seulement comme une cause séparée de l'instance de préséance, mais même comme une cause préalable, qui devoit nécessairement être décidée avant que de pouvoir procéder au jugement de cette instance.

Elle a ordonné qu'il seroit sursis à ce jugement, jusqu'à ce qu'il eût été statué sur l'opposition à la réception de M. le duc de Luxembourg.

Elle a donc jugé que l'opposition à la réception, jointe à la demande à fin d'extinction de la pairie, étoit le principal, et que le reste n'étoit que l'accessoire.

Elle a cru qu'il étoit inutile d'examiner quel seroit le rang d'un pair avant que de l'avoir reçu pair, qu'il ne falloit pas confondre les suites avec les principes, et qu'il falloit commencer par établir la qualité avant que de régler les conséquences.

Ainsi, bien loin que cette cause et l'instance de préséance soient un seul et même procès, il est visible qu'à la rigueur, quand l'une et l'autre seroient également appointées, on ne pourroit les joindre, puisqu'il faudroit que l'une fût entièrement décidée avant que l'autre pût être instruite, si elle ne l'étoit pas déjà.

Ajoutons à l'autorité décisive du préjugé de votre arrêt, que quelque affinité qu'il y ait entre la question du rang, et celle de l'extinction de la pairie, on peut néanmoins observer plusieurs différences essentielles entre l'une et l'autre.

Dans l'une, on soutenoit que les lettres de 1661 contenoient une nouvelle érection.

Dans l'autre au contraire, on soutient ou qu'elles n'en contiennent point, ou du moins que M. de Luxembourg a renoncé au droit nouveau que ces lettres pouvoient lui donner.

Dans l'une, on demandoit l'exécution de l'arrêt de 1662 : dans l'autre cet arrêt même est attaqué.

Dans l'une, il n'y avoit point d'autres parties que les ducs reçus avant M. de Luxembourg.

Dans l'autre, ceux mêmes qui ont été reçus après lui se déclarent contre lui.

Mais enfin, ce qui nous détermine à croire que l'on ne peut se dispenser d'entrer dans l'examen des questions du fond, c'est la suite et l'enchaînement de ces propositions qui sont constantes par l'aveu même et la reconnoissance des parties.

Pour pouvoir être admis à soutenir une question de rang et de préséance en qualité de pair, il faut être reçu en la cour comme pair.

Pour être reçu comme pair, il faut avoir un titre certain.

Pour avoir un titre certain, il faut que ce titre ne soit pas contesté.

On reconnoît de la part de M. de Luxembourg, qu'on ne peut recevoir un pair par provision, de peur de s'exposer à l'inconvénient de le dégrader par le jugement définitif du procès; et si l'on peut se servir ici de l'exemple des autres dignités, il est inoui qu'on ait reçu aucun officier, pendant qu'il y a une opposition subsistante à son titre.

Il faut donc que le titre de M. de Luxembourg soit assuré, avant que de pouvoir procéder à sa réception.

De deux titres qu'il pouvoit soutenir, il semble abandonner celui de 1661, puisqu'il soutient que le roi n'a prétendu faire en ce temps-là aucune érection nouvelle.

Il faut donc nécessairement examiner si le titre ancien de 1581 subsiste encore aujourd'hui.

Et pour donner encore plus de jour à cette vérité, joignons-y cette dernière réflexion.

Si feu M. le maréchal de Luxembourg vivoit encore, si c'étoit contre lui qu'on eût formé la demande à fin d'extinction de la pairie, nous ne douterions pas alors que l'on ne pût et que l'on ne dût joindre cette demande à la question du rang et de la préséance, parce qu'il étoit reçu dans la dignité de pair de France. Mais quelle conséquence peut-on en tirer en faveur de M. de Luxembourg son fils? Il n'est pas encore reçu, et pour le recevoir, il faut examiner ses titres. Celui de 1661, en vertu duquel on avoit reçu Monsieur son père, est devenu douteux par les lettres de 1676. Nous sommes donc obligés d'entrer malgré nous dans l'examen de la demande à fin d'extinction de la pairie; et puisque sans cela on ne peut procéder à la réception de M. de Luxembourg, qui fait le principal sujet de cette contestation, nous ne suspendrons pas davantage l'attention du public, qui n'envisage ici que cette question célèbre, et nous vous proposerons nos sentimens sur une question si illustre, en aussi peu de paroles que l'importance de la matière pourra nous le permettre.

Pour donner quelque ordre à une matière si vaste et si étendue, nous la considérerons sous deux faces différentes.

Nous n'envisagerons d'abord que les principaux faits dont on peut composer l'histoire générale des pairies.

Nous tâcherons ensuite de tirer de ces faits et des réflexions que nous y ajouterons, les principes solides, et les maximes véritables par lesquelles nous croyons que cette cause doit être décidée : en un mot nous comprendrons sous ces deux idées, tout ce que nous avons à vous proposer touchant l'extinction de la pairie de Piney; le fait ou l'histoire de la pairie, le droit ou les maximes de la pairie : dans l'une et dans l'autre nous commencerons par déclarer d'abord que nous renonçons à la gloire d'une vaste érudition; et bien loin de chercher ici des faits singuliers qui aient échappé à la curiosité des savans, nous tâcherons au contraire, de ne rapporter que des faits connus de tout le monde, persuadés que c'est dans cette suite et dans ce progrès de faits simples et éclatans, et non dans quelque point de critique obscur et difficile, qu'il faut chercher à découvrir les sources de la décision que vous avez à prononcer.

La pairie peut être considérée en trois âges différens; *dans sa naissance, dans son progrès, dans l'état présent* où elle se trouve aujourd'hui.

Si nous l'envisageons d'abord dans sa naissance, trois choses ont concouru pour la former.

La fonction, l'office, ou, si l'on veut, un terme plus général, les droits personnels qui sont attachés à la qualité de pair de France.

La terre, ou le fief de haute dignité, à laquelle le nom et les prérogatives de pairie ont été ajoutés.

Et enfin le nom de *pair* et de *pairie*, que l'on donne au seigneur qui est revêtu de ce titre éminent, et à la terre qu'il possède.

Ces trois idées renferment tout ce qui est essentiel pour faire un pair de France. Car enfin, qu'est-ce qu'une pairie, si ce n'est, pour ainsi dire, un seul tout, composé de corps et d'esprit, de droits réels et de droits personnels, de domaine et de dignité, d'utile et d'honorable, de fief et d'office ? et c'est à ce tout, ainsi formé de deux parties si différentes, que l'on a donné le nom et le titre de *pairie*.

Examinons donc séparément ces trois idées qui entrent dans la description de cette dignité.

Si nous nous attachons d'abord aux fonctions, nous ne croyons pas pouvoir en donner une idée plus noble et plus éclatante, qu'en recueillant ces expressions magnifiques dont le roi Jean s'est servi pour marquer la grandeur de la dignité des pairs de France.

C'est dans l'érection du comté de Mâcon en pairie, qu'il nous apprend que les rois de France, pour *la conservation de l'honneur de leur couronne, conseil et aide de la chose publique, ont institué les douze pairs qui assistent ausdits rois ès hauts conseils, et de fidélité entr'eux pareille les accompagnent les premiers en bon ordre ez vaillans faits d'armes pour la défense d'iceux rois et royaume.*

De là les titres de conseillers naturels, de membres de la couronne, d'assesseurs du roi, *laterales regis*, que nos rois leur ont souvent donnés. De là cette déclaration si glorieuse, que la qualité de pair étoit la plus éclatante dignité à laquelle le roi pouvoit élever un fils de France. Telle est la description que nos rois ont faite eux-mêmes des fonctions des pairs, grands dans la profession des armes, grands dans l'administration de la justice, plus grands encore dans les fonctions augustes qu'ils font au sacre de nos rois, où seuls entre tous leurs sujets, ils ont l'honneur de soutenir leur couronne, comme si la religion de nos pères eût voulu marquer par cette sainte cérémonie, que les pairs ont été institués dans leur première origine pour être les principaux instrumens de la puissance de nos rois, et pour les aider par leurs conseils et par leurs services à soutenir tout le poids de la royauté.

Elevés à cette haute dignité, par combien d'exemples fameux n'ont-ils pas signalé en même temps et la grandeur de leurs fonctions, et leur attachement inviolable aux intérêts de la monarchie !

Décider avec le roi des causes qui regardoient les droits sacrés de la couronne; juger les rois étrangers obligés de reconnoître la majesté de ce tribunal; être choisis pour arbitres par les empereurs et par les papes; enfin, se déclarer hautement les zélés défenseurs de la loi salique, et donner à tous les sujets du roi, l'exemple d'une soumission parfaite à cette loi fondamentale de l'état; c'est en peu de paroles l'abrégé de ce que les pairs ont fait dans plusieurs occasions éclatantes qui sont connues de tout le monde.

N'allons point chercher ni dans l'ancienne ni dans la nouvelle Rome, l'origine et la naissance de cette importante dignité. Reconnoissons avec nos meilleurs auteurs, qu'elle est l'unique ouvrage des Français, et que l'on ne peut en trouver le modèle et les principes que dans les anciennes fonctions des ducs et des comtes.

Quoiqu'il y ait quelques exemples dans vos registres, de pairies purement personnelles, créées pour un temps, souvent même pour un jour et pour une simple cérémonie; il faut cependant avouer que presque toutes les pairies ont toujours été jointes à la possession d'une terre décorée du titre de comté ou de duché.

Et cela supposé; quelle conjecture peut être plus vraisemblable touchant l'origine de la dignité des pairs, que celle qui va la chercher jusque dans l'office des ducs et des comtes ?

Nous ne prétendons point rappeler ici tous les faits de notre ancienne histoire, pour vous expliquer la nature de ces offices. Tous nos auteurs conviennent qu'ils réunissent deux caractères également opposés à la réalité des charges qui n'a été introduite que longtemps après.

Ils étoient personnels, toujours attachés à la personne de l'officier, toujours dépendant du prince qui l'avoit choisi. Le gouvernement des peuples, l'administration de la justice, la protection des églises, la défense de la veuve et de l'orphelin, la conduite et la direction des finances, voilà, MESSIEURS, tout ce qui étoit soumis à leur autorité. Rien de plus important, mais en même temps rien de plus personnel que toutes ces fonctions.

Après avoir reçu dans les assemblées générales du royaume les ordres et les instructions du prince, ils alloient les faire exécuter dans les provinces et dans les villes dont le gouvernement leur étoit confié.

Les formules de Marculphe (1), dans lesquelles nous lisons encore aujourd'hui le modèle des provisions d'un duc et d'un comte, les capitulaires de Charlemagne et des princes ses successeurs, remplis des préceptes qu'ils donnent aux ducs et aux comtes, touchant l'administration de la justice dans l'étendue de leur gouvernement, seront des monumens éternels et de la grandeur et de la personnalité des fonctions des ducs et des comtes.

La durée de ces offices n'est pas une preuve moins éclatante de leur véritable nature. Grégoire de Tours, et tous nos anciens historiens, nous apprennent que d'abord ces dignités ne s'accordoient que pour un certain temps; et la seule autorité du prince pouvoit le limiter.

Dans la suite, ces offices n'eurent point d'autres bornes que celles de la vie du sujet qui en étoit revêtu. Ensuite l'indulgence et la bonté de nos rois, la facilité qu'ils eurent de permettre à un père de disposer de ses charges et de ses honneurs en faveur de ses enfans, la promesse que fit Charles-le-Chauve, en partant pour son voyage de Rome, de conférer aux enfans les dignités de leurs pères; enfin l'usurpation, et la violence des seigneurs vers le déclin de la seconde race, rendirent héréditaires les offices des

(1) Cet ancien auteur, très-utile pour l'intelligence des formes qui s'observoient en France, a été donné au public avec des notes très-savantes par le célèbre Jérôme Bignon.

ducs et des comtes. Ce qui n'étoit dans son origine qu'un droit purement incorporel, une grâce personnelle, une portion du domaine public, et une émanation de la souveraineté, devint par là un droit réel, une grâce nécessaire et transmissible aux héritiers, un domaine privé, un office sans caractère public.

Si nous passons de l'office, au fief qui compose avec lui une pairie de France, il sera facile d'y observer le même progrès; et sans nous étendre sur l'origine des fiefs, si nous les considérons seulement dans la personne des ducs et des comtes, ce n'étoit qu'un simple usufruit qui leur tenoit lieu d'appointemens ou de récompense.

De là cette maxime, introduite plutôt pour les bénéfices profanes que pour les bénéfices ecclésiastiques, *Beneficium datur propter Officium*. Le bénéfice étoit l'accessoire de l'office; l'un étoit le service que l'officier rendoit à l'état, l'autre le salaire et la récompense que l'état accordoit à l'officier; et l'on n'avoit pas encore confondu, ni dans l'Eglise, ni dans l'état, les idées justes et naturelles des choses, en regardant l'office comme l'accessoire, et le bénéfice comme le principal.

De là cette autre maxime, établie par le consentement unanime de tous nos auteurs, que la durée du bénéfice a toujours été attachée à celle de l'office; que les mêmes causes qui ont rendu héréditaires les offices des ducs et des comtes, rendirent leurs bénéfices patrimoniaux; et que c'est ainsi que s'est formé cet assemblage nouveau de terre et d'office, qui a composé ce que nous appelons aujourd'hui un duché, un comté, un duché-pairie.

Ne retraçons point ici l'histoire des guerres et des malheurs que ce changement a causés dans l'état : personne n'ignore qu'il fut presque fatal à la monarchie. Tous les grands se soulevèrent contre la domination légitime; chacun usurpa, dans l'étendue de son gouvernement, l'autorité du souverain; on vit paroître dans un même état et dans un seul royaume, plusieurs états et comme plusieurs rois différens, qui conservoient néanmoins la forme et l'apparence de l'ancien gouvernement. L'on y voyoit la même subordination d'officiers que les rois y avoient établie, des vicomtes ou des viguiers, des lieutenans, des centeniers, qui, par une suite du même abus, possédoient leurs offices en propriété.

Mais au lieu qu'autrefois ils dépendoient du duc ou du comte, sous les ordres et sous l'autorité du roi, auquel le comte et le duc rapportoient tout leur pouvoir, alors le cours et l'ordre de la domination légitime se trouvant interrompus, le duc et le comte se substituoient en la place du roi, et, arrêtant ainsi, en leur personne, ces honneurs qui devoient remonter jusqu'à leur source, ils se rendoient les maîtres et les dispensateurs souverains des dignités et des bénéfices de tous les ordres inférieurs.

La France, partagée entre sept seigneurs différens qui avoient usurpé ses principales provinces, étoit continuellement déchirée par des guerres civiles, lorsqu'enfin ils s'accordèrent tous à rétablir dans la personne d'un seul, les droits et l'autorité du souverain légitime.

La naissance et la fortune, la valeur et la sagesse placèrent également Hugues-Capet sur le trône de nos rois, et commencèrent en sa personne cette troisième race, dont nous espérons que la durée, perpétuée depuis plus de sept siècles, égalera celle des siècles à venir.

Mais, quoiqu'il fût reconnu pour roi légitime, les autres seigneurs qui avoient concouru à son élévation, conservèrent pendant long-temps des marques trop éclatantes de cette égalité, qui avoient été autrefois entr'eux et leur souverain.

Hugues-Capet fut obligé de tolérer des abus qu'il ne pouvoit corriger. Il laissa les seigneurs dans la possession héréditaire des provinces et des offices qu'ils avoient usurpés. Il les appela avec lui pour décider des plus importantes affaires de l'état. La seule condition qu'il leur imposa fut celle de l'hommage, qui succéda à la place de l'ancien serment que les officiers prêtoient entre les mains de nos rois.

Il ne manquoit plus aux ducs et aux comtes que le nom de pair, pour réunir en eux tout ce qui forme l'essence de la pairie; et ce nom convenoit parfaitement à leur état et à leur dignité.

Tous ceux qui ont quelque idée des antiquités françaises savent que le nom de *pair* se prend, dans nos anciens auteurs, en deux manières différentes.

Il a un premier sens naturel dans lequel il ne signifie qu'une égalité, de quelque nature qu'elle puisse être. C'est ainsi que dans les lois des Allemands et dans les Capitulaires de Charlemagne, les soldats sont appelés *pairs*, par l'égalité de leurs services; que dans Marculphe, les frères et les amis sont appelés *pairs* par cette égalité que le sang et l'amitié produit entr'eux; que dans d'autres titres, les évêques s'appellent mutuellement *pairs*, par l'égalité de leur ministère; que dans le traité fait entre les enfans de Louis-le-Débonnaire, ils se donnent réciproquement la qualité de *pairs*, soit par l'égalité de la naissance, ou par celle que l'autorité mettoit entr'eux, et qu'enfin les vassaux, qui relèvent immédiatement du même seigneur, ont été dans la suite appelés *pairs de fief*.

Mais ce même terme de *pair* reçoit encore une autre interprétation, moins naturelle à la vérité, mais aussi commune que la première. Elle est tirée de l'ancien usage du royaume, qui vouloit que chacun fût jugé par son *pair*. Les lois de Henri I, roi d'Angleterre, qui sont toutes tirées des usages de France, en ont fait une règle générale, *Unusquisque per pares suos judicandus est*.

Ainsi le terme de *pair*, dans sa signification naturelle, n'est pas différent de celui d'égal : le même terme, considéré dans ses effets, marque la qualité de juge; et, dans l'un et dans l'autre sens, il convient également aux ducs et aux comtes devenus héréditaires.

Egaux en mouvance de la couronne, égaux en

fonctions et en dignité, juges les uns des autres sur le fondement de cette égalité, que leur manquoit-il pour être appelés justement du nom de *pairs?* Ils renfermoient dans leur personne une double pairie, et de fief et de dignité.

Après cela, nous n'examinerons point ici dans quel temps précisément ils ont commencé à porter ce nom; si leur nombre a toujours été celui des six principaux seigneurs qui avoient usurpé la plus grande partie de ce royaume, ou si au contraire il y avoit encore d'autres seigneurs qui jouissoient du nom et des avantages de la pairie de France. Nous ne chercherons point curieusement le moment qui a fait la matière de tant de dissertations célèbres, où le nombre des pairs a été réduit précisément à douze, et où, par un effet de la sagesse de nos rois, l'on a opposé six pairs ecclésiastiques aux six laïques, pour balancer et pour partager leur autorité; si cet établissement doit être rapporté au temps de Louis-le-Jeune, de Philippe-Auguste ou de saint Louis. Nous retranchons toutes ces dissertations plus curieuses qu'utiles; et sans nous arrêter plus longtemps à considérer ce premier âge des pairies, nous nous contenterons de tirer des faits simples et généraux que nous vous avons expliqués, cette conséquence importante que les fonctions des pairs ont été dans leur origine essentiellement personnelles et masculines, et que ce n'est que par un progrès et un enchaînement fatal d'abus, d'usurpations, de violences, qu'on s'est accoutumé à les considérer comme héréditaires et patrimoniales.

Voyons maintenant jusqu'où l'on a porté, dans le second âge de la pairie, les suites et les effets de cette hérédité qui s'étoit introduite sur la fin du premier.

On n'avoit pu rendre les offices héréditaires et perpétuels, qu'en les confondant avec les autres biens purement réels et patrimoniaux, qui tombent dans le commerce et qui suivent la loi générale des successions.

Pour cela, il fallut, pour ainsi dire, leur donner du corps et de la réalité. Les hommes cessèrent de concevoir les offices comme des droits purement incorporels qui consistent dans l'entendement, suivant les idées du droit romain. Ils les attachèrent tellement aux fiefs, qu'ils les confondirent avec eux, et ne les regardèrent plus que comme un seul et même tout. Leur esprit, plein des usages que les fiefs avoient introduits, revêtissoit tout ce qu'ils concevoient, de l'image et de l'apparence d'un fief. On en donnoit même le nom et la forme aux purs offices qui n'étoient attachés à aucune terre : on les accordoit en fiefs comme les terres mêmes, sous la condition de l'hommage. Enfin, de simples pensions, assignées sur le trésor des rois ou sur le revenu des seigneurs, portoient aussi le nom de fief; on les appeloit *Feudo de Camerâ* (1); et, sans multiplier inutilement les exemples, il suffit de remarquer qu'il y a eu un temps où tout est devenu réel, corporel, patrimonial, où les hommes n'ont plus voulu concevoir aucun droit par l'esprit, mais le vouloir, pour ainsi dire, le toucher, le sentir, et où l'on oublioit entièrement la personne pour s'attacher uniquement à la terre.

Les dignités de pairs de France ont éprouvé le même sort que tous les autres offices; confondus avec la terre, ils ont été assujettis aux conséquences bizarres de cette maxime générale que nous pouvons justement appeler *le principe de la réalité*.

Dès le moment que l'on a commencé à ne plus considérer que la terre, et à juger de la qualité du seigneur par celle de la seigneurie, on a dû en même temps abolir toutes les anciennes maximes qui régloient et la nature des offices et celle des fiefs, dans le temps qu'ils étoient personnels et masculins, et

(1) *De Lauriere* sur la coutume de Paris, titre des *fiefs*, cite un exemple où le mot de fief est employé pour signifier le revenu d'un officier de la maison d'un roi.

l'on a été jusqu'à ne plus admettre aucune distinction de personne et de sexe (1). Tous étoient également capables de posséder les terres, tous par conséquent étoient capables de jouir des dignités qui n'étoient regardées que comme l'accessoire du fief, ou, si l'on veut, comme les fruits civils et honorables de l'héritage.

Tant que ce principe a été universellement approuvé (et il l'a été pendant long-temps), on en a tiré trois conséquences également justes et nécessaires, que l'on ne pouvoit combattre qu'en attaquant le principe même.

La première conséquence, et celle qui paroît d'abord la plus absurde, mais qui néanmoins a servi de fondement à toutes les autres, a été que toutes sortes de possesseurs d'un fief de haute dignité, que les femmes mêmes, lorsque ce fief leur étoit déféré par l'ordre des successions, étoient capables d'exercer les fonctions les plus personnelles, et les plus incompatibles avec leur sexe, parce qu'on les regardoit comme réalisées et incorporées avec le fief.

C'est ainsi que le savant Yves de Chartres écrit dans une de ses lettres, qu'il avoit renvoyé des parties dans la cour de la comtesse de Champagne, où leur différend devoit être décidé par elle, suivant les maximes barbares qu'une justice militaire avoit introduites, c'est-à-dire, par le sort des armes dans un combat singulier.

C'est ainsi que le roi Louis-le-Jeune écrit à la vicomtesse de Narbonne ; que les lois de son royaume sont beaucoup plus favorables aux femmes, que celles de l'empire romain ; qu'elles leur permettent non-seulement de succéder aux fiefs, mais d'administrer

(1) On s'est écarté en cela du vrai droit des fiefs, qui, étant donnés à la charge du service militaire, ne pouvoient être possédés que par les mâles; et il en reste encore des vestiges dans la préférence qu'ils ont sur les filles, ou dans les avantages qui leur sont donnés sur cette espèce de biens dans plusieurs coutumes.

elles-mêmes la justice qui en dépend. Il lui ordonne de se souvenir qu'elle a l'avantage d'être de son royaume, et que, quoiqu'elle soit voisine de l'empire, elle doit plutôt se conformer aux usages de France qu'aux maximes du droit romain ; et il ajoute enfin ces paroles remarquables : *Sedeas ergò ad cognitionem causarum, negotia diligenter examina ; et propter hoc quòd femina es, nulli liceat ab tuâ jurisdictione declinare.*

Nous choisissons ces exemples éclatans, dans la multitude de ceux qui s'offrent en foule pour prouver la même vérité.

Le progrès de cette puissance des femmes ne s'arrêta pas dans ce premier degré. On porta l'abus des maximes des fiefs, jusqu'à leur accorder le privilége extraordinaire d'être appelées en la cour des pairs, et d'y prendre une place dont leur sexe les auroit perpétuellement exclues, si l'on eût consulté les lois de la nature, plutôt que les usages des fiefs.

De-là, tous ces exemples que du Tillet a tirés des registres du parlement, de femmes ajournées en la cour, pour décider avec le roi et les autres pairs, tantôt de l'hommage, tantôt de la propriété d'une pairie, quelquefois de l'honneur et de la vie même d'un pair.

Enfin, le progrès de cet abus a été si loin, que l'on a vu la fameuse Mahaut, comtesse d'Artois, assister non-seulement au jugement de Robert de Flandres, mais même à la cérémonie du sacre de Philippe-le-Long, et soutenir avec les autres pairs la couronne du roi. Le murmure et l'indignation des autres seigneurs en cette occasion, fut le premier effort que la nation française fit pour s'élever contre cette autorité excessive des femmes, et comme la première voix par laquelle elle protesta hautement de rappeler cet ancien esprit de masculinité qui paroissoit inséparablement attaché à ces grands offices de la couronne.

Après avoir permis aux femmes d'exercer elles-mêmes les fonctions personnelles des pairies, pouvoit-on douter qu'elles ne fussent capables de communiquer à leurs maris, et de transmettre à leurs descendans un droit dont elles pouvoient jouir par elles-mêmes!

Ce fut aussi la seconde conséquence que l'on tira du principe général de la réalité, conséquence prouvée par autant d'exemples qu'il y a eu de pairies anciennes, et par un grand nombre de celles qui ont été nouvellement érigées.

Sans nous arrêter ici aux argumens tirés des pairies de Bourgogne, de Normandie, de Champagne, qui, quoique certains, demanderoient une trop grande suite de faits et de réflexions historiques, qui peut douter, par exemple, que le duché d'Aquitaine n'ait été possédé librement par Aliénor, héritière de cette grande province; qu'elle ne l'ait porté en mariage au roi Louis-le-Jeune, et qu'après son divorce, si fameux dans notre histoire, la pairie et le duché de Guyenne n'aient passé dans la maison qui régnoit en Angleterre, par le mariage de la même princesse avec Henri, duc de Normandie, présomptif héritier de cette couronne? Et quand nos rois ont reçu à l'hommage les rois d'Angleterre, ses successeurs, quand ils ont condamné Jean-sans-Terre comme pair, dans la cour des pairs, n'ont-ils pas reconnu par ces exemples célèbres, que la dignité de pair, unie et confondue avec le fief, pouvoit être acquise et communiquée par des femmes?

Saint Louis n'étoit-il pas encore convaincu de cette maxime, lorsque pour faire passer le comté de Toulouse dans la maison de France, il crut ne pouvoir trouver d'autre voie légitime que celle du mariage de son frère, avec la fille unique du dernier des comtes de Toulouse? Bien loin que par le traité qu'il fit avec ce comte, il ait exclu précisément les filles qui naîtroient de ce mariage, du droit de succéder au comté de Toulouse, il paroît au contraire qu'on les y appelle expressément par ces termes remarquables: *Et nulli poterunt ibi jus aliquod reclamare, nisi filii aut filiæ descendentes ex fratre nostro et filiâ ejus comitis.*

Est-il nécessaire d'ajouter à l'exemple de ces deux anciennes pairies, l'exemple encore plus singulier du comté de Flandres, où l'on voit cette pairie passer jusqu'à six différentes fois à des femmes, et se transmettre par elles dans des maisons étrangères, où d'abord une fille de l'ancienne maison de Flandre, porte ce comté dans la maison d'Alsace, pour revenir ensuite par une autre fille dans celle de Hainaut, où l'on voit une troisième fille le communiquer successivement à ses deux maris, tous deux admis à l'hommage, et tous deux reconnus pairs, le premier de la maison de Portugal, le second de celle de Savoie, où cette princesse étant décédée, Marguerite, sa sœur et son unique héritière, le transmet dans la maison de Dampierre, où de là nous voyons enfin ce comté passer dans la seconde maison de Bourgogne, par le mariage de l'héritière de Flandres avec Philippe-le-Hardi ? Et dans tous ces degrés, nous trouvons partout les maris et les descendans des femmes, regardés, jugés, honorés comme pairs. Le même titre qui leur déféroit la propriété du comté, le mettoit en possession des honneurs de la pairie. C'est par ces principes que nos rois ont décidé dans le même siècle de la succession des pairies d'Artois et de Bretagne.

Ils ne se sont attachés qu'à la seule considération du fief, pour distribuer les honneurs et les dignités qui y étoient attachés.

Ainsi, parce que la coutume d'Artois excluoit toute sorte de représentation, même en ligne directe, on vit Robert d'Artois, quoique mâle et issu de mâle, privé de la succession de son aïeul, et exclu par Mahaut, sa tante, de la propriété du comté, et en même temps de la pairie.

En vain il eut recours à la fausseté, pour se défendre contre la rigueur de cette loi. La fausseté fut découverte, et ne servit qu'à rendre le droit de Mahaut et de ses descendans encore plus inviolable.

Mais, parce qu'au contraire la coutume de Bretagne admettoit la représentation en ligne collatérale, la fille de l'aînée fut préférée à son oncle Jean de Montfort, et le roi Philippe de Valois la maintint dans la possession non-seulement du duché, mais même de la pairie.

Faut-il encore après cela parcourir la généalogie de ceux qui ont possédé ces deux pairies, et surtout les comtes d'Artois, pour y trouver des preuves du même usage? N'observe-t-on pas dans l'histoire de cette dernière pairie, deux faits également certains; l'un, que le comté d'Artois a été possédé par six différentes filles, dont les maris ont été toujours regardés comme pairs de France; l'autre, qu'il a passé non-seulement à la fille de la fille, mais à la petite-fille de la fille, en sorte que trois femmes successivement, et sans aucune interruption, l'ont fait passer dans la maison des comtes de Bourgogne, dans la maison de France, et enfin dans celle des ducs de Bourgogne de la seconde race?

Nous serions infinis si nous voulions rapporter ici tous les exemples de cette seconde conséquence, que l'on a tirée du principe général de la réalité.

Achevons de vous proposer la troisième et dernière conséquence, que l'on a regardée comme une suite de la même maxime.

Jusqu'ici nous n'avons vu que les descendans d'un pair de France recueillir, après sa mort, un si précieux héritage. Il faut maintenant vous montrer que l'on a porté encore plus loin la confusion que l'on a faite de la pairie avec les autres biens : on a appelé à la possession de cet office éminent les collatéraux mêmes. On a fait plus; on les a admis, non comme des héritiers par la voie de la succession, mais comme des étrangers, à titre de vente et d'acquisition.

Le comté d'Eu nous fournit un exemple fameux du droit qu'on a donné aux collatéraux. On y voit qu'après la mort de Charles d'Artois, en faveur duquel l'érection avoit été faite, Jean de Bourgogne, fils de sa sœur, eût assez de crédit pour conserver non-seulement la terre, mais la pairie même.

Ne lisons-nous pas dans l'histoire des comtes de Toulouse, que ce comté fut vendu à Raymond de Saint-Gilles par son frère; et l'histoire des comtes de Champagne ne nous apprend-elle pas que Hugues vendit ce comté à son neveu Thibault-le-Grand, lorsqu'il entreprit le voyage d'outremer?

En cet état, que restoit-il à la pairie de son ancienne dignité? Les biens qui en font le sujet réel, autrefois démembrés du domaine de la couronne, ne conservoient plus aucuns vestiges de leur première nature : confondus avec les plus viles possessions, ils dépendoient du hasard des successions, ou même du caprice de leurs seigneurs, qui pouvoient les vendre ou les engager impunément; les fonctions qui composoient autrefois un office personnel, pouvoient être exercées par des femmes, communiquées par des femmes à leurs maris, transmises par des femmes à leurs descendans, transférées enfin à des collatéraux qui ne pouvoient souvent alléguer d'autres titres en leur faveur, qu'un contrat d'acquisition.

Ainsi le domaine du roi perpétuellement aliéné, la justice possédée ou plutôt usurpée en propriété par les particuliers, au mépris de l'autorité royale, faisoient sentir l'abus de ce principe presque fatal à la monarchie, qui avoit introduit la réalité des grands offices de la couronne. On n'a commencé à ouvrir les yeux sur ce désordre que vers le temps de François I; et c'est dans ce dernier âge que l'on a enfin rétabli le droit commun, qui affecte les duchés et les comtés aux mâles, et qui distingue deux parties différentes dans une même pairie, l'office et le fief, ou, si l'on veut, la pairie réelle et la pairie personnelle.

Pour être convaincu de ces deux principes, c'est-à-dire, que les simples duchés mêmes sont affectés aux mâles, et que l'esprit général du royaume est de distinguer la pairie personnelle de la pairie réelle, il suffit de jeter les yeux sur les lettres qui ont été accordées depuis François I. L'on y remarque presque dans toutes, ou que le titre de duc est accordé aux seuls mâles, ou que, quand le duché peut passer aux femelles, on a pris en même temps la précaution de déclarer que la pairie demeureroit éteinte et supprimée par le défaut des descendans mâles; et cette masculinité des duchés, cette exclusion générale des femelles, surtout par rapport à la dignité de pair de France, est tellement devenue le droit commun du royaume, que l'on est obligé de reconnoître que si les termes des lettres d'érection appeloient seulement à la pairie les successeurs et les ayant cause en général, les femmes, dans le doute, n'y seroient point comprises.

L'édit de 1566 a confirmé cette nouvelle jurisprudence. Le roi a regardé les duchés, les comtés et les marquisats, comme des terres qui rentroient en quelque manière dans son domaine, pour y recevoir un nouveau titre d'inféodation, si noble et si éclatant, qu'il a la force d'imprimer à ces fiefs le sceau et le caractère du domaine public : il les fait presque considérer comme des apanages, et la réversion à la couronne, au défaut de descendans mâles, est le prix et la condition de ce nouveau titre dont ils sont décorés.

L'ordonnance de Blois en 1579, une déclaration particulière en 1582, ont confirmé la disposition rigoureuse de cette loi.

Si nos rois ont eu la bonté d'y déroger presque toujours dans les lettres d'érection, c'est cette dérogation même qui sert à marquer quel est le droit général. Autant de fois que l'on déroge à la loi, autant de fois on la confirme, et chaque exception singulière est une nouvelle approbation de la règle universelle; l'effet même de cette dérogation n'est point de conserver aux femmes la dignité de duc, mais la possession du duché, et elle regarde plus la propriété de la terre, que les prérogatives de la personne.

Enfin les lettres mêmes d'érection de Piney en

duché, sont un témoignage authentique et une preuve non suspecte de ce droit commun que nous cherchons, puisque le roi y marque expressément qu'il déroge à l'usage commun, suivant lequel les femmes n'ont pas accoutumé de succéder aux duchés de cette qualité.

Quelle fut la cause de ce changement, qui arriva dans la nature des duchés et des pairies, même avant l'édit de 1566? Par quels degrés ce retour au droit commun est-il enfin arrivé? Est-ce par la seule autorité que conservent toujours sur l'esprit des hommes les principes naturels? Y a-t-il eu quelque changement considérable ou dans le fief, ou dans l'office de la pairie, qui ait été la source des maximes que nous suivons maintenant? C'est, Messieurs, ce que nous croyons qu'il est très-important de chercher et de découvrir. Les causes de ce changement nous conduiront naturellement au droit et aux maximes de la pairie, que nous essayerons de vous proposer dans la seconde partie de cette cause.

Souffrez donc, Messieurs, que nous retournions, pour ainsi dire, sur nos pas, et que nous allions chercher dans la fin du second âge de la pairie, la source et l'origine du nouveau droit que nous croyons que l'on doit suivre à présent, pour déterminer la nature des offices des pairs de France.

Le premier trait de la sagesse de nos rois, et la première démarche qu'ils ont faite pour s'opposer au progrès de ce désordre, qui rendoit souvent les femmes arbitres de la paix et de la tranquillité de l'état, a été de rendre les apanages masculins.

Tous ceux qui ont quelque connoissance de l'antiquité, savent que l'usurpation et la faveur de la réalité avoient tellement prévenu tous les esprits, que non-seulement les fiefs de la plus haute dignité, mais les portions sacrées du domaine inaliénable de nos rois, passoient librement aux filles des enfans de France. On s'aperçut enfin de l'excès de ce désordre, et, pour revenir peu à peu aux idées justes et naturelles, on commença d'abord par ôter aux collatéraux le droit de succéder aux apanages, et enfin on prononça l'exclusion perpétuelle des filles, par des lois saintes et salutaires à l'état, dont l'observation n'a jamais reçu la moindre atteinte depuis le règne de Charles V.

Si nous ajoutons à cette première observation que la plupart des pairies qui ont été érigées depuis Philippe-le-Bel, ont été données à des enfans de France, qu'à peine dans le grand nombre de ces pairies nouvellement érigées, en trouve-t-on trois ou quatre qui aient été accordées à des princes qui n'eussent pas l'honneur d'être du sang royal; et qu'ainsi l'on s'est accoutumé peu à peu à confondre l'apanage avec la pairie, comme il paroît même que nos rois ont fait dans quelques-unes de leurs lettres, il sera facile de reconnoître le progrès insensible de ce droit qui a rétabli les pairies dans leur état naturel.

N'examinons point encore en cet endroit, si la confusion qu'on a faite de l'apanage avec la pairie, pouvoit avoir un fondement solide à l'égard du fief et du domaine de la pairie.

Arrêtons-nous seulement à considérer ici la dignité personnelle, et voyons si l'on peut douter raisonnablement de la justesse de cette comparaison que l'on a faite de la pairie, considérée comme office dans la personne des simples seigneurs, avec la même pairie considérée comme office dans la personne des enfans de France.

S'il n'est pas certain que la terre érigée en pairie puisse être considérée comme un démembrement du domaine, il est au moins constant que les fonctions importantes qui composent l'office des pairs, sont des émanations, ou, si l'on veut, des portions même du véritable domaine de nos rois, c'est-à-dire, de leur autorité, de leur puissance et de leur justice.

Si l'on défend l'aliénation perpétuelle des simples héritages qui ont été une fois réunis au patrimoine sacré de nos rois, comment souffrira-t-on que cequ'ils ont de plus précieux et de plus inviolable ; c'est-à-dire, l'administration de la justice, soit possédé sans retour par de simples particuliers et par des femmes même, sans aucun titre que celui des lois ordinaires des successions?

Ces ruisseaux seront-ils toujours séparés de leur source? Ces membres ne seront-ils jamais réunis à leur chef? Et si cette aliénation perpétuelle a été défendue à l'égard des princes du sang, si les pairies s'éteignent dans leurs personnes par le défaut de descendans mâles, comment pourroit-on soutenir que ce même titre, ce même office, cette même dignité, dût être plus durable dans une maison particulière que dans la maison royale, et que les filles de simples sujets du roi pussent transmettre à leurs maris une qualité que les filles mêmes des princes du sang ne peuvent pas posséder?

Ce fut par toutes ces raisons que lorsqu'on appela les seigneurs particuliers à la dignité éclatante de pairs de France, on suivit la loi et le modèle des apanages, au moins pour tout ce qui faisoit partie du domaine et de la seigneurie publique, c'est-à-dire pour les fonctions de la pairie.

Tel a été le premier degré par lequel on a commencé à revenir au droit commun, et à rétablir les principes naturels de cette matière.

Le second degré est plus considérable, parce qu'il attaque encore plus fortement le principe fécond de tous les abus que nous avons observés dans le second temps de la pairie. Ce second degré est l'abrogation tacite, mais certaine, de cet ancien usage qui rendoit les femmes capables d'exercer elles-mêmes les fonctions les plus importantes de la justice.

Si l'on demande quelle est la loi qui a produit ce changement, nous répondrons que c'est la nature même.

Nous ne voyons point que depuis l'année 1400, les femmes revêtues des titres de pairs de France, aient eu la témérité d'usurper dans le sanctuaire de la justice, un rang, une séance dont elles sembloient rougir.

Non-seulement on a refusé aux femmes le droit de la rendre dans leurs seigneuries; on l'a refusé aux hommes mêmes (1), et par là on a enfin arrêté les suites de ce progrès d'erreurs qui faisoient regarder tous les droits personnels comme une dépendance nécessaire des droits réels; et l'on a porté si loin la sainte sévérité de ces lois, que, bien loin qu'aujourd'hui la seule possession d'une terre rende les seigneurs capables d'exercer par eux-mêmes la justice qui y est attachée, elle est au contraire une raison d'exclusion, et un obstacle invincible pour eux, en sorte que les premiers magistrats du royaume, les chefs de la justice, les ministres de l'état qui décident tous les jours dans différens tribunaux, des biens, de la fortune, de la vie même des sujets du roi, sont privés par la seule qualité de *seigneurs*, de juger entre leurs vassaux les plus légères contestations.

Et c'est en cet endroit que nous pouvons remarquer les deux différens principes qui ont établi dans l'état deux jurisprudences tout à fait opposées.

Le premier confondoit l'office avec le fief : tous deux également réels, tous deux également héréditaires, tous deux également transmissibles à toutes sortes de possesseurs; et de là tous les abus qui ont régné pendant si long-temps : la seigneurie publique confondue avec la seigneurie particulière; le hasard de la possession, seule règle des honneurs, des dignités, des fonctions; des juges sans titres, des officiers sans caractère public, la justice entre les mains des femmes, les lois civiles et naturelles également oubliées.

Le second principe a suivi la nature même pour guide : il a distingué le domaine privé du domaine public, les droits des souverains de ceux des parti-

(1) Cette dépense fut faite à cause de l'abus qu'ils faisoient de leur autorité, et elle a été étendue à ceux qui ont une juridiction ecclésiastique, et qu'on a obligés de la faire exercer par des officiaux.

culiers ; il a rétabli les anciennes limites qui séparoient les droits réels des droits personnels ; il a voulu que nul ne pût exercer la justice sans être revêtu d'un caractère public, et laissant aux seigneurs particuliers une propriété stérile et destituée de toutes fonctions, on les a obligés de présenter au public une personne capable de les remplir, qui, par un examen et une réception solennelle, reçût des mains du roi ce caractère public, qui seul peut faire un véritable officier.

Reconnoissons donc ici que ce principe général de la réalité des offices est aujourd'hui presqu'entièrement aboli, ou du moins qu'il a été renfermé dans des bornes légitimes, et qu'en un mot, la seule possession de la terre a cessé d'être un titre suffisant pour exercer tous les droits qui demandoient la capacité de la personne.

Mais ce seroit peu d'avoir montré que les anciens principes ne subsistent plus à l'égard des justices seigneuriales, si nous ne faisions voir dans le troisième degré de cette jurisprudence, que ces mêmes maximes qui ont changé les droits des seigneuries ordinaires, ont été insensiblement appliquées aux pairies, et ont eu la force de changer l'idée qu'on s'en étoit formée, pour se rapprocher de leur ancienne origine.

Quel exemple plus éclatant pouvons-nous choisir pour prouver un fait de cette importance, que celui de la distinction que les derniers siècles ont introduite entre l'hommage que les pairs rendent au roi comme premiers vassaux de la couronne, et le serment que les mêmes pairs font en la cour pour être reçus dans cette dignité ?

Dans le premier, ce sont des vassaux qui viennent reconnoître la supériorité du souverain seigneur de tous les fiefs du royaume.

Dans le second, ce sont des officiers qui viennent recevoir du roi comme chef de la justice, le caractère qui les met en possession des fonctions importantes auxquelles ils sont appelés.

Mais, quelque juste et quelque solide que soit cette distinction, elle n'est pas néanmoins fort ancienne.

Autrefois on ne reconnoissoit aucune différence entre la qualité de vassal et celle d'officier ; un seul hommage suffisoit pour acquérir l'un et l'autre titre ; le même serment qui attachoit les pairs à la personne du roi comme ses hommes-liges, les engageoit à lui comme ses principaux officiers ; en même temps que le roi les avouoit pour ses vassaux, il leur imprimoit le caractère de juges, et la pleine possession du fief étoit toujours suivie du pouvoir de remplir toutes les fonctions de la justice.

Mais enfin on a reconnu la nécessité d'un serment particulier pour entrer dans l'exercice d'un office ; et nous voyons dans vos registres, que dans le quinzième siècle, on a commencé à exiger des pairs, lors de leur réception, un serment qu'ils ont toujours fait depuis (1) en la cour, et qu'ils font encore aujourd'hui. L'on y a même ajouté dans la suite, la nécessité d'une information de vie et mœurs, presque dans le même temps qu'elle a été établie à l'égard des conseillers de la cour ; et enfin, pour mieux marquer la véritable nature des offices des pairs de France, l'on trouve dans plusieurs sermens de ceux qui ont été reçus depuis cent vingt ans, la qualité de *conseiller en la cour*, ajoutée à celle de pair de France (2).

(1) Un auteur qui a écrit dans le seizième siècle parle de ce serment ; et M. d'Aguesseau en a fait l'extrait suivant, lorsqu'il travailloit sur cette affaire.

(2) Du Tillet, *Recueil des rois de France*, chap. *des pairs*, dit que *la forme du serment qu'ils font au parlement de Paris est exprimée en celui qu'y fit l'évêque de Noyon, le 16 janvier 1502, d'eux acquitter en leurs consciences ès jugemens des procès esquels ils seront audit parlement, sans acception de personne, ne révéler les secrets dudit parlement, et porter honneur à icelui; lequel est leur juge pour leurs honneur, vie et état, et doit, en leurs jugemens, être garni suffisamment des autres pairs*, page 262 de l'édition *in-folio* de 1588.

Quelle est la conséquence que l'on doit tirer de toutes ces observations, si ce n'est que l'on a aboli, à l'égard des pairies mêmes, cette maxime qui les faisoit considérer comme purement réelles, héréditaires et patrimoniales ? Tant que cette maxime a prévalu, la simple possession de la terre a pu faire un pair de France ; mais lorsqu'on en a reconnu l'abus, on a d'abord distingué ce que cette qualité pouvoit avoir de réel, d'avec ce qu'elle avoit de personnel. Le seul hommage a suffi pour mettre les pairs en possession de leurs fiefs ; mais pour les rendre capables d'exercer leurs offices, on leur a imposé la nécessité d'un serment, d'une information de vie et mœurs, et d'une réception solennelle.

Ainsi ce qui fait le *pair de fief*, ne fait point le *pair de dignité*. Ce sont deux caractères différens, deux titres qui peuvent être séparés, dont l'un n'est point une conséquence nécessaire de l'autre.

Passons maintenant à un quatrième degré de cette nouvelle jurisprudence, que l'on peut regarder comme une suite naturelle du troisième degré que nous venons de vous expliquer.

En même temps que l'on a regardé la fonction personnelle de pair comme un véritable office qui demandoit un serment particulier et une réception solennelle, l'usage a attribué aux pairs tous les droits qui sont une suite de cette qualité. Ainsi, au lieu qu'autrefois il ne paroît point qu'ils aient jugé d'autres causes que celles qui concernoient ou les droits de la couronne, ou ceux des pairies, on voit au contraire que dans la suite ils ont été considérés comme officiers ordinaires, capables de juger toutes sortes d'affaires de quelque nature qu'elles puissent être.

De là vient que, sous le règne de Philippe de Valois, suivant l'opinion commune de nos meilleurs auteurs, lorsque le parlement fut fixé à un nombre certain d'officiers, les douze pairs y sont compris comme membres ordinaires de cette auguste compagnie, sans aucune distinction que celle du rang et de la séance entr'eux et les autres conseillers, et c'est aussi à ce même principe qu'il faut rapporter la qualité de *conseiller de cour souveraine*, souvent ajoutée au serment des pairs, comme le défenseur même de feu M. de Luxembourg l'avoit reconnu dans les savans écrits qu'il avoit faits pour soutenir sa prétention.

Ne pouvons-nous pas dire que cet usage a achevé d'abolir les vestiges de l'ancienne opinion, et que c'est mal à propos que quelques-uns de nos auteurs n'ont voulu considérer comme *pairs de fiefs*, que ceux à qui nos rois ont donné un caractère véritable de juges, et une autorité qui s'étend également sur toutes les contestations qui peuvent être soumises au pouvoir des ministres de la justice?

Ajoutons enfin un dernier degré de cette sage jurisprudence, qui approche encore beaucoup plus de l'état présent de cette cause.

Vous vous souvenez, MESSIEURS, de ce que nous vous avons observé dans le second âge de la pairie. Rappelez, s'il vous plaît, ces exemples fameux par lesquels nous vous avons fait voir que les femmes communiquoient de plein droit à leurs maris les prérogatives éminentes de la pairie : on étoit alors si persuadé de la réalité de ses fonctions, que la question que l'on agite aujourd'hui dans votre audience, n'auroit pas formé un doute raisonnable. On ne croyoit pas encore qu'il fût nécessaire d'avoir recours à l'autorité suprême du souverain maître des honneurs et des dignités de son royaume, pour obtenir de lui une confirmation, ou, si l'on veut, une simple continuation du titre de pair de France en faveur du mari. Le roi, de son côté, ne refusoit point d'avouer et de reconnoître le mari pour son vassal, et en même temps pour pair de France. Comme l'on ne considéroit alors que le fief et la seigneurie qui étoient absolument réels, on ne doutoit point que le mariage ne fût un titre légitime qui en assurât au mari ou le domaine civil, suivant les idées du droit romain, ou le bail et la garde, suivant les principes du droit français.

Mais, lorsque l'on a donné atteinte à ce principe, en distinguant le fief de l'office; lorsque l'on a décidé que, pour être pair, il ne suffisoit pas d'être possesseur d'une pairie, qu'il falloit encore joindre le choix du roi et le caractère public à la possession de la terre, on a introduit aussitôt l'usage des lettres de continuation, par lesquelles le roi supplée ce qui peut manquer en la personne du mari, et le rend capable de remplir une dignité à laquelle il n'est point directement appelé par les lettres d'érection.

C'est ce qui fut observé à l'égard de Louis de Gonzague, lorsqu'il épousa l'héritière de la pairie de Nevers. Il crut que l'on étoit trop fortement persuadé de cet usage si salutaire à l'état, qui avoit rétabli les pairies dans leur véritable nature d'offices purement masculins, pour consentir qu'une femme le communiquât à son mari, quoiqu'il fût d'une naissance illustre, et digne d'être choisi par le roi pour posséder la dignité de pair de France. Il eut donc recours à la bonté du roi, pour le supplier de lui accorder des lettres de confirmation de la pairie, et ce fait est d'autant plus important à observer ici, que l'on trouvoit dans les dernières lettres d'érection du duché de Nevers en pairie, des clauses aussi générales et aussi étendues que celles que nous lisons aujourd'hui dans l'érection de Piney; le roi avoit appelé non-seulement les mâles, mais les femelles mêmes, à la succession de la pairie.

Henriette de Clèves, beaucoup plus favorable que Madame de Luxembourg, n'étoit point, comme elle, fille d'une fille de la maison de Nevers; elle étoit dans le premier degré, fille du dernier duc de Nivernois. Cependant on crut qu'il étoit nécessaire d'obtenir du roi une confirmation: et comment le roi s'explique-t-il dans ces lettres qui ont été adressées à la cour?

Il commence par déclarer qu'il veut que le *titre, nom, honneur et prérogative* de pairie perpétuelle et héréditaire, soit et demeure continué et transmis en la personne de ses cousins *les duc et duchesse* de Nivernois. . .

Nous observons d'abord sur ces premières paroles, que la transmission n'est pas seulement prononcée par le roi en faveur du mari, mais même en faveur de la femme, quoique les lettres d'érection l'appelassent expressément ; tant il est vrai que, quelques clauses qu'on ait inséré dans des lettres d'érection, l'intention du roi n'a jamais été que l'office ou la dignité personnelle de pair, pût être acquise par des femmes, encore moins qu'elle pût être communiquée par elles à leurs maris.

Ces termes si clairs et si énergiques paroissoient suffisans pour assurer entièrement la pairie dans la personne du duc et de la duchesse de Nevers. Cependant nous voyons dans la suite de ces mêmes lettres, qu'ils se défient encore de la bonté de leur droit, et qu'ils ne se croient pas en sûreté, si le roi n'ajoute à ces lettres une confirmation authentique, qui puisse ou faire subsister l'ancien titre, ou du moins leur en donner un nouveau.

En effet, après que le roi a déclaré qu'il vouloit que la pairie fût continuée et transmise en faveur du duc et de la duchesse de Nevers, il ajoute ces termes importans : *Et d'abondant, en tant que besoin seroit, avons confirmé et continué les titres de pairie de France auxdits sieur et dame, pour en jouir en tel ordre, degré, séance, dignité, prééminence et prérogative, tant au sacre des rois qu'en la cour; que feu* M. le duc de Nivernois, *père de ladite dame, et ses prédécesseurs en jouissoient.*

Vous voyez, MESSIEURS, que quoique l'on n'ait employé dans ces lettres que le terme de *confirmation*, il emporte néanmoins dans les circonstances particulières de ces lettres une espèce d'érection nouvelle.

Vous savez la distinction que les docteurs, la glose, et surtout M.e Charles Dumoulin, ont faite entre les différentes espèces de confirmation.

Les unes, accordées sans connoissance de cause, supposent le droit, et ne le donnent pas.

Dans les autres, au contraire, il paroît que le prince, ou le supérieur qui les accorde, est entré dans l'examen du premier titre, qu'il a connu par lui-même la foiblesse de l'ancien droit. On présume pour lors qu'il a voulu en réparer les défauts, suppléer ce qui manquoit à sa perfection, et par conséquent substituer un nouveau titre valable, à l'ancien droit qui étoit ou nul et défectueux dans son principe, ou éteint et caduc dans ses suites.

Vous prévenez, MESSIEURS, l'application que nous pourrions faire de cette distinction, aux lettres obtenues par Louis de Gonzague pour jouir du duché de Nevers.

Vous y avez remarqué qu'après lui avoir accordé tout ce qui lui auroit été nécessaire pour porter la qualité de pair de France si l'ancien titre eût subsisté, on veut encore lui donner quelque chose de plus, en ajoutant que le roi, *d'abondant, en tant que de besoin est ou seroit,* confirme ce même titre. Preuve sensible que l'on a connu la difficulté de cette transmission, et que, sans vouloir décider si elle pouvoit se faire, on a eu intention de donner un nouveau titre à M. le duc de Nevers, en cas qu'elle ne se fît pas.

Ces lettres furent expédiées au mois de mars 1566. Elles excitèrent une contestation presque semblable à celle que vous avez à décider. M. le connétable de Montmorency se trouvant alors dans les intérêts contraires à ceux que l'héritier de son nom soutient dans votre audience, forma opposition à la réception de M. le duc de Nevers. Il fut ordonné que ce dernier ne pourroit être reçu qu'à la charge de l'opposition de M. de Montmorency pour le rang et la préséance : la cause fut solennellement plaidée après la réception de M. le duc de Nevers. M. le connétable de Montmorency soutenoit les mêmes principes que M. le duc de Montmorency attaque aujourd'hui. Il prétendoit que les pairies étoient essentiellement masculines par leur nature, par leurs fonctions, par leurs priviléges ; que les exemples contraires étoient des abus plutôt que des modèles, et que l'intérêt de l'état demandoit qu'on arrêtât enfin le progrès d'un usage qui avoit admis des étrangers dans le sein de la France, et porté des provinces entières dans la maison des ennemis du roi.

M. le duc de Nevers se retranchoit uniquement dans l'ancienne maxime de la réalité des pairies ; dans les exemples fameux que nous avons rapportés, et dans la volonté du roi qui lui avoit transmis le titre et la dignité de pair.

Sur toutes ces raisons, la cour jugea à propos d'appointer les parties, et jamais la question n'a été décidée.

Nous nous sommes arrêtés peut-être trop long-temps à vous expliquer cet exemple ; mais il nous a paru si important pour marquer le changement de l'ancienne jurisprudence, la nécessité introduite de prendre des lettres de continuation, la forme de ces lettres, et la juste défiance dans laquelle il paroît que ceux qui les ont obtenues ont été de leur ancien droit, que nous avons cru devoir en expliquer scrupuleusement jusqu'à la moindre circonstance.

Nous trouvons encore un second exemple d'une semblable confirmation, d'autant plus remarquable qu'il est tiré de la même maison de Clèves, qui possédoit en même temps deux pairies différentes, celle d'Eu et celle de Nevers.

Après la mort de François de Clèves, qui avoit joui en même temps de deux titres de pair de France, le duché de Nevers échut en partage à Henriette de Clèves, sa fille aînée ; et le comté d'Eu appartint à Catherine de Clèves, sa seconde fille.

L'une porta le duché de Nevers dans la maison de Mantoue, et obtint des lettres de continuation que nous venons de vous expliquer.

L'autre fit passer le comté d'Eu dans la maison de Croüi, par son mariage avec le comte de Porcien.

Elle eut recours, comme sa sœur, à la bonté du roi, pour obtenir aussi des lettres de continuation. Ces lettres furent portées à la cour, et ce fut à l'occasion de leur enregistrement, que ceux qui remplissoient alors les places que nous avons l'honneur d'occuper, firent une célèbre remontrance, conservée encore à présent dans vos registres, et qui sera toujours un monument authentique du zèle de ces grands magistrats pour les véritables intérêts du roi, et pour l'exécution des lois fondamentales de l'état.

Ils remontrent que les termes d'*hoirs et d'ayans cause*, ne doivent point en général s'appliquer aux femelles; que néanmoins il y avoit, même dans le comté d'Eu, plusieurs exemples de femmes qui l'avoient possédé, soit par souffrance, dissimulation ou autrement, qu'ainsi il semble que la présente continuation, ou confirmation accordée par le roi au comte de Porcien, n'est pas absolument sans exemple. Ils déclarent donc qu'ils ne peuvent empêcher que le comte de Porcien et sa femme ne jouissent de la grâce du prince; mais en même temps ils prennent deux précautions également sages et nécessaires pour conserver, et les droits des particuliers qui pouvoient être intéressés aux suites de cette continuation, et encore plus les intérêts sacrés de la couronne.

Ils demandent premièrement, que ces lettres ne soient enregistrées qu'à condition que l'enregistrement ne pourra nuire à ceux qui auront intérêt d'empêcher que cette pairie ne passe pour pairie ancienne, dont la cour sera toujours en droit d'entendre et de recevoir les raisons.

Mais ils requièrent en second lieu pour l'intérêt public, qu'il soit fait promptement de très-humbles remontrances au roi, pour lui demander qu'il lui plaise ordonner que généralement les dignités de pairie seront et demeureront éteintes et révoquées, en cas que ceux qui en ont été honorés décèdent sans mâles, encore que le fief, simple en soi, puisse et doive de sa nature et qualité passer aux femelles;

autrement, ajoutent-ils, *il adviendra que la providence de nos prédécesseurs en la composition, usance et observance de la loi salique, sera du tout renversée, et en danger de porter grande conséquence à l'état du royaume.*

Voilà, MESSIEURS, quelles sont les maximes que nous avons apprises de ceux qui ont rempli avec le plus d'éclat les places que nous avons l'honneur d'occuper aujourd'hui; telle est la distinction qu'ils ont faite avant nous, entre le fief et la dignité. C'est ainsi qu'ils ont su faire un juste partage entre les deux sexes, des droits réels qui peuvent appartenir à tous les deux, et des fonctions personnelles qui ne peuvent convenir qu'à un seul; enfin, c'est ainsi qu'ils ont prévu les conséquences dangereuses à l'état, et funestes à la monarchie, que l'on pouvoit justement tirer du principe qui permettoit aux femmes de communiquer les pairies à leurs maris.

Ce furent apparemment ces sages remontrances qui déterminèrent le roi à envoyer à la cour, peu de temps après, l'édit de 1566, qui allant au-delà des réquisitions de M. le procureur-général, soumit les duchés mêmes au principe commun de la masculinité.

Reprenons ici ces degrés en très-peu de paroles, et réunissons tous ces changemens de jurisprudence, pour vous faire encore mieux sentir leur force et leur liaison, et pour achever par là ce que nous avons appelé d'abord l'histoire ou le fait de la pairie.

Les apanages rendus essentiellement masculins, les pairies qui leur sont attachées, devenues de même nature, les conséquences naturelles que l'on a dû en tirer à l'égard des pairies érigées en faveur des particuliers, c'est le premier degré de cette nouvelle jurisprudence.

Les femmes renfermées dans les bornes que la nature a prescrites à la foiblesse de leur sexe, les seigneurs mêmes, devenus incapables de rendre la justice dans leurs terres, et par là la possession du fief regardée plutôt comme une exclusion que comme une disposition à remplir les fonctions de juge et de magistrat, autrefois attachées à la terre, c'est le second changement que nous avons observé.

Nous y en avons ajouté un troisième, propre et particulier aux pairies; c'est l'introduction de deux sermens, l'un pour le fief, l'autre pour la dignité; l'un fait par le pair comme vassal, et l'autre par le pair comme officier. De là cette distinction salutaire à l'état, entre deux titres que jusqu'alors on avoit injustement confondus; de là le véritable caractère de *conseiller ordinaire du roi* accordé à tous les pairs, et confirmé par leur serment, par l'information de vie et mœurs, par leur réception, par le pouvoir indéfini qu'ils ont de connoître de toutes sortes d'affaires, c'est le troisième et le quatrième changement que nous avons tâché de vous expliquer.

Enfin un dernier changement, encore plus important que tous les autres pour la décision de cette cause, c'est la nécessité d'obtenir des lettres de continuation en faveur des maris, pour les rendre capables de devenir pairs de France; lettres qu'il est de l'intérêt du roi (comme nous le prouverons dans la suite) que l'on regarde comme un nouveau choix, un nouveau titre et une nouvelle provision; lettres qui, dès la première fois qu'elles ont paru dans le public, ont porté avec elles ce caractère et cette apparence d'une confirmation absolument nécessaire.

Après cela nous ne nous étendrons point sur toutes les autres preuves que l'on pourroit ajouter ici, pour montrer que l'on a secoué le joug injuste que l'usage d'admettre les femmes à la possession des fiefs, et le principe de la réalité, avoient mis sur la tête des Français, et que l'esprit de masculinité a enfin repris ses premiers droits.

Nous ne vous dirons point que c'est de là qu'est venue cette multitude de substitutions masculines, graduelles, perpétuelles, dont il a fallu que nos ordonnances aient arrêté le cours et le progrès infini, et par lesquelles chaque testateur vouloit corriger l'abus des coutumes trop favorables aux femmes, et faire une espèce de loi salique dans sa famille particulière.

Nous n'irons point chercher des exemples étrangers dans les électorats de l'empire, qui, quoique distingués par une infinité de différences des pairies de ce royaume, ont néanmoins cela de commun avec elles, que le même abus les avoit rendus autrefois féminins comme les pairies, et qu'une meilleure jurisprudence les a rendus à présent essentiellement masculins.

Nous nous contenterons des exemples que nous avons tirés du fonds, pour ainsi dire, et du sein même de la pairie, après lesquels nous croyons pouvoir établir cette conséquence generale, qu'il ne faut plus considérer aujourd'hui les pairies seulement comme des fiefs de haute dignité, et qu'il faut régler leur nature par des principes plus élevés, par des maximes supérieures, tirées de l'ordre public, de l'administration de la justice, et de l'intérêt de l'état.

Ce sont ces principes que nous essayerons de vous proposer comme autant de conséquences nécessaires des faits que nous venons de vous expliquer dans la seconde partie de cette cause, où nous nous sommes proposés de découvrir, autant que la foiblesse de nos lumières peut nous le permettre, le droit et les maximes de la pairie.

La première réflexion à laquelle nous croyons devoir nous attacher d'abord, et qui est comme le fruit de tout le progrès de droit que nous vous avons expliqué, c'est que, pour décider de la nature des pairies, il faut nécessairement les considérer dans trois temps différens.

Dans le premier, c'est-à-dire dans l'origine des fonctions attachées à la qualité de pair, avant que les ducs et les comtes eussent usurpé une partie du domaine sacré de nos rois, et une portion considérable de la souveraineté, il est certain qu'elles étoient alors tellement affectées à la personne des mâles, qu'une femme qui auroit entrepris d'usurper un droit de cette qualité, auroit passé, si l'on peut parler ainsi, pour un monstre dans l'ordre de la politique.

Que si nous les considérons dans les seconds temps, depuis l'usurpation des seigneurs et le renversement général de tous les ordres de l'état, ces mêmes dignités, si masculines par leur origine, si personnelles par leurs fonctions, étoient absolument devenues réelles, héréditaires, patrimoniales, distinguées des autres fiefs par leur grandeur et par leur éclat, plutôt que par leur nature et par leur qualité soumises comme eux à toutes les lois des successions, possédées par des femmes, transmises par des femmes, exercées par des femmes.

Enfin, si nous nous attachons à les envisager dans le dernier temps qui dure encore aujourd'hui, nous trouverons qu'on a pris un juste tempérament entre les deux extrémités, et au lieu que dans le premier temps, les dignités que l'on a depuis appelées *pairies*, étoient purement personnelles; que dans le second temps elles étoient purement réelles; dans le dernier temps on les a rendues en partie personnelles, en partie réelles, mixtes en un mot, et composées de deux parties très-différentes.

Mais, pour approfondir encore plus cette matière, et découvrir la véritable nature de la pairie, attachons-nous à considérer d'abord séparément les deux parties dont elle est composée, et après les avoir envisagées comme distinctes et comme divisées, nous les examinerons dans le moment de leur union.

Personne n'ignore quelle est la nature du fief, c'est-à-dire du premier être qui entre dans la formation de la pairie.

La dignité à laquelle il est élevé, le rapproche du domaine de la couronne, dont il est une image légère et une expression imparfaite; mais comme il est formé sur ce modèle, il est masculin par sa nature, et à moins que le roi, par une pure grâce plutôt que par un principe de justice, n'en conserve la propriété aux femelles, la terre ne peut survivre à la dignité, et elle se réunit avec elle au domaine de la couronne.

La nature de l'office n'est guère plus inconnue; mais comme les conséquences en sont extrêmement importantes, permettez-nous, MESSIEURS, d'y faire ici quelques réflexions aussi courtes qu'elles nous paroissent décisives.

Qu'est-ce qu'un office en général, si ce n'est une dignité jointe à une fonction publique?

Cette dignité renferme un double rapport; car on la considère ou dans la personne du sujet qui la remplit, ou dans celle du prince qui la donne.

Le prince exige du sujet la capacité de remplir les fonctions auxquelles il le destine, et le sujet attend de son prince le caractère public sans lequel il ne peut jamais les exercer.

Ainsi l'office suppose nécessairement deux choses, le choix de la personne, et le caractère que le souverain seul a droit de lui donner.

Mais comme ce choix peut se faire en deux manières différentes, et que l'on peut appeler ou une seule personne, ou une famille entière à l'exercice d'une certaine fonction, il y a aussi deux espèces d'offices par rapport à la matière que nous examinons.

Dans les uns, c'est-à-dire dans les offices ordinaires, le choix du prince n'a pour objet qu'une seule personne, et comme le caractère est toujours limité par le choix, il n'y a aussi qu'un seul sujet qui reçoive en même temps et l'honneur d'être choisi par son maître, et le sceau de la puissance publique?

Dans les autres au contraire, et c'est principalement dans les pairies que cela se rencontre, le choix du prince, beaucoup plus étendu, comprend, non pas seulement une seule personne, mais tous ses descendans, qui sont pour ainsi dire appelés, choisis, institués dans la personne de leur père; et lorsqu'ils parviennent successivement à la dignité qui leur est destinée, ils n'acquièrent aucun droit nouveau, c'est toujours le même titre qui se multiplie par rapport aux sujets capables de le remplir. Tous ces descendans, également appelés, conservent entre eux l'ordre des successions, mais sans perdre le droit de la première érection.

De là vient cette différence importante, que dans les autres offices, comme chaque officier a un titre nouveau, il ne peut avoir aussi qu'un nouveau rang, au lieu que dans les pairies, comme il n'y a qu'un seul titre qui appelle également tous les descendans, il n'y a aussi qu'un seul rang; et il en est de même que dans les substitutions, où les degrés les plus éloignés reçoivent néanmoins leur droit et leur titre de la main même du testateur.

Tel est le caractère important, mais unique, qui distingue ces premiers offices de la couronne des autres fonctions publiques.

Si l'on excepte cette seule différence, rien ne sépare plus les pairies des autres offices du royaume. Leur pouvoir est le même, leur caractère est également imprimé; ils le reçoivent par les mains des mêmes ministres de la justice; l'information, le serment, l'installation, tout concourt à les faire regarder comme de véritables officiers.

S'étonnera-t-on après cela de cet usage dont on est obligé de reconnoître l'autorité, qui soumet depuis cent vingt ans tous ceux qui épousent l'héritière d'un duc et pair, à prendre des lettres de continuation, qui seules peuvent les rendre capables d'aspirer à la dignité de pair de France?

Comme cet office n'est conféré qu'à une seule famille, il ne peut passer dans une famille étrangère sans une nouvelle grâce du prince. La femme qui possède la propriété d'un duché, est appelée par les lois la fin de sa maison, et le commencement d'une maison nouvelle. Elle ne peut faire revivre une dignité éteinte par la mort des sujets capables de la remplir; elle ne sauroit lui donner un nouvel être et une seconde vie que cette dignité ne peut jamais recevoir que des mains du souverain.

Ce que la mort de chaque officier fait dans les dignités ordinaires, l'extinction de la famille le fait à l'égard des pairies. Et de même que les autres offices retournent à leur source et rentrent dans les mains du roi après la mort de chacun de ceux qui en sont revêtus, pour être ensuite conférés de nouveau à un sujet capable de les exercer, ainsi il est de l'ordre et de l'intérêt public que les dignités de pairs de France se réunissent à leur principe, après l'extinction de tous les sujets capables de les remplir; que le roi soit le maître absolu en ce cas, ou de conférer une seconde fois la dignité de pair à la nouvelle famille dans laquelle une fille porte la terre érigée en duché, ou de refuser cette grâce, et de faire rentrer cette dignité dans sa source, qui est la puissance publique et souveraine dont elle avoit été séparée dans le temps de l'érection.

Si le roi veut bien accorder la transmission, ou plutôt le renouvellement de la pairie, des sujets instruits des véritables intérêts de leur prince, doivent recevoir ce bienfait comme une pure faveur, et non pas comme une action de justice. Il en est de même que si le roi accordoit à un fils une charge possédée par son père, ce ne seroit pas la continuation d'un ancien titre, ce seroit un titre absolument nouveau; et pour achever enfin ce parallèle et cette comparaison des pairies avec les offices ordinaires, ne peut-on pas dire que la terre, à l'occasion de laquelle la dignité de pair a été conférée, doit être considérée comme la propriété des offices vénaux ? En vain une femme a-t-elle recueilli dans la succession de son père la propriété d'un de ces offices, elle ne pourra pas néanmoins en communiquer le caractère, la fonction, l'exercice à son mari; on ne souffrira point que l'administration de la justice dépende du hasard d'une alliance; il faudra que le mari ait recours à l'autorité du prince, et qu'il obtienne de lui un nouveau titre et un nouveau caractère, sans lequel la propriété de l'office lui seroit absolument inutile.

Pourquoi n'établira-t-on pas un même principe à l'égard des pairies? Que l'on souffre, si l'on veut, que la propriété de ces offices, c'est-à-dire, la terre, le fonds auquel ils sont attachés appartiennent à une femme; que l'on déroge à cet égard aux ordonnances rigoureuses qui prononcent la réunion des duchés au domaine de la couronne; mais pourquoi voudra-t-on contre la nature de ces offices, contre l'ordre général du royaume, contre les intérêts du roi et de l'état, qui ne peuvent jamais être différens, qu'une femme puisse non-seulement transmettre à son mari la propriété d'une dignité si éminente, mais encore ce caractère auguste, cette émanation de la souveraineté, cette portion de la puissance publique, que le roi seul peut donner dans ses états?

Voilà, MESSIEURS, quelle est l'idée générale que nous avons cru devoir nous former de la nature des pairies, considérées comme offices et comme dignités.

Mais après avoir envisagé le fief et l'office séparément, et avant leur réunion, voyons si, lorsqu'ils s'unissent ensemble pour ne former qu'un même tout qui comprend l'un et l'autre, il arrive dans l'office quelque changement qui altère et qui affoiblisse sa véritable nature, et qui le rende capable d'être transmis dans une famille étrangère.

Quel est l'effet de cette union? On ne peut pas douter d'abord que le fief et l'office ne conservent encore leur nature différente; ils sont unis, mais ils ne sont pas confondus; ils sont joints l'un à l'autre, mais le fief ne se change pas dans l'office, ni l'office dans le fief. Ils demeurent les mêmes qu'ils étoient auparavant, et l'office ne perd pas son essence pour être attaché à la terre, puisqu'il ne demande pas moins et la capacité du sujet qui le remplit, et le choix du prince qui lui imprime le caractère.

Qu'arrive-t-il donc après cette union ? De quelque côté que nous envisagions le fief et l'office ainsi réunis, il faut ou que le fief devienne le principal et l'office comme l'accessoire ; ou au contraire, que ce soit l'office qui soit regardé comme le plus important, et le fief comme l'accessoire ; ou enfin que l'un et l'autre demeurent égaux en force et en dignité, en sorte que la pairie dépende également de l'un et de l'autre.

Vouloir que l'office soit l'accessoire de la terre c'est attaquer la nature même, c'est renverser l'ordre et l'économie de la raison, c'est faire servir le plus noble au moins noble, c'est avilir, c'est dégrader la dignité de pair, en la rendant esclave du fief et de la terre à laquelle on veut qu'elle soit nécessairement attachée.

Ce n'est pas seulement combattre les idées naturelles, c'est renverser les lois fondamentales de l'état, et donner au roi des officiers qu'il ne connoît pas, sans choix, sans caractère public, sans autre titre que celui de la possession.

Rien de plus absurde que les conséquences de ce principe ; s'il étoit une fois admis, les acquéreurs, les donataires étrangers, en un mot tous les possesseurs de la terre, devroient aussitôt jouir de l'office, et c'est la supposition d'un principe si faux, qui a engagé Chopin à soutenir cette erreur comme une conséquence nécessairement liée avec le principe.

Que si l'on répond que l'office ne sera pas, à la vérité, accessoire de la terre pour les simples acquéreurs, mais qu'il le sera pour tous ceux qui descendent de celui en faveur duquel l'érection a été faite, il faudra donc reconnoître en même temps, qu'on doit réunir à la possession de la terre, l'avantage d'un choix fait par le prince, ou de la personne, ou de la famille. Ce ne sera donc plus par la seule qualité de possesseurs, ce sera comme choisis par le roi, que les descendans seront admis à la qualité de pair de France, et par conséquent la dignité n'est pas un simple droit accessoire de la terre, elle conserve encore sa nature d'office, et elle n'est pas absolument dépendante de la possession du fief.

L'usage présent des pairies se joint à toutes ces réflexions, pour condamner une opinion si féconde en conséquences pernicieuses.

S'il étoit vrai que l'office ne fût que l'accessoire de la terre, pourquoi ceux qui sont dans une pleine possession du fief ne jouiroient-ils pas aussitôt de cette dignité? Pourquoi distingueroit-on le vassal du pair? Pourquoi exigeroit-on de lui un nouveau serment, une information de vie et mœurs, une réception solennelle; enfin, pourquoi les maris seroient-ils obligés d'obtenir des lettres de continuation? Le mariage ne les rend-ils pas véritablement maîtres, seigneurs du fief, capables d'en faire l'hommage, et d'exercer tous les droits qui sont une suite et une dépendance nécessaire du fief?

Que si nous passons aux exemples des matières semblables, sans nous étendre ici sur tous ceux que l'antiquité pourroit nous fournir, dira-t-on que dans les dignités de l'église, le domaine qui y est attaché, ce que l'on appelle proprement *le bénéfice*, soit le principal, et que les fonctions, le ministère sacré, le service des autels soient l'accessoire?

Ne nous étendons pas davantage sur les conséquences absurdes de ce principe. Qui pourroit soutenir, après toutes ces réflexions, que la dignité, que l'office, que les fonctions de pairs de France puissent être considérés comme les fruits d'un héritage, comme l'accessoire d'un fief, comme les dépendances d'une terre?

La seconde opinion, qui considère le fief comme l'accessoire, et l'office comme le principal, seroit la plus naturelle et la plus juste de toutes, si l'on pouvoit renoncer entièrement aux idées que les docteurs feudistes nous ont données.

En effet, quel sentiment peut paroître plus conforme à la nature des choses, que celui qui regarde l'office comme le principal, et le fief comme l'accessoire; il veut que la terre suive la dignité, et que la personne l'emporte sur la chose?

Quelle opinion s'accorde mieux avec la première origine des pairies, purs offices dans leur principe, avec celle des fiefs, uniquement destinés à être la récompense des services de l'officier, et enfin avec cette maxime, qui a été faite principalement pour cette matière, *beneficium datur propter officium?*

Enfin, quelle idée convient mieux aux intérêts de l'état, qui regarde beaucoup plus l'officier que le prix ou la propriété de l'office, et le pair que la pairie, et qui ne prononce la réunion d'un duché au domaine de nos rois, qu'en supposant que le fief est l'accessoire de la dignité, et que la dignité étant réunie à la seigneurie publique, la terre doit par la même raison se rejoindre au domaine de la couronne?

Mais si les hommes, trop accoutumés à des idées qui avoient prévalu pendant un si long temps, ne sont plus en état de suivre cette opinion; si l'on ne peut considérer ni la dignité comme l'accessoire du fief, parce que cela répugne aux premières notions des offices, ni le fief comme l'accessoire de la dignité, parce que cela résiste aux usages des fiefs, il faut au moins reconnoître que le fief et l'office, unis dans la formation de la pairie, conservent une parfaite égalité; que la pairie, composée de tous les deux, est également dépendante de l'un et de l'autre, en sorte que ni le fief, ni l'office ne peuvent jamais s'éteindre, sans que l'intégrité de la pairie souffre un partage, une division qui produise un véritable anéantissement.

C'est, MESSIEURS, le grand principe auquel nous croyons devoir nous attacher, et qui est le seul par lequel on puisse fixer pour toujours la nature de la pairie.

La pairie n'est pas un être simple et uniforme; elle est composée de deux parties, ou, si l'on veut, de deux sujets, qui, après avoir prévalu mutuellement l'un sur l'autre, sont enfin réduits à présent dans une parfaite égalité; l'une est le sujet réel, c'est-à-dire, la terre ou le fief même qui est érigé en pairie; l'autre est le sujet personnel, c'est-à-dire, la personne, ou pour mieux dire, la famille entière, la suite des descendans en faveur desquels l'érection est faite.

Autrefois le sujet personnel étoit le seul que l'on considérât; la dignité étoit créée pour la personne, elle s'éteignoit avec la personne, et le bénéfice retournoit avec l'office au principe commun de l'un et de l'autre.

Dans la suite au contraire, le sujet réel l'emportoit sur le personnel; il l'effaçoit, pour ainsi dire, et les hommes en avoient perdu presqu'entièrement le souvenir.

Mais à présent on a pris un juste milieu entre ces deux extrémités; la personne est choisie, mais en même temps la terre est érigée : il faut réunir à la prérogative du choix l'avantage de la possession.

C'est peu d'avoir l'un ou l'autre de ces droits; on n'en a aucun, si l'on ne peut réunir tous les deux.

En vain l'on est compris dans le nombre de ceux qui sont appelés à la dignité de pair de France, si l'on ne joint à ce premier titre celui de possesseur de la terre.

Mais aussi, c'est inutilement que l'on possède la terre, si l'on est privé du glorieux avantage d'avoir été choisi par le prince dans les lettres d'érection, pour remplir successivement les fonctions de la pairie.

En un mot, la terre et la personne marchent d'un pas égal. Le moindre changement qui arrive, dans l'une ou dans l'autre, donne atteinte à la qualité de pair, qui n'est fondée que sur le concours de ces deux conditions.

Peut-on en rapporter un exemple plus fameux que celui de la pairie de Nevers, que nous venons de vous expliquer?

C'est de ce principe important que l'on a tiré des conséquences aussi importantes, et qui sont aujourd'hui autant de maximes inviolables.

C'est de là qu'on a conclu que les collatéraux n'étoient point en état d'aspirer à la dignité de pair, s'ils n'étoient expressément appelés, quoiqu'ils possédassent la terre, et qu'ils fussent de la famille.

De là cette autre maxime encore plus constante, que les pairies ne peuvent tomber dans le commerce, sans cesser d'être pairies. Le même titre qui aliène la terre, produit de plein droit l'extinction de la pairie, parce que l'acquéreur n'a pour lui que la qualité de possesseur de la terre, sans y joindre le droit personnel d'exercer les fonctions de la pairie.

De là ce troisième principe, qui n'a reçu dans l'usage aucune difficulté, que les pairies sont indivisibles, et, pour nous servir des termes consacrés, qu'elles sont *impartables*. En divisant la terre, il faudroit diviser l'office; sa nature y résiste, et cette multiplication d'offices ne pourroit être faite que par l'autorité du roi. Ce seroit perdre la pairie que de vouloir la diviser.

De là enfin cette affectation perpétuelle aux aînés, quoique les lettres n'en fassent aucune mention (1), parce qu'il est juste que l'aîné ait le choix sur ce qui peut être divisé.

Et nous ne pouvons nous dispenser de remarquer en passant, que toutes ces conséquences sont autant de traits éclatans qui retracent tous les jours cette idée non-seulement noble, mais véritable, que les pairies sont créées sur le plan et sur le modèle du fief dominant, c'est-à-dire de la couronne.

Réunissons donc ici toutes les observations différentes que nous croyons devoir faire sur la nature des pairies.

Trois temps, qu'il faut nécessairement distinguer.

Un premier temps, dans lequel ces dignités, ou

(1) Il a été jugé depuis pour le duché de Sully, que la dignité de pair devoit passer à celui qui est l'aîné de la maison, quoiqu'il y eût un mâle plus proche du dernier possesseur de la pairie.

celles qui leur ont servi de principe, étoient purement personnelles.

Un second temps, dans lequel elles ont été purement réelles.

Un troisième temps, où elles sont devenues mixtes.

Pour expliquer ce terme de *mixte*, nous avons considéré les deux idées qui le composent.

Nous les avons examinées séparément avant leur union, et nous avons remarqué que la pairie étoit un véritable office, distingué des autres par ce seul caractère qu'il est accordé à toute une famille.

Nous les avons ensuite considérées dans le temps de leur union, et nous vous avons montré qu'il étoit également absurde et impossible de feindre que la dignité pût être accessoire du fief; qu'il seroit beaucoup plus naturel de regarder le fief comme une suite et une dépendance de l'office, mais qu'au moins il falloit reconnoître une espèce d'égalité entre le fief et l'office. De là nous avons remarqué la dépendance mutuelle qui est entre ces deux sujets dont l'union forme la pairie, l'impossibilité de faire subsister l'un sans l'autre; et enfin nous vous avons expliqué les propositions, qui sont des suites naturelles de ces principes et des maximes inviolables de la pairie.

Voyons maintenant quelle doit être l'application de ces principes à l'espèce particulière de cette cause. Mais avant que d'examiner quelle doit être l'interprétation des lettres d'érection, si on les compare avec ces maximes, nous ne pouvons nous dispenser de nous arrêter encore un moment à considérer quelles sont les règles qu'il nous paroît que l'on peut suivre dans cette interprétation.

La première règle que nous supposerons d'abord comme un principe inviolable, c'est que la dispensation des grâces et des honneurs est une suite du pouvoir souverain. Il ne s'agit donc point ici d'agiter mal à propos des questions inutiles sur l'étendue de ce pouvoir. Il ne s'agit point de savoir si le roi a pu faire ce que prétend M. de Luxembourg; il est question de savoir s'il l'a fait; et sans entreprendre par une témérité inexcusable, de vouloir fixer des bornes à sa puissance, réduisons-nous à examiner quelles sont celles de sa volonté.

Le second principe que nous supposerons encore, c'est que toutes les fois que l'intention du roi est douteuse, que les termes des lettres peuvent recevoir deux interprétations différentes, il faut toujours préférer celle qui est la plus conforme au droit commun et à l'intérêt de l'état.

Les rois prononcent deux sortes d'oracles également dignes du respect et de la vénération de leurs sujets.

Dans les uns, ils n'envisagent que le bien général de leur royaume, la félicité de leur peuple, l'intérêt de leur monarchie; et dans cette vue ils prescrivent des règles et des maximes qui forment un droit commun et général : dans les autres, ils n'envisagent que l'intérêt particulier de quelqu'un de leurs sujets; mais cette volonté particulière s'explique toujours par les volontés générales, dans tout ce qu'elle peut renfermer d'obscur. Non que ces lois ou plutôt ces priviléges singuliers ne puissent quelquefois et pour des causes suffisantes, déroger aux lois générales; mais lorsque la dérogation n'est pas claire, on présume toujours dans le doute, que le roi a voulu se conformer au droit commun; et quand les juges, suivant le pouvoir qu'il leur confie lui-même, osent prendre la liberté d'expliquer ses volontés, ce n'est pas pour les détruire mais au contraire pour suppléer par la loi générale, ce qui peut manquer à la loi particulière.

La loi générale est claire, certaine, évidente : la loi particulière ne l'est pas. Dans le doute, on ne suppose jamais que le roi, par des termes qui peuvent être différemment interprétés, ait voulu changer une loi utile et avantageuse à son royaume. Il pouvoit sur de grands motifs, y faire une exception par une volonté claire, et exempte de toute sorte de doute : il ne l'a pas fait, il n'est point censé avoir voulu y déroger.

Quelle conséquence prétendons-nous tirer de ces deux principes généraux ?

La première, que si la volonté du roi est claire et évidente, il ne faut point chercher des interprétations forcées, ni des tours ingénieux, qui, en conservant les termes de la loi, en attaquent et en corrompent le sens.

La seconde, que si cette volonté est douteuse, si elle doit être interprétée, c'est dans le droit commun qu'il faut en chercher l'interprétation ; ou plutôt, si le roi n'a pas expliqué clairement sa volonté dans la loi particulière, il faut avoir recours au roi lui-même dans la loi générale, et le prendre ensuite pour interprète de ses intentions.

Examinons donc d'abord quels sont les termes dans lesquels la pairie a été érigée, et voyons s'ils sont aussi clairs et aussi évidens qu'on a voulu vous le persuader.

Reprenons ici les termes mêmes : *Nous avons érigé le duché de Piney en titre, nom et dignité de pair de France, pour notredit cousin, ses hoirs et successeurs, mâles et femelles, et ayans cause.*

La première réflexion que nous faisons sur ces termes, et qui nous paroît très-importante, c'est qu'il n'y a aucune de toutes les expressions qui composent cette clause, non-seulement qui ne puisse, mais qui ne doive être interprétée, aucune qui ne puisse être prise à la lettre et à la rigueur, aucune enfin qui ne renfermât un sens directement contraire aux intentions du roi, si on la prenoit dans toute l'étendue de sa signification.

Le premier terme qui se présente dans cette clause est celui d'*hoirs* et de *successeurs*.

Si on le prend à la rigueur, il comprend non-seulement les descendans, mais même les collatéraux; non-seulement les héritiers légitimes, mais les héritiers testamentaires; non-seulement les successeurs à titre universel, mais ceux qui succèdent à titre particulier. Cependant oseroit-on soutenir que les collatéraux, que les héritiers testamentaires, que tous les successeurs sans distinction, sont appelés à la pairie?

Les paroles qui suivent, *mâles et femelles*, renfermeroient une erreur manifeste, si l'on vouloit que les uns et les autres fussent appelés concurremment à la dignité de pair. Il faut donc suppléer nécessairement ce qui est de la disposition du droit commun, c'est-à-dire, la préférence des mâles; et entre les mâles, ou même entre les femelles, le privilége de l'aînesse à l'égard de la pairie.

Ne quittons point encore ces termes *mâles et femelles*. Si on les prend à la rigueur, dans quelles absurdités ne sera-t-on pas obligé de tomber? On appelle également les mâles et les femelles au *titre, nom, dignité de pair de France*, avec tous les *priviléges, prééminences, prérogatives* qui y sont attachés. Si l'on s'attache scrupuleusement à la lettre, que s'ensuivra-t-il? Il en résultera, non pas que les filles pourront transmettre la pairie à leurs maris et à leurs enfans (il n'en est pas dit un seul mot dans la clause), mais qu'elles pourront elles-mêmes jouir de tous les droits qui sont attachés à la qualité de pair, c'est-à-dire, qu'elles auront même la séance au parlement, et qu'elles usurperont des fonctions si incompatibles avec leur sexe. Pour éviter une interprétation si opposée à l'esprit du législateur, il faut donc avoir recours au droit commun, et dire que le roi n'a eu intention d'accorder aux filles que les priviléges dont elles étoient capables. On est obligé d'en convenir pour elles; mais on soutient que leurs maris pourront les exercer, c'est ce que nous examinerons incessamment. Contentons-nous d'observer ici, que ces termes ne peuvent jamais être pris à la rigueur, sans tomber dans des absurdités également contraires et à la nature des pairies, et à l'esprit du prince qui accorde cette grâce.

Le troisième terme que nous trouvons dans cette

clause, est celui d'*ayans cause*; et quel terme peut être plus équivoque?

Si on le prend dans toute son étendue, il renfermera tous ceux qui peuvent avoir la terre de Piney, à quelque titre que ce puisse être. Ce terme général s'applique indistinctement à toutes sortes de donataires et d'acquéreurs, étrangers, ou de la famille. Tous ceux qui ont un titre légitime de possession, sont également compris sous le terme d'*ayans cause*; prétendra-t-on qu'ils sont appelés à la pairie?

Peut-on soutenir après cela que ces lettres n'ont pas besoin d'interprétation? Sont-ce là ces termes si clairs, si précis, si évidens, qu'on ne peut entreprendre d'expliquer sans douter du pouvoir et de l'autorité suprême du roi? Il n'y en a aucun, nous ne saurions trop le répéter, il n'y en a aucun qui, de l'aveu même de M. de Luxembourg, ne doive recevoir une interprétation nécessaire.

Ce n'est donc pas une question douteuse, de savoir si ces lettres sont sujettes à interprétation. Il ne s'agit plus que de savoir comment elles doivent être interprétées; et voyons s'il est possible de les concilier avec le droit commun.

Si l'on ne peut trouver aucun moyen de les accorder avec l'esprit général du droit des pairies, alors on ne pourra douter que l'esprit du roi n'ait été d'y déroger.

Mais si, au contraire, on peut facilement accorder la loi particulière avec la loi générale; si, bien loin que cette conciliation soit difficile, elle est au contraire naturelle, et préjugée par la disposition de vos arrêts; si les conséquences de l'autre interprétation sont contraires à l'intention du roi et à la nature des offices, dangereuses pour l'état et pour la monarchie, pourra-t-on hésiter entre ces deux interprétations? Et nous-mêmes que les fonctions de notre ministère obligent de consacrer particulièrement notre voix à la défense des maximes fondamentales de l'état, et des droits sacrés de la couronne, pourrons-nous balancer un moment entre deux partis si opposés ?

Toute la difficulté de cette cause se renferme donc dans ce seul point : quelle est l'interprétation la plus naturelle et la plus conforme aux intérêts du roi, qu'on puisse donner à ces lettres.

C'est où nous nous réduisons, après tous les principes que nous vous avons rappelés sur le véritable état de cette contestation.

Nous ne répéterons rien des maximes que nous avons expliquées.

Les deux parties qui composent la pairie sont de droit commun masculines, mais avec cette différence que le fief ne l'est que par une loi positive ; au lieu que l'office l'est par une loi qu'on peut appeler naturelle.

Le fief peut subsister sans que la dignité subsiste, puisque leur union n'empêche pas qu'ils ne conservent leur nature différente ; mais dès le moment qu'ils sont séparés, leur division détruit la pairie que leur union avoit formée.

Tel est en peu de paroles le droit commun ; voyons maintenant si l'on ne peut pas interpréter les lettres d'érection d'une manière qui s'accorde parfaitement avec ce principe ?

Il n'y a que deux clauses qui semblent résister ouvertement à l'esprit du droit commun ; l'une est celle qui érige le duché en pairie ; l'autre est celle qui déroge à l'édit de 1566, et aux autres ordonnances qui prononcent en ce cas la réunion au domaine de la couronne.

Commençons par la dernière, comme la plus simple et la plus facile.

Peut-on soutenir, que parce que le roi fait cesser en faveur de François de Luxembourg et de ses descendans, la rigueur de ses édits, il ait prétendu par là faire passer la pairie de fille en fille, comme elle auroit passé sans cela de mâle en mâle ?

Nous croyons, MESSIEURS, qu'il faudroit ignorer presque entièrement et la nature des pairies et la disposition des ordonnances qui prononcent la réunion des terres décorées du titre de duché, pour pouvoir faire cette objection.

Distinguons toujours deux parties dans la pairie, le domaine de la terre qui en est le sujet réel, et la dignité qui appartient au sujet personnel.

Telle est la loi de l'érection des duchés, que le prince commence par réunir pour un moment à son domaine les terres qu'il veut élever à cet honneur. Il semble que sans cela elles seroient indignes de cette noble prérogative. Possédées par les particuliers, elles contractent une espèce d'incapacité d'être honorées de ce titre; il faut qu'elles retournent dans les mains du roi, et qu'elles acquièrent par là ce degré de perfection, qui n'étoit autrefois accordé qu'aux démembremens que le roi faisoit lui-même de son domaine.

C'est sur ces principes qu'est fondée la loi de la réunion; on considère les duchés comme une espèce d'apanage séparé pour un temps du patrimoine sacré de nos rois, mais qui conserve toujours sa première nature. Il tend à y rentrer, et à suivre les mêmes lois que le domaine de la couronne.

Mais, parce que cette condition paroissoit souvent rigoureuse à ceux que le roi honoroit de la qualité de duc, ils ont presque toujours obtenu de la bonté du roi une dérogation formelle à cette espèce de servitude; et l'on a eu raison de vous dire qu'il ne se trouve presque point d'exemple où l'on ait exécuté à la rigueur l'ordonnance sévère de la réunion.

Après cela, il n'est pas difficile de juger quel doit être l'effet de la dérogation que le roi veut bien faire à ces lois, en érigeant une terre en pairie.

Comme la loi ne considère que la propriété de la terre, la dérogation à cette loi est limitée à cet unique objet; le roi n'a point intention de perpétuer par là une dignité qui ne peut convenir qu'aux seuls mâles. Il veut simplement empêcher que son bienfait ne devienne onéreux à ceux qu'il honore de ses grâces;

et que les successeurs de celui qu'il a élevé à la dignité de pair de France, ne puissent justement lui reprocher un jour qu'il a sacrifié leurs biens et leurs intérêts à son ambition et à sa grandeur particulière. En un mot, il ne donne aucun nouveau droit aux filles ni à leurs descendans, il les met seulement à couvert d'une perte dont elles étoient menacées; et l'on peut justement leur appliquer, en ce cas, ces paroles de Justinien : *Non enim pro lucro fovemus mulieres; sed ne damnum patiantur, suisque rebus defraudentur, curamus.*

Voilà, MESSIEURS, quel est le véritable esprit et l'unique motif de cette dérogation. Elle ne regarde que la propriété de la terre, et non pas la conservation de la dignité.

Mais si cette clause ne suffit pas pour appeler les femmes à une qualité que la nature leur refuse, voyons si la première ne leur sera pas plus favorable, ou si elle pourra toujours s'expliquer et se limiter par l'autorité du droit commun.

Il semble d'abord que rien ne soit plus précis que ces termes, *pour notredit cousin, ses hoirs, successeurs, mâles et femelles, et ayans cause;* c'est sur cela que l'on se récrie, et que l'on demande où peut être la difficulté.

Cependant, il nous paroît que ces mêmes expressions peuvent recevoir plusieurs interprétations différentes; et pour vous les proposer,

Considérons d'abord cette clause dans le premier degré; examinons-là ensuite dans le second, c'est-à-dire, dans la personne de la fille de la fille, et tâchons d'en développer et l'esprit et les conséquences.

Nous avons déjà supposé pour principe, que la pairie renferme et des droits réels et des droits personnels.

Des droits réels que des femmes peuvent posséder, le droit de haute-justice, de ressort en la cour, de mouvance immédiate de la couronne.

Des droits personnels, c'est-à-dire, un véritable

office, grand par son élévation, important par ses fonctions, dont elles ne peuvent être capables.

Le terme de pairie est donc équivoque; dans quel sens l'appliquerons-nous aux femmes? Dira-t-on que le roi a voulu leur conférer par ces lettres, non-seulement les droits que l'on peut appeler la *pairie réelle*, dont elles pouvoient être capables, mais même la *pairie personnelle*, dont elles sont absolument exclues par leur sexe?

La première de ces interprétations s'accorde avec le droit commun; la seconde y résiste ouvertement.

La première est condamnée par les motifs mêmes de l'érection. La grandeur passée de la maison de Luxembourg, les services importans qu'elle a rendus à l'état, la perte du duché de Luxembourg, que l'on qualifie sans aucun fondement et contre les intérêts du roi, *de fief de l'empire*, mais que l'on appelle en même temps *un fief salique et masculin* : toutes ces considérations ont-elles quelque application aux femmes? Est-ce par elles que la maison de Luxembourg a été si florissante? Est-ce par elles qu'elle a rendu de si importans services à l'état? Enfin étoit-il bien convenable pour réparer la perte d'un fief masculin, de faire non-seulement un fief féminin, mais une dignité femelle? Que le roi, si l'on veut, ait eu en vue de récompenser les services de François de Luxembourg dans la personne de ses filles comme dans celle de ses enfans mâles : mais n'auroient-elles pas un assez grand avantage de posséder une terre érigée en duché, en jouissant des droits réels d'une pairie? Faut-il qu'on y ajoute encore, au mépris des lois les plus inviolables de l'état, la transmission d'un office qui se réunit de plein droit à la couronne, par le défaut de sujets capables de le remplir?

Enfin, la première interprétation de ces lettres, qui réduit la pairie en la personne des femmes aux simples droits réels, est non-seulement conforme au droit commun, conforme aux motifs des lettres d'érection; nous allons plus loin, et nous croyons qu'il est aisé de faire voir qu'elle est même la seule juste et véritable dans un cas qui peut arriver très-souvent ; en sorte que ce n'est pas tant une explication spécieuse et vraisemblable, qu'une interprétation unique et nécessaire.

Supposons que la fille d'un pair de France ne se marie point, il est sans difficulté que les termes des lettres en sa faveur ne lui donneroient jamais que la simple jouissance des droits réels : il est constant que son sexe, que les lois, que l'usage du royaume lui interdiroient pour toujours l'exercice des dignités et des fonctions importantes qui composent la pairie personnelle, et par conséquent qu'on sera obligé de ne reconnoître en sa personne qu'une pairie purement réelle.

Mais on prétend, et c'est ici, MESSIEURS, l'unique nœud de la difficulté, qu'à la vérité jusqu'à ce que la fille d'un pair soit mariée, elle ne jouit que des droits réels, mais que la pairie personnelle n'est pas encore éteinte ; elle est, dit-on, suspendue pour un temps ; elle dort, si nous osons nous servir de ce terme, et elle attend pour se réveiller, que la femme qui la possède ait transmis, ou la possession, ou la propriété de la terre dans la personne d'un sujet qui ne soit pas moins capable d'exercer les droits personnels que de jouir des droits réels.

Premièrement, nous demanderions volontiers si ce n'est pas là une véritable interprétation, et même une extension des lettres d'érection. Est-il dit dans ces lettres que la femme pourra communiquer à son mari un droit qu'elle n'a point elle-même, sur le fondement de cette propriété prétendue de l'office qui réside en sa personne ? Et dès le moment que l'on est forcé de reconnoître que c'est une interprétation, pourquoi la préférera-t-on à celle qui s'accorde également avec les lois générales et particulières, c'est-à-dire avec le droit commun du royaume, et le droit singulier qui se tire des motifs de l'érection ? Pourquoi voudra-t-on que lorsqu'une fois le sens des lettres est rempli, lorsqu'il est consommé par la jouissance des droits réels, qui seuls peuvent convenir à une femme, on cherche encore à faire revivre en faveur d'une nouvelle famille, une pairie personnelle qui n'est accordée qu'à l'ancienne, et finit en la personne de la fille ?

Mais ne nous contentons pas de cette première réponse. Tâchons de pénétrer plus avant dans les effets de cette interprétation ; et sans vouloir relever ici ce qui vous a été observé, qu'il est absurde qu'un mari emprunte la dignité de sa femme ; sans nous arrêter à examiner dans quel cas cette maxime doit avoir lieu, attachons-nous à une seule proposition qui renferme tout ce que l'on peut dire sur cette matière.

Ou l'on dira que le mari est expressément appelé par les lettres d'érection, ou l'on conviendra qu'il ne l'est point, et qu'il ne peut aspirer à la qualité de pair de France que par cette communication de tous les droits divins et humains, fondée sur le nœud sacré et indissoluble du mariage. Nous croyons qu'il n'y a point de milieu entre ces deux opinions, et que le mari ne peut avoir que l'un ou l'autre de ces deux titres.

Si l'on peut donc prouver que le mari n'est point expressément appelé par les lettres d'érection, si l'on peut démontrer qu'il seroit également absurde et impossible que la femme lui communiquât la dignité éminente de pair, ne pourra-t-on pas conclure avec justice, que le mari ni ses descendans ne peuvent jamais être admis à l'exercice de la pairie personnelle, sans un nouveau choix du roi, et sans un nouveau caractère public ?

Examinons donc attentivement ces deux propositions. Le mari est-il compris expressément dans le nombre de ceux que le roi appelle aux fonctions de pair de France ? Le mari peut-il y aspirer en vertu du seul titre de mariage ?

Le seul terme par lequel on prétend soutenir que les maris ont part à la grâce du prince, est celui d'*ayant cause*. Mais pourra-t-on se persuader qu'une expression si vague porte avec elle ce caractère de choix qui est si nécessaire pour faire passer un office de pair d'une famille dans une autre?

Ce terme d'*ayans cause* doit être interprété (nous l'avons déjà dit); sans cela il ne seroit pas moins favorable aux donataires et aux acquéreurs étrangers qu'au mari même. Mais s'il faut l'interpréter, ne doit-on pas l'appliquer uniquement suivant l'esprit et l'intention du législateur, aux descendans qui ne sont point héritiers, mais qui sont simplement *ayans cause* en qualité de *Donataires*, de créanciers, etc. Ne voit-on pas même que dans la plupart des endroits où ce terme est employé dans les lettres d'érection de Piney en duché et en pairie, il suit immédiatement le mot de *successeurs*, et non pas celui de *femelles*, et par conséquent que l'on a voulu comprendre dans cette expression, non pas les maris, mais cette espèce de successeurs qu'on désigne ordinairement par le nom d'*ayans cause*.

On a voulu prévenir un inconvénient trop ordinaire dans les grandes maisons. S'il falloit que le fils d'un pair fût toujours son héritier pour être pair de France; si la succession honorable ne pouvoit jamais être ni distinguée ni séparée de la succession utile, combien d'enfans seroient privés de la dignité de leurs pères? Le même titre d'héritier, qui leur donneroit le nom de pair, leur ôteroit souvent la pairie, en les exposant aux poursuites rigoureuses des créanciers de leur maison. C'est pour cela principalement, et pour d'autres considérations semblables, qu'on leur a permis de succéder à la pairie en qualité d'*ayans cause*. N'en cherchons point les exemples ailleurs que dans cette affaire. En quelle qualité M. de Luxembourg paroît-il dans votre audience, pour être reçu en la dignité de pair, si ce n'est comme donataire, et par conséquent comme ayant cause? Pourroit-il même prendre un autre titre suivant ses propres principes, puisque Madame sa mère est encore vivante?

Tel est le véritable sens et la juste signification du

terme d'*ayant cause*; mais vouloir l'étendre et l'appliquer au mari, c'est une interprétation superflue dès le moment que le sens des lettres est une fois rempli.

Si cette interprétation étoit nécessaire, c'est-à-dire, si ce terme d'*ayant cause* étoit tellement limité à la qualité de mari, qu'on ne pût jamais l'entendre que de sa personne, alors nous avouerions sans peine, que par ce terme seul les maris seroient compris dans l'intention du roi, et appelés à la pairie. Mais dès le moment que cette expression reçoit un autre sens et plus juste et plus naturel, pourquoi voudra-t-on lui donner une interprétation forcée? Et dans quelle vue? Pour attaquer le droit commun, pour perpétuer les dignités qu'il est de l'intérêt du roi de ne pas rendre immortelles; pour transmettre sans choix, sans caractère, sans autorité publique, une fonction importante et un office éminent.

Que si l'on soutient que quoique les maris ne soient point expressément appelés par le terme d'*ayans cause*, le titre du mariage est si favorable, qu'il peut leur communiquer de plein droit les avantages personnels de la pairie, nous demanderons alors sous quel prétexte se fait cette transmission.

La femme ne peut transmettre la pairie à son mari que sous deux prétextes différens; ou comme ayant droit d'en exercer elle-même les fonctions, mais ce premier prétexte peut-il même être proposé? ou parce qu'elle lui transfère une espèce de propriété, un domaine civil du fief auquel la pairie est attachée.

Quelque spécieux que soit ce dernier prétexte, nous croyons l'avoir détruit par avance, quand nous avons montré que la pairie ne peut être considérée comme l'accessoire de la terre; que les exemples anciens ne peuvent plus être tirés à conséquence, parce que le principe général de la réalité est aboli, et que la simple possession de la terre ne peut plus imprimer le caractère d'officier, que le roi seul a droit de donner dans ses états.

Or, qu'est-ce que la femme donne réellement et véritablement à son mari, si ce n'est la garde, la jouissance, l'administration, tout au plus le domaine civil de la pairie réelle, qui n'est autre chose que la terre même avec ses prérogatives.

Le mari n'est que le possesseur ou le propriétaire passager du fief, et nous avons montré que cette qualité n'est pas un titre suffisant, si l'on n'y joint encore l'avantage d'être choisi par le roi. Nous avons comparé la terre qui sert de sujet réel à la pairie, avec la propriété des offices vénaux; et de même qu'une femme ne sauroit transmettre à son mari le caractère d'officier, quoiqu'elle puisse lui donner la propriété de l'office, nous avons cru par une raison semblable, que la fille d'un duc et pair pouvoit bien porter en dot à son mari la propriété du fief, mais qu'elle ne pouvoit jamais lui attribuer le caractère et les fonctions de pair de France.

Joignons à ces réflexions une conséquence absurde, qui seroit néanmoins une conséquence naturelle du principe contraire.

Supposons que par le contrat de mariage la femme conserve, comme cela arrive tous les jours, non-seulement la propriété naturelle, mais le domaine civil et la libre administration de sa dot, en sorte que la possession des fiefs ne passe dans la personne du mari, suivant l'expression de M.e Charles Dumoulin, *Nec verè, nec fictè, nec interpretativè.*

Alors, si l'on s'attache à la maxime qui regarde la pairie personnelle comme un accessoire du fief, il est certain que le nom de mari sera un titre inutile pour aspirer à la dignité de pair.

Ce n'est donc point le nœud sacré du mariage qui est le fondement de cette transmission de la pairie, qu'on suppose sans aucune raison, puisque l'on peut être mari sans être pair : c'est uniquement la possession du fief et de la terre qui donne ce titre; le mari est donc réduit à la qualité de simple possesseur, et fera-t-on dépendre de cette qualité la continuation d'une dignité si élevée? Attachera-t-on le sort et la durée de cet office éminent aux clauses et aux conventions particulières d'un contrat de mariage? Si la femme ne juge pas à propos de confier à son mari l'administration de sa dot, il ne sera point pair de France ; et s'il est pair, il n'en sera redevable qu'à la facilité que sa femme aura eue de consentir qu'il jouisse de ses fiefs, et qu'il en soit considéré comme le véritable propriétaire.

En cet état, quel sera donc le titre du mari et de ses descendans? Il n'est point appelé par lui-même; la loi du mariage peut bien lui donner en certain cas la propriété civile du fief, mais jamais l'exercice de la pairie personnelle; vous venez de voir quelles seroient les conséquences absurdes du principe contraire.

Quelque justes que paroissent toutes ces maximes, nous ne vous les proposerions néanmoins qu'en tremblant, si nos rois mêmes ne les avoient établies lorsqu'ils ont commencé à introduire l'usage des nouvelles lettres que les maris ont toujours obtenues depuis cent vingt ans, pour être reçus dans la dignité de pair de France.

Ils ont remarqué par là que les termes *de femelles* qui avoient été insérés dans quelques lettres d'érection, ne pouvoient jamais s'interpréter que des droits réels de la pairie, et que pour les étendre aux droits personnels, il falloit avoir recours, non pas à la pure justice, mais à la bonté du souverain.

Enfin, on a tellement reconnu la vérité des principes que nous vous avons proposés, que lorsque, dans ces derniers temps, le roi a bien voulu ériger un duché en faveur d'une fille, on a cru devoir comprendre expressément dans la grâce, le mari qu'elle pourroit épouser; et c'est ce qui a été pratiqué à l'égard du duché d'Humières.

Si l'on a jugé cette précaution nécessaire quand il ne s'agissoit que d'un simple duché, qui pourra croire que la transmission des pairies doive être plus facile, que le choix du roi y soit moins nécessaire, et que la continuation en soit plus favorable?

C'est en vain qu'on voudroit opposer à tant de raisons décisives l'exemple des mineurs et des imbécilles, qui, quoique incapables d'exercer les fonctions personnelles de la pairie, ne laissent pas de les transmettre à leur postérité.

Quelle comparaison peut-on faire entre une incapacité passagère et une incapacité essentielle, entre une infirmité qui laisse subsister au moins le fonds et le principe de la dignité, et un défaut naturel, invincible, irréparable, qui détruit les premiers fondemens de la pairie personnelle?

Mais d'ailleurs, il n'est pas vrai qu'un mineur, qu'un imbécille transmettent, à proprement parler, la dignité de pair à leurs enfans. Les enfans ne reçoivent point, comme nous l'avons déjà dit, cette importante dignité des mains de leurs pères; ils la reçoivent, comme eux, des mains du roi. L'incapacité personnelle de leurs pères peut bien différer le temps où ils jouiront librement de cette dignité, mais non pas éteindre la dignité même; au lieu que dans la personne de la femme, deux obstacles invincibles s'opposent à la communication de la pairie: le premier est son incapacité naturelle; et le second, le défaut de choix et de caractère dans la personne de ceux auxquels elle pourroit transmettre cette dignité.

La seule objection qu'on feroit avec quelque apparence de raison, est celle que l'on peut tirer de l'exemple de Léon d'Albert.

Nous n'examinerons point ici, pour y répondre, s'il est vrai qu'il ait joui de l'ancien rang; et qu'il ait été assis dans le lit de justice de 1621, immédiatement après M. le duc d'Uzès, ou si au contraire les rangs ont été confondus dans cette cérémonie; en sorte que si M. d'Albert a précédé les ducs dont les pairies étoient antérieures à son mariage, il a été précédé en même temps par M. le duc de Rets, dont la pairie étoit constamment postérieure à celle de Piney.

L'obscurité ou l'incertitude de ce fait est augmentée depuis la plaidoirie de cette cause : si l'on en croit le registre de la cour, c'est M. le duc de Rets qui a été assis au-dessus de Léon d'Albert, et par conséquent on n'a point suivi le rang des érections : si l'on ajoute foi au contraire à une feuille qui se trouve dans les liasses du greffe, et que l'on veut faire passer pour la minute de ce lit de justice, ce sera au contraire le duc d'Uzès qui aura précédé Léon d'Albert ; et par conséquent l'ordre des érections a été conservé.

Mais quoique ce dernier fait paroisse plus vraisemblable, il s'en faut bien néanmoins qu'il soit entièrement assuré.

Ce que l'on appelle la minute du lit de justice, est une simple copie volante, qui n'est point écrite de la main du principal commis au greffe, qui n'est ni visée par M. le chancelier, ni signée par aucun officier qui ait un caractère public. En cet état, il faut convenir que si l'on révoque en doute l'autorité du registre, on ne peut pas au moins tirer des conséquences plus certaines de la feuille que l'on rapporte, et qu'ainsi la séance de Léon d'Albert est encore plus douteuse qu'elle ne l'a été jusqu'à présent.

Sans nous arrêter davantage à l'examen de ce fait, attachons-nous à deux réponses qui paroissent beaucoup plus solides.

L'une, que nous ne voyons point que le droit de Léon d'Albert ait jamais été contesté. Il a été reçu sans aucune opposition. Quelles furent alors les raisons du silence des autres pairs? C'est ce que nous ne voulons point rechercher : il est toujours certain que ce ne fut pas la défiance absolue de leurs droits ; puisque ce n'étoit plus une maxime constante que le mari pouvoit être reçu pair du chef de sa femme ; puisque soixante ans auparavant, M. de Nevers avoit cru qu'il étoit nécessaire d'obtenir des lettres de continuation ; puisque le rang de l'ancienne érection lui avoit été contesté par M. le connétable de Montmorency; puisqu'enfin la question étoit encore indécise et pendante en la cour. Dans cet état, pourra-t-on se persuader que Messieurs les ducs et pairs, intéressés à conserver leur rang, eussent abandonné leurs droits par le défaut de moyens pour le soutenir?

Nous ne croyons donc pas que cet exemple puisse être tiré à conséquence, exemple unique, non contesté depuis que la question a été une fois agitée. Quelle peut être son autorité?

Mais d'ailleurs, quelque faveur que pût avoir Léon d'Albert, crut-il pouvoir se dispenser d'obtenir des lettres du roi pour être reçu? Il est vrai qu'elles sont dressées avec toutes les précautions imaginables, pour ne point donner lieu de présumer que l'ancienne pairie fût éteinte : on y expose sans fondement, que Léon d'Albert étoit duc et pair du chef de sa femme, comme ayant cause d'elle, suivant les lois générales du royaume, et suivant la coutume particulière des lieux où la pairie est située; cependant rien n'étoit moins favorable à sa prétention que l'esprit général de nos ordonnances; rien de plus opposé que la coutume de Chaumont, qui n'établit aucun droit d'aînesse entre les filles. Ainsi, pour suivre à la rigueur la disposition de cette coutume, il auroit fallu partager la terre de Piney entre Marguerite et Liesse de Luxembourg, et par conséquent anéantir la pairie.

C'est néanmoins sur cette fausse exposition que les lettres sont accordées; mais enfin ce sont toujours des lettres nouvelles, lettres que l'on a jugées nécessaires, lettres que jamais le fils d'un pair de France ne prend soin d'obtenir, lettres enfin qui marquent que la continuation de la pairie ne se fait point de plein droit, et qu'en quelques termes qu'elles soient conçues, nous ne pouvons, suivant les véritables intérêts du roi et de l'état, les regarder que comme un nouveau titre et de nouvelles provisions.

Mais enfin, supposons ici, contre toutes les maximes que nous avons établies, supposons que la fille d'un duc et pair puisse communiquer à son mari une dignité qu'elle n'a point; oublions la nature des offices; poussons la fiction aussi loin qu'on veut la porter, et reconnoissons pour un moment que, dans le premier degré, on peut admettre à cette haute dignité le mari de la fille d'un pair de France, et ses descendans : ne faudroit-il pas arrêter, au moins en sa personne, le progrès de cette fiction? C'est la seconde difficulté que nous avons à examiner sur les lettres d'érection.

Quelque prévention que l'on ait en faveur des pairies femelles, il faut reconnoître de bonne foi qu'elles ne sont pas favorables, qu'elles résistent au droit commun, et que par conséquent il faut plutôt chercher les moyens de les restreindre que de les étendre.

Ainsi, lorsqu'une fois ce privilége extraordinaire, cette grâce singulière a eu entièrement son effet, soit pour la pairie réelle, soit pour la pairie même personnelle, il est nécessaire, suivant tous les principes, d'en arrêter le cours, et de présumer que l'intention du roi n'a pas été d'accumuler grâces sur grâces, priviléges sur priviléges, fictions sur fictions.

Nous croyons même que pour peu qu'on examine attentivement les différences générales qui se rencontrent dans toutes sortes d'espèces, entre le premier et le second degré, et les différences particulières qui se rencontrent dans l'espèce de cette cause, il ne sera pas difficile de se convaincre que l'extension que l'on veut donner à la grâce du prince, est directement contraire à son intention.

Première raison de différence. Les motifs d'érection d'une pairie sont toujours tirés de la faveur singulière de la maison à laquelle on accorde ce titre d'honneur, la plus haute récompense qu'un sujet puisse espérer de son maître. Ces motifs ont encore une application naturelle, quoique moins favorable, à la personne de sa fille. Elle porte le nom et les armes de son père : elle est, à la vérité, la fin de sa famille, mais elle en est encore; et ces restes précieux d'un nom que le roi a voulu honorer d'une dignité si éclatante, peuvent obtenir de sa bonté, qu'il veuille bien accorder au mari la communication de cette même dignité.

Mais cette raison cesse absolument dans le second degré; et lorsqu'il est question de la fille de la fille, a-t-on besoin de recourir à l'autorité des lois, et faut-il accumuler ici les autorités des jurisconsultes, pour montrer qu'elle n'est plus de la famille de son aïeul maternel, qu'elle suit la famille de son père, et qu'elle est regardée par le droit comme étrangère, pour ainsi dire, par rapport aux priviléges accordés au nom et à la famille de sa mère? La raison naturelle ne dicte-t-elle pas cette différence à tout le monde, et faut-il être jurisconsulte pour s'apercevoir du vice de la conséquence que l'on tire du premier au second degré?

Seconde raison de différence. Il resteroit encore quelque distinction entre les pairies et les autres biens, en accordant au premier degré la faculté de communiquer la pairie : il n'en reste plus si l'on porte cette extension jusqu'au second degré. Après cela tout est confondu, et il n'y aura plus de raison de fixer ce progrès infini. Le troisième degré n'en sera pas plus exclu que le second; ainsi il faut nécessairement ou regarder les pairies comme de simples fiefs héréditaires et patrimoniaux, ou il faut du moins marquer au second degré les bornes et les limites de la durée des pairies.

Troisième raison de différence. Il y a quelques exemples favorables à la fille depuis que le véritable esprit des pairies a été établi, comme ceux de Nevers et d'Eu, comme celui de Léon d'Albert; encore même ont-ils tous obtenu des lettres du prince.

Il n'y en a point où l'on ait vu passer une pairie à la fille de la fille.

Si nous passons des raisons générales de différence, aux raisons particulières, nous croyons qu'il sera difficile de ne pas convenir que l'intention du roi a été d'empêcher que l'on n'abusât de sa grâce en l'étendant au-delà du premier degré.

Pour en être persuadé, il suffit de comparer les lettres d'érection du duché, avec celles qui ont érigé le même duché en pairie.

Dans les premières, on trouve ces termes importans : *Pour jouir dudit duché de Piney par notredit cousin, ses hoirs et ayans cause, tant mâles que femelles, en quelque degré que ce soit, perpétuellement.*

Mais ces derniers termes, *en quelque degré que ce soit, perpétuellement*, ne se trouvent point répétés dans l'érection de la pairie.

Nous avouons, MESSIEURS, que nous avons de la peine à concevoir comment on peut éluder la force de cette objection.

Le seul moyen que l'on ait proposé dans votre audience, est tiré d'une clause qui se trouve dans la suite des lettres d'érection en pairie : le roi ajoute qu'il veut que cette qualité de pair de France soit unie inséparablement à la dignité de duc, et que le duché de Piney soit dorénavant et à toujours, par accumulation, intitulé *duché pairie de France.*

C'est de cette clause qu'on prétend conclure, que puisque le duché et la pairie sont unis inséparablement, toutes clauses insérées dans les lettres d'érection du duché, sont censées répétées dans les lettres de création de la pairie.

Et c'est ainsi, que dans le temps que l'on veut exclure toute interprétation, on ne soutient néanmoins les extensions que l'on donne à la grâce du roi, que par des interprétations forcées, et par des fictions continuelles.

Parce que le duché est uni à la pairie, il s'ensuit, dit-on, que les mêmes personnes qui sont appelées à la possession du duché, sont appelées à la possession de la pairie.

Si ce raisonnement est solide, il faut en conclure que les collatéraux mêmes de François de Luxembourg, sont appelés à la pairie ; car, selon le défenseur de M. de Luxembourg, les collatéraux sont appelés à la possession du duché : or le duché est inséparablement uni à la pairie; donc les collatéraux doivent succéder à la pairie. Et cependant, qui pourroit soutenir que les collatéraux n'étant point appelés, pussent un jour être pairs de France ?

Telles sont les fausses conséquences dans lesquelles ce principe d'union engage insensiblement ; et en vérité, MESSIEURS, si sur des interprétations de cette qualité, l'on fait passer ces offices de pairs de France dans des familles étrangères, quel avilissement pour ces grandes dignités, qui seront désormais soumises aux régles subtiles d'une interprétation dangereuse et contraire à l'esprit du prince qui les accorde !

Quel est donc le sens de cette union? Que tant que la dignité de pair subsistera, elle sera unie au titre de duché. Mais cette clause a-t-elle la force de perpétuer la pairie au-delà des femelles du premier degré? Pourquoi laisser une différence si importante entre ces lettres? Pourquoi ne pas ajouter que la pairie passera aux femelles en quelque degré que ce soit, s'il est vrai cependant qu'on ait prétendu le faire à l'égard du duché; et c'est ce qui nous paroît encore très-difficile à établir?

Ajoutons enfin à ces raisons générales et particulières de différence entre le premier et le second degré, que quand même on pourroit, contre toutes sortes de règles, admettre à la pairie de Piney le mari et les descendans de la fille de la fille, il y auroit encore de grands obstacles à surmonter pour établir la prétention de M. de Luxembourg.

Quel étoit l'état et la situation des possesseurs de la terre de Piney, lorsque feu M. de Luxembourg voulut faire revivre la pairie qui paroissoit éteinte, et la faire revivre avec son ancien éclat ?

Léon d'Albert avoit laissé un fils, engagé à la vérité dans les ordres ecclésiastiques, mais qui n'étoit pas pour cela incapable de jouir de la pairie et d'en faire les fonctions pendant sa vie.

Charlotte de Luxembourg, sa veuve, avoit épousé

le sieur comte de Tonnerre en secondes noces, et sans examiner quel étoit le droit de ce second mari, il est certain qu'il n'étoit point en possession des honneurs de la pairie.

Où étoit en ce temps-là la pairie de Piney? En quelle personne résidoit-elle? La terre, le fief, la seigneurie, tout ce qu'il y avoit de réel, étoit possédé par Charlotte de Luxembourg et par son mari le comte de Tonnerre. Qu'étoit devenue pendant ce temps-là la dignité personnelle? éclipsée, suspendue, ou anéantie, elle avoit cessé de paroître depuis la mort de Léon d'Albert, avec lequel il sembloit qu'elle se fût éteinte.

Si elle résidoit en la personne de Charlotte de Luxembourg, pourquoi, suivant les principes de la réalité que l'on soutient aujourd'hui, ne l'avoir pas transmise et communiquée à son mari? Pourquoi a-t-elle cru qu'il étoit nécessaire de faire intervenir Henri d'Albert dans le contrat pour céder de nouveau le titre de duc et pair de France? Dira-t-on que c'étoit pour l'empêcher de se plaindre un jour, et de revenir contre la donation que l'on faisoit sans son consentement, d'une terre que le privilége de la masculinité et le droit d'aînesse lui donnoient également?

Dans quel temps se fait cette renonciation? Entre deux interdictions. Si l'on met Henri d'Albert dans une espèce de liberté, ce n'est que pour s'en servir contre lui-même; il est libre, mais ce n'est que pour se dépouiller; il est maître de lui-même, mais ce n'est que pour cesser de l'être d'un duché dont il avoit au moins une espérance certaine. Mais enfin, sans vouloir chercher trop curieusement quel étoit alors le véritable pair de Piney, il est toujours certain que Charlotte de Luxembourg ne pouvoit disposer de cette seigneurie que du consentement de Henri d'Albert.

Les lettres d'érection d'une terre en pairie, sont de véritables substitutions d'autant plus solennelles et plus inviolables, qu'elles sont faites par le roi même;

ces substitutions défèrent successivement aux aînés mâles la plus noble portion de l'héritage de leur père. Henri d'Albert étoit fils du premier lit, l'aîné des enfans de Charlotte de Luxembourg, le seul mâle qui pût succéder à la pairie. C'étoit donc lui qu'il falloit considérer comme le véritable propriétaire du duché de Piney. Charlotte de Luxembourg ne pouvoit en disposer en faveur de sa fille, elle n'en avoit, à proprement parler, que l'usufruit. Dans cet état, comment doit-on considérer la renonciation qui se fait par Henri d'Albert, si ce n'est comme une donation qu'il fait à Madame de Luxembourg, sa sœur, du droit de propriété qu'il avoit sur le duché de Piney? Ce n'est pas seulement à Mademoiselle sa sœur, c'est à M. de Luxembourg qu'il céde le titre de duc et pair. C'est, à proprement parler, une démission, une résignation qu'il fait de cet office en sa faveur; et l'on soutiendra que c'est ainsi que les pairies peuvent être transférées, que l'aîné d'une maison, appelé par les lettres, appelé par la nature, appelé par la loi à remplir cette haute dignité, pourra la céder au mari de sa sœur, et substituer un nouvel officier en sa place, sans nouveau titre, sans nouvelle permission du roi! Et quelles sont les conditions de cette cession?

Nous ne saurions nous dispenser de rappeler ici les termes importans qui se trouvent à la fin du contrat de mariage de M. de Luxembourg, *attendu les grandes sommes que M. de Luxembourg a données au sieur comte de Tonnerre et à Charlotte de Luxembourg sa femme.* Quoiqu'il ne soit pas dit précisément que ces sommes ont été données pour le prix du duché, cependant elles peuvent s'y rapporter comme à tous les autres biens qui sont cédés à M. de Luxembourg.

Réunissons donc toutes ces circonstances. Une pairie incertaine, inconnue, oubliée pendant longtemps, qu'on rappelle de son obscurité, ou plutôt que l'on tire une seconde fois du néant; une pairie dont la propriété étoit assurée à l'aîné mâle, cédée par cet aîné à sa sœur et au mari de sa sœur, et cédée avec plusieurs autres biens pour lesquels le mari a donné des sommes considérables : et après cela, pourra-t-on comparer cet exemple avec celui du changement qui est arrivé dans la pairie de Rets?

Cette pairie étoit érigée pour les mâles en faveur d'Albert de Gondy. Henri de Gondy, son petit-fils, n'a qu'une fille; mais il a un neveu descendu comme lui de mâle en mâle d'Albert de Gondy, en faveur duquel l'érection avoit été faite, appelé par conséquent comme lui à la pairie.

Il veut marier sa fille avec son neveu. Qu'y avoit-il de plus favorable que de réunir ainsi dans une même personne tous les droits que l'on pouvoit avoir sur la pairie? La femme auroit été capable d'en posséder la propriété, comme héritière de son père; le mari, d'en exercer l'office comme compris dans les lettres d'érection : le sujet réel et le sujet personnel se réunissoient pour faire subsister la pairie.

Cependant, parce que cela ne peut se faire par le cours ordinaire des successions, parce qu'il faut que la volonté de l'homme supplée le défaut de celle de la loi, et que l'on fasse par une démission ce qui ne pouvoit se faire par la voie de la succession, on est obligé de recourir à l'autorité du prince; Henri de Gondy fait une démission entre ses mains, et confirme par là les principes que nous avons établis de la comparaison des pairies avec les offices ordinaires : le roi remet la pairie entre les mains de Pierre de Gondy, son neveu, mais en vertu d'un titre. C'est un nouveau caractère qui forme un nouvel officier, et qui ne lui donne qu'un nouveau rang.

Si l'on a suivi si rigoureusement la loi des offices ordinaires dans une espèce si favorable, comment pourra-t-on soutenir ici qu'il n'y a point eu de mutation dans la pairie de Piney, lorsque l'on voit, non pas une fille qui cède son droit à son cousin germain, appelé à la pairie par les lettres d'érection, comme cela auroit pu se faire dans l'exemple de Rets, mais un frère qui renonce à une pairie en faveur de sa sœur, pour la faire passer dans une famille étrangère?

Il est donc vrai de dire, que quand même on oublieroit les maximes ordinaires de la succession des pairies, le droit de M. de Luxembourg ne pourroit jamais passer pour l'ancien droit qui a été accordé à la maison seule de François de Luxembourg. Feu M. le maréchal de Luxembourg ne l'a eu que comme cessionnaire, et non pas comme héritier; comme acquéreur, et non pas comme compris dans les lettres d'érection.

Après cela, Messieurs, pourrions-nous consentir à la confirmation d'un titre attaqué, combattu, détruit et anéanti en tant de manières différentes? Si nous étions capables d'abandonner ici les maximes inviolables de l'ordre public; les grands hommes qui nous ont précédés dans les fonctions de nos charges, s'éleveroient contre nous; ils désavoueroient hautement les conclusions que nous oserions prendre dans votre audience; et ne pourroient-ils pas nous reprocher avec raison que nous trahissons notre ministère, et que nous nous rendons indignes du noble office que nous avons l'honneur d'exercer, si nous ne vous représentions avec toute la force que notre zèle, notre attachement inviolable aux intérêts du roi doit nous inspirer, quelles sont les conséquences absurdes du principe contraire à la nature, qui rend les offices réels comme les fiefs mêmes; principe généreusement aboli, et que l'on s'efforce inutilement de faire revivre aujourd'hui?

Si l'érection ancienne de Piney est jamais confirmée, quelle différence restera-t-il à l'avenir entre les premières dignités de l'état, et les plus simples seigneuries?

On verra ces offices importans passer de fille en fille, de maison en maison, sans autre règle que le hasard des alliances.

On verra ces grâces signalées du souverain, l'objet de l'ambition de ceux de ses sujets qui exposent tous les jours leur vie à la tête de ses armées; on les verra avilies, dégradées, obscurcies, tomber en partage à des familles qui pourront à peine justifier leur noblesse.

De là la multiplication infinie de ces offices, contraires à l'ancien ordre du royaume, contraire à l'intérêt du roi; non-seulement parce que ses grâces confondues dans la foule et effacées par le nombre, perdront la plus grande partie de leur éclat, mais encore parce que l'utilité publique demande que ces grandes dignités retournent de temps en temps dans le principe fécond dont elles sont tirées, que cette portion considérable de l'autorité royale ne soit pas perpétuellement aliénée de la couronne, et que les places si élevées ne soient pas toujours remplies par le seul effet d'un droit héréditaire, sans un choix personnel du souverain.

Cependant, si l'on n'arrête pas la transmission des pairies, au moins au second degré, si l'on ne fixe pas cette dernière borne à la succession de ces offices, tous ces désordres seront désormais les suites inévitables du principe que l'on veut faire établir par votre arrêt.

Si l'on répond que l'agrément du roi sera toujours nécessaire pour ceux qui épouseront la fille d'un duc et pair, nous pourrions dire d'abord, qu'il peut arriver souvent que le roi approuve le mariage, ou plutôt ne le désapprouve pas, sans être obligé pour cela d'agréer que le mari soit élevé à la dignité de pair.

Mais pour lever tout d'un coup cette difficulté, nous demanderons à ceux qui proposent cette réponse, si cet agrément est une grâce ou une justice.

Si c'est une grâce, comme il est surprenant qu'on veuille le révoquer en doute, et si c'est une grâce dont le roi est absolument le maître, pourra-t-on soutenir que l'ancienne érection subsiste; et osera-t-on comparer une fille et ses enfans avec les mâles et les descendans des mâles?

A-t-on jamais ouï dire que le fils, le petit-fils, l'arrière-petit-fils, le vingtième descendant d'un duc et pair par les mâles, ait besoin de nouvelles lettres du roi, pour être admis à la dignité de ses pères ?

Il y a donc une différence infinie entre les mâles et les enfans des femelles. Dans les uns, la réception est une justice qu'on leur rend; dans les autres, c'est une grâce qu'on leur accorde : grâce que le roi peut ou accorder ou refuser, et qui par conséquent ne peut jamais être regardée que comme un nouveau titre.

Que si l'on répond que c'est une justice que le roi est obligé de rendre à tous ceux qui la lui demandent, alors on tombe dans la confusion que nous venons de vous observer. On n'y remédie point, en disant que le roi peut ne pas consentir au mariage, puisque premièrement, il peut n'avoir point de raisons, comme nous l'avons dit, pour empêcher le mariage, et en avoir de très-fortes pour arrêter la transmission de la pairie. Mais d'ailleurs, n'arrive-t-il pas tous les jours que pendant que les aînés d'une grande maison sont dans la grandeur qui convient à leur dignité, les autres branches dégénèrent, et surtout celles qui descendent des filles ? Il arrivera qu'après quelques générations, une fille descendue par une longue suite de mésalliances, au dernier degré, entre les familles qui jouissent de la noblesse, et même quelquefois au-dessous de ce degré, se trouvera par la défaillance de la ligne masculine, la seule héritière d'une grande maison; et son mari à peine gentilhomme, deviendra tout d'un coup le plus ancien pair de France. Cette seule raison d'absurdité ne seroit-elle pas suffisante pour décider la question que nous examinons.

Nous n'ignorons pas combien nous sommes éloignés de craindre un semblable inconvénient dans l'espèce de cette cause. Nous savons que l'héritière de la maison de Luxembourg a pu passer, sans déshonneur, dans la maison de Montmorency. Pouvoit-elle en choisir une plus illustre pour faire revivre le nom et les armes du Luxembourg ? L'origine aussi glorieuse qu'ancienne de la maison de Montmorency, les héros qu'elle a produits, les dignités dont elle a été honorée, les services qu'elle a rendus à nos rois, son attachement inviolable pour la véritable religion, tout conspire à justifier la bonté du choix qu'avoit fait Charlotte de Luxembourg ; mais ce n'est pas par un fait particulier qu'il faut décider des conséquences d'une maxime générale.

Nous souhaiterions qu'il nous fût permis d'oublier ici les principes que nous avons établis, toutes les fois que nous envisageons le grand nom de Montmorency ; mais en même temps que nous considérons toutes les suites que cet exemple pourroit avoir, nous sommes obligés de fermer malgré nous les yeux sur l'éclat de ce nom illustre, pour envisager tous ceux qui dans la suite pourroient abuser de cet exemple.

Nous ne verrons pas toujours ces grandes dignités transmises dans la maison de Montmorency, par une alliance glorieuse : cependant l'exemple sera reçu ; et qui pourra en arrêter les conséquences ?

Nous ne nous étendrons pas davantage sur les conséquences absurdes de ce même principe.

Nous pourrions vous faire voir en plusieurs manières, qu'il est fécond en inconvéniens.

Ainsi par exemple, dans l'espèce de cette cause, supposons que le sieur comte de Tonnerre eût été pair de France, comme il faut convenir qu'il auroit dû l'être si les principes de la réalité avoient lieu : supposons que Henri d'Albert eût aussi été en état d'en remplir les fonctions, et que dans ces circonstances, Charlotte de Luxembourg, qui seul auroit donné le titre de pair à son mari, fût morte avant lui, que seroit devenue alors la dignité de pair de France ?

La propriété de la terre auroit constamment appartenu à Henri d'Albert, fils aîné du premier lit. Il étoit capable d'exercer les fonctions, nous le supposons ainsi ; auroit-il donc pu être reçu ? Mais il auroit fallu pour cela dégrader son beau-père, et l'on vous a dit qu'il est sans exemple qu'on dégrade un pair de France. Auroit-il donc été juste que le fils du premier lit, capable d'être pair, appelé par les lettres, propriétaire de la pairie, eût attendu la mort de son beau-père qui n'y avoit plus aucun droit? ou, dira-t-on qu'ils auroient pu être pairs tous deux en même temps? et un même titre de pairie auroit-il été possédé solidairement par deux personnes? ou enfin se retranchera-t-on à dire, pour éviter tous ces inconvéniens, que le roi auroit été obligé d'accorder au comte de Tonnerre une espèce de pairie personnelle? Si cela est, il faut aller jusqu'à prétendre que, quand le roi appelle des femmes à une pairie, il s'engage non-seulement d'accorder la dignité personnelle au mari en faveur du mariage, mais même à créer pour lui dans le cas de la mort de sa femme, une pairie surnuméraire qui soit attachée à sa personne, et qui s'éteigne avec lui.

Il seroit facile d'observer encore plusieurs autres inconvéniens semblables; nous nous attacherons à un seul, en finissant cette question. L'interprétation que vous donnerez aux lettres de Piney, intéresse sensiblement les droits de la couronne, par une raison d'égalité que tous ceux qui ont étudié les intérêts du roi sentiront aisément. Si l'on se donne la liberté d'étendre les termes de ces lettres, si on ne les restreint pas au contraire par le droit commun, vous en prévoyez, MESSIEURS, les conséquences, sans que nous les expliquions par rapport à plusieurs provinces qui appartiennent légitimement au roi, sur le fondement des mêmes principes de retour au droit commun que nous vous avons expliqués.

SECONDE QUESTION (1).

Si l'on doit avoir égard aux lettres de requête civile obtenues contre l'arrêt du 20 mai 1662, par les ducs et pairs qui étoient alors mineurs?

1.° Non-recevables. Ils ont écrit et produit dans

(1) Il n'est resté, sur la seconde et troisième question annoncées au commencement de l'avis, que des notes qui marquent seulement le plan et la suite des réflexions.

l'instance appointée par cet arrêt, et l'ont ainsi exécuté. L'arrêt ne pourroit faire de préjudice qu'à ceux dont les pairies son postérieures. C'est au contraire un préjugé en faveur des pairs plus anciens. Ils ne peuvent donc être admis à l'attaquer.

2.° Nuls moyens suffisans.

Le premier. Omission de défenses. Nulle apparence à proposer ce moyen contre un arrêt rendu après une plaidoirie si étendue.

Le second. Contrariété dans les dispositions de l'arrêt. Il n'est pas difficile de les concilier.

Le troisième, que M. de Brissac n'avoit point de tuteur. Plusieurs réponses à ce moyen; et après un si long espace de temps, il est non-recevable.

Mais si la requête civile est inutile, l'opposition des ducs dont les pairies ont été érigées depuis 1662, ne peut-elle pas détruire cet arrêt? Il faut donc passer à l'examen de leurs demandes.

TROISIÈME QUESTION.

S'il y a eu une nouvelle érection de Piney en pairie, par les lettres accordées à M. le maréchal de Luxembourg en 1661, ou s'il a renoncé à en tirer avantage, en obtenant celles de 1676?

Cette dernière partie de la cause n'est pas la moins importante. L'unique question à laquelle elle se réduit, est de savoir si en regardant l'ancienne pairie comme éteinte, M. de Luxembourg peut être reçu en conséquence du droit acquis à M. le maréchal de Luxembourg et à sa postérité, par les lettres de 1661.

Pour faire connoître le vrai point de la difficulté, il faut examiner les lettres de 1661, d'abord en elles-mêmes, ensuite en les comparant avec celles de 1676.

En elles-mêmes. Nulle érection nouvelle qui y soit précisément exprimée. Elles en ont l'apparence plutôt que la substance. Elles peuvent seulement la renfermer par une interprétation favorable, et tel est le fondement de l'arrêt de 1662.

Comparons-les avec celles de 1676. Cette interprétation est détruite par le roi même, qui déclare n'avoir point entendu faire de nouvelle érection, mais avoir approuvé seulement ce contrat de mariage.

Qu'oppose-t-on aux moyens tirés de ces dernières lettres?

1.° Que les ducs et pairs sont opposans à l'enregistrement. Mais ce sont ceux dont les pairies étoient érigées avant 1661, qui y ont formé opposition, et non ceux dont les pairies sont postérieures, auxquels on ne peut faire cette objection.

2.° Que le roi n'a pas coutume de révoquer ses grâces. Mais il ne révoque pas celle dont il s'agit; il déclare seulement qu'il ne l'a pas accordée.

3.° Qu'on ne peut rétorquer contre M. de Luxembourg, ce qui est introduit pour lui. Cela est vrai dans le genre de grâce qui lui est faite, non dans un autre.

4.° Qu'il ne faut pas diviser les lettres de 1661. On ne propose pas aussi de les diviser, mais on soutient que dans leur entier, elles n'emportent qu'un simple agrément qui suppose le droit et ne l'établit pas.

5°. Que les lettres de 1676 pourront n'être pas enregistrées, mais il peut arriver aussi qu'elles le seroient.

Quel titre reste-t-il donc, si l'on ne peut faire usage ni des lettres de 1581, sans s'écarter des vrais principes, ni des lettres de 1661, tant que celles de 1676 subsisteront?

1.° On fait un dénombrement imparfait, quand on suppose qu'il n'y a que deux partis à prendre; qu'il faut confirmer ou le titre de 1581, ou celui de 1661. Ne peut-on pas les rejeter tous deux? Et en ce cas, il n'en resteroit aucun sur lequel on pût procéder à la réception.

2.° L'arrêt de réception de feu M. le maréchal de Luxembourg auroit pu y servir de fondement. Mais la face de l'affaire a été changée depuis, par lui-même. Auroit-il été reçu en conséquence d'une nouvelle érection, qu'on a cru suffisamment renfermée dans ces lettres de 1661, s'il eût présenté alors celles qui portent qu'il n'y a eu aucune érection nouvelle ?

Cependant, ce seroit une extrême rigueur de faire tomber tout l'effet de la grâce accordée à ce grand homme et de l'arrêt de réception, sur le fondement des dernières lettres qu'il a obtenues, et de priver par là un nom illustre d'une dignité par laquelle le roi a voulu en relever l'éclat. Tout concourt à chercher des expédiens pour tempérer cette rigueur.

Le premier seroit d'admettre M. de Luxembourg à être reçu en conséquence des lettres de 1661, en se désistant de celles de 1676. Mais ce parti ne paroît pas pouvoir être adopté, parce que la déclaration faite par le roi dans les dernières lettres subsistant toujours, empêcheroit de pouvoir donner aux premières un sens plus favorable.

Le second expédient, et l'unique qui nous paroisse s'accorder avec les devoirs de notre ministère, est de différer la réception, en indiquant en même temps la voie de s'adresser au roi, afin que la même autorité qui y avoit mis obstacle, puisse le lever.

L'arrêt du 13 avril 1696 et ainsi conçu :

Entre messires Charles de Rohan, duc de Montbazon, prince de Guimené; Charles de la Tremoille, duc de Thouars; Maximilien-Pierre-François-Nicolas de Béthune, duc de Sully; Charles d'Ailly, duc de Chaulnes; Armand-Jean Duplessis de Vignerol, duc de Richelieu; François, duc de la Rochefoucault; Louis, duc de Saint-Simon; Jacques Nompar de Caumont, duc de la Force; Louis de Grimaldy, duc de Valentinois, prince de Monaco; et Louis de Rohan-Chabot, duc de Rohan, tous pairs de France, opposans par acte fait au greffe de la cour le sept janvier mil six cent quatre-vingt-quinze, et par autres actes signifiés les sept et huit mars de la même année, tendans à ce qu'aucun des enfans mâles ou femelles, ou prétendus ayant cause de messire François-Henri de Montmorency de Boutteville, et de la dame sa veuve, ensemble les enfans du premier lit de dame Marguerite-Charlotte de Luxembourg, soient reçus en la dignité du duché et pairie de Piney, et pairs de France, et à la prestation de serment; même à l'enregistrement de toutes lettres qui pourroient être obtenues à ce sujet pour les causes à dire en temps et lieu, d'une part; et messire Charles-François-Frédéric de Montmorency-Luxembourg, duc de Luxembourg, de Piney et de Montmorency, pair de France, prince de Tingry, baron de Mello, gouverneur de Normandie, fils aîné de défunt messire François-Henri de Montmorency, duc de Luxembourg et de Piney, pair et maréchal de France, chevalier, commandeur des ordres du roi, capitaine de la première et plus ancienne compagnie française des gardes-du-corps de Sa Majesté, gouverneur de Normandie, et général de ses armées, ayant repris en son lieu et place l'instance de préséance pendante en la cour entre les parties, au rapport de messire Antoine Portail, conseiller, par acte fait au greffe de la cour le vingt-six mars mil six cent quatre-vingt-quinze, défendeur, d'autre part; et entre lesdits sieurs ducs de Sully, de la Rochefoucault, de Valentinois, et de Rohan-Chabot, pairs de France, demandeurs en deux requêtes du quatorze avril mil six cent quatre-vingt-quinze, tendantes, entr'autres choses, à ce qu'il soit ordonné que ledit sieur duc de Luxembourg ni aucun autre ne pourra être reçu en la dignité de duc et pair de Piney, d'une part; et ledit sieur de Luxembourg, défendeur, d'autre; et entre lesdits sieurs ducs de Sully, de la Rochefoucault et de Valentinois, demandeurs en autre requête du vingt-un janvier mil six cent quatre-vingt-seize, à ce qu'en venant plaider par eux et ledit sieur duc de Luxembourg, sur les oppositions et requêtes des sept janvier, sept et huit mars et quatorze avril mil six cent quatre-vingt-quinze, il soit ordonné que le défendeur ci-après nommé y viendra pareillement défendre, et conjointement plaider sur la présente requête, et en conséquence déclarer, en tant que besoin est ou seroit, l'arrêt qui interviendra sur lesdites oppositions et requêtes, commun avec lui, d'une part; et ledit sieur duc de Luxembourg, messire Léon Potier, duc de Gesvres, pair de France, chevalier, commandeur des ordres du roi, premier gentilhomme de la chambre de Sa Majesté, et gouverneur de Paris, défendeurs, d'une autre part; et entre messire Charles de Levi, duc de Ventadour; Henri-Albert de Cossé, duc de Brissac; et ledit sieur duc de Rohan, pair de France, demandeurs en lettres en forme de requête civile, obtenues le treize août mil six cent quatre-vingt-quinze, contre l'arrêt du vingt mai mil six cent soixante-deux, et en requête présentée à la cour le premier février mil six cent quatre-vingt-seize, signifiée le quatre dudit mois, tendant à ce que lesdites lettres en forme de requête civile soient entérinées; ce faisant, remettre les parties en tel et semblable état qu'elles étoient avant ledit arrêt dudit jour vingt mai mil six cent soixante-deux, et condamner ledit sieur défendeur aux dépens, d'une part; et ledit sieur duc de Luxembourg, d'autre part;

et entre les sieurs ducs de Ventadour, de Brissac et de Rohan-Chabot, pairs de France, demandeurs en autre requête présentée à la cour le quatre dudit mois de février, à ce que l'arrêt qui interviendra sur ladite requête civile soit déclaré commun avec messire Charles de Crussol, duc d'Uzès, de Lorraine, duc d'Elbœuf, et avec lesdits sieurs ducs de Montbazon, de la Tremoille, de Richelieu, de la Rochefoucault, de Saint-Simon, de la Force et de Valentinois; et encore avec lesdits sieurs ducs de Sully, de Lesdiguières, de Chaulnes, messire Charles-Frédéric-Maurice de la Tour d'Auvergne, duc de Bouillon, et ledit sieur duc de Gesvres, d'une part; et lesdits sieurs ducs d'Uzès, d'Elbeuf, de Montbazon, de la Tremoille, de Richelieu, de la Rochefoucault, de Saint-Simon, de la Force, de Valentinois, de Sully, de Lesdiguières, de Chaulnes, de Bouillon et de Gesvres, aussi défendeurs; et entre messire Jean-Charles de Crussol, duc d'Uzès; lesdits sieurs ducs de Montbazon, de Ventatour, de la Tremoille, de Sully, Jean-François-Paul de Bonne de Créquy, duc de Lesdiguières; lesdits sieurs ducs de Brissac, de Chaulnes, de la Rochefoucault, de Saint-Simon, de la Force, de Valentinois et de Rohan, tous pairs de France, demandeurs en requête présentée à la cour le vingt-quatre du même mois de février mil six cent quatre-vingt-seize, à ce qu'en prononçant sur lesdites oppositions et requêtes des sept janvier, sept et huit mars, quatorze avril mil six cent quatre-vingt-quinze, et vingt-un janvier mil six cent quatre-vingt-seize, la pairie de Piney, érigée par lettres du roi Henri III, du mois d'octobre mil cinq cent quatre-vingt-un, enregistrées en la cour le vingt-neuf décembre suivant, de très-exprès commandemens du roi, soit déclarée éteinte à défaut de descendant du nom et de la famille de Luxembourg, sans que ledit sieur duc de Montmorency ni autres enfans ni descendans de messire François-Henri de Montmorency, maréchal de France, puissent se dire pairs de Piney, avoir rang ni séance en la cour, sacre et couronnement des rois, ni prétendre aucunes fonctions ni prérogatives personnelles de la dignité de pair de France en qualité de pairs de Piney, et sans que, dans aucun cas, ladite pairie de Piney, qui sera déclarée éteinte, puisse passer ni à la maison de Montmorency, ni à celle de Gesvres, ni à leurs descendans, dans aucun degré que ce soit, d'une part; et lesdits sieurs ducs de Luxembourg et de Gesvres, défendeurs, d'autre part; et entre messire François Annibale, duc d'Estrées; Themine, marquis de Cœuvre; Armand-Charles de la Porte, duc de la Meilleraye; César-Auguste de Choiseul Duplessis Praslin, duc de Choiseul; Louis-Marie d'Aumont de Rochebaron, duc d'Aumont; Henri de Senneterre, duc de la Ferté-Senneterre; et Armand de Béthune, duc de Béthune, tous pairs de France, demandeurs en requête présentée à la cour le quatorze mars mil six cent quatre-vingt-seize, signifiée les quinze desdits mois et an, tendante à ce qu'ils soient reçus parties intervenantes en la cause d'entre lesdits sieurs ducs d'Uzès, de Montbazon, de Ventadour, de la Tremoille, de Sully, de Lesdiguières, de Brissac, de Chaulnes, de Richelieu, de la Rochefoucault, de Saint-Simon, de la Force, de Valentinois et de Rohan-Chabot, tous pairs de France, d'une part; et lesdits sieurs ducs de Luxembourg et de Gesvres, d'autre part; faisant droit sur leur intervention, déclarer la pairie de Piney, érigée par lettres du roi Henri III, du mois d'octobre mil cinq cent quatre-vingt-un, enregistrées en la cour le vingt-neuf décembre suivant, du très-exprès commandement du roi, éteinte à défaut de descendant du nom et de la famille de Luxembourg, sans que ledit sieur duc de Montmorency, ni autres enfans, ni descendans de messire François-Henri de Montmorency, maréchal de France, puissent se dire pairs de Piney, avoir rang ni séance en la cour, sacre et couronnement des rois, ni prétendre aucunes fonctions ni prérogatives personnelles de la dignité de pairs de France en qualité de pairs de Piney, et sans que, dans aucun cas, ladite pairie de Piney, qui sera déclarée éteinte, puisse passer ni à la maison de Montmorency, ni à celle de Gesvres, ni à leurs descendans, en quelque degré que ce soit, et condamner les contestans aux dépens, d'une part; et lesdits sieurs ducs de Luxembourg, de Gesvres, d'Uzès, de Montbazon, de Ventadour, de la Tremoille, de Sully, de Lesdiguières, de Brissac, de Chaulnes, de Richelieu, de la Rochefoucault, de Saint-Simon, de la Force, de Valentinois et de Rohan-Chabot, tous pairs de France, défendeurs, d'autre part; et entre ledit sieur duc de Luxembourg, demandeur en requête présentée à la cour le vingt-un dudit mois de mars mil six cent quatre-vingt-seize, à ce qu'en déboutant lesdits sieurs ducs de Ventadour, de Brissac et de Rohan-Chabot, de leurs lettres en forme de requête civile, obtenues contre ledit arrêt du vingt mai mil six cent soixante-deux, et de la requête d'entérinement du quatre dudit mois de février dernier, déclarer lesdits sieurs ducs d'Estrées, de la Meilleraye, de Choiseul, d'Aumont, de la Ferté-Senneterre et de Béthune, non-recevables en leur requête d'intervention; et, sans s'arrêter aux oppositions et demandes desdits sieurs ducs d'Uzès, de Montbazon, de Ventadour, de la Tremoille, de Sully, de Lesdiguières, de Brissac, de Chaulnes, de la Rochefoucault, de Saint-Simon, de la Force, de Valentinois, de Rohan-Chabot, pairs de France, il soit ordonné qu'il sera incessamment passé outre, et procédé à la réception dudit sieur duc de Luxembourg en la dignité de duc de Piney, pair de France, au lieu et place dudit feu sieur duc de Luxembourg, son père, sans préjudice de l'instance de préséance, pendante au rapport de messire Antoine Portail, conseiller, au jugement de laquelle il sera incessamment procédé, d'une part, et lesdits sieurs ducs d'Uzès, de Montbazon, de Ventadour, de la Tremoille, de

Sully, de Lesdiguières, de Brissac, de Chaulnes, de Richelieu, de la Rochefoucault, de Saint-Simon, de la Force, de Valentinois et de Rohan-Chabot, d'Estrées, de la Meilleraye, de Choiseul, d'Aumont, de la Ferté-Senneterre et de Béthune, d'autre part; et entre messire François de Neufville, duc de Villeroy, pair de France, demandeur en requête présentée à la cour le vingt-huit mars, signifiée le vingt-neuf dudit mois, tendante à ce qu'il fût pareillement reçue partie intervenante en l'instance d'entre les parties; faisant droit sur son intervention, déclarer la pairie de Piney, érigée par lettres du roi Henri III, du mois d'octobre mil cinq cent quatre-vingt-un, éteinte à défaut de descendans du nom et de la famille de Luxembourg, sans que ledit sieur duc de Montmorency, ni autres enfans ni descendans dudit défunt sieur maréchal de Luxembourg, puissent se dire pair de Piney, avoir rang ni séance en la cour, sacre et couronnement des rois, ni prétendre aucunes fonctions ni prérogatives personnelles de la dignité de pair de France en qualité de pair de Piney, et sans que, dans aucun cas, ladite pairie de Piney, qui sera déclarée éteinte, puisse passer ni à la maison de Montmorency, ni à celle de Gesvres, ni à leurs descendans, dans aucun degré que ce soit; condamner les contestans aux dépens, d'une part; et lesdits sieurs ducs de Luxembourg et de Gesvres, lesdits sieurs ducs d'Uzès, de Montbazon, de Ventadour, de la Tremoille, de Sully, de Lesdiguières, de Brissac, de Chaulnes, de Richelieu, de la Rochefoucault, de Saint-Simon, de la Force, de Valentinois, de Rohan-Chabot, d'Estrées, de la Meilleraye, de Choiseul, d'Aumont, de la Ferté-Senneterre et de Bethune, tous pairs de France, défendeurs, d'autre part; et entre lesdits sieurs ducs d'Estrées, de la Meilleraye, de Villeroy, de Choiseul, d'Aumont, de la Ferté-Senneterre et de Béthune, demandeurs en autre requête présentée à la cour le trente dudit mois de mars mil six cent quatre-vingt-seize, à ce qu'ils soient reçus, en tant que besoin est ou seroit, opposans à l'arrêt du vingt mai mil six cent soixante-deux, en ce qu'il ordonne qu'il sera procédé à la réception de feu messire François-Henri de Montmorency, comte de Boutteville, en la dignité de duc et pair de Piney, et au surplus, leur adjuger leurs autres fins et conclusions par eux prises, avec dépens, d'une part, et lesdits sieurs ducs de Luxembourg et de Gesvres, lesdits sieurs ducs d'Uzès, de Montbazon, de Ventadour, de la Tremoille, de Sully, de Lesdiguières, de Brissac, de Chaulnes, de Richelieu, de la Rochefoucault, de Saint-Simon, de la Force, de Valentinois et de Rohan-Chabot; Arrault, avocat, pour les ducs de Ventadour, de Brissac et de Rohan-Chabot; Magneux, avocat pour les ducs d'Estrées, de la Meilleraye, de Villeroy, de Choiseul, d'Aumont, de la Ferté-Senneterre et de Béthune; Veron, avocat pour le duc d'Uzès; Dumont, avocat pour le duc de Luxembourg; Nouet, avocat pour le duc de Gesvres; Chardon, avocat pour le duc de Sully, de Lesdiguières et de Chaulnes; et d'AGUESSEAU, pour le procureur-général du roi, qui a conclu à ce qu'il plût à la cour *recevoir les intervenans parties intervenantes, déclarer les parties d'Arrault non-recevables en leurs lettres en forme de requête civile; ayant aucunement égard aux oppositions des parties de Freteau, Chardon et Arrault, et à la réquisition qu'il faisoit, en tant que besoin seroit, pour le procureur-général du roi, faire défenses à la partie de Dumont de poursuivre sa réception en vertu des lettres d'érection de l'année mil cinq-cent quatre-vingt-un; ordonner qu'il seroit sursis au jugement du surplus des contestations, jusqu'à ce qu'il ait plu au roi de déclarer ses intentions sur les lettres de mil six cent soixante-un, et déclarer l'arrêt commun avec la partie de Nouet,* ont été ouïs pendant quatorze audiences:

LA COUR a reçu les parties de Magneux intervenantes; et, sans s'y arrêter, a débouté les parties d'Arrault de leurs lettres en forme de requête civile, et les opposans de leurs oppositions à l'exécution de l'arrêt du vingt mai mil six cent soixante-deux, et à la réception de la partie de Dumont; a joint la requête à ce que la pairie de Piney soit déclarée éteinte, à l'instance de préséance pendante en la cour entre les parties; cependant ordonne que la partie de Dumont sera reçue en la dignité de duc de Piney, pair de France, conformément à l'arrêt du vingt mai mil six cent soixante-deux, et à l'arrêté de la cour du même jour; condamne les demandeurs en lettres en forme de requête civile en l'amende envers le roi et la partie, et aux dépens à cet égard, tous autres dépens compensés. Fait en parlement, les grand'chambre et tournelle assemblées, le treize avril mil six cent quatre-vingt-seize (1).

(1) Cette contestation célèbre a donné lieu à l'édit du mois de mai mil sept cent onze, portant réglement général pour les duchés et pairies.

TRENTE-NEUVIÈME PLAIDOYER.

DU 29 MAI 1696.

Dans la cause du sieur ODOARD DU HAZEY, la dame marquise DU FRESNOY, et le sieur LANGLOIS.

Si la preuve par témoins peut être admise en cas de fraude, même lorsqu'il s'agit d'une adjudication faite en justice.

LA contestation sur laquelle vous avez à prononcer, est importante, et pour les parties et pour le public. L'unique question qu'elle vous présente, consiste à savoir si l'on admettra la preuve par témoins. D'un côté, la rigueur de la loi, de l'autre l'équité; d'un côté l'acte, de l'autre les présomptions, sont le fondement des prétentions opposées des parties.

FAIT.

La terre de Cormeilles avoit été saisie réellement dès 1677. D'abord la poursuite fut faite à la requête du curateur de Magdeleine de Barbez; ensuite elle fut continuée par M. de Lesseville et par d'autres créanciers sur Catherine de la Moricière, veuve de Charles de la Fontaine, et sur Anne-Louise de la Fontaine, dont on vous a parlé si souvent dans cette cause; enfin sur le curateur créé à la succession vacante de la mère qui est morte pendant le cours des poursuites.

Il est inutile d'expliquer ici les incidens du décret.

Il suffit d'observer qu'il y a eu beaucoup d'oppositions à fin de conserver, et qu'il y en a eu plus qu'il n'en falloit pour absorber le prix de la terre.

Trois oppositions à fin de distraire :

La première, de la part du sieur de Montgeroux, pour un droit de dîmes sur quelques arpens.

La seconde, de la part des religieuses de Saint-Louis à Saint-Cyr, à fin de distraction de la terre, seigneurie, haute, moyenne et basse justice de Cormeilles, et du droit de voierie, pour laquelle il s'est formé un procès actuellement indécis au grand-conseil.

La troisième enfin, de la part du procureur du roi à Pontoise, pour distraction de la justice et de la voierie.

Plusieurs affiches apposées en la manière accoutumée, qui contenoient ces oppositions.

La poursuite fut presqu'interrompue pendant plusieurs années, après avoir néanmoins mis l'adjudication en état d'être faite.

Il y eut une dernière remise à la quinzaine, prononcée le 26 août 1693.

Point de précipitation dans l'adjudication. La quinzaine expiroit le 9 septembre : c'est ce jour-là qu'on y a procédé.

Il est nécessaire d'observer dans cette adjudication ;

1.° La personne de l'adjudicataire.

C'est Philippe Odoard, seigneur de Belmont, proche parent, dans le degré de cousin-germain, de la partie saisie, sans autres biens que quelques petits bénéfices dont il étoit pourvu.

2.° Les conditions. Elle est faite,

Premièrement, à la charge de l'événement de toutes les oppositions :

Secondement, à la charge de laisser jouir le fermier judiciaire, ou de lui rembourser les labours et semences.

3.° Le prix. Il ne monte qu'à trente-trois mille cent livres.

Philippe Odoard de Belmont l'emprunte en entier; savoir, quinze mille livres de M. de Fortia par contrat de constitution, avec stipulation d'emploi et de privilége.

Et dix-huit mille cent livres de Baudry, commis du receveur des consignations des requêtes du palais, qui ne faisoit que prêter son nom au sieur Langlois; ce dernier emprunt fait par simple obligation.

Deux choses importantes à remarquer sur ces obligations,

L'une, que quoique M. de Fortia fût le premier dans l'ordre des dates, il consent néanmoins que le sieur Langlois lui soit préféré :

L'autre, encore plus considérable, que la demoiselle de Cormeilles, partie saisie, s'oblige solidairement à l'une et à l'autre de ces dettes avec celui qui devoit la déposséder de sa terre.

Après l'adjudication, le décret ne put être promptement expédié.

En attendant qu'il le fût, on prétend, d'un côté, que le sieur de Belmont s'est mis en possession, de l'autre, que la demoiselle de Cormeilles a toujours joui sous son nom.

Quoiqu'il en soit, nous voyons que le 29 janvier 1694, Philippe Odoard de Belmont passe une procuration concernant l'administration de la terre de Cormeilles, sur laquelle on peut faire plusieurs observations.

1.° Le nom du procureur étoit en blanc, et a été rempli après coup du nom de François Odoard du Hazey, son héritier, qui soutient aujourd'hui la légitimité et la vérité de l'adjudication.

2.° Le pouvoir porté par la procuration est irrévocable.

3.° C'est un pouvoir très-étendu pour faire la foi et hommage, payer les droits, exiger et recevoir ceux qui sont dûs, plaider, agir, etc.

En vertu de cette procuration, on prétend que François Odoard du Hazey a ensaisiné deux contrats le 2 avril et le 6 mai 1694.

Ce qu'il y a de certain, c'est qu'il semble que ce soit une femme qui ait écrit ses ensaisinemens. On y voit ces expressions : *J'ai soussignée, comme fondée, etc.*

On rapporte encore une assignation non signée de lui, mais donnée à sa requête le premier juillet 1694, à un laboureur de Cormeilles.

Tels sont les seuls actes de possession.

Philippe Odoard de Belmont meurt le 14 juillet 1694.

Le décret n'a été délivré qu'après son décès, le 22 juillet 1694, et délivré à Laurent, qui étoit le procureur de la demoiselle de Cormeilles.

Dans le même temps on avoit aussi fait l'ordre des créanciers de la demoiselle de Cormeilles et de sa mère.

La dame du Fresnoy, créanciere de près de trente mille livres, ne vient point en ordre ; et c'est ce qui fait aujourd'hui son intérêt.

Enfin, pour achever tout ce qui concerne cette adjudication et ses suites,

Arrêt du 27 août 1694, qui la confirme avec une nouvelle partie qui prétendoit que la terre lui appartenoit ; arrêt rendu avec le poursuivant seul.

Venons maintenant à la procédure.

La dame du Fresnoy prétend avoir découvert la fraude faite par la demoiselle de Cormeilles, en se rendant adjudicataire d'une terre considérable sous le nom de son cousin.

Elle lui fait signifier un commandement.

De là une saisie réelle registrée aux requêtes du palais.

François Odoard du Hazey intervient, et en demande mainlevée.

La dame du Fresnoy fait assigner la demoiselle

de Cormeilles pour voir déclarer la sentence commune.

Elle fait signifier des faits et articles à l'un et à l'autre. La demoiselle de Cormeilles ne répond point.

François Odoard du Hazey subit l'interrogatoire.

Enfin, la dame du Fresnoy demande à faire preuve,

1.° Que la demoiselle de Cormeilles a joui et jouit encore :

2.° Que Philippe de Belmont lui a donné une déclaration :

3.° Que c'est à cause de cette déclaration que six de ses héritiers ont renoncé à sa succession :

4.° Qu'on lui a proposé d'acheter cette terre en lui offrant soixante mille livres d'argent comptant, et deux mille cinq cents livres de pension viagère.

Une dernière partie se joint encore aux autres parties de cette affaire ;

C'est le sieur Langlois, receveur des consignations.

D'abord le 9 décembre 1695, il forme opposition à la saisie réelle de la terre de Cormeilles.

Ensuite il la fait saisir réellement lui-même le 14 janvier 1696.

Les choses en cet état, sentence contradictoire le 13 février 1696, qui a permis de faire preuve par témoins des faits articulés.

Sur l'appel, arrêt de défenses.

Intervention du sieur Langlois, qui demande que sa saisie réelle soit préférée.

Tel est l'état de la contestation.

Depuis la dernière audience, il y a eu une nouvelle saisie réelle faite dans une forme régulière.

MOYENS DE L'APPELANT.

1.° Sentence insoutenable en elle-même. Comment

ordonner la preuve par témoins sans préjudice du droit des parties ? C'est faire en même temps deux choses contraires.

2.° Dans le fond, sentence injuste en général et en particulier.

En général, 1.° en termes de droit, *Testes, cùm de fide tabularum nihil ambigitur, adversus scripturam interrogari non possunt*, selon le jurisconsulte Paulus, et Cujas.

3.° L'ordonnance de Moulins et celle de 1667 le défendent expressément ; la cour observe à la rigueur ces ordonnances, et a même averti les procureurs d'interjeter appel des sentences qui y seroient contraires. Arrêts de Louet, Centuries de le Prêtre.

Il ne s'agit point ici de l'exception du cas de simulation. Cette exception ne peut être proposée que dans les matières exposées à la fraude, comme les actes faits pour couvrir une libéralité en faveur d'une personne prohibée.

En particulier la sentence est également injuste.

1.° C'est un héritier d'un adjudicataire fondé sur un titre public, que l'on veut déposséder par une preuve par témoins :

2.° L'adjudication a été revêtue de toutes les solennités nécessaires, l'ordre fait avec celui même qui l'attaque :

3.° Le décret confirmé par un arrêt contradictoire :

4.° La demanderesse est sans intérêt ; il faudroit encore payer avant elle les créanciers privilégiés : et que lui resteroit-il ?

Enfin on a répondu aux objections tirées de quelques circonstances particulières, et l'on a soutenu :

Que l'adjudication n'est point précipitée, étant faite après l'expiration des délais :

Que l'on exagère la valeur de la terre, en la portant à huit mille livres de rente. On l'abandonneroit pour trois mille livres.

Que le feu sieur de Belmont a fait acte de propriétaire, puisqu'on rapporte sa procuration donnée en cette qualité ; qu'il a été mis comme exempt sur le rôle de la taille de la paroisse ; que si l'on ne représente pas de baux, c'est qu'on loue les terres en détail et par arpent ;

Que si le décret n'a été délivré qu'après sa mort, il a été envoyé à Cormeilles avant que le sieur du Hazey fût héritier, etc.

MOYENS DE L'INTIMÉE.

1.° La disposition de l'ordonnance suffit pour la décision. Elle fait une exception pour le cas de fraude ou de commencement de preuve par écrit. Guénois, Théveneau, Briceau, Mornac, Dumoulin, Ferron, tous établissent unanimement cette exception.

2.° Toutes les circonstances prouvent la fraude.

1.° Adjudication faite dans un état où nul autre que la demoiselle de Cormeilles ne pouvoit se rendre adjudicataire à cause des oppositions qui subsistoient :

2.° Adjudication précipitée :

3.° Adjudication à un proche parent, logé dans la même maison, portant son nom, homme sans biens, n'ayant que des bénéfices :

4.° Prix emprunté entièrement. Obligation solidaire et sans indemnité :

5.° Sentence de décret, délivrée à Laurent, procureur de la demoiselle de Cormeilles : Philippe de Belmont, mort en ce temps, son héritier ne l'a point levée : qui l'a donc levée ?

6.° Nulle jouissance de Philippe de Belmont, ni baux, ni marchés, ni foi, ni hommages, ni paiement du relief, ni qualité de seigneur qu'on lui ait donnée :

7.° Six de sept héritiers renoncent à sa succession; pourquoi un seul l'accepte-t-il?

8.° François Odoard du Hazey est aussi peu instruit de l'état de la terre, que son auteur. Il n'a point fait de baux; il ne sait ce qui est dans sa requête? il ne l'a point signée, et il dit qu'il croit l'avoir signée. Il a Laurent pour procureur.

9.° La demoiselle de Cormeilles toute seule fournit des circonstances suffisantes pour établir que la preuve est commencée, et la preuve par témoins l'achèvera.

Les pièces que l'on oppose ne prouvent rien.

1.° La procuration est suspecte. Jamais le sieur du Hazey n'en a été le porteur; son nom y a été mis après coup:

2.° Les ensaisinemens sont écrits de la main d'une femme:

3.° L'assignation donnée à Collet, n'est que sous le nom du sieur du Hazey, et non signée de lui:

4.° Le rôle des tailles prouve le contraire de ce que l'on veut en conclure.

Quant a nous, pour vous proposer avec ordre nos réflexions sur les demandes des différentes parties, nous croyons devoir commencer par celles qui concernent le sieur Langlois.

Sa saisie réelle est en soi la plus favorable, parce qu'il est constamment créancier, et du sieur du Hazey, et de la demoiselle de Cormeilles; ainsi, rien ne peut retarder ses poursuites.

Mais cette saisie réelle est irrégulière, parce qu'il n'a pas fait déclarer ses titres exécutoires.

Nous croyons donc qu'elle doit être infirmée, sauf à lui de se pourvoir pour demander la subrogation, ensemble sur la question qui concerne Grisi.

A l'égard des demandes de la dame du Fresnoy, elles vous présentent deux questions, l'une de droit, l'autre de fait.

Dans le droit, la preuve par témoins peut-elle être admise ?

Deux lois précises paroissent d'abord contraires à sa demande.

L'ordonnance de Moulins, article LIV. L'ordonnance de 1667.

Cependant il y a deux exceptions à la règle qu'elles établissent :

L'une est écrite dans la dernière de ces lois (1), *lorsqu'il y aura un commencement de preuve par écrit.*

Alors on n'appelle pas les témoins pour combattre la preuve littérale ; ils sont appelés pour venir au secours de la preuve par écrit, dont on voit un commencement ; et ce n'est pas la voix seule des témoins, c'est aussi la foi due à des écrits, qui renverse un autre écrit.

L'autre exception est enseignée unanimement par tous les docteurs, par tous ceux qui ont commenté ces ordonnances.

Briceau de la Borderie, qui peut être regardé comme le meilleur de ces commentateurs, Thévenau, Bornier ; nos autres jurisconsultes, tels que Dumoulin, Louet, Mornac, et Charondas ; tous admettent la preuve par témoins dans le cas de fraude.

Trois raisons de ce sentiment.

1.° S'il étoit défendu d'admettre cette preuve, la loi se désarmeroit elle-même, et se mettroit dans l'impuissance de connoître le crime qu'elle veut réprimer. Le danger de la fraude, qui seroit ainsi toujours impunie, est encore plus grand que celui de la séduction des témoins, que la justice ne manqueroit pas de punir.

2.° La fraude est un genre de crime, et le crime se prouve par témoins.

3.° La fraude cherche toujours à se cacher, et il

(1) Ordonnance de 1667, tit. 20, art. 3.

seroit souvent impossible de la connoître sans prendre cette voie.

Si l'on oppose que ces raisons ne doivent s'appliquer qu'aux matières qui sont plus exposées aux fraudes; et dans lesquelles il est plus ordinaire de chercher à éluder la foi, telles que les dispositions entre mari et femme, ou le retrait, on peut répondre en premier lieu, que la malice des hommes a rendu tout sujet aux fraudes.

En second lieu, que la matière dont il s'agit, y est très-disposée. Il est question d'actes entre un débiteur et un créancier; et n'avons-nous pas un titre entier du digeste sur ce sujet: *Quæ in fraudem creditorum facta sunt, ut restituantur?*

En troisième lieu, que l'espèce de cette cause est même un de ces cas que les docteurs proposent pour exemple de l'exception de la loi.

M. Cujas parle d'un mari qui a acheté un fonds sous le nom de sa femme, pour frustrer ses créanciers.

Mornac dit, en propres termes, *si nimirum quis sub imagine et larvâ alterius, cujus fidem sequantur, emerit.*

La solennité du décret ne change rien à ces principes.

L'arrêt qui l'a confirmé, regardoit une autre partie qui se prétendoit propriétaire.

Il n'y a donc aucune difficulté sur cette première question; et, pour la terminer, revenons à la règle du droit: *Plus valere quod agitur quàm quod simulatè concipitur*: règle qui n'est pas mise sans raison après le titre *de fide instrumentorum.*

Dans le fait, la preuve doit-elle être admise?

Réunissons toutes les conjectures qui vous ont été expliquées, et voyons si l'on peut en éluder la force.

Pour les expliquer avec quelque ordre, souvenons-nous que la vente se passe entre deux personnes, et qu'elle exige trois choses, *rem*, *pretium*, *consensum.*

Examinons donc les présomptions de fraude dans cet ordre.

1.° Les personnes qui acquièrent, et celles sur qui on vend.

2.° La chose vendue.

3.° Le prix.

4.° Les conditions de la vente.

5.° Ajoutons-en une cinquième, l'exécution de la vente par la tradition et par la jouissance.

Première considération : celui qui acquiert, et celle sur qui on vend.

Ce sont, 1.° des cousins-germains. *Inter conjunctas personas fraus facilè præsumitur.*

2.° Ils étoient unis encore par d'autres liens de confiance. Ils demeuroient ensemble, et se prêtoient leur nom réciproquement.

Ces faits sont si certains, que la demoiselle de Cormeilles n'a osé subir l'interrogatoire, de peur d'être obligée de les avouer.

3.° Le sieur de Belmont, homme sans aucun bien, réduit à quelques bénéfices.

La preuve de ce fait est établie par les interrogatoires;

Parce que ses héritiers ont renoncé à sa succession. Ils n'ont point fait apposer de scellé, ni fait faire d'inventaire après sa mort.

Parce qu'il a emprunté la somme à laquelle montoit le prix de l'adjudication.

Telle étoit la qualité des deux parties. Présumera-t-on une adjudication sérieuse entre ces personnes?

Seconde considération : la chose vendue.

1.° En général, une partie saisie se dépouille toujours à regret.

2.° En particulier, c'est une terre très-considérable vendue pour rien. N'est-ce pas une présomption naturelle que la partie saisie a voulu profiter du bon marché pour la conserver?

Troisième considération : le prix.

Sans examiner si la terre vaut cinq à six mille livres de rente, si elle en a valu huit mille; il est constant, par la propre reconnoissance de l'appelant, qu'elle en vaut trois mille, et on l'adjuge pour trente-trois mille cent livres.

Comment trouve-t-on ce prix?

C'est par l'obligation solidaire de la demoiselle de Cormeilles.

Qui pourra douter que ce ne soit pour elle, quand on voit qu'elle s'oblige solidairement au paiement? et avec qui? avec un homme sans bien, et cela sans indemnité. Si l'on réunit ces circonstances, elles font une démonstration de la fraude.

Quelle autre assurance de cette obligation que la terre même?

C'est donc la terre qu'elle a eu en vue. Ne peut-on pas dire que c'est un commencement de preuve par écrit?

Qui a jamais vu une partie saisie s'obliger solidairement au prix entier de l'adjudication, et cela non pour porter la terre à un prix plus fort, mais pour la faire vendre à très-bas prix?

Quatrième considération : les conditions de la vente.

Elle est faite à la charge de toutes les oppositions, et de laisser jouir le fermier judiciaire.

Distinguons ici ce qui regarde le fermier judiciaire, à l'égard duquel on peut dire que c'est une clause ordinaire; ce qui concerne la dîme de Montgeroux, qui est un petit objet, et ce qui regarde l'opposition des religieuses de Saint-Cyr.

L'objet de cette opposition étoit très-considérable. On dit en vain qu'il ne s'agissoit que d'un combat de juridiction entre différens seigneurs : c'étoit un procès qui devoit se poursuivre avec l'acquéreur; donc cette affaire le regardoit.

Et qui auroit voulu, en cet état, traiter de cette

terre dans l'incertitude de l'événement d'une opposition de cette nature?

Cinquième considération : les suites et l'exécution de l'adjudication.

1.° La tradition.

Qui a eu soin de lever le décret? Ce n'est point le sieur de Belmont : ce n'est point le sieur du Hazey; donc c'est la demoiselle de Cormeilles.

A qui est-il délivré?

A Laurent, procureur de la demoiselle de Cormeilles.

On dit qu'il étoit devenu le procureur de l'adjudicataire. Mais c'est une nouvelle preuve d'intelligence et de collusion, qui se joint encore aux autres circonstances.

2.° La jouissance et la possession de la terre.

On peut distinguer deux sortes de personnes :

Phillippe de Belmont, adjudicataire et son héritier.

A l'égard de Philippe de Belmont,

1.° Nulle jouissance en personne.

Point de foi et hommage rendue, ni relief payé.

Point de baux ni de marchés.

Point de qualité de seigneur de Cormeilles dans son extrait mortuaire.

2.° Jouissance prétendue par procureur.

Mais, 1.° pourquoi ne jouissoit-il pas en personne?

2.° Procuration très-suspecte. Elle fortifie le soupçon, loin de le détruire.

1.° Le nom y avoit été laissé en blanc. Celui dont on a inséré le nom, n'en a rien su que long-temps après.

2.° C'est une procuration irrévocable, qui ne ressemble point à un pouvoir donné pour une administration.

3.° Cette procuration est donnée à un homme, et l'on voit qu'une femme s'en est servie, par ces termes des ensaisinemens : *J'ai soussignée, comme fondée, etc.*

Le seul acte qu'on rapporte qui soit fait au nom du sieur du Hazey, est une assignation donnée à sa requête, mais non signée de lui.

L'extrait du rôle des tailles est lui-même contre la demoiselle de Cormeilles. Il prouve qu'au mois d'octobre 1694 on ne savoit pas encore, à Cormeilles, que le prétendu seigneur étoit mort.

Donc on n'avoit point fait pour lui les services et les prières qui sont d'usage à la mort du seigneur. Il n'y avoit point eu de ceinture funèbre.

Par rapport à François Odoard du Hazey;

1.° Pourquoi lui seul a-t-il été héritier?

Nuls biens dans la succession; il en convient : la terre avec le petit fief du Hazey, étoit le seul effet, et le prix en est entièrement dû.

S'il y espère du profit, pourquoi les autres ne l'ont-ils pas aussi espéré?

S'il n'y en espère point, n'est-il pas visible qu'il prête son nom?

2.° Il ne rapporte aucuns baux, quoiqu'il dise en avoir fait.

3.° Il convient qu'il loge et nourrit gratuitement la demoiselle de Cormeilles; ce seroit une grande libéralité, s'il n'y avoit pas de liaisons de famille et d'intérêt.

4.° Il se sert du même Laurent que lui a indiqué Rigaudel, homme qui se mêle de différentes affaires, ou, du moins, qui conduit celles de la demoiselle de Cormeilles.

5.° Variation et incertitude perpétuelle dans ce qu'il allègue.

1.° Il ne sait si c'est par obligation ou par contrat de constitution qu'il doit dix-huit mille cent livres au sieur Langlois.

2.° Il dit qu'il a trouvé le décret parmi les papiers du sieur de Belmont, quoiqu'il ait été délivré après sa mort. Cela se peut-il expliquer?

3.° Il ne sait si le sieur de Belmont a fait acte de propriétaire, s'il a rendu la foi et hommage, s'il a payé le relief; et cependant c'est lui qui étoit porteur de sa procuration pour faire tout cela.

Il ne dit point non plus qu'il ait fait les ensaisinemens, quoiqu'ils paroissent faits en vertu de cette procuration.

4.° Il sait que la demoiselle de Cormeilles est entrée en proposition avec quelques personnes pour vendre la terre, mais on ne lui en a pas dit les noms.

5.° Il ne sait à quoi se monte le revenu d'une terre dont il se dit propriétaire.

6.° Il ne sait si la demoiselle de Cormeilles est obligée solidairement avec le sieur de Belmont pour le prix.

7.° Enfin il ne sait ce que contient sa requête : il ajoute qu'il croit l'avoir signée; cependant elle n'est point signée de lui.

En considérant tous ces faits, il y en auroit presqu'assez pour juger, dès à présent, qu'il n'est pas propriétaire.

Mais il y en a beaucoup plus qu'il n'en faut pour admettre la preuve.

Les principes et les faits concourent donc à confirmer la sentence qui l'a admise.

Le 29 mai 1696, arrêt ainsi conçu :

Entre François Odoard, écuyer, sieur du Hazey, soi-disant seul et unique héritier de défunt Philippe Odoard, seigneur de Belmont, son oncle, au moyen des renonciations prétendues faites à sa succession par ses frères et sœurs, et, en cette qualité, se prétendant seigneur de la terre et seigneurie de Cormeilles en Vexin, appelant d'une sentence des requêtes du palais, du treize février mil six cent quatre-vingt-seize, d'une part, et dame Eléonore de Jassaud, veuve de messire Achille-Léonard du Fresnoy, chevalier, marquis dudit lieu, maréchal des camps et armées du roi, administrateurs des biens de leurs enfans, intimés, d'autre; et entre Jacques Langlois, receveur des consignations des requêtes du palais, ayant droit, par déclaration de M.e François Baudry, procureur en la cour, et demandeur en requête du dix mars mil six cent quatre-vingt-seize, à ce qu'il plût à la cour le recevoir partie intervenante en la cause d'appel; faisant droit sur son intervention, ordonner que, sur la saisie réelle faite à sa requête le quatorze janvier précédent, de ladite terre de Cormeilles, à sa diligence, il sera passé outre auxdites requêtes du palais, aux criées, vente et adjudication par décret, pour, sur les deniers en provenant, être payé par privilége et préférence à tous créanciers, de la somme de quatorze mille cent livres, et intérêts d'icelle, frais et dépens et mises d'exécution, qu'il pourroit employer en frais extraordinaires de criées, et, en cas de contestation, condamner les contestans aux dépens, d'une part; et lesdits Odoard du Hazey et dame marquise du Fresnoy, esdits noms, défendeurs, d'autre. Entre ledit François Odoard du Hazey, appelant de la saisie réelle de ladite terre de Cormeilles, faite sur eux à la requête dudit sieur Langlois, le quatorze janvier dernier, d'une part, et ledit Jacques Langlois, intimé, d'autre; et encore entre ledit Odoard du Hazey, demandeur en requête du dix-neuf mai présent mois, à ce qu'il plût à la cour, en venant plaider sur l'appel de ladite sentence des requêtes du palais, du treize février dernier, et, en infirmant ladite sentence, il plût à la cour évoquer le principal, et y faisant droit, déclarer la saisie réelle faite de ladite terre, à la requête de ladite dame du Fresnoy, sur ladite de la Fontaine de Cormeilles, nulle et injurieuse, tortionnaire et déraisonnable, lui faire pleine et entière mainlevée, ordonner que les enregistremens faits d'icelle, tant au châtelet, requêtes du palais, qu'ès registres de M.e Forcadel, commissaire-général aux saisies réelles, seront rayées et biffées des registres où elles se trouveront registrées, et condamner la demanderesse en ses dommages et intérêts, suivant la liquidation qui en sera faite, et aux dépens, tant des causes principales que d'appel, d'une part, et dame du Fresnoy, esdits noms, défenderesse, d'autre; et encore entre ledit Jacques Langlois, receveur des consignations des requêtes du palais, demandeur en requête du vingt-six mai présent mois, à ce qu'il plût à la cour, en venant plaider, ayant égard à son intervention, et confirmant les saisies réelles faites, à sa requête, de ladite terre de Cormeilles, ordonner que, tant sur la première que sur la seconde saisie réelle et sur la dernière, ainsi que la cour le jugeroit à propos, il seroit, à sa diligence, procédé auxdites requêtes du palais, à la vente et adjudication de ladite terre de Cormeilles, tant sur ledit Odoard que sur ladite de la Fontaine de Cormeilles, ses débiteurs solidaires; et, à cet effet, que la saisie réelle faite à la requête de ladite dame marquise du Fresnoy, sur ladite de la Fontaine de Cormeilles, demeureroit convertie en opposition à la sienne; et, en cas de contestation, condamner les contestans aux dépens, qu'ils pourront employer en frais extraordinaires de criées, d'une part, et lesdits François Odoard et dame marquise du Fresnoy, esdits noms, défendeurs, d'autre, sans que les qualités puissent nuire ni préjudicier. Après que Thevart, avocat de l'intimée; de la Barre, avocat de Langlois; et Vezin, avocat de l'appelant, ont été ouïs, ensemble d'Aguesseau, pour le procureur-général du roi, pendant trois audiences :

LA COUR, en tant que touche l'appel interjeté par la partie de Vezin, de la sentence du mois de février mil six cent quatre-vingt-treize, a mis et met l'appellation au néant, ordonne que ce dont a été appelé sortira effet, la condamne en l'amende de douze livres; et, sur l'appel interjeté par la partie de Vezin de la saisie réelle du quatorze juin dernier, a mis et met l'appellation et ce dont il a été appelé au néant; émendant, déclare ladite saisie réelle nulle; et sur la nouvelle saisie réelle faite à la requête de la partie de de la Barre, ensemble sur la préférence des saisies, renvoie les parties aux requêtes du palais, dépens compensés.

QUARANTIÈME PLAIDOYER.

DU 23 JUILLET 1696.

Dans la cause d'ANNE-HENRIETTE DE BUSSEUL, et HENRI-FRANÇOIS DE BUSSEUL.

Il s'agissoit de savoir si la condition si sine liberis, *étant exprimée par rapport au premier degré de substitution, et marquée dans une clause générale du testament, devoit aussi avoir effet par rapport au second degré.*

TOUTE la difficulté de cette cause est renfermée dans l'explication d'une clause de substitution, et se réduit à savoir si les filles y sont appelées, ou si les mâles seuls peuvent y aspirer.

Pour l'expliquer clairement, et mettre la cour en état de prononcer sur la requête afin d'évocation du principal, il est nécessaire d'exposer d'abord l'état de la famille, pour y appliquer ensuite les clauses et les conditions de la substitution.

Antoinette de Gorriod, veuve de Charles de Busseul, avoit trois petits-enfans qui ont été successivement l'objet de ses dernières dispositions.

Marc-Antoine, François, et Claude de Busseul.

Elle a suivi entr'eux l'ordre de la naissance, et c'est sur cet ordre qu'elle a dressé le plan de la substitution dont il s'agit.

Elle institue d'abord Marc-Antoine son héritier universel; et pour conserver la maison de la Bastie dans la famille des de Busseul, elle substitue à Marc-Antoine, l'aîné des mâles qu'il aura au jour de son décès, tous les mâles les uns aux autres, et, après eux, les femelles entre lesquelles elle donne la préférence à l'aînée; et, suivant cet ordre, elle veut que ces biens substitués passent de l'un à l'autre, en cas que celui qui les recueillera le premier meure sans enfans.

Mais parce que cette clause est l'unique fondement de la contestation, nous croyons devoir la reprendre dans ses propres termes :

Et d'autant que l'intention de ladite dame testatrice est de conserver la maison de la Bastie, et droits qui en dépendent, à la famille des de Busseul, elle a substitué et substitue à sondit héritier, l'aîné des mâles qu'il aura et se trouvera vivant lors du décès de sondit héritier, et ainsi tous les mâles de l'un à l'autre; et, au défaut des mâles, les femelles, préférant toujours les aînées aux puînées, et ainsi de l'un à l'autre, en cas de décès sans enfans procréés en légitime mariage, par celui ou celle au profit de qui ladite substitution sera ouverte.

Après avoir pourvu à ce qui regarde les descendans de Marc-Antoine, elle prévoit le cas qui pourroit arriver du décès de Marc-Antoine sans enfans, et elle veut que les biens substitués passent à François, le second de ses petits-enfans. Mais parce qu'il étoit engagé dans les ordres sacrés, elle lui substitue Claude de Busseul, son troisième petit-fils.

Et, prenant le même soin de la postérité de Claude que de celle de Marc-Antoine, elle répète les mêmes degrés de substitution qu'elle avoit expliqués pour les enfans de Marc-Antoine.

Vous voyez donc, MESSIEURS, trois objets principaux des dispositions de la testatrice.

Marc-Antoine, François, Claude de Busseul.

A l'égard de François, la prévoyance de la testatrice finit en sa personne, parce qu'il étoit ecclésiastique et engagé dans les ordres.

Mais à l'égard des deux autres, la testatrice leur substitue leurs enfans dans l'ordre suivant :

D'abord l'aîné des mâles; ensuite celui des mâles

qui se trouvera l'aîné, en cas que le premier décède sans enfans : enfin les filles au défaut des mâles, en sorte que la substitution passe toujours d'aînée en aînée.

Telle est la loi du testament. Voilà tout ce que la testatrice a prévu. Voyons maintenant ce qui est arrivé.

Marc-Antoine a recueilli la succession : il a laissé des enfans ; ainsi, il a fait évanouir la condition sous laquelle ses deux frères étoient appelés successivement.

Voilà donc la substitution renfermée dans la seule branche de Marc-Antoine.

Ces faits supposés, considérons la postérité de Marc-Antoine. Il a laissé un fils, nommé Henri-François de Busseul, qui a été marié et a eu deux enfans, François-Gabriel et Henri-François.

Leur père étant mort civilement, François-Gabriel, l'aîné, a obtenu un arrêt du parlement de Dijon, qui déclare la substitution ouverte à son profit.

Il est mort laissant une fille unique, qui est la partie de Me de la Barre, et un frère pour qui parle Me Rousselet.

Le frère a prétendu que la substitution devoit être déclarée ouverte en sa faveur.

Il a fait assigner sa nièce à Mâcon.

Sentence contradictoire qui a appointé les parties en droit.

Appel par la nièce, et requête à fin d'évocation du principal.

MOYENS DE L'APPELANTE.

Elle vous représente que jamais cause n'a été appointée avec moins de fondement.

La décision étoit renfermée dans une seule clause qui n'est ni longue ni obscure.

Il suffit de la lire pour décider de la contestation.

Il est visible que l'existence des enfans fait cesser la condition du fidéicommis.

L'esprit de la clause, les termes de la clause, tout conspire à prouver cette vérité.

Si la testatrice substitue François de Busseul à Marc-Antoine, c'est en cas qu'il n'ait point d'enfans.

Si, au défaut de François, Claude est appelé, c'est parce que François est hors d'état, par la profession à laquelle il s'est consacré, d'avoir des enfans.

Enfin la testatrice semble avoir prévu le doute même que l'on veut faire naître aujourd'hui, et l'avoir clairement décidé, puisqu'elle a établi une règle générale pour toute la substitution, par laquelle les biens substitués ne doivent passer de l'un à l'autre, qu'en cas que celui qui les aura recueillis le premier, meure sans enfans. Quoi de plus clair?

Gabriel-François a recueilli la substitution; il a laissé des enfans : donc *Deficit conditio fideicommissi.*

MOYENS DE L'INTIMÉ.

Quoique la contestation ne présente qu'une seule clause à examiner, la cause n'en est pas moins obscure et difficile, parce que les conjectures de la volonté sont équivoques et forment un doute qu'il s'agit de résoudre.

Les termes de la clause semblent d'abord lui être contraires; l'on voit que les filles de Marc-Antoine doivent exclure François et Claude leurs oncles.

Mais dans le premier degré, tout est de droit étroit, et cela n'est point censé répété dans les degrés suivans, par plusieurs raisons :

1.° Parce qu'il paroît que le principal dessein de la testatrice a été de conserver la maison substituée dans la famille de Busseul.

2.° Préférence perpétuelle aux mâles sur les femelles, prouvée par les termes de la clause, et parce que l'on voit que la testatrice a exclu ses propres fils en faveur de ses petits-enfans.

Enfin, autorité des docteurs : Menochius, Peregrinus.

Quant a nous, les réflexions qui peuvent conduire à la décision de cette cause, se divisent naturellement en deux parties.

Nous vous rappellerons d'abord la nature et les motifs de la substitution.

Nous examinerons ensuite quelle doit en être la juste interprétation.

Première partie. Sur la nature de la substitution nous avons à considérer.

Premièrement, les motifs. Le désir de conserver les biens dans la famille de Busseul, paroît en être le principe.

Mais il faut remarquer que cette affection n'étoit pas bien forte, puisque, dès le premier degré, les filles sont appelées constamment au défaut des mâles, et préférées à leurs oncles.

Secondement, les dispositions de la substitution.

Trois tiges dont il faut en retrancher une, parce que l'on ne pouvoit en attendre une postérité légitime.

Restent deux têtes chargées de substitutions.

Marc-Antoine et ses enfans, s'il en a, sinon Claude et ses enfans.

Soit que les biens demeurent dans la branche de l'aîné, soit qu'ils passent dans la branche du cadet, mêmes dispositions. La testatrice appelle,

1.° L'aîné mâle :

2.° Celui qui se trouvera l'aîné après sa mort :

3.° La fille aînée :

4.° Celle qui se trouvera l'aînée après la mort de cette fille.

Et jamais, ni par rapport aux mâles, ni par rapport aux filles, les biens ne peuvent passer de l'un à l'autre, qu'en cas que le premier meure sans enfans.

Deuxième partie. Sur l'interprétation de la substitution.

Commençons par établir ce qui est certain, et examinons ensuite ce qui est douteux.

Premier cas ou premier degré. Si Marc-Antoine n'a que des filles, il est constant qu'elles excluent leurs oncles par les termes mêmes de la substitution.

Mais voyons ce qui est douteux, et c'est le cas qui est arrivé.

Second cas ou second degré. Le fils de Marc-Antoine n'a laissé qu'une fille; et son frère, oncle de la fille, prétend être appelé.

Pourquoi n'admettra-t-on pas la même décision que dans le premier cas, c'est-à-dire, que la nièce sera préférée à son oncle?

Reprenons quelques principes.

Premier principe. Sous le nom d'enfans, les filles sont comprises, et même sous le nom de fils. *L. filii appellatione* 84. *L. quisquis* 116. ff. *de verborum significatione.*

Second principe. La condition *si sine liberis* est de droit entre ceux qui descendent du testateur. *L. cùm avus* 102. ff. *de conditionibus et demonstrat. Cùm acutissimi* 30, cod. *de fideicommissis.*

Ces principes supposés, voyons si la loi domestique s'accorde avec la loi générale, et si la testatrice a dérogé à la condition *si sine liberis*, ou si elle l'a confirmée.

1.° Nous voyons, comme nous l'avons déjà dit, que l'on ne passe d'une branche à une autre, qu'au défaut d'enfans.

2.° Nous voyons une règle générale établie dans chaque branche, qu'on ne passe d'une personne à l'autre qu'en cas que la première meure sans enfans.

Mais cela est vrai, dit-on, dans le premier degré, et quand il est question d'exclure les oncles François et Claude; mais non dans le second, parce qu'il n'y a point de disposition expresse à cet égard.

1.° Supposons pour un moment que cela ne soit

point exprimé, s'ensuivra-t-il que cela ne soit pas censé répété? Au contraire, M. Cujas, *Consultat.* 51, dit expressément que la répétition est favorable dans le cas d'une substitution où elle a été omise par une volonté présumée que le testateur avoit dans la pensée, et qu'il lui ait échappé d'exprimer *dùm celeritati studet, et dùm satis mentem suam antè se prodidisse putat.*

Ici deux circonstances concourroient pour faire admettre cette présomption.

D'un côté, la volonté *énixe* de la testatrice paroissoit évidemment, parce qu'elle appose en deux endroits la même condition.

D'un autre côté, si cette condition a lieu contre les petits-enfans déjà nés, que la testatrice connoissoit, à combien plus forte raison contre ceux qui n'étoient pas encore nés, et qu'elle ne devoit jamais connoître.

Mais on n'a pas besoin d'avoir recours à aucune fiction, ni à aucune présomption.

La testatrice l'a marqué ainsi précisément, et même à l'égard du second degré.

Car, après avoir dit que les enfans existans empêcheroient la substitution d'une branche à l'autre, elle ajoute la même disposition à l'égard des personnes, et elle ne veut point que la substitution passe d'un des enfans de Marc-Antoine à l'autre, qu'en cas qu'il soit mort sans enfans.

Rien de plus clair ni de plus précis. Application toute entière au cas qui est arrivé.

Gabriel-François et Henri-François doivent être considérés comme les enfans de Marc-Antoine; la mort civile de leur père les rapproche de leur aïeul, et les met dans le premier degré.

François-Gabriel a recueilli la substitution. Il est question de savoir si elle passera, après sa mort, à Henri-François, son frère. Que dit le testament? *Et ainsi de l'un à l'autre en cas de décès sans enfans de celui au profit de qui la substitution sera ouverte.*

Ce cas est-il arrivé? François-Gabriel est-il décédé sans enfans? Il a laissé une fille.

Que reste-t-il donc à opposer? Seroit-ce la prédilection que la testatrice a eu pour les mâles, et le désir de conserver la terre dans la famille de Busseul.

Mais, 1.° la fille n'est-elle pas encore de la famille?

2.° Ce désir n'empêche pas la testatrice d'admettre les filles dès le premier degré; donc encore moins dans le second.

Ainsi, et les termes du testament et les présomptions, tout est également contre l'oncle et en faveur de la nièce.

Arrêt du 23 juillet 1696.

Entre damoiselle Anne-Henriette de Busseul de Saint-Servin, fille mineure, procédant sous l'autorité de Pierre de Court, écuyer, sieur Desherbonnière, son curateur et administrateur, appelante d'une sentence rendue au bailliage et siége présidial de Mâcon, le vingt-six janvier mil six cent quatre-vingt-quinze, d'une part, et Henri-François de Busseul, chevalier, seigneur de la Grange, intimé, d'autre part; et entre ladite damoiselle Anne-Henriette de Busseul, demanderesse en deux requêtes, la première du vingt-cinq juin mil six cent quatre-vingt-seize, à ce qu'en plaidant sur l'appel de ladite sentence, il plût à la cour mettre l'appellation et ce dont a été appelé au néant; émendant, évoquer en tant que besoin seroit, le principal, et y faisant droit, sans avoir égard à la demande en ouverture de substitution formée par ledit Henri-François de Busseul, dont il sera débouté avec dépens, maintenir et garder la demanderesse en la propriété et possession des terres de la Bastie, Veré et Fuissé, et dépendances, comme seule fille de défunt messire François-Gabriel de Busseul de Saint-Servin, son père, premier substitué, à qui doit appartenir ladite substitution; ce faisant, faire mainlevée à l'appelante des fruits et revenus desdites terres, et condamner l'intimé et défendeur à la restitution d'iceux, et en ses dommages-intérêts; la seconde, du vingt-sept juin mil six cent quatre-vingt-seize, à ce qu'en prononçant sur l'appel et sur la requête à fin d'évocation du principal, il plût à la cour, mettant l'appellation et ce dont a été appelé au néant, évoquant le principal, déclarer la substitution contenue au testament d'Antoinette de Gorriod, du dix-sept mars mil six cent vingt-quatre, ouverte au profit de l'appelante; ce faisant, la maintenir et garder dans la propriété, possession et jouissance desdites terres substituées, avec restitution des fruits, d'une part, et ledit messire Henri-François de Busseul, défendeur, d'autre. Après que de la Barre, avocat de l'appelante, et Rousselet, avocat de l'intimé, ont été ouïs pendant une audience, ensemble d'Aguesseau, pour le procureur-général du roi :

LA COUR a mis et met l'appellation et ce dont a été appelé au néant ; émendant, évoque le principal, et y faisant droit, sans s'arrêter à la demande en ouverture de substitution de la partie de Rousselet, a maintenu et gardé la partie de de la Barre en possession des biens substitués avec restitution de fruits, si aucuns y a, condamne la partie de Rousselet aux dépens.

QUARANTE-UNIÈME PLAIDOYER.

DU 4 MARS 1697.

Dans la cause des enfans du premier lit de LOUIS ROCHER, LOUIS GUERIN, et MARIE BAUDINET, sa femme, auparavant femme en secondes noces dudit LOUIS ROCHER.

Il s'agissoit de l'interprétation de l'article 279 de la coutume de Paris, qui concerne les secondes noces, et défend de disposer des conquêts faits pendant un précédent mariage, au préjudice des enfans qui en sont nés.

1.° *Cet article doit-il s'étendre aux hommes qui se remarient, comme aux femmes?*

2.° *Cet article a-t-il compris, sous le nom de* conquêts, *les meubles, aussi bien que les immeubles acquis pendant la première communauté?*

QUOIQUE l'explication de cette cause soit facile et sommaire, la décision n'en est pas moins difficile.

Il s'agit de connoître le vrai sens d'un article de la coutume de Paris. Sa disposition est puisée dans les lois qui ont mis un frein aux libéralités faites au préjudice des enfans d'un premier mariage. Son interprétation est contestée, et vous avez aujourd'hui à prononcer sur deux questions.

La première si cet article comprend les hommes qui se remarient, aussi bien que les femmes.

La seconde, s'il s'étend aux meubles comme faisant partie des conquêts de la première communauté.

Tel est l'objet important pour le public, de la contestation particulière qui s'est élevée entre les parties.

Le fait est constant, et peut s'expliquer en peu de paroles.

Louis Rocher, né sans biens considérables, a fait une fortune assez grande par son travail et son industrie. Il étoit devenu architecte des bâtimens du roi.

Il a été marié deux fois.

La première, avec Geneviève de Lespinay ; et de ce mariage il a eu quatre enfans qui sont les parties de M.[e] le Gendre.

La seconde, avec Marie Baudinet, partie de Me Gueau.

Pendant la première communauté il avoit conduit des travaux considérables, dont il n'avoit pas encore reçu le paiement.

Entre autres, il lui étoit dû par le roi, deux sommes, l'une de trente-un mille cent cinquante-trois livres ; l'autre, de vingt-cinq mille huit cent cinquante-deux livres.

Après la mort de sa première femme, il y eût un inventaire où ces deux sommes sont marquées comme dues ; cet inventaire, fait en bonne forme, a dissous la première communauté.

Il contracta un second mariage, le 30 mai 1690, avec Marie Baudinet. Le contrat contient une stipulation de communauté, un douaire, un préciput, et enfin une donation d'une part d'enfans, conformément à l'édit des secondes noces.

Ce second mariage fut bientôt rompu par la mort de Louis Rocher, qui finit sa vie en 1694, sans enfans du second lit.

Le 29 mai 1694, Marie Baudinet renonce à la communauté.

Le 11 juin 1694, elle forme une demande contre les enfans du premier lit, pour ses reprises, et pour faire un partage afin d'avoir la même part qu'un des enfans.

Les enfans y répondent par des défenses.

Sentence le premier septembre 1694, qui adjuge les reprises, et à l'égard de la donation, ordonne que l'on distinguera ce qui est échu par la mort de Louis Rocher, de ce qui étoit déjà échu par le décès de la première femme;

Que dans ce qui regarde le premier chef, la veuve aura un cinquième;

Que, dans ce qui regarde le second, on divisera en deux portions égales les effets contenus dans l'inventaire, dont la moitié appartiendra aux enfans seuls, et l'autre moitié sera partagée entr'eux et la veuve, en sorte qu'elle aura un cinquième seulement.

Acte d'appel de cette sentence par les enfans.

La veuve les fait anticiper. Elle étoit remariée alors à Louis Guerin.

Depuis, ils ont présenté une requête, par laquelle ils restreignent leur appel au chef de la sentence, qui ordonne que tous les meubles de la première communauté seront partagés, et ils demandent qu'en réformant ce chef, les deux sommes de trente-un mille cent cinquante-trois livres, et de vingt-cinq mille huit cent cinquante-deux livres, soient déclarées leur appartenir entièrement.

Ainsi, l'unique objet de la contestation est de savoir si une somme d'environ cinquante-sept mille livres, qui étoient constamment un effet de la première communauté, pourra être partagée entre les enfans et la seconde femme.

MOYENS DES ENFANS.

Première proposition. Que le mari est compris dans l'article 279, comme la femme.

1.° Identité de raison.

2.° Arrêt des Poitevins.

3.° Sentimens des interprètes.

Seconde proposition. Les meubles précieux et considérables sont compris dans cet article comme les conquêts immeubles, et sous le nom général des *conquêts*.

1.° Comparer l'édit avec l'article, les meubles sont constamment compris dans l'édit. Or l'article de la coutume n'est qu'une extension de l'édit.

2.° Quelle absurdité de vouloir qu'une métairie de deux mille livres y soit comprise, et qu'une somme de cinquante mille livres, ou encore plus forte, en soit exceptée ?

3.° Préjugés des Arrêts.

4.° Avis des docteurs.

MOYENS DE LA SECONDE FEMME.

La disposition de l'article est de rigueur, et par conséquent ne doit point être étendue.

C'est ce qu'on prétend avoir été jugé pour les coutumes qui ne répètent point la disposition de cet article, et pour celles qui ont été rédigées avant la coutume de Paris.

De là deux conséquences

La première, que cet article ne s'étend point au mari.

1.° Les biens de la communauté viennent ordinairement de son travail, au lieu que la femme n'y contribue point.

2.° La communauté est une espèce de grâce et de bénéfice que la femme reçoit du mari, et non le mari de la femme.

Que si l'on oppose les arrêts qui ont appliqué l'édit des secondes noces au mari, il y a des différences essentielles.

1.° Il est fait mention expresse du mari dans l'édit:

2.° L'édit est favorable : la disposition rigoureuse de la coutume est odieuse.

Seconde conséquence. Que cet article ne comprend point les meubles.

1.° C'est une loi pénale :

2.° Une loi singulière:

3.° Autorité de Ricard et d'autres jurisconsultes.

Quant a nous, pour examiner avec ordre les questions que l'on vous propose, nous croyons devoir reprendre d'abord les principes généraux établis par les lois qui regardent les secondes noces, et faire ensuite l'application de ces principes aux questions particulières de la cause.

Examinons donc d'abord les termes et la disposition de la loi.

Considérons ensuite quel est l'esprit, et quelle doit être l'interprétation de la loi.

PREMIÈRE PARTIE.

La disposition des lois.

Trois sortes de lois que l'on peut regarder comme les sources de notre jurisprudence, dans ce qui concerne les secondes noces :

Le droit civil ;

L'édit des secondes noces ;

La coutume de Paris.

Dans la première, nous découvrons la raison de la loi ; dans la seconde, l'autorité de la loi; dans la troisième, l'interprète de la loi. *Optima Legum interpres consuetudo.*

Sans nous étendre dans de longues dissertations sur le droit civil, il est certain que les anciens législateurs avoient négligé cette partie si utile et si nécessaire de la jurisprudence, qui regarde les peines ou plutôt les précautions établies contre les seconds mariages.

Théodose-le-Grand fut le premier qui voulut arrêter, par une sainte sévérité, la liberté ou plutôt la licence des secondes noces, et réprimer, par des lois salutaires, les libéralités excessives que les femmes faisoient à leurs seconds maris, au préjudice de leurs enfans.

Il ordonna, par la loi *Feminæ*, qu'elles seroient obligées de réserver à leurs enfans tout ce qu'elles auroient acquis par la libéralité de leurs premiers maris, ou en faveur du premier mariage.

Les hommes ne furent pas compris dans cette loi, et l'on crut que la simple admonition qu'elle contient, à leur égard, seroit une loi suffisante. *Voyez* le code Théodosien.

Mais, dans la suite, ils méritèrent, par leur conduite, une loi précise qui établit contre eux les mêmes peines. Ce fut la loi *Generaliter*. Cod. *de secundis nuptiis*.

Telle fut la première disposition des lois romaines.

Les empereurs Léon et Anthémius portèrent encore plus loin leur juste sévérité, et ils défendirent également aux hommes et aux femmes qui passoient à de secondes noces, de donner plus à leurs secondes femmes ou à leurs seconds maris, que la portion du moins prenant des enfans.

Ces deux lois comprennent évidemment et dans leurs termes exprès, les meubles aussi bien que les immeubles. Le motif de la loi étoit le même; nulle raison de différence; sans cela mille fraudes indirectes auroient éludé l'intention de la loi.

Mais, autant que cette maxime est constante, autant il est certain que l'on chercheroit inutilement dans le droit, des exemples par lesquels on pût montrer que l'on mettoit au nombre des avantages réservés par la loi, les biens qu'une femme acquiert plutôt en faveur du mariage, que par libéralité de son mari, et qui sont plutôt l'ouvrage de la disposition de la loi que l'effet de la volonté de l'homme.

On a fait néanmoins de grands efforts de la part des appelans, pour établir cette proposition.

Ils se sont servis de deux argumens également aisés à réfuter :

L'un, tiré des termes de la loi *Feminæ* :

L'autre, de l'exemple de l'augment.

Sur le premier argument, on peut faire deux réflexions.

La première, que bien loin de trouver dans la loi des termes favorables à ceux qui les citent, ils suffisent seuls pour condamner leurs prétentions.

Quidquid ex facultatibus priorum maritorum. Voilà le commencement de la loi. Il faut donc que ces biens aient appartenu au mari : il ne suffit donc pas que la loi les donne immédiatement à la femme ; il faut qu'ils passent nécessairement par les mains du mari avant que de parvenir à la femme.

La loi explique ensuite les différens titres par lesquels une femme peut recueillir les effets de la libéralité de son mari.

Sponsalium jure, c'est-à-dire, les présens que l'on avoit accoutumé de faire dans les fiançailles.

Quidquid nuptiarum solemnitate : cela comprend les gains nuptiaux, qui procédoient tous des biens et de la libéralité du mari.

Mortis causâ donationibus testamento jure directo, aut fideicommissi vel legati titulo : toutes dispositions qui ne peuvent venir que de la libéralité de son mari.

La fin de la loi rassemble, réunit tous ces titres différens, et s'accordant parfaitement avec les premiers termes, elle s'explique ainsi : *Vel cujuslibet munificæ liberalitatis præmio ex bonis priorum maritorum fuerint consecutæ.*

La loi *hâc Edictali* se sert de cette expression pour abréger celles de la loi *Feminæ : res à marito ad se devolutas.*

Donc tout ce qui ne porte point ce caractère de libéralité du mari, tout ce qui n'a jamais été compris dans ses biens, n'étoit point renfermé dans la disposition de la loi.

Seconde réflexion. Mais, sans s'arrêter à peser scrupuleusement les termes de cette loi, une réflexion unique démontre invinciblement que l'on ne peut jamais donner cette interprétation aux lois romaines.

Dans le temps qu'elles ont été faites, la loi ne

donnoit encore aux femmes aucun avantage indépendant de la volonté de leur mari : la communauté de biens étoit inconnue, et l'est encore aujourd'hui dans le droit écrit ; l'augment de dot, ou la donation en faveur de mariage, que le mari faisoit pour compenser, pour égaler le bienfait de la dot, n'étoit pas encore devenue nécessaire, comme Justinien l'a depuis ordonné.

Comment ces lois auroient-elles pu comprendre, dans leurs dispositions, les avantages que la loi donne sans le ministère du mari, puisque, dans ce temps-là, il n'y en avoit encore aucun de cette nature ?

Sur le second argument tiré de la comparaison de l'augment :

1.° Qu'est-ce que l'augment ? Nous venons de le dire en passant ; une donation faite par le mari à sa femme, pour la récompenser de la dot qu'elle offre à son mari.

Cette donation, autrefois purement volontaire, est devenue nécessaire par le droit des Novelles ; mais a-t-il cessé pour cela de porter le caractère d'un avantage fait par le mari, et d'être composé de biens qui ont appartenu au mari ?

2.° L'augment peut être assez justement comparé au douaire, mais il n'a aucun rapport avec les effets de la communauté ; ainsi, c'est une comparaison étrangère, qu'il falloit absolument retrancher de cette cause.

Quelles sont donc les véritables maximes des lois romaines auxquelles il faut s'attacher ?

Première maxime. La femme ou le mari qui passent à de secondes noces, ne peuvent donner que la part du moins prenant.

Seconde maxime. Tous les avantages que la femme a reçus de la libéralité de son mari, sont affectés, réservés, consacrés aux enfans du premier mariage.

Troisième maxime. Les deux premières maximes, soit pour le retranchement des donations, soit pour les biens réservés aux enfans, et incapables d'entrer dans les donations, ont également lieu, soit qu'il s'agisse d'immeubles ou d'effets mobiliers, parce que *una eademque ratio tàm in mobilibus quàm in immobilibus*, et que, dans une matière sujette à la fraude, il est bon de comprendre tout dans la loi, afin de ne rien laisser à l'artifice et à la surprise.

Si nous passons du droit romain au droit français, et de la première loi à la seconde, nous y trouverons le même esprit et la même disposition.

L'édit des secondes noces a deux parties.

La première a été tracée sur le plan de la loi *Feminæ*.

La seconde a eu pour modèle la loi *Hâc Edictali*.

Dans la première, on défend aux femmes de donner à leurs maris une plus grande part dans leurs successions que celle du moins prenant ; dans la seconde, on réserve aux enfans tous les avantages que leur mère a reçus de la libéralité de leur père.

L'un et l'autre chefs comprennent également les meubles et les immeubles :

Le premier expressément ; le second, sous le nom général de biens acquis par la libéralité du mari.

Après avoir examiné les deux premières lois, voyons ce qui a donné lieu à la troisième, c'est-à-dire, à la disposition de la coutume de Paris, qui fait le véritable sujet de cette contestation.

L'édit des secondes noces étoit conçu en termes généraux ; il réservoit simplement aux enfans les biens meubles et immeubles acquis par la libéralité du premier mari.

L'on a demandé, et cela a fait la matière d'une grande question, si les conquêts de la communauté seroient considérés comme un avantage sujet à la disposition de cette loi.

D'un côté, l'on disoit que c'étoit la loi plus que l'homme, qui déféroit cet avantage ; qu'il étoit indépendant de la volonté des conjoints, le fruit de leur travail et de leur industrie, plutôt que le gage de leur union et de leur affection réciproque.

De l'autre, on soutenoit que, puisque les conjoints avoient la liberté de renoncer à toute communauté, et de l'exclure absolument par leur contrat de mariage, ils étoient censés se faire un avantage réciproque, quand ils se soumettoient à la disposition de la loi qui introduit la communauté.

Que d'ailleurs la communauté étoit l'effet de l'économie du travail, de l'industrie; et, pour se servir du terme de nos docteurs, de la *collaboration* commune des conjoints, et que, si l'on ne pouvoit point la considérer comme un véritable avantage acquis à la femme par la libéralité du premier mari, on ne pouvoit s'empêcher du moins de la regarder comme un avantage et un profit du premier mariage.

Que la communauté étoit une espèce de société légale ou conventionnelle, et qu'il paroissoit dur d'admettre à la participation des profits de cette société, un étranger qui n'avoit eu aucune part au travail, et un étranger aussi peu favorable qu'un second mari.

Enfin qu'un de nos plus anciens praticiens, le père des jurisconsultes français, *Joannes Faber*, avoit cru qu'il y avoit lieu d'établir la même maxime, tant pour les effets de la communauté que pour les avantages reçus de la pure libéralité du mari : *Idem dici potest de conquestis quorum medietatem uxor haberet de consuetudine.*

C'est ce doute important que la coutume de Paris a décidé; elle a regardé comme une espèce d'avantage les effets de la première communauté, comme un fruit du premier mariage, s'ils n'étoient pas un présent du premier mari; et c'est dans cette vue qu'elle a suivi l'opinion de Jean Faber, et qu'elle a décidé que la femme ne pourroit point disposer des conquêts de la première communauté, au préjudice des portions qui appartiennent aux enfans du premier mariage.

Ainsi l'article a deux parties :

L'une, par laquelle il suit la disposition de l'édit des secondes noces, et défend à la femme qui se remarie, de donner à son second mari une part plus grande dans ses propres et acquêts, qu'à celui de ses enfans qui prendra le moins.

L'autre, par laquelle il interprète l'édit, et met au nombre des avantages reçus du premier mari, les conquêts de la première communauté, avec cette limitation que le second mari seul sera exclu d'y avoir part, et que les enfans du second lit pourront les partager avec ceux du premier.

Telles sont les trois espèces de lois que nous devions expliquer d'abord, pour établir, en général, quel est le droit par lequel cette cause doit être décidée.

Seconde partie ; interprétation de la loi.

Passons maintenant à la seconde partie de la cause, et voyons quelle doit être l'interprétation de ces lois.

Deux questions à décider sur l'interprétation de la dernière loi, c'est-à-dire, de la coutume de Paris.

L'une, si sa disposition, en ce qui concerne la prohibition de disposer des conquêts de la première communauté, doit être étendue au mari.

L'autre, si, sous le nom de *conquêts*, on doit comprendre les effets mobiliers qui, dans l'espèce de cette cause, composent toute la première communauté.

Commençons par la première et la plus facile de ces deux questions.

Le mari est-il compris aussi bien que la femme dans la disposition de la coutume ?

Premier principe à supposer : l'article de la coutume, comme nous l'avons déjà dit, n'est que l'extension et l'interprétation de l'édit, et l'édit n'a fait que prêter son autorité à la raison écrite, c'est-à-dire, au droit civil.

Or, dans l'édit ou son interprétation, et dans les propres termes des lois romaines, les hommes sont compris aussi bien que les femmes.

Donc, dans l'extension introduite par la coutume,

le mari ne doit pas mériter une exception particulière.

Pour mettre cette preuve dans un plus grand jour, il est bon d'expliquer le progrès de la jurisprudence sur ce point.

Certainement l'édit ne prononçoit point dans sa première disposition les mêmes peines contre les hommes que contre les femmes ; et ce fut une grande question, après qu'il fut fait, de savoir si cette loi, que l'on considéroit comme rigoureuse, parce qu'elle étoit nouvelle en France, pourroit être étendue au mari.

L'on opposoit à ceux qui vouloient l'étendre, les mêmes moyens que l'on a encore soutenus dans votre audience :

La maxime commune du droit, qui veut que le sexe masculin ne soit jamais compris dans le féminin, les mêmes textes des lois, les mêmes autorités de M. Cujas, etc. ;

Le principe de l'équité naturelle qui défend d'étendre les lois rigoureuses ;

Le préambule de l'édit qui en explique les motifs, ces motifs uniquement convenables aux femmes, tirés de la foiblesse, de la légèreté de leur sexe ;

Enfin, une réflexion singulière, prise encore de la disposition de l'édit, que, dans le second chef, l'on marque expressément les hommes aussi bien que les femmes ; preuve sensible qu'on ne les avoit pas omis par oubli dans la première partie, et que, si l'on n'y en avoit fait aucune mention, c'étoit uniquement parce qu'on n'avoit pas cru qu'il fût juste de les soumettre à cette loi.

Malgré toutes ces raisons, l'utilité publique a prévalu sur la subtilité du droit.

On a considéré que la raison et les motifs étant les mêmes, il seroit absurde que la décision fût différente.

Que la légèreté, la foiblesse, la passion étoient des infirmités communes à l'un et à l'autre sexe ;

Et qu'enfin les lois romaines que l'édit loue et

approuve en cette matière, avoient également assujetti les hommes et les femmes à la même disposition.

Voilà quels furent les motifs que la cour voulut bien déclarer elle-même dans les arrêts solennels prononcés en robes rouges, pour décider cette question : le dernier est de 1586, et depuis ce temps-là on n'a point révoqué en doute que les hommes, aussi bien que les femmes, ne fussent compris dans la prohibition de l'édit.

Voyons maintenant s'il y a quelque raison de diversité qui empêche que l'on n'applique à la nouvelle disposition de la coutume de Paris ce qui a été décidé par l'édit.

Expliquons-nous encore plus clairement.

Il y a deux parties dans l'article 279.

L'une, qui n'est qu'une répétition abrégée de l'édit, par laquelle on défend aux femmes qui convolent en secondes noces, de donner à leur mari plus que la part d'un des enfans dans les propres et acquêts :

L'autre, par laquelle on défend à la femme de disposer des conquêts de la première communauté.

Il est constant que le mari est compris dans la première partie.

La question est de savoir s'il l'est dans la seconde.

On oppose pour raison de différence,

1.° Que l'article est contre le droit commun :

2.° Que la communauté est une espèce de bienfait et d'avantage gratuit pour la femme, au lieu qu'elle appartient de plein droit au mari, et que, par conséquent, il a été plus juste de défendre aux femmes de disposer des conquêts de la première communauté, qu'il ne le seroit de faire la même défense aux hommes, parce qu'en un mot, les conquêts sont l'ouvrage de l'industrie du mari et lui sont acquis comme un bien propre, au lieu qu'ils ne sont déférés à la femme que par une espèce de grâce et de faveur de la coutume.

Rien de plus facile à détruire que ces deux différences.

1.° Il est inutile de dire que l'article est contraire au droit commun.

Le droit commun est de restreindre, autant qu'il est possible, la permission de donner aux seconds maris, et l'article s'accorde parfaitement avec cette intention.

Il est vrai que l'article ajoute au droit commun; mais il ne lui est pas contraire : ce sont deux choses différentes d'être *præter jus commune*, et d'être *contra jus commune*.

2.° La communauté n'appartient pas moins à la femme qu'au mari.

Il seroit ridicule pour un législateur d'aller examiner quel est celui qui a le plus contribué à l'enrichir.

1.° Souvent la femme n'y a pas moins de part que le mari.

2.° Presque toujours c'est le fruit et le profit des biens communs, et souvent même de la dot de la femme.

Et enfin il faut en revenir à cette distinction qui lève toute équivoque.

Ou l'on examine la communauté avant ou après la dissolution du mariage.

Avant la dissolution du mariage, le mari est seul considéré comme propriétaire, quoique la femme ait un droit habituel qui n'est point encore développé; mais cette propriété apparente n'est qu'une simple administration.

Après la dissolution, le droit des conjoints est égal, et la femme n'a pas moins que le mari, de son propre chef, *suo jure*, la part que la coutume lui donne dans les effets de la communauté.

Enfin cette question pour le mari est nettement jugée par un arrêt célèbre du mois de juillet 1655, rendu au rapport de M. le Boultz, appelé l'arrêt des Poitevins. Charondas, Ricard, Auzanet, sont de même sentiment, et le dernier propose de faire un article précis qui lève tout difficulté sur ce sujet.

Passons à la seconde et la plus importante question.

Les effets mobiliers sont-ils compris aussi bien que les immeubles dans la disposition de la coutume ?

Pour traiter plus à fond cette question qui n'a point encore été décidée nettement par aucun arrêt, examinons deux choses.

1.° La disposition de la coutume. Est-elle tellement de droit étroit, qu'elle ne puisse recevoir aucune explication, ou, au contraire, peut-elle être expliquée, étendue, interprétée ?

Les deux principales objections que l'on fait contre l'extension de la coutume, sont :

1.° Que les coutumes sont de droit étroit :

2.° Qu'elles le sont encore plus, lorsqu'il s'agit d'une loi pénale.

Sur le premier point ;

1.° Cette objection prouve trop, car il s'ensuivroit que tous les arrêts que vous avez rendus en interprétation de la coutume, sont contraires à la nature de la coutume même ; et, pour ne pas chercher des exemples hors de la cause, il s'ensuivroit que l'arrêt des Poitevins seroit injuste, parce que cet arrêt a jugé que la disposition en particulier que nous examinons, s'appliquoit également et aux maris et aux femmes.

2.° Qu'est-ce donc que veulent dire ces maximes communes qui vous ont été citées, que les statuts, que les coutumes ne s'étendent point, que *casus omisus habetur pro omisso ?*

Il faut distinguer à cet égard :

Ou la coutume s'accorde avec l'ordre commun, avec la police et l'utilité publique, et alors elle s'étend facilement :

Ou elle y est contraire, et alors on la considère comme une exception qu'il faut renfermer dans son cas.

Telles étoient les espèces des arrêts que l'on vous a cités.

Sur le second point, est-ce une loi pénale ?

C'est ici MESSIEURS, où il faut entrer dans la distinction que Dumoulin propose sur la règle de *publicandis resignationibus*.

Le terme de la loi pénale est une des expressions dont on abuse souvent.

Il y a deux sortes de lois auxquelles on l'applique.

Aux unes proprement, et ce sont celles qui contiennent de véritables punitions.

Aux autres improprement, et ce sont celles qui restreignent en quelque matière la liberté naturelle à tous les hommes.

Ces dernières lois sont des lois restrictives, prohibitives, des lois de précaution, mais non pas des lois pénales.

Ainsi, par exemple, dira-t-on que la loi qui défend à un mari de donner à sa femme, soit une loi pénale ; que les lois qui défendent de priver les héritiers du sang d'une portion des propres, soient des lois pénales? etc.

Il en est de même des lois qui regardent les secondes noces.

Que font ces lois ? Elles défendent les libéralités excessives elles veulent que tout ce qui est acquis à l'occasion du premier mariage, demeure aux enfans communs ; et ne puisse du moins passer en des mains absolument étrangères.

Elles n'ordonnent aux maris et aux femmes que ce que la droite raison, ce que la sagesse et la prudence, ce que l'amour des enfans inspirent, naturellement et sans loi, à un bon père de famille.

Et peut-on appeler du nom de *peine* ce que la raison suggère, ce que la prudence dicte, ce que la tendresse inspire ?

Deuxième réflexion : quelle est l'intention, et quel est le motif de toutes les lois et de la coutume de

Paris en particulier, quand elles imposent un joug sévère à ceux qui se remarient ?

Est-ce précisément la haine des seconds mariages, ou plutôt la faveur des enfans ?

Peut-on en trouver une plus grande preuve que de voir que toutes les peines cessent aussitôt qu'il n'y a point d'enfans, et qu'il suffit même, pour les faire cesser, que les enfans soient morts avant le temps de la succession ouverte pour confirmer par un effet rétroactif les dispositions *quæ ab initio non consistebant.*

Cela supposé, la disposition de la coutume de Paris doit être regardée comme entièrement favorable.

Favorable par son motif, qui ne tend qu'à la conservation du patrimoine des enfans.

Favorable par sa disposition, puisqu'elle n'impose aux maris et aux femmes que ce que la droite raison exige d'eux sans le secours de la loi.

Par conséquent, loi qui peut être interprétée.

Il y a plus; non-seulement elle peut, mais elle doit être interprétée : et pourquoi ?

Parce qu'elle est imparfaite.

Dans la première disposition de l'article, on ne défend aux femmes de donner une plus grande part à leurs maris qu'à leurs enfans, que par rapport aux propres et conquêts. N'est-il pas nécessaire d'y suppléer le terme de *meuble ?*

Allons encore plus loin; c'est une loi qui peut et qui doit être interprétée. Ce n'est pas tout encore; elle l'a été.

Nous venons de vous montrer qu'on l'a appliquée au mari, même dans le point dont il s'agit, quoique la coutume ne fasse mention que des femmes.

Or, comment pourra-t-on prouver qu'il sera permis d'interpréter la loi par rapport aux personnes, plutôt que de l'interpréter par rapport aux biens qui y sont compris ?

Que, si l'on oppose que les arrêts ont jugé que la disposition de la coutume ne devoit avoir lieu que dans son territoire, et, par conséquent, qu'elle ne pouvoit être étendue, il est facile de répondre qu'il y a une grande différence entre étendre la loi, quant au sens, pour suppléer ce qui manque à sa perfection, et étendre la loi quant au territoire, et pour la faire exécuter dans les lieux qui ne sont pas soumis au pouvoir du législateur.

Il en est de même que des fictions; on ne les étend pas hors de leur cas, mais dans leur cas elles ont toute l'étendue dont elles sont susceptibles.

La raison fondamentale, c'est que dans ce qui regarde le territoire, le pouvoir manque; au lieu que, dans les autres cas, il ne manque que de la clarté qui peut se suppléer.

Après avoir montré que la loi peut et doit être interprétée, voyons comment l'interprétation doit être faite.

On ne peut trouver que quatre voies différentes pour parvenir à cette interprétation.

1.° Par le texte même de l'article, et en comparant ensemble ses différentes dispositions.

2.° Par les autres articles de la coutume, où les mêmes expressions se trouvent.

3.° Par les lois et l'interprétation des lois qui ont été le fondement de la disposition de la coutume.

4.° Par les raisons, les motifs et les inconvéniens de la loi ou de ses interprétations différentes.

Quelle est la question? Elle consiste à savoir si l'on étendra aux meubles le terme de *conquêts;* s'ils seront réputés compris sous ce nom général, ou si, au contraire, ce nom est tellement affecté aux immeubles, qu'il ne puisse jamais s'appliquer aux effets mobiliers.

Examinons cette question par les quatre voies que nous venons de marquer.

Premièrement. Par le texte même de l'article sujet à interprétation.

Deux parties différentes dans cet article : l'une qui prohibe les donations qui excèdent la part du moins prenant ; l'autre qui défend la disposition des conquêts.

Comment la première est-elle conçue ?

Femme convolant, en secondes ou autres noces, ayant enfans, ne peut avantager son second ou autre subséquent mari de ses propres et acquêts, plus que l'un de ses enfans.

Comment la seconde est-elle expliquée ?

Et quant aux conquêts faits avec ses précédens maris, n'en peut disposer aucunement au préjudice des portions dont les enfans desdits premiers mariages pourroient amender de leur mère.

Le même mot se trouve dans l'un et dans l'autre chef. Car le terme de *conquêts* répond parfaitement à celui d'*acquêts*. La seule différence qui s'y trouve, c'est que le terme d'*acquêts* marque l'acquisition faite par un seul, et que celui de *conquêts* marque l'acquisition faite en commun par deux ou plusieurs personnes.

Voyons donc comment le terme d'*acquêts* se prend dans la première partie de l'article.

Exclut-il les meubles, ou les comprend-il ?

Dire qu'il les exclut, c'est permettre à une femme de donner indistinctement tous ses meubles et effets mobiliers au second mari, puisqu'en fixant ainsi l'interprétation du terme d'*acquêts*, il ne comprendra point les meubles.

Dire au contraire qu'il comprend les meubles c'est s'attacher au véritable esprit de la loi.

Or, le terme d'*acquêts* est le même que celui de *conquêts*, si l'on excepte la seule différence que nous venons d'observer : donc, de même que dans la première partie de l'article, le terme d'*acquêts* comprend les meubles ; de même aussi, dans la seconde, le terme de *conquêts* doit les comprendre pareillement.

Si l'on répond que le terme d'*acquêts*, dont se sert l'article de la coutume, comprend, à la vérité, des meubles, mais qu'on ne lui donne cette signification qu'à cause que les meubles sont exprimés dans l'édit, dont l'article n'est qu'une copie, il est facile de détruire cette couleur.

1.° Quand il n'y auroit point d'édit, pourroit-on donner une autre interprétation au terme d'*acquêts*, et n'est-il pas visible que cette interprétation seroit également nécessaire ?

2.° Pourquoi les réformateurs auroient-ils négligé d'ajouter le terme de *meubles*, si ce n'est parce qu'ils ont cru l'avoir suffisamment expliqué dans celui de *conquêts*.

3.° Enfin, pourquoi ne suppléera-t-on pas par l'édit, la seconde partie comme la première, puisque la seconde partie n'est qu'une interprétation de l'édit, comme la première n'en est qu'une répétition.

Secondement. On peut interpréter encore cet article, en examinant les autres articles dans lesquels le même terme de *conquêts* se trouve.

Est-il vrai que, par sa nature, il emporte, de plein droit avec lui, la signification et l'idée d'un immeuble ?

Et si cela est, pourquoi la coutume prend-elle tant de soin d'ajouter presque toujours le terme d'*immeubles* à celui de *conquêts*, terme qui ne seroit plus qu'une répétition superflue, s'il étoit vrai que celui de *conquêts* signifiât de lui-même un immeuble ?

Il y a dix-huit articles dans la coutume où le terme de *conquêts* est employé; il faut en retrancher celui dont nous cherchons l'interprétation, il n'en restera que dix-sept.

Or, dans ces dix-sept articles, le terme de *conquêts* ne se trouve que cinq fois tout seul, pour signifier des immeubles, au lieu qu'il se trouve douze fois suivi du terme d'*immeubles*, pour déterminer sa nature.

Ce n'est donc point ici un de ces termes toujours déterminés par eux-mêmes.

C'est une expression générale qui ne marque qu'une acquisition commune, un gain, un profit commun.

Eclaircissons de plus en plus cette pensée.

Nous trouvons encore dans notre coutume un terme aussi fréquent que celui de *conquêts* : c'est celui de *propre*.

Parce que ce terme est, par sa nature, tellement déterminé à l'immeuble, qu'il ne peut convenir aux meubles que par fiction, on ne trouvera pas que la coutume ait jamais ajouté le terme d'*immeuble* à celui de *propre*.

Mais, au contraire, parce que celui de *conquêts* n'est pas nécessairement appliqué à l'immeuble, la coutume a pris douze fois la précaution d'y joindre celui d'*immeuble*, pour lever toute équivoque.

Troisièmement. Si on a recours aux lois antérieures, on peut faire deux réflexions.

1.° Ces lois ont toujours été étendues.

Nous avons parlé de l'extension au mari. Il y en a une infinité d'autres semblables ; par exemple, la jurisprudence établie par les arrêts pour retrancher les communautés inégales, que l'on a considérées comme des avantages indirects, etc.

2.° Ces lois rejettent absolument la distinction de meubles et d'immeubles, et c'est très-mal à propos qu'on voudroit s'en servir par rapport aux secondes noces.

En effet, on doit distinguer deux sortes de matières :

Les unes, où il est important de séparer le meuble de l'immeuble ; les autres, où cela est indifférent.

Dans les premières, comme quand il s'agit de succession et de communauté, alors on peut croire que la coutume a omis à dessein le terme *meubles*, parce que c'est un des termes essentiels à la matière.

Dans les autres, pourquoi disputer scrupuleusement sur l'omission d'un terme qui est indifférent.

Or, rien n'est plus constant que cette différence du meuble et de l'immeuble par rapport aux secondes noces.

Les lois romaines l'établissent.

L'édit des secondes noces les suit.

La coutume de Paris s'y attache constamment dans sa première partie. Pourquoi n'étendra-t-on pas l'édit à la seconde partie comme à la première.

L'édit et la coutume ont la même disposition en général.

Les avantages et les gains du premier mariage doivent être réservés aux enfans.

Qu'est-ce que la coutume y ajoute.

Que les conquêts sont réputés avantages.

Après cela, tout le reste est commun entre ces deux lois.

Soit que les conquêts soient meubles, soit qu'ils soient immeubles, ils sont regardés comme avantages, et par conséquent sujets à la prohibition de l'édit.

Quatrièmement. Si l'on cherche enfin le motif et la raison de la loi; si l'on examine les inconvéniens qui naîtroient d'une opinion contraire, on trouve que tout conspire en faveur de cette explication.

1.° La raison est la même, et il est visible que le mobilier peut souvent être aussi considérable et plus considérable que l'immobilier. Il y a un égal sujet d'appliquer à tous les deux la juste déposition de la loi.

2.° Sans cela, la loi seroit imparfaite et facilement éludée.

Imparfaite, parce qu'elle ne comprendroit pas un cas très-commun et très-important, et celui où toute une communauté se trouve consister en effets mobiliers, comme sont celles des marchands, des gens d'affaires, de plusieurs bourgeois.

Facile à éluder, parce que, dans la pensée de se marier, un mari, maître de la communauté, voyant sa femme infirme, pourroit se préparer une voie indirecte d'avantager une seconde femme, en aliénant les immeubles.

Au contraire, quel inconvénient peut-il arriver de l'explication que nous proposons ?

Que les seconds mariages soient moins fréquens, c'est un bien public.

Que les seconds mariages soient moins avantagés, c'est le but des législateurs.

Ajoutons encore à ces réflexions l'autorité de l'arrêt du 19 février 1654, qui oblige un homme veuf à employer en fonds les deniers provenant de la première communauté, et lui fait défenses de les aliéner au préjudice de ses enfans.

Contre toutes ces raisons, on oppose le préjugé d'un arrêt qui porte que les meubles d'une première communauté seront employés en fonds, et néanmoins que le mari y aura une portion telle que le moins prenant de ses enfans.

Mais, 1.° cet arrêt a l'apparence d'un arrêt rendu de concert.

On l'a levé depuis la dernière audience ; il ne l'avoit jamais été par ceux entre lesquels il a été rendu.

C'est un arrêt sans qualités ; on ne voit point quelles étoient les demandes des parties, et enfin nos arrestographes ne s'accordent pas sur les questions qu'il a décidées. Soëfve prétend qu'il a jugé la même question que celle dont il s'agit. Néanmoins Dufresne soutient qu'il ne s'agissoit que de l'exclusion de la communauté, et que les enfans n'insistoient plus sur la donation faite au mari.

Un arrêt de cette qualité est trop obscur pour qu'on puisse juger son autorité en faveur des secondes noces.

Enfin, les maximes générales sont encore plus favorables, si on les joint au fait particulier de la cause.

Une communauté uniquement composée d'effets mobiliers.

Une somme de 100,000 livres due par le roi n'a pu être entièrement payée pendant la première communauté.

Sera-t-il juste de regarder une somme de cette qualité comme quelque chose de moins important qu'un immeuble de deux ou trois mille livres ?

Enfin, faut-il que les enfans souffrent de ce qu'une somme qui auroit été employée en immeubles si elle eût été reçue, n'a pu l'être, parce que le père n'a point été payé aussitôt qu'il auroit pu l'être, et qu'une étrangère, une seconde femme en profite ?

Ainsi le droit civil et le droit français, la coutume et les circonstances du fait se réunissent en faveur des enfans du premier mariage.

Nous estimons qu'il y a lieu de mettre l'appellation et ce dont est appel au néant; émendant, ordonner, conformément à la requête des appelans, que les sommes de 31,153 livres d'une part, et de 25,852 livres d'autre part, comme étant des effets actifs de la première communauté, seront et demeureront en entier aux appelans, la sentence au résidu sortissant effet.

Arrêt conforme aux conclusions, le 4 mars 1697, prononcé par M. le premier président de Harlay.

Entre Jules Rocher, émancipé d'âge, procédant sous l'autorité de Pierre de Senne, son curateur, et ledit Pierre de Senne, tuteur de trois autres enfans mineurs de défunt Louis Rocher, vivant, entrepreneur des bâtimens du roi, lesdits mineurs, avec ledit Jules Rocher, héritiers dudit défunt Rocher et de Geneviève de l'Espinay, leurs père et mère; appelans de la sentence contr'eux rendue au châtelet de Paris, le premier septembre mil six cent quatre-vingt-quatorze, en ce qu'elle leur fait préjudice, d'une part, et Louis Guerin et Marie Baudinet, sa femme, à cause d'elle, auparavant veuve dudit défunt Louis Rocher, intimés, d'autre; et encore lesdits Jules Rocher et Pierre de Senne, esdits noms, demandeurs en requête par eux obtenue, présentée à la cour, leur donner acte de ce qu'ils restreignent l'appel par eux interjeté de ladite sentence du châtelet, du premier septembre mil six cent quatre-vingt-quatorze, en ce que lesdits Guerin et ladite Baudinet, sa femme, voudroient prétendre que ladite sentence leur auroit adjugé la cinquième partie des sommes de trente-un mille cent cinquante-trois livres, d'une part, et vingt-cinq mille huit cent cinquante-deux livres, d'autre, portées par deux ordonnances délivrées au profit desdits héritiers dudit défunt Louis

Rocher, le deux octobre mil cinq cent quatre-vingt-quinze, pour l'acquit du reste du prix des ouvrages qui ont été faits par ledit défunt Rocher, tant au château qu'en la machine de Marly, pendant sa première communauté avec ladite Geneviève de l'Espinay, sa première femme, mère desdits Rocher, et qu'il a déclaré lui être encore dues lors de l'inventaire qu'il a fait faire avant son second mariage avec ladite Baudinet; ce faisant, mettre, à cet égard, l'appel et ladite sentence au néant; émendant, ordonner que lesdites sommes de trente-un mille cent cinquante-trois livres cinq sols, d'une part, et celle de vingt-cinq mille huit cent cinquante-deux livres dix-neuf sols, d'autre, leur appartiendront entièrement à l'exclusion de ladite Baudinet, comme étant un conquêt de la première communauté, dans lequel elle ne peut rien prétendre, et en conséquence, que les mille trois cent trente-trois livres six sols huit deniers, au principal de dix-huit mille livres d'augmentation de gages donnés en paiement, tant à eux qu'audit Guerin, et à ladite Baudinet, sa femme, par quittance du sept décembre mil six cent quatre-vingt-quinze, et toutes autres quittances pour eux expédiées sous le nom du sieur Courtois, appartiendront entièrement auxdits demandeurs esdits noms; ce faisant, ordonner qu'ils seront seuls employés dans lesdites quittances et déclaration dudit sieur Courtois, du nom duquel ils se sont servis, et qu'à cet effet toutes lettres de ratification leur seront expédiées, et condamner lesdits Guerin et sa femme aux dépens, d'une part, et lesdits Guerin et Marie Baudinet, sa femme, défendeurs, d'autre; et entre lesdits Guerin et Baudinet, sa femme, demandeurs en requête par eux présentée à ladite cour, le premier août audit an mil six cent quatre-vingt-seize, tendante à ce que, sans avoir égard à la requête desdits Rocher et de Senne, dont ils seroient déboutés, ordonner qu'ils seront tenus de déclarer l'emploi qu'ils ont fait des deniers procédans desdites ordonnances, et les noms des particuliers dont ils se sont servis, en représenter les titres pour être procédé au partage ordonné par ladite sentence du premier septembre mil six cent quatre-vingt-quatorze, et cependant que lesdites mille trois cent trente-trois livres six sols huit deniers d'augmentation de gages leur demeureront et appartiendront en déduction ou jusqu'à concurrence du cinquième, adjugé à ladite Baudinet dans les biens dudit Rocher, son mari; ce faisant, que les arrérages échus et qui écherront desdites mille trois cent trente-trois livres six sols huit deniers d'augmentation de gages, leur seront payés, d'une part, et lesdits Rocher et de Senne, défendeur, d'autre. Après que le Gendre, avocat desdits Rocher et sa femme, et Gueau, avocat de Guerin et sa femme, ont été ouïs pendant deux audiences, ensemble d'Aguesseau, pour le procureur-général du roi :

LA COUR a donné acte à la partie de le Gendre, de ce

qu'elle restreint son appel de la sentence du châtelet à l'égard des effets mobiliers acquis pendant la communauté d'entre Rocher et Geneviève de l'Espinay, sa première femme; en conséquence, a mis et met l'appellation et ce dont a été appelé au néant; émendant, ordonne que la donation n'aura lieu sur les effets mobiliers acquis pendant la communauté d'entre ledit Rocher et ladite Geneviève de l'Espinay, sans préjudice à la partie de Gueau de se pourvoir pour son douaire et autres prétentions, ainsi qu'elle avisera bon être, défenses au contraire; condamne la partie de Gueau aux dépens. Fait ce quatre mars mil six cent quatre-vingt-dix-sept.

QUARANTE-DEUXIÈME PLAIDOYER.

DU 14 MARS 1697.

Dans la cause des religieux dominicains du Mans, et de frère JULIEN COUTARD.

1.° *Si la profession tacite a lieu en France, ou si elle n'y est pas reçue, même à l'égard des ordres dont les constitutions l'admettent?*

2.° *Si, quoiqu'elle ne soit pas autorisée dans le royaume, un monastère est obligé d'admettre à la profession, ou de faire subsister un homme qui, après avoir fait le noviciat, a continué de vivre comme religieux, et de porter l'habit religieux, et s'il est exclu des successions et autres effets civils?*

3.° *Si l'épilepsie résout cette obligation, et si l'on doit regarder comme épileptique celui qui a eu seulement quelques accidens de ce mal pendant quelque temps?*

C'EST avec beaucoup de raison que l'on vous a dit, en commençant cette cause, que son espèce étoit nouvelle, et ses circonstances singulières.

Vous ne voyez point, d'un côté, un religieux ou dégoûté de son état, ou engagé, malgré lui, dans une profession qui doit être toute volontaire, chercher à rompre les nœuds qu'il a lui-même formés; et, de l'autre, un monastère entier lui reprocher son inconstance, et lui représenter l'engagement inviolable qu'il a contracté, et le sommer, dans le tribunal de la justice, d'accomplir le vœu solennel qu'il a fait dans le temple de la religion. . . . . . .

Ici, tout au contraire, d'un côté vous voyez devant vous un de ces esclaves volontaires, qui préfèrent leurs chaînes à la liberté, qui, bien loin de travailler à rompre leurs liens, ne cherchent qu'à les fortifier : content de son engagement, il vous demande, comme une grâce, qu'il lui soit permis d'y ajouter le dernier caractère, qui seul peut lui manquer, et de rendre ses vœux aussi solennels qu'ils lui paroissent inviolables.

De l'autre côté, le monastère, dans lequel il s'est engagé, le regarde comme un étranger, comme un membre retranché de son corps. Il lui accorde une liberté qu'il ne lui demande pas, et lui refuse la servitude qu'il demande; et, bien loin de le rappeler dans la retraite du cloître, il lui impose la nécessité de retourner dans le tumulte du siècle.

Mais si ces circonstances rendent cette cause singulière, il y en a d'autres qui la rendent importante et digne de l'attention de la justice.

Il s'agit de savoir si l'on autorisera indirectement, dans ce royaume, les professions tacites, ou si on les rejettera absolument, comme contraires à la pureté des canons, à la sainteté de la discipline, et à l'utilité publique.

Le fait de cette cause est, à proprement parler, l'histoire peu éclatante de Julien Coutard, qui prend, dans votre audience, la qualité de profès tacite de l'ordre de Saint-Dominique.

Il est né en 1658. Reçu dès sa plus tendre jeunesse dans le monastère des jacobins du Mans, il conçut le dessein d'embrasser la vie religieuse en qualité de frère convers.

Son dessein fut approuvé dans le monastère.

Il prit l'habit; il fut admis au nombre des novices : et c'est une des questions de la cause, de savoir si son noviciat a été continuel ou interrompu.

Il convient que, pendant le cours de son année de probation, il ressentit quelques attaques d'un mal fâcheux, auquel il donne le nom de vapeurs ou de foiblesses, et que les religieux appellent une véritable épilepsie.

Trois ans entiers s'écoulèrent depuis sa prise d'habit, sans que le monastère fît aucune démarche pour l'obliger à renoncer à ses pieuses intentions, et à rentrer dans les engagemens du siècle.

Le premier acte par lequel il paroît que l'on a commencé à avoir quelque soupçon contre lui, est une conclusion capitulaire, qui porte que Julien Coutard ne fera plus le pain, attendu qu'il est soupçonné de tomber dans les accidens de l'épilepsie.

Cet acte, du 26 avril 1681, est suivi d'une autre délibération faite encore dans le chapitre du Mans, dans laquelle frère Molon, alors prieur de ce monastère, fait entrer des médecins; la communauté, ou plutôt le chapitre, les consulte sur le mal de Coutard. Il est marqué dans l'acte, que les médecins, après avoir discouru pendant long-temps, ont enfin répondu que s'il ne guérissoit pas, comme il y avoit bien de l'apparence, ils ne conseilloient pas à la communauté de l'admettre à faire profession.

Le même jour que cette conclusion fut faite, consultation qui n'est signée d'aucun médecin. Le même jour, 21 juillet 1681, on prétend avoir fait à Julien Coutard, dans le chapitre, une protestation solennelle qui a rompu les engagemens qu'il pouvoit avoir contractés avec le monastère, ou pour mieux dire, qui les a prévenus.

Nous disons qu'on le prétend, parce que la preuve en paroît très-légère.

Il est constant qu'il n'en est fait aucune mention dans les registres capitulaires de l'année 1681.

Mais les religieux soutiennent que ce défaut a été suffisamment réparé, parce que le frère Molon, neuf ans après, a inséré cette protestation dans les registres, et que cela paroît certifié par deux religieux dignes de foi, qui attestent que l'acte est véritable.

Telle est la forme de cet acte. Il contient, dans sa substance, que le prieur et le chapitre ont déclaré à Julien Coutard, qu'étant visiblement atteint du mal caduc, il falloit le mettre au plutôt dans les remèdes ; qu'ainsi on lui ordonne de finir son noviciat, de manger de la viande, et surtout on lui proteste qu'il ne prétende point *encourir la profession tacite.*

Ce sont les termes dans lesquels l'acte est conçu.

Une année entière de silence suit ces actes capitulaires.

On ne parle plus de Julien Coutard ; il demeure dans le monastère sans être troublé dans son état.

Au mois d'octobre 1682, le provincial Dominici passe par le monastère du Mans.

On rend, en sa présence, une nouvelle conclusion ; par laquelle Coutard est appelé *convers non profès.* On ordonne qu'il sera mis incessamment dans l'usage des remèdes, et que trois mois après on consultera les médecins, pour savoir s'il y a quelque espérance de guérison ; et, en cas qu'il n'y en ait point, on lui ôtera l'habit religieux, et on le récompensera de ses services.

Nous ignorons ce qui s'est passé en exécution de ce décret.

Mais il est certain qu'il paroît, par un autre décret du premier avril 1683, qu'on a voulu exécuter le premier, et qu'il a été arrêté en présence du vicaire et du provincial, que, puisque Julien Coutard ne guérissoit point, on lui ôteroit son habit, et qu'on lui donneroit cent livres de récompense.

Jusqu'ici nous ne trouvons que des délibérations capitulaires qui n'ont jamais été exécutées ; nous ne voyons pas même qu'on ait jamais lu ni signifié la dernière à Coutard, ni qu'on lui ait fait aucune injonction d'y déférer, et de sortir du monastère.

Nous allons trouver désormais, non plus des conclusions d'un chapitre, mais des jugemens contradictoires, tantôt en faveur de Coutard, tantôt en faveur des religieux ; non plus des délibérations secrètes, mais des sentences connues, signifiées, publiées.

Et, comme ces jugemens sont ce qui forme la véritable difficulté de cette cause, souffrez, Messieurs, que nous nous attachions à vous en expliquer les principales circonstances avec toute l'exactitude possible.

Julien Coutard, bien loin de se soumettre aux délibérations du chapitre, porta ses plaintes contre les religieux au vicaire du provincial, qui faisoit sa visite dans le monastère du Mans, au mois de novembre 1683.

Il exposa, qu'à la vérité, il avoit eu le malheur de ressentir quelques atteintes d'épilepsie avant que le temps de son noviciat fût expiré.

Mais qu'il avoit demeuré dans le monastère trois ans et trois mois entiers, sans qu'on lui eût fait aucune protestation pour empêcher qu'il ne jouît du droit que donne la profession tacite.

Qu'il avoit demandé instamment à ses supérieurs, d'aller faire son noviciat dans une maison où l'étroite observance fût gardée, et que ses supérieurs l'avoient assuré qu'il pouvoit faire librement son année de probation dans le monastère du Mans ; qu'en effet, il en avoit essuyé toutes les rigueurs pendant huit mois, après lesquels il les avoit interrompues par l'ordre de ses supérieurs, pour prendre les remèdes nécessaires à son mal.

Enfin, que quand même la protestation prétendue qu'on soutenoit que le prieur lui avoit faite en 1681, seroit véritable, on avoit encore laissé passer plus d'une année sans la renouveler, et qu'il seroit injuste de le troubler, après cinq années d'épreuve et de patience, dans la possession paisible de son état, et de lui faire perdre le droit incontestablement acquis par les statuts de l'ordre, d'être réputé profès tacite.

Les religieux du Mans, par la bouche du frère Gomer, prieur de leur communauté, qui est encore aujourd'hui la partie de Julien Coutard, répondirent à toutes ces raisons.

Que le provincial, en 1682, avoit ordonné qu'on mettroit Julien Coutard dans l'usage des remèdes pendant trois mois, pour voir s'il y avoit quelque espérance de guérison, et que, s'il n'y en avoit point, on le renverroit au siècle;

Que, depuis ce temps-là, il avoit été arrêté au mois d'avril 1683, qu'on exécuteroit la première ordonnance;

Que Julien Coutard n'ayant point passé son année de probation dans un monastère réformé, ils ne peuvent l'admettre à faire une profession solennelle, sans contrevenir à la bulle d'Urbain VIII, homologuée en la cour, qui imposoit la nécessité du noviciat dans une maison de l'étroite observance.

Il est important de remarquer ici, que le frère Gomer ne se servit point alors de cette protestation, que l'on rapporte aujourd'hui, et qui n'a été insérée dans les registres que long-temps après; au contraire, il paroît, par le vu de cette sentence, qu'il y avoit eu une information faite de l'autorité du provincial Dominici, pour savoir, par une interrogation juridique des religieux, s'il y avoit jamais eu une déclaration faite à Julien Coutard, qui servît d'obstacle à la profession tacite, et de quelle manière Coutard avoit fait son noviciat.

Après avoir entendu toutes les raisons qui lui furent proposées de part et d'autre, après avoir vu ces informations, le frère Gaultier, vicaire du provincial, rend un jugement favorable à Julien Coutard.

Il déclare que les religieux n'ont plus le droit de le rejeter de leur corps, et que néanmoins il ne pourra être admis à la profession solennelle qu'après une année entière de noviciat dans un monastère de l'étroite observance, où il sera envoyé au plutôt, et entretenu aux frais du couvent du Mans; et, en cas que quelque infirmité l'empêche d'être admis, ou qu'on ne l'en juge pas digne, il demeurera dans le monastère en qualité de frère laïc, dont il ne pourra plus être dépouillé.

Il finit son jugement par des défenses très-rigoureuses d'inquiéter, à l'avenir, le frère Julien Coutard.

Sa sentence est revêtue de toutes les formes qui peuvent la rendre la plus solennelle.

Elle a été lue et publiée dans le réfectoire, et enregistrée dans le registre de la maison.

Après cette sentence, Julien Coutard demeure encore au Mans deux ans entiers sans aucun trouble.

Il paroît même qu'on l'a reconnu pour frère convers dans l'ordre de Saint-Dominique.

Il rapporte deux obédiences du provincial, données en l'année 1685, dans lesquelles il est qualifié religieux convers.

La seconde de ces obédiences lui enjoint d'aller à Dinan pour y faire son noviciat; elle n'a pourtant point été exécutée, le lieu fut changé dans la suite.

On lui assigna la maison de Quimperlay. Il y est reçu en vertu d'une lettre du provincial.

Il y passe une année entière: la preuve en est établie par un certificat du prieur et des religieux.

Le prieur du Mans empêche encore sa profession, et renouvelle, par ses lettres, les soupçons que l'on avoit déjà conçus sur l'infirmité de Julien Coutard.

Le prieur de Quimperlay défère à ses remontrances, et renvoie Julien Coutard au provincial.

Tout cela se passe dans les années 1686 et 1687.

Coutard, après avoir fait inutilement un noviciat dans une maison de l'étroite observance, retourne au monastère du Mans.

On lui fait différentes injonctions d'en sortir: on lui déclare qu'on ne le reconnoît plus comme un membre légitime de la communauté; on lui offre deux cents livres de récompense, s'il veut sortir volontairement, sinon on proteste de se pourvoir contre lui dans tous les tribunaux du royaume.

Coutard, pressé par ces menaces, demande du

temps pour chercher une maison dans laquelle il puisse se retirer.

Pendant ces différentes agitations du frère Coutard, le monastère du Mans interjette appel comme d'abus, par un simple acte, de la sentence rendue en 1683.

Nulles poursuites sur cet appel ; et, après avoir subsisté pendant quelque temps, les religieux du Mans y ont enfin renoncé. Ils ont passé un acte avec Julien Coutard, par lequel ils se désistent purement et simplement de leur appel comme d'abus ; ils déclarent qu'ils se soumettent au jugement de leur général ; Coutard l'accepte aussi pour juge.

Cet acte, qui sembloit devoir terminer promptement toutes les contestations des parties, est suivi d'un profond silence de la part des uns et des autres.

Coutard demeure dans différentes maisons de son ordre, qui lui ont rendu, dans la suite, des témoignages avantageux.

Quatre années entières s'écoulent sans qu'il paroisse qu'on ait fait aucunes poursuites devant le général.

Enfin, en l'année 1692, nous trouvons deux démarches différentes de la part de Coutard et de la part des religieux.

Julien Coutard écrit une lettre au général, dans laquelle il expose tout ce qui pouvoit rendre sa prétention favorable.

Le temps de quatorze années, depuis qu'il porte l'habit de religieux convers :

La sentence du frère Gaultier :

Le noviciat qu'il a fait en exécution de ce jugement :

La possession paisible de son état, dans laquelle il a vécu depuis cette sentence.

Il convient qu'il a eu cinq ou six accès de mal caduc; mais il prétend que cela n'étoit qu'accidentel, et que les chagrins qu'on lui a donnés, et les travaux pénibles auxquels on l'a appliqué, l'ont jeté quelquefois dans ces noires vapeurs, dont les suites ont été si fâcheuses; mais que, depuis sept ans qu'il est sorti du monastère du Mans, il n'a ressenti aucunes attaques de ce mal, et que rien ne peut plus désormais s'opposer aux justes empressemens qu'il a, depuis si long-temps, de se consacrer entièrement à l'ordre par une profession solennelle.

De la part des religieux, c'est en cette même année 1692 que l'on a rapporté la prétendue protestation faite en 1681 : le frère Molon l'a rétablie dans la place qu'elle devoit occuper sur le registre.

Les choses étoient dans cet état, lorsqu'on assembla à Paris le chapitre provincial.

Ce fut dans ce chapitre que l'on rendit une sentence aussi favorable aux prétentions du monastère du Mans, que contraire aux vœux de Julien Coutard.

On énonce, dans cette sentence, celle de 1683 : on y parle d'une commission du général, qui n'y est pourtant point datée; et, sans infirmer le jugement rendu par le provincial, en 1683, on prononce une sentence directement contraire à la sienne, par laquelle on déclare qu'il n'y a aucun engagement entre Coutard et le monastère : on lui enjoint de se retirer incessamment; et, par un pur motif d'équité et de commisération, on lui accorde une somme de deux cents livres, une fois payée.

Cette sentence est rendue par le provincial avec trois définiteurs.

Nous ne voyons pas qu'elle ait jamais été ni publiée dans le monastère du Mans, ni signifiée à Julien Coutard.

Il ne paroît point qu'on ait fait aucune diligence pour la faire exécuter, et Coutard a toujours porté, depuis ce temps, l'habit de frère convers : il a été reconnu pour tel dans tout l'ordre de Saint-Dominique, sans qu'il paroisse que le monastère du Mans en ait rendu la moindre plainte à ses supérieurs.

Quoique cette sentence ne fût point signifiée, Coutard en fut averti; et, sur le bruit qui s'en répandit, il en interjeta d'abord appel comme d'abus, et c'est le premier appel qui ait saisi la cour.

On prétend même qu'on voulut lui persuader que cette sentence permettoit aux religieux du Mans de le faire enfermer dans un cachot.

Ce fait est douteux; mais, ce qu'il y a de certain, c'est que Coutard obtint un arrêt de la cour au mois d'octobre 1692, qui fait défenses d'attenter à sa personne.

Ces défenses ont été exécutées : Coutard a encore demeuré dans son ordre jusqu'en l'année 1694.

Il crut avoir besoin de l'autorité du pape pour assurer enfin son état.

Il obtint un rescrit de cour de Rome, dans lequel il ne fait aucune mention de la dernière sentence rendue au chapitre provincial. Il expose simplement celle que le frère Gaultier avoit rendue en 1683. Il demande au pape qu'il lui plaise de lui accorder des commissaires en France qui puissent faire exécuter ce jugement.

Le pape délègue le prieur du monastère du Mans, et l'official du diocèse, et les délègue conjointement.

Le prieur refuse d'accepter la commission.

L'official fit d'abord quelque difficulté de procéder seul à l'exécution du bref; mais, ayant été mieux instruit, dans la suite, des maximes qui regardent les délégations, il fit citer les religieux par-devant lui.

Les religieux se sont soumis à sa juridiction; ils ont procédé volontairement devant ce juge, et se sont uniquement renfermés dans la forme. Toute leur défense s'est réduite à soutenir que l'obreption et la subreption rendoient ce bref absolument nul.

Julien Coutard a soutenu, au contraire, qu'il n'avoit pas été obligé d'exprimer, dans sa supplique, une sentence qui ne lui avoit jamais été signifiée;

Et, entrant dans les moyens du fond, il a soutenu que la sentence de 1683 étoit très-juste en elle-même, puisqu'elle étoit absolument conforme aux statuts de l'ordre; mais d'ailleurs que le long espace de temps, le désistement de l'appel que les religieux en avoient interjeté, la possession tranquille dans laquelle il étoit demeuré de son état, l'avoient rendue inviolable.

Enfin, il a soutenu précisément que les religieux ne pouvoient, ni prouver que sa possession eût été interrompue par une protestation légitime, ni montrer que sa santé ait été attaquée depuis plus de dix années du mal fâcheux auquel on prétendoit qu'il étoit sujet.

L'official rend d'abord une sentence interlocutoire, par laquelle il ordonne, avant faire droit, que les religieux rapporteront les informations faites par le frère Basile, en 1683, et qui avoient été le principal motif de la sentence rendue par le frère Gaultier; il ordonne, en même temps, que les religieux prouveront que Coutard est atteint d'épilepsie, et cependant qu'il se retirera dans le couvent du Mans.

Les religieux du Mans en interjettent appel, par un simple acte, qu'ils qualifient comme d'abus.

Ils ne satisfont point à la sentence.

Et enfin, avant que l'appel comme d'abus fût relevé, l'official rend une sentence définitive, par laquelle, faute d'avoir satisfait à son premier jugement, il les déclare non-recevables à rejeter Julien Coutard de leur monastère : il ordonne néanmoins qu'ils pourront l'envoyer, si bon leur semble, dans une maison de l'étroite observance, pour y recommencer encore une année de noviciat; et, en cas qu'il ne fût pas jugé capable d'être admis aux vœux solennels, il pourra néanmoins demeurer en l'état où il est, dans le monastère du Mans; et si les religieux du Mans ne veulent pas le recevoir, la sentence ordonne qu'il se retirera dans telle maison religieuse que l'official voudra choisir, dans laquelle les religieux du Mans seront tenus de lui payer une pension de deux cents livres.

Telles sont les deux sentences dont l'appel comme d'abus fait la principale partie de cette cause.

Les religieux du Mans y ont joint encore deux autres appellations, pour détruire tous les fondemens du jugement rendu par l'official.

Ils attaquent d'abord, par la voie de l'appel comme d'abus, le bref ou le rescrit de cour de Rome, qui établit le pouvoir de l'official.

Ils renouvellent enfin l'ancien appel comme d'abus de la sentence rendue en 1683, par le frère Gaultier.

Ce sont ces quatre appellations comme d'abus, qui forment toute la cause des religieux du Mans.

Coutard, de son côté, est appelant comme d'abus d'une seule sentence; c'est celle qui a été rendue au chapitre provincial de 1692.

Voilà, MESSIEURS, quel est le véritable état de cette contestation, aussi étendue dans ses circonstances, qu'importante et difficile dans sa décision.

De la part de Julien Coutard, on vous a dit que cette cause est la suite des longues persécutions qu'il souffre depuis plus de seize années; persécutions capables d'ébranler et de renverser une vocation qui ne seroit pas aussi solidement éprouvée que la sienne;

Que, dans le malheur qu'il a d'être ainsi agité continuellement et troublé dans son état, il a du moins cette consolation que ses supérieurs majeurs se sont déclarés pour lui, que toutes les maisons de l'ordre de Saint-Dominique rendent des témoignages avantageux à ses mœurs, à sa piété, à son obéissance; et qu'enfin, dans le monastère du Mans, qui paroît seul s'élever contre lui, de quatorze religieux il y en a neuf qui protestent publiquement qu'ils ne s'opposent point à sa réception : il n'y en a que cinq qui veulent inutilement l'empêcher, puisqu'il a en sa faveur les statuts de son ordre.

Le jugement du provincial, exécuté et approuvé par ceux mêmes qui s'en plaignent aujourd'hui; une sentence de l'official commis par le pape;

Et enfin la longueur de la possession, dix-neuf années de peines et de chagrins, mais en même temps d'épreuves et de patience, qui le rendent digne d'être enfin admis à la profession solennelle à laquelle il aspire depuis si long-temps.

Sans remonter ici jusqu'aux dispositions canoniques qui autorisent les professions tacites, et qui veulent qu'après l'année de probation, un religieux qui porte l'habit des profès soit effectivement réputé profès, ne suffit-il pas, dans cette cause, d'opposer aux dominicains leurs propres constitutions, qu'ils ne peuvent ni ignorer ni combattre?

Completo autem anno probationis, si nulla facta sit protestatio, nec ipse exire, nec religio potest eum expellere (1).

Les auteurs (2) qui ont compilé les constitutions des dominicains, reçues et approuvées par les supérieurs, répètent partout la même chose.

Deux sortes de professions également approuvées chez les dominicains :

La profession expresse et la profession tacite.

Quand même tous les statuts manqueroient, la conduite des dominicains est une preuve invincible de cet usage.

Ils ont eux-mêmes eu recours à l'artifice pour supposer dans leur registre une protestation faite à Coutard, pour empêcher (ce sont leurs propres termes) *qu'il n'encourût la profession tacite.*

Ces principes de constitutions et des statuts, qui sont comme le droit canonique des dominicains, reçoivent une application entière au fait.

Coutard, reçu au noviciat, l'a fait au monastère du Mans, sans protestation, avant la sentence de 1683; s'il l'a interrompu pendant quelque temps, c'est pour faire des remèdes par l'autorité des supérieurs.

Mais, depuis la sentence, nouveau noviciat fait très-régulièrement à Quimperlay, qui répare même les défauts du premier, auquel on opposoit qu'il

(1) Dist. de Novit. Cap. 14.

(2) Festus, Martyr, Fontana.

n'avoit pas été fait dans une maison de l'étroite observance; s'il est vrai cependant que la loi qui impose cette nécessité, ait lieu pour les convers.

Après ce noviciat, nulle protestation : on le menace d'un appel comme d'abus de la sentence qui lui sert de titre : on s'en désiste aussitôt; il se passe non-seulement une année, mais six années entières jusqu'à la sentence du définitoire, sentence qu'il prétend très-abusive et incapable d'interrompre la possession de l'état.

Depuis cette sentence, quatre années encore de possession paisible. Voilà donc un droit de profession tacite acquis plusieurs fois à Coutard, et pour tout dire, en un mot, autant de fois qu'il s'est passé d'années sans protestation.

Qu'on ne lui oppose point que la profession tacite est inconnue dans nos mœurs, condamnée par l'ordonnance de Moulins.

1.° Nulle loi qui l'ait rejetée : on a exigé seulement une preuve par écrit; et peut-on en rapporter une plus forte que celle qui se tire de la sentence du provincial, qui déclare que la profession tacite est acquise; sentence lue, publiée et signifiée?

C'est donc mal à propos, après cela, que l'on veut toujours donner à Coutard le nom de profès tacite. Sa profession est devenue publique, authentique, solennelle.

2.° Si d'autres parties proposoient ce moyen, il pourroit être plus favorable; mais ce sont les dominicains qui viennent contre leurs propres statuts.

3.° Le temps de proposer ce moyen est passé. Le terme de cinq ans est réciproque pour le novice et pour la communauté.

4.° Si quelques arrêts ont admis à des successions nonobstant une profession tacite, c'est que ni le religieux, ni le monastère ne la soutenoient.

Mais d'autres arrêts l'ont autorisée.

L'arrêt de Claude Pain.

L'arrêt de la Noue.

Après cette explication des statuts, il est facile,

1.° d'établir les moyens d'abus contre la sentence du chapitre provincial de 1692.

2.° De répondre à ceux que l'on oppose aux jugemens rendus en faveur de Coutard.

Premièrement, l'abus de la sentence du provincial est évident.

1.° Le chapitre provincial doit être composé de quatre définiteurs. Il n'y en a eu que trois.

2.° Défaut de pouvoir d'infirmer ce qui avoit été fait par le frère Gaultier. *Par in parem non habet imperium.*

3.° Encore moins, de l'infirmer sans appel.

4.° Jugé contre les constitutions de l'ordre, autorisées par un arrêt de la cour, de 1543; et d'ailleurs les dominicains peuvent-ils eux-mêmes opposer que leurs statuts ne sont point homologués ?

5.° Les motifs de ce jugement ne sont point prouvés; au contraire, on appelle de la sentence rendue par l'official, qui permet de les prouver.

Mais, dit-on, Coutard a reconnu, dans sa requête au général, qu'il avoit eu des attaques d'épilepsie. Il n'est convenu que de cinq ou six accidens passagers, causés par la chaleur du feu, par les chagrins qu'il a éprouvés; mais il dit précisément, dans cette requête, que depuis sept ans il n'en a eu aucune atteinte.

Ainsi, sentence absolument abusive; d'ailleurs sentence qu'on n'a jamais signifiée.

En second lieu, point d'abus dans les titres du frère Coutard.

1.° Bref non subreptice, puisqu'il étoit inutile d'y expliquer une sentence qui n'avoit jamais été signifiée.

2.° Sentence de l'official très-juridique; elle ne juge que ce qui étoit déjà décidé par la sentence de 1683.

3.° La sentence de 1685, contre laquelle tendent les principaux efforts de ses parties, est hors d'atteinte :

1.° Par le long silence des dominicains, pendant neuf années entières.

2.° Ce silence, d'un côté, est joint avec la possession de l'autre.

3.° Désistement de l'appel comme d'abus.

4.° Au fond, sentence juste, conforme aux constitutions de l'ordre, fondée sur une information que les dominicains refusent de rapporter aujourd'hui, ce qui seul les condamne.

Dernière réflexion. Il ne s'agit point ici, par rapport à l'intérêt public, de confirmer une profession tacite.

Au contraire, la sentence du frère Gaultier, et celle de l'official, obligent à une profession solennelle.

Mais, par un tempérament plein d'équité, elles décident en faveur de la longue possession, que le monastère demeurera toujours chargé du frère, et qu'on ne le dépouillera point d'un habit qui lui est si précieux.

C'est à quoi tendent ses vœux dans cette cause : il ne désire que la liberté de souffrir, de servir, de vivre et mourir dans une servitude qui ne peut manquer d'être dure, s'il a le bonheur de gagner sa cause.

D'un autre côté, les religieux soutiennent deux propositions contraires à celles de Julien Coutard.

La première, qu'il n'y a point d'abus dans la sentence rendue contre lui par le chapitre provincial :

La seconde, qu'au contraire tous les titres sur lesquels Coutard établit sa prétention, sont remplis d'abus manifestes.

En un mot, que tous les moyens qu'il allègue ne sont qu'une suite d'illusions, aussi contraires aux maximes générales que vous suivez inviolablement dans ce qui regarde les professions religieuses, qu'aux constitutions particulières de l'ordre de Saint-Dominique.

Mais, avant que de vous proposer leurs moyens, pour justifier leurs titres, et pour combattre ceux de Julien Coutard, ils proposent deux réflexions générales.

Première réflexion. C'est une témérité inexcusable, de porter, dans le tribunal de la justice, des contestations qui doivent se terminer dans le cloître, et loin de l'agitation des affaires du monde.

Ici rien n'intéresse le public; il ne s'agit que d'une discipline intérieure d'un monastère.

Il suffit de dire qu'il est question d'une profession tacite, pour montrer que la contestation ne regarde point un état public, une qualité extérieure, un engagement autorisé dans le royaume.

Seconde réflexion. Les professions tacites ne sont point autorisées.

Inconnues aux anciens canons, tolérées dans la suite par la crainte d'un plus grand mal, elles ont enfin été rejetées, soit par les ordonnances de Moulins et de Blois, soit par les derniers conciles provinciaux tenus en France depuis le concile de Trente.

Toute profession qui n'est point publique, et dont la preuve ne peut se faire que par témoins, est rejetée, inconnue parmi nous. Les conséquences en seroient trop dangereuses.

Il est inutile de dire que l'ordre de Saint-Dominique les reconnoît.

Cela ne regarde, encore une fois, que l'intérieur du monastère, et ne peut jamais former une obligation civile, un engagement légal, un état politique.

Il en résulte une fin de non-recevoir invincible.

Julien Coutard ne demande à être confirmé dans son état qu'en vertu d'une profession tacite. Elle est tacite, et non reconnue publiquement. Donc il est non-recevable.

Après cela ils entrent dans l'examen des différens titres.

1.° Celui qu'ils soutiennent, c'est-à-dire, la sentence de 1692, est inviolable, et les moyens d'abus qu'on y oppose, sont téméraires.

D'abord il n'y a point de défaut de pouvoir, et ce défaut ne peut être opposé par plusieurs raisons.

Premièrement, quand il seroit vrai, ce seroit un moyen d'appel simple, et non d'appel comme d'abus.

Secondement, cette sentence est rendue en conséquence d'une commission du général, qui ne pouvoit juger lui-même, et qui, suivant nos libertés, devoit donner des juges demeurant en France.

Troisièmement, Coutard lui avoit présenté une requête, et a subi volontairement la juridiction du définitoire.

2.° Point de contravention aux statuts de l'ordre qui autorisent la profession tacite, parce que les conditions essentielles lui manquoient pour pouvoir, même aux termes de ces statuts, mériter le titre de profès tacite.

3.° Il n'est pas vrai qu'il y ait eu de l'obreption, et que la sentence du définitoire soit rendue sur un faux exposé, en ce que l'on a prétendu que Coutard avoit ressenti des attaques du mal caduc.

Rien de plus convaincant sur ce point, que la propre reconnoissance de Coutard, et dans le temps de la sentence rendue en 1683, et dans le temps de la sentence rendue par le définitoire, en 1692.

Enfin les titres qu'ils attaquent ne peuvent se soutenir, si celui de 1692 est un titre légitime.

Le premier et le plus considérable en faveur de Coutard, est la sentence rendue par le frère Gaultier, en l'anné 1683.

C'est celui qui sert de fondement à tous les autres.

Et, s'il est une fois détruit, sa ruine entraîne avec soi celle de tous les titres postérieurs, que Coutard allègue inutilement pour soutenir ses prétentions.

Or, combien de moyens d'abus s'offrent en foule pour détruire ce jugement, ouvrage de la brigue et du crédit de Julien Coutard?

Premier moyen d'abus. Contravention au droit commun du royaume, et même aux constitutions particulières des dominicains.

Que l'on confonde, tant qu'on voudra, la profession tacite, avec la profession expresse; pour acquérir l'une ou l'autre, ne faut-il pas, selon le droit commun, et selon les statuts de l'ordre, avoir fait une année entière de probation?

Cependant Coutard ne l'avoit point faite. Il convient que son noviciat avoit été interrompu. Donc le droit commun et le droit particulier sont contre lui, et contre la sentence qu'il a surprise.

Second moyen d'abus. Julien Coutard, atteint du mal caduc, incapable par conséquent d'être admis à la profession, et par les canons, et par les constitutions des ordres religieux, a cependant été confirmé dans son état par cette sentence.

Troisième moyen d'abus. Par les constitutions, le pouvoir d'exclure les religieux, suivant le titre de *gravissimâ culpâ* n'appartient qu'au général par l'ancien droit canonique des dominicains, et qu'au provincial, dans le chapitre de la province, suivant le nouveau droit. Donc le provincial seul étoit incompétent.

Quatrième moyen d'abus. Enfin, quand même la profession tacite auroit pu être autorisée par ce jugement, il falloit, pour cela, obliger Coutard à satisfaire à quatre conditions également nécessaires pour acquérir ce droit.

Première condition. Que le novice ait été examiné avant que d'être reçu.

Deuxième condition. Qu'on assemble la communauté après le noviciat, pour délibérer si le novice sera admis ou non.

Troisième condition. Qu'on lui prescrive un délai de trois mois.

Quatrième condition. Que le noviciat ait été fait dans une maison de l'étroite observance, suivant la bulle d'Urbain VIII enregistrée en la cour sur lettres patentes.

Toutes ces conditions manquent également à Julien Coutard. Donc on n'a pu, même suivant les statuts, lui accorder le titre de profès tacite.

Le second titre que Coutard allègue n'est pas moins abusif.

C'est le bref de cour de Rome.

Bref abusif, puisqu'il confirme une sentence aussi abusive que celle de 1683.

Bref abusif, puisqu'il est obtenu par subreption, faute d'avoir exprimé la sentence du chapitre provincial.

Le troisième titre est également abusif. Il est fondé sur les sentences de l'official.

Sentences abusives, parce qu'elles confirment les précédens titres, qui sont abusifs.

Abusives, parce que l'official ne pouvoit exercer seul la commission, qui ne lui étoit accordée que conjointement avec le prieur du monastère du Mans.

Abusives enfin, parce que l'official s'est fondé sur un fait faux, qui est que Coutard n'avoit eu aucune connoissance de la sentence rendue au chapitre provincial.

Quant a nous, pour nous renfermer dans ce qui fait la véritable difficulté de cette cause aussi importante dans sa décision, qu'étendue dans son explication, il est nécessaire de distinguer d'abord les différens chefs sur lesquels il s'agit de prononcer.

Plusieurs appellations comme d'abus, respectives, sont le sujet de cette contestation.

D'un côté, un seul appel interjeté par Julien Coutard, de la sentence rendue au chapitre provincial, en 1692.

De l'autre, quatre appellations différentes de la part des religieux :

De la sentence de 1683;

Du bref de 1694;

De la sentence préparatoire rendue par l'official, et de la sentence définitive du même juge, en 1695.

Toutes ces appellations ne forment que deux chefs principaux, ou plutôt elles se réduisent à deux points essentiels :

Le premier consite à examiner ce que c'est que la profession tacite, quelle est son autorité, quels sont ses effets, et si Julien Coutard est en état de se les appliquer, soit par rapport au droit commun, soit par rapport aux constitutions particulières de son ordre.

Le second point est de savoir quels sont les effets de l'épilepsie par rapport à la dissolution des engagemens contractés entre les religieux et le monastère, si elle rompt absolument, ou si, au contraire, elle ne peut altérer l'obligation réciproque des vœux; et cette question, comme la première, se renferme aussi dans le fait, à examiner s'il y a quelque preuve certaine et incontestable, que Coutard soit sujet à un mal si fâcheux.

C'est à ces objets que l'on peut rapporter tous les moyens d'abus qui vous ont été proposés.

Ils ne regardent que ces deux questions, dans le fond et dans la forme; on y a joint encore d'autres observations sur le pouvoir de ceux qui ont rendu les jugemens dont on se plaint. C'est à quoi se réduit toute cette cause.

Avant que de considérer ces questions par rapport au fait particulier de la contestation, permettez-nous de reprendre les principes généraux par lesquels nous croyons qu'elle doit être décidée.

Après les avoir établis, nous en ferons ensuite l'application à l'espèce singulière de la cause.

Nous avouerons d'abord, sans peine, que nous souhaiterions avoir devant les yeux quelque préjugé certain, tiré de l'autorité de vos arrêts, qui pût nous servir de guide dans une matière dans laquelle il est si facile, et en même temps si dangereux, de s'égarer.

Ce secours nous manque absolument dans cette affaire, dont l'espèce est si nouvelle, que nous ne pouvons trouver ni exemple ni autorité qui assure nos pas ; et, obligés à nous déterminer par nous-mêmes, nous ne croyons pas pouvoir suivre une route plus sûre que de nous attacher aux maximes et aux grands principes que nous trouvons établis, et dans les saints décrets et dans les ordonnances. C'est dans ces sources que nous devons puiser les règles, qui peuvent former la décision que le public attend de vous en ce jour.

La première question que nous avons à examiner, est celle qui regarde la profession tacite : c'est ainsi que l'on appelle l'engagement d'un homme qui, sans avoir fait une profession expresse, a néanmoins porté l'habit de profès, vécu comme un profès, observé la règle des profès.

Nous ne nous engagerons point dans de longues dissertations sur une matière aussi vaste que celle des vœux et de la profession religieuse.

Nous serions infinis si nous voulions tout embrasser. Contentons-nous de choisir, et parcourons, en très-peu de temps, les commencemens et la suite de la discipline de l'église à cet égard.

Dans la première ferveur de l'établissement des monastères, dans ces temps où ils n'avoient besoin ni de règle ni de supérieur, on ne cherchoit point à prendre des précautions contre l'inconstance, on ignoroit la distinction du vœu simple et du vœu solennel, de la profession expresse et de la profession tacite :

On négligeoit l'extérieur pour s'attacher uniquement à l'intérieur, on regardoit ces sortes d'engagemens beaucoup plus du côté de Dieu, que de celui des hommes, et l'on ne croyoit pas qu'une cérémonie extérieure pût resserrer plus étroitement les nœuds qu'un solitaire contractoit avec Dieu même.

Le relâchement passa dans les déserts, comme il étoit déjà entré dans l'église. On reconnut bientôt qu'il falloit fixer l'inconstance naturelle aux hommes, par des engagemens extérieurs; l'on considéra que ces sortes de cérémonies avoient deux utilités également essentielles :

L'une, de rendre les hommes plus attentifs aux suites et aux conséquences du vœu qu'ils faisoient :

L'autre, de donner une voie sûre, par laquelle on pût les convaincre de leur infidélité.

Ainsi, soit pour ajouter à ces engagemens un nouveau degré de réflexion et de prévoyance, soit pour avoir une preuve qui pût servir de conviction certaine du crime que commettroient ceux qui tomberoient dans l'apostasie; en un mot, pour assurer l'état des hommes dans la plus sainte de toutes les professions, les plus grands législateurs des ordres monastiques, s'appliquèrent à donner aux vœux ce caractère de solennité qui leur manquoit.

Saint Basile, patriarche des moines de l'Orient, désira le premier cet établissement salutaire. Il marque, dans les canons 18 et 19 de sa lettre à Amphiloque, qu'il étoit à souhaiter que l'on n'admît point, ni témérairement, ni en secret, les professions des vierges qui se consacroient à Dieu et qu'on ne les reçût qu'après les avoir éprouvées pendant un certain temps, et inscrit leur nom dans un registre public.

Dans le canon suivant, il désire que l'on fasse un pareil réglement pour les hommes, et que leur profession soit publique, certaine, apparente.

Les empereurs paroissent avoir concouru avec les fondateurs d'ordre dans ces pieuses intentions, et l'on peut remarquer que la Nov. 5 de l'empereur Justinien (chap. 2.), défend aux religieux de donner d'abord l'habit aux novices qui se présentent; il veut que l'on exige d'eux trois ans d'épreuve continuelle; et qu'enfin, après cette longue expérience, on leur donne l'habit du monastère dans lequel ils sont entrés; cérémonie qui tenoit lieu d'une profession solennelle, et qui, comme elle, étoit un frein capable de réprimer la légèreté des novices, et de leur rappeler sans cesse la mémoire de leurs premiers engagemens.

Le plus ancien et le plus vénérable des fondateurs d'ordres monastiques en Occident, le grand Saint

Benoît, entra dans le même esprit; et l'on observera que ce fut lui qui imposa le premier la nécessité de faire une profession, non-seulement expresse, mais par écrit, qui devoit être déposée sur l'autel dans la cérémonie de la profession, et être ensuite conservée exactement dans le monastère.

Saint Isidore de Séville suivit les mêmes principes dans sa règle.

Tous les conciles autorisèrent les réglemens particuliers de ces saints; ils établirent si nettement cette maxime dans l'église, que l'on ne doute plus de la nécessité d'une profession solennelle.

Les uns, comme celui d'Orléans, en 549, et beaucoup d'autres du même temps, veulent que les habits des novices ne soient pas les mêmes que ceux des profès, et ils établissent le changement d'habit comme la marque et le sceau d'une profession publique et solennelle.

D'autres, comme le IV.e concile de Tolède, tenu vers l'an 356, qui a été inséré en partie dans la compilation de Gratien, s'attachent exactement à ce qui étoit porté par la règle de Saint Benoît, et exigent non-seulement une profession expresse, mais une profession écrite.

Cet usage fut reçu universellement en France.

Nous en trouvons encore des monumens précieux et authentiques dans les formules qu'un savant homme (1) a fait imprimer de nos jours à la fin de l'édition des capitulaires de nos rois.

L'on y remarque que tous les actes qui regardoient la cérémonie de la profession, avoient une formule certaine; la demande pour être admis à faire profession; la réponse du supérieur; l'oblation du religieux, par laquelle il consommoit son sacrifice.

Ces sages réglemens ont reçu quelques atteintes dans la suite de la discipline. L'on a commencé en

(1) Baluze, *Capitularia Regum Francorum*, tom. II. *Nova collectio formularum*, num. 32, 33, 34, 35, pag. 574, 575, 576, 577.

beaucoup de lieux à mépriser l'exécution des canons, qui défendoient de donner l'habit des profès aux simples novices. On a négligé ensuite d'exiger d'eux une profession plus expresse.

Il est arrivé de là, que plusieurs moines infidèles à leurs vœux, ont cherché à colorer leur infidélité et leur apostasie du défaut de preuve de leur profession, et c'est ce qui a obligé quelques conciles, et ensuite un grand nombre de papes à autoriser la profession tacite, et à regarder la simple vêture de l'habit, après l'année de probation, comme une preuve de l'acquiescement donné par un religieux à son état.

Le temps dans lequel cet usage s'est établi, est assez incertain.

On en trouve quelques preuves dès le VIII.e siècle, dans un concile tenu à Fréjus, ou tout au moins dès le IX.e dans un concile de Worms.

Quoiqu'il en soit, il est certain que cet usage étoit tout à fait établi dans le XII.e siècle; cela paroît par les décrétales du titre de *Regular. et transeuntibus ad Relig.* (1) qui en contiennent plusieurs décisions formelles.

Il y en a d'autres dans le Recueil de Boniface VIII. Enfin il y a un texte précis et authentique, tiré du concile de Vienne, dans la Clémentine *Eos qui. De Regularibus* (2).

Mais, quoique les décrétales des papes aient souffert ces sortes de professions, on peut dire que l'église les toléroit plutôt qu'elle ne les approuvoit.

Cet esprit de l'église paroît,

1.° Par le concile de Londres, tenu en 1268, dans lequel on voit que l'on impose aux supérieurs qui n'obligent pas les novices à faire profession immédiatement après l'année de probation, des punitions sévères, telles que des jeûnes au pain et à

(1) Decretal. lib. 3, tit. 31, cap. 22, 23.

(2) Clementin. lib. 3, tit. 9, cap. 2.

l'eau certains jours de la semaine, ou d'autres semblables.

2.° Par le chapitre *Nullus*, dans le sexte *de Elect. et electi potest.* (1) que nous ne citons ici que comme la preuve d'un fait, et non comme une autorité, l'on exclut perpétuellement de toutes les fonctions et dignités d'un ordre, ceux qui n'ont point fait profession expresse, et la Clémentine *Ne in agro. De Statu Monachor.* (2) contient une semblable disposition.

3.° Par le concile de Trente, qui oblige expressément les supérieurs à renvoyer les novices, après l'an de noviciat, ou à leur faire faire profession.

4.° Enfin, par les conciles provinciaux tenus à Tours et à Bourges depuis le concile de Trente, qui obligent tous les religieux à tenir des registres dans lesquels les professions soient écrites.

Trois conséquences à tirer de ce progrès de droit.

La première, qu'anciennement les professions tacites ont été réprouvées.

La seconde, que dans la suite on les a tolérées, mais en les regardant comme très-peu favorables.

La troisième enfin, que l'esprit de la discipline présente paroît leur être entièrement opposé.

Si nous passons du droit canonique commun, au droit particulier des jacobins,

Leurs constitutions sont rapportées.

Le recueil en a été fait par l'ordre de leurs généraux, imprimé d'abord en 1515, ensuite en 1564, et enfin en 1606. On y ajoute les déclarations des chapitres généraux sur les points importans;

Et il est constant, par plusieurs textes, qu'ils reconnoissent deux sortes de professions, l'une expresse, l'autre tacite.

La première, établie dans le chap. 14, *de Novitiis*,

(1) Sext. decret. lib. 1, tit. 6, cap. 28.

(2) Clement. lib. 3, tit. 10, cap. 1.

où il est dit qu'après le terme prescrit pour le novicat : *Ex tunc incurritus Professio tacita.*

Un autre endroit du même chapitre porte que, *Nisi ab ipso vel à Religione contradictum fuerit, incurrit professionem, etiam si aliter non profiteatur.*

Que si l'on demande une nouvelle preuve de cet usage, outre qu'il est encore attesté par Martyr, par Festus (livre imprimé avec l'approbation des supérieurs), et par Fontana, auteur d'un Recueil des constitutions capitulaires, dont le livre est approuvé par le général de l'ordre, il y en a encore une preuve incontestable dans la cause même; c'est le fait allégué par les dominicains contre Julien Coutard, qu'on a fait une protestation, pour empêcher qu'il n'acquît le droit de profession tacite.

Après avoir expliqué le droit canonique, et l'usage des dominicains, il ne nous reste plus qu'à marquer en très-peu de mots les maximes de notre jurisprudence sur ce point.

Si nous consultons nos ordonnances,

Celle de Moulins et les déclarations faites en conséquence, et enfin la dernière ordonnance de 1667, condamnent indirectement la profession tacite, en excluant toute preuve par témoins.

Si nous nous attachons à vos arrêts,

Nous trouverons qu'il n'y en a aucun qui ait formellement jugé cette question par rapport à l'état religieux.

Pour les expliquer, observons que l'on peut considérer deux choses dans les religieux.

1.° L'abdication générale de tous les effets civils, la renonciation aux successions, la privation de toute communication des droits établis en faveur des séculiers.

2.° La qualité de ce même religieux par rapport à l'intérieur du monastère, par rapport à son état en soi, indépendamment des relations qu'il peut avoir avec ses concitoyens.

Nous trouvons sur le premier point deux sortes d'arrêts :

Les uns, comme celui de 1588, rapporté par Choppin ; celui de Christine de Hare, dans le Journal des audiences, et plusieurs autres semblables, ont admis aux successions des personnes qui avoient passé une grande partie de leur vie dans un monastère, en habit de profès, parce qu'ils en avoient quitté l'habit, parce qu'ils ne paroissoient point avoir eu intention de le porter toujours.

Les autres au contraire, comme celui de Marsillac, rapporté par Choppin, celui de Claude Pain, et celui de la Noue, ermite, les ont déclarés incapables ;

Soit par le long temps, et le trouble que cela apporteroit dans les familles ;

Soit parce qu'ils portoient actuellement l'habit de religieux dans le temps de leur demande ;

Soit enfin parce qu'on les avoit ordonnés prêtres à titre de pauvreté, en qualité de religieux.

Pour ce qui est du second point, c'est-à-dire de la qualité de religieux en soi, et uniquement par rapport à son état positif, nous ne trouvons point de préjugé précis.

Nos auteurs, tels que Choppin, Coquille, Bouguier, et d'autres, disent que la cour ne reconnoît point de profession tacite.

Les raisons en sont évidentes.

1.° Les professions tacites sont contraires aux anciens canons ;

2.° Contraires indirectement à l'ordonnance de Blois ;

3.° Contraires au bien public.

4.° Capables de rendre les vocations douteuses et l'état des familles incertain ;

Quelque convaincus que nous soyions de ces maximes, nous croyons néanmoins qu'elles peuvent être entendues *cum aliquo benignitatis temporamento.*

L'intérêt public, il est vrai, doit faire rejeter ces sortes de professions;

Mais aussi le même intérêt public ne demande-t-il pas qu'une communauté qui a reçu un homme, qui lui a donné l'habit de sa religion, qui l'a obligé de passer par l'épreuve d'une année de noviciat, puisse être contrainte, non pas à le regarder comme un profès véritable, mais à lui accorder la grâce d'une profession solennelle?

Sera-t-il juste qu'il ait essuyé toutes les rigueurs du noviciat, qu'il ait eu la persévérance d'aller jusqu'à la fin de ce terme, et qu'ensuite, après avoir demeuré dans un ordre sur la foi des constitutions qui lui accordent une profession tacite, il puisse en être exclu, sans aucune raison qui ait précédé ou accompagné son noviciat, par un pur caprice, et par le seul changement de volonté de la part des supérieurs?

Vous voyez, MESSIEURS, que cela résiste à l'équité naturelle. Ce n'est pas tout encore, cela résiste précisément à toutes les dispositions canoniques.

Nous ne parlons point de celles qui autorisent la profession tacite; nous parlons des plus sévères, et de celles qui exigent le plus fortement une profession expresse.

Nous vous avons déjà cité le canon du concile de Londres, qui impose de sévères pénitences au supérieur, jusqu'à ce qu'il ait reçu le novice qui a accompli son temps.

Le concile de Trente veut qu'aussitôt après l'année finie, on renvoie le novice, ou qu'on le reçoive: si on ne le renvoie pas, il est admis pour être reçu.

Nous n'avons rien de contraire à ce tempérament dans notre jurisprudence.

On n'autorise point par là les professions tacites; au contraire on les détruit, puisqu'on oblige les supérieurs à renvoyer leurs religieux après l'année, ou à les admettre à la profession solennelle.

La seule objection est que l'engagement doit être réciproque; et, comme le monastère ne pourroit contraindre le religieux, il ne peut aussi forcer le monastère à le recevoir.

Mais il y a une grande raison de différence entre le monastère et le religieux.

L'un ne sacrifie qu'une part dans sa société : tout ce qu'il fait en faveur de celui qu'il reçoit, se réduit à admettre un associé, un compagnon de ses jeûnes, de ses exercices, de ses travaux.

L'autre sacrifie ses biens, sa fortune, sa liberté, et souvent sa vie même.

Enfin, nous craindrions de vous proposer ce tempérament, si nous en étions les auteurs; mais nous ne vous le proposons qu'après M. Charles Dumoulin.

Ce docteur, dans sa note sur la Clémentine *Eos qui*, distingue le monastère du novice.

Il établit que toute profession tacite *est odiosa, est strictè interpretanda, respectu ipsius ingressi.*

Mais par rapport à la communauté, il veut que la maxime du droit canonique puisse être exécutée.

Transeat, dit cet auteur, *respectu eorum qui permittunt habitum indistinctum, ut non possint expellere quem sic admiserunt.*

A l'égard du novice, il exige bien plus de conditions; il veut que la chose soit presque impossible.

Pour réduire, en un mot, toutes ces réflexions, il y a trois partis à prendre sur cette matière :

Ou d'admettre indistinctement la profession tacite, suivant l'usage de Rome;

Ou de la rejeter absolument, suivant l'avis de quelques-uns de nos docteurs;

Ou d'adopter le tempérament qui consiste à la rejeter, à la vérité, mais avec cette modification que lorsque les constitutions de l'ordre l'autorisent, le novice puisse obliger le monastère qui l'a souffert long-temps après le noviciat en habit de profès, à lui accorder la grâce d'une profession solennelle;

Ou du moins que le monastère ne puisse le renvoyer absolument, et qu'il soit obligé de le souffrir toujours, pour le punir de l'avoir souffert trop long-temps.

Reprenons les principes que nous avons établis sur la première question de cette cause.

La profession tacite est contraire à la pureté des canons, tolérée plutôt qu'approuvée, presqu'entièrement abolie aujourd'hui.

La profession tacite est autorisée par les constitutions des dominicains.

La profession tacite n'est pas reçue dans nos mœurs suivant les ordonnances, les arrêts et les docteurs; mais il y a cependant des exceptions.

1.° Pour les successions, si certaines circonstances concourent à en exclure celui qui a vécu long-temps dans un monastère en habit de profès.

2.° Pour l'obligation imposée au monastère d'admettre à la profession, celui qu'il a laissé porter l'habit de profès après le noviciat, ou de le souffrir dans l'état où il est.

SECONDE QUESTION.

Examinons à présent si l'épilepsie est une cause suffisante pour résoudre les engagemens formés avec un monastère.

C'est le second point de la cause, sur lequel nous nous bornerons à quelques réflexions générales.

1.° Plusieurs textes du droit canonique défendent d'élever aux dignités ceux qui sont sujets à l'épilepsie, mais ne veulent point qu'on leur ôte celles qu'ils ont acquises, avant que d'en avoir été attaqués; c'est ce que l'on voit dans les décrétales, tit. *de Elect.* chap. 21, et dans le décret de Gratien, *Dist.* 33, *can.* 3, *caus.* 7, *quest.* 2, *cap.* 1, *Glossa ad caus.* 7, *quest.* 1, *can.* 1.

2.° Nul texte cité par les dominicains dans leurs constitutions, qui parle de ce mal.

3.° Vos arrêts ont distingué:

Si ce mal a été caché par quelque remède pendant le temps du noviciat, alors ce seroit une raison pour exclure celui qui y est sujet.

S'il est survenu depuis, il en seroit autrement

dans ce cas, comme il a été jugé pour un minime en 1625.

Mais ce second point est peu important pour la décision de la cause, parce qu'elle se réduit sur ce sujet, à savoir si le fait est suffisamment établi.

PASSONS à la seconde partie de la cause; et, après vous avoir proposé nos observations sur les questions de droit, entrons dans l'examen des circonstances du fait, en nous attachant aux deux objets sur lesquels vous avez aujourd'hui à prononcer :

L'appel comme d'abus de Coutard ;

Les appels comme d'abus des religieux.

Sur l'appel comme d'abus de Coutard, ses moyens nous paroissent indubitables.

1.° Point de pouvoir dans le chapitre provincial.

2.° Abus de ce pouvoir.

3.° Soupçon légitime sur le fond même du jugement.

A l'égard du premier moyen, trois sortes de défauts de pouvoir.

1.° Le provincial a décidé avec trois définiteurs seulement.

Si ce moyen étoit seul, il seroit douteux, parce qu'il ne paroît point dans les constitutions des dominicains, que tout ce qui sera fait sans la présence de quatre définiteurs, sera nul.

Cependant on peut remarquer,

Premièrement, que le pouvoir de chapitre provincial réside aux termes des constitutions, dans le provincial et les quatre définiteurs :

Secondement, qu'il est dit dans un article des constitutions, que si les quatre définiteurs sont partagés, l'avis du provincial décidera. Donc on suppose qu'ils doivent toujours y assister.

Il résulte de là, que si ce n'est pas un moyen indubitable, c'est toujours une raison de suspicion contre la sentence.

Second défaut de pouvoir. Nulle commission du général.

Ils agissent en qualité de commissaires ; ils énoncent même la commission.

Mais, 1.° ils ne la datent point.

2.° Ils ne la rapportent point, pas même encore aujourd'hui.

Nul défaut plus grand que celui-là.

Troisième défaut de pouvoir, qui est la suite du second.

Ils corrigent le jugement du provincial par un jugement contraire qui n'a pas plus d'autorité : or, pour réformer un jugement, il faut une autorité supérieure à celle dont il est émané ; et l'égal n'a point d'empire sur son égal, suivant cette maxime connue qu'on vous a rappelée avec raison, *par in parem non habet imperium.*

Second moyen ; abus de ce pouvoir.

Quand même ils auroient eu un pouvoir supérieur à celui du provincial, pouvoient-ils infirmer son jugement sans appel?

Troisième et dernier moyen ; soupçon très-légitime contre le jugement en lui-même.

Ils n'ordonnent point que l'on rapportera les informations faites dans le temps de la sentence du provincial, et sur lesquelles elle est intervenue.

2.° Ils ne demandent aucune preuve du fait sur lequel ils se fondent, c'est-à-dire, du mal épileptique. Cependant il étoit nécessaire de savoir,

1.° Si Coutard y étoit effectivement sujet ;

2.° S'il ne l'étoit que depuis son noviciat.

Nulle enquête, nul témoignage, nulles dépositions de médecins sur ces deux faits.

3.° Ils rendent une raison absurde de leur jugement : ils disent qu'ils ont vu des témoignages rapportés par Coutard, de ses vie et mœurs dans les lieux où il a demeuré, mais que cela ne prouve point qu'il ne fût pas sujet à ressentir ce mal, et qu'il ne puisse y retomber encore : cette réflexion ne peut tenir lieu de preuves, et ils n'en rapportent pas.

Qu'oppose-t-on à tous ces moyens?

Que Coutard s'est soumis à ce tribunal.

1.° On ne rapporte, pour le prouver, qu'une lettre qu'il a écrite au général. Mais paroît-il que le général ait donné une commission en conséquence. C'est ce qu'on ne voit point.

2.° On énonce une requête de Coutard qui n'est point datée, qui n'est point même représentée aujourd'hui; cependant on a conservé précieusement la lettre qu'il a écrite au général, et on n'auroit pas conservé une requête?

3.° Son consentement est pour être jugé par des commissaires du général. Avoient-ils cette qualité?

4.° Enfin, cela l'empêche-t-il de relever les abus de leur jugement?

Ajoutons une dernière réflexion sur cette sentence.

On ne l'a jamais signifiée, jamais lue et publiée, jamais osé l'exécuter.

Venons aux appels comme d'abus des religieux.

Tous leurs moyens regardent principalement la sentence rendue en faveur de Coutard par le provincial en 1683; et c'est par rapport à ces moyens que nous ferons l'application des principes que nous avons établis.

L'appel comme d'abus de cette sentence présente deux questions.

1.° Ceux qui interjettent cet appel sont-ils recevables?

2.° Les moyens d'abus sont-ils dignes d'être écoutés?

Pour décider s'ils sont recevables, reprenons les circonstances du fait.

Un premier appel comme d'abus interjeté par eux en 1685.

Désistement pur et simple en 1688.

Ils ne se réservoient que le jugement du général.

Tout ce qui a suivi a fortifié le désistement.

1.° La possession de quatre années, sans trouble, avant la sentence de 1692.

2.° Les approbations que Coutard a reçues partout, dans son ordre, depuis ce temps-là.

3.° Enfin, l'incertitude de savoir si même à présent

la plus grande partie des religieux est pour ou contre Coutard.

Il y a sur ce fait deux certificats contraires; l'un de vingt, l'autre de neuf religieux.

Mais, depuis ce temps-là, dans la dernière procuration, il paroît qu'il n'y a plus que cinq religieux opposés à Coutard.

Quels sont leurs moyens d'abus ?

Premier moyen. Point de pouvoir dans le provincial de chasser un religieux; donc il n'en avoit point pour le maintenir.

Il paroît d'abord que les constitutions de leur ordre sont ici mal appliquées.

Il y a bien de la différence entre punir un crime, et juger de l'état d'un religieux; entre prononcer une condamnation, et décider s'il sera admis ou non à la profession.

Les constitutions parlent du premier cas. La sentence est rendue dans le second.

D'ailleurs on peut opposer aux dominicains, comme ils le font à Julien Coutard, leur reconnoissance; ils ont procédé volontairement devant le provincial.

Second moyen d'abus. Contravention aux lois du royaume qui rejettent les professions tacites.

1.° Ce moyen est peu favorable dans la bouche des dominicains, qui les admettent suivant leurs constitutions.

2.° La sentence n'autorise point une profession tacite. Elle veut au contraire que Coutard en fasse une solennelle; elle le renvoie même pour cela dans une maison de l'étroite observance pour y faire un nouveau noviciat; et néanmoins par des raisons d'équité, elle veut que Coutard ne puisse plus être renvoyé, mais qu'on lui laisse son habit en cas même qu'il ne fût pas admis à la profession.

Premièrement, cela s'accorde parfaitement avec les maximes que nous avons établies. Ce n'est point autoriser une profession tacite; c'est seulement obliger à admettre Coutard aux vœux solennels, s'il est trouvé capable, ou tout au moins obliger la maison à le garder.

Secondement, quand même le provincial auroit mal jugé en ce point, seroit-ce un moyen d'abus? Un supérieur, par des considérations de prudence et d'équité, juge qu'un frère demeurera dans une maison où il désire de rester; s'il se trompe, il ne fait rien qui blesse les lois de l'Etat. Et ne peut-on pas dire à des religieux, qui viennent attaquer sa décision par la voie de l'appel comme d'abus, renfermez vos plaintes dans le sein de votre ordre, n'importunez point, pour un pareil sujet, les tribunaux de la justice.

Troisième moyen d'abus. Contravention aux statuts particuliers de l'ordre, touchant les conditions de la profession tacite.

1.° Ce n'est pas un moyen d'abus; ces statuts n'ont point été homologués.

2.° Est-il vrai que Coutard n'eût point fait un noviciat capable de l'engager à l'ordre?

Cette discussion peut paroître inutile, puisque le provincial n'a point jugé qu'il fût profès tacite. Et d'ailleurs, que dit-on aujourd'hui contre ce noviciat, et quelles sont les conditions prescrites par les constitutions?

Elles veulent, 1.° qu'on examine ceux qui y seront admis.

Mais, puisque Coutard l'a été, c'est une preuve qu'il a été examiné.

2.° Que la communauté délibère sur l'admission à la profession.

Mais la sentence ordonne-t-elle qu'on l'admette sans cette délibération?

3.° Qu'il faut donner un terme de trois mois après l'an de noviciat expiré.

Mais ce délai n'a lieu par les constitutions, que par rapport à ceux qui ont été reçus avant l'âge porté par le concile de Trente.

4.° Que le noviciat ait été fait dans une maison de l'étroite observance.

C'est précisément ce que le provincial ordonne.

Quatrième moyen d'abus. Coutard est, dit-on, convaincu de tomber du mal caduc.

1.° L'erreur sur ce fait seroit-elle un moyen d'abus?

2.° Le provincial donne encore une année de temps pour l'éprouver.

3.° Quelle preuve rapporte-t-on pour justifier qu'il étoit attaqué du mal caduc?

Ni certificat de médecins, ni déposition de témoins.

On se fonde uniquement sur la reconnoissance de Coutard, qui convient que ce malheur lui étoit arrivé cinq ou six fois.

Le provincial a jugé que cela n'étoit pas assez considérable pour prouver une maladie habituelle et durable.

Où peut être l'abus dans ce jugement?

A quoi donc se réduit sa sentence?

A permettre à Coutard un noviciat et une profession solennelle;

A ordonner que la maison en sera toujours chargée.

Quels sont les motifs de cette dernière disposition?

1.° Le long temps qui s'étoit écoulé depuis le 7 mars 1678 jusqu'en 1683, ce qui forme près de cinq années.

2.° Nulle protestation contre son noviciat : celle qui est rapportée est très-suspecte, elle n'a été remise dans le registre que neuf ans après.

3.° Depuis cette protestation prétendue, silence de plus d'une année. La faveur que méritoient ces circonstances, la commisération, quelque retour aussi aux constitutions de l'ordre, qui veulent que la communauté soit engagée; voilà quelles sont les raisons qui ont touché le provincial.

Après cette explication, qui fait tomber les moyens d'abus contre la sentence du provincial, il est facile de réfuter ceux que l'on propose contre le bref et les sentences de l'official.

Sur l'appel d'abus du bref.

1.° Il n'est point abusif : car il ne peut y avoir d'abus à confirmer une sentence qui n'a rien que de juridique, telle que celle de 1683 ; encore même ne la confirme-t-il pas : il commet seulement pour l'exécuter en connoissance de cause.

2.° Il n'est point obreptice. Falloit-il que Coutard exposât une sentence qui, d'un côté, étoit aussi nulle en elle-même que celle du chapitre provincial, et qui, d'un autre côté, n'étoit point signifiée ?

Il est inutile de dire qu'il l'a connue, puisqu'il en a interjeté appel comme d'abus.

Il marque lui-même qu'il n'a eu recours à cette voie que sur un simple avis. On lui fait craindre que ce ne soit un titre pour le mettre en prison ; et c'est pour cela qu'il obtient un arrêt qui défend d'attenter à sa personne.

Sur l'appel comme d'abus des sentences de l'official.

1.° L'official a eu raison d'exécuter seul le bref, puisque le prieur refusoit d'y concourir.

2.° Les dominicains ont procédé volontairement devant lui.

3.° Où est l'abus dans ses sentences ? Il ne fait qu'ordonner l'exécution de celle du frère Gaultier.

Finissons par la comparaison des qualités des parties, et de leurs démarches dans le temps qu'il a jugé.

D'un côté, les religieux qui n'interjettent point appel de la sentence rendue par le frère Gaultier, et attaquent celle dont elle est le fondement ;

Qui ne veulent point déférer à une sentence qui permet qu'ils fassent preuve du fait d'épilepsie, et veulent soutenir ce fait sans le prouver ;

Qui refusent même de représenter les informations faites du temps du jugement du frère Gaultier ;

Qui n'allèguent enfin aucune raison d'exclusion de Julien Coutard ;

De l'autre côté, Julien Coutard paroît avec les titres les plus favorables.

Il a pour lui une sentence dont il n'y a point d'appel, une sentence exécutée.

Il n'a contre lui qu'une sentence non signifiée.

Il a fini un premier noviciat, interrompu, à la vérité, par ses infirmités, mais qui ne l'ont point empêché de demeurer dans la maison; et, depuis la sentence, il a fait encore un noviciat dans une maison de l'étroite observance.

Il a toujours demeuré dans l'ordre paisiblement, depuis 1683 jusqu'en 1692; ce qui fait neuf années entières.

Il a des certificats avantageux de toutes les maisons où il a demeuré; certificats de santé, de piété, de régularité, d'assiduité, de propreté auprès des malades; le certificat de neuf religieux; un autre de dix-neuf qui le réclament.

En cet état, quoi de plus juste et de plus naturel que ce qu'ordonne l'official?

Loin de le décharger de l'obligation de faire une profession solennelle, il lui impose un nouveau noviciat: il permet même aux jacobins de l'exclure de la profession dans ce second noviciat.

Mais, en même temps, il juge que dix-sept années de persévérance sont des titres assez favorables pour mériter qu'on ne le renvoie pas dans le monde, et qu'on ne le livre pas à la mendicité, ou que du moins on ne puisse le faire sortir qu'en lui donnant une pension de deux cents livres.

L'indignation contre les religieux du Mans, la commisération pour Julien Coutard, sont les sentimens que la justice inspire, à la vue de toutes ces circonstances.

Elle forment, d'un côté, un engagement dont les religieux sont chargés envers lui pour l'admettre dans leurs corps, ou lui fournir la subsistance; de l'autre, une abdication volontaire de sa part, qui l'exclut de la société civile. Il est temps de faire cesser la résistance des uns et l'agitation de l'autre.

Mais, en terminant cette contestation particulière, il est de votre sagesse d'en prévenir de semblables, en ordonnant l'exécution des saints décrets et constitutions canoniques, qui obligent les religieux à recevoir les novices à la profession solennelle, s'ils en sont capables, ou, s'ils ne le sont pas, de les renvoyer, et de leur faire quitter l'habit après l'année de probation.

Arrêt du 14 mars 1697.

Entre frère Julien Coutard, religieux convers de l'ordre des dominicains, appelant, comme d'abus, d'une sentence rendue au définitoire du chapitre provincial, tenu à Paris, dans le grand couvent du collége général de Saint-Jacques, juges commis par le général de l'ordre de Saint-Dominique; le dix mai mil six cent quatre-vingt-douze, et intimé, d'une part; et les religieux, prieur et couvent des jacobins du Mans, intimés et appelans, comme d'abus, du bref du pape, du vingt-sept mai mil six cent quatre-vingt-quatorze, sentences et ordonnances rendues par l'official du Mans, juge délégué du pape, les treize juin, quatorze et dix-huit juillet mil six cent quatre-vingt-quinze, et encore de la saisie du trente-un octobre de la même année, d'une part, et ledit Coutard, intimé, d'autre part; et lesdits prieur et religieux jacobins, demandeurs en requête judiciairement faite à l'audience, à ce qu'ils fussent reçus de nouveau appelans, et en réitérant celui par eux ci-devant interjeté, comme d'abus, d'une sentence rendue par frère Nicolas Gaultier de Bruslons, vicaire de la province de Paris, de l'ordre des frères prêcheurs, le neuf novembre mil six cent quatre-vingt-treize, d'une part, et ledit frère Julien Coutard, intimé, d'autre part. Après que Hossard, avocat pour frère Julien Coutard, et le Gendre, avocat pour les jacobins du Mans, ont été ouïs pendant trois audiences, ensemble d'Aguesseau, pour le procureur-général du roi:

LA COUR, en tant que touche l'appel, comme d'abus, interjeté par la partie de Hossard, dit qu'il a été mal, nullement et abusivement procédé et ordonné; et, à l'égard des appellations, comme d'abus, des parties de le Gendre, dit qu'il n'y a abus; enjoint aux religieux dominicains du couvent de la ville du Mans, de recevoir la partie de Hossard, et de le traiter charitablement, ainsi que les frères lais, sans néanmoins que la partie de Hossard puisse ci-après prétendre à aucune succession et partage, ni intenter d'action pour aucuns effets civils et, faisant droit sur les conclusions du procureur-général du roi, enjoint aux provinciaux et supérieurs des monastères de l'ordre de Saint-Dominique, de recevoir à la profession ceux qui en ont été jugés capables, et de renvoyer de leurs maisons ceux que l'on n'aura pas estimé devoir être reçus après l'année du noviciat, faite selon les saints décrets et constitutions canoniques; ordonne que le présent arrêt sera signifié à tous lesdits provinciaux et supérieurs des couvens situés dans le ressort, à la requête du procureur-général du roi; condamne les parties de le Gendre en l'amende et aux dépens.

QUARANTE-TROISIÈME PLAIDOYER.

DU 23 MARS 1697.

Dans la cause de la dame DE CHABERT, NICOLAS DE CHABERT, et MARGUERITE VINOT.

Sur l'appel, comme d'abus, d'un mariage fait avec une personne de condition inégale, par un mineur, sans le consentement de ses parens, sans publication de bans dans le lieu du vrai domicile, et sans la présence du propre curé, et sur une accusation de bigamie?

1.° *Ce mariage, déclaré nul et abusif, sans avoir égard aux fins de non-recevoir, fondées sur le silence des parens, pendant plusieurs années, et sur ce qu'il avoit été suivi de la naissance d'un enfant.*

2.° *Jugé qu'un premier mariage nul ne peut donner lieu à l'accusation de bigamie; mais que les fausses déclarations faites pour y parvenir, et autres circonstances, méritoient une instruction criminelle contre les contractans et contre ceux qui y avoient assisté.*

VOUS avez entendu les parties qui paroissent dans votre audience, s'accuser réciproquement de deux crimes également dignes de l'attention du public et de la sévérité de la justice, le rapt et la bigamie.

D'un côté, une mère soutient que le mariage qu'elle attaque est un de ces ouvrages funestes de l'artifice et de la séduction, un de ces mystères d'iniquité, d'autant plus dangereux, qu'ils se cachent sous le voile sacré de la religion, contre lesquels l'intérêt des particuliers et l'utilité publique, l'église et l'état s'élèvent également.

De l'autre côté, on prétend que ce mariage est un contrat que la loi rend inviolable, un sacrement que l'église a reconnu et soutient; que les ordonnances et les canons, également violés par celui que l'on accuse de bigamie, se joignent à l'intimée pour demander la vengeance d'un crime que la justice punit comme une perfidie, et que la religion déteste comme une profanation sacrilége.

Telle est la nature de ces deux accusations, qu'elles se combattent et se détruisent mutuellement.

Si le rapt dont on accuse l'intimée, est véritable, l'accusation de bigamie se dissipe et s'évanouit. Le premier contrat perd le nom honorable de mariage, pour reprendre le titre honteux de libertinage et de débauche: et le second, bien loin de pouvoir être regardé comme une bigamie scandaleuse, est un engagement sacré dans lequel l'église et l'état reconnoissent également les caractères d'un mariage solennel et d'une union légitime.

Si au contraire l'accusation de rapt ne subsiste plus, si les premiers liens sont inviolables, celui qui les a contractés est déjà convaincu de bigamie, et il ne restera plus que de le livrer à la rigueur des lois, et de le sacrifier à la vengeance publique.

Quelque importante que soit cette contestation en elle-même, elle auroit néanmoins été confondue dans la foule de tant d'autres causes semblables que la licence du siècle a rendues trop fréquentes en ces derniers temps, si elle n'avoit trouvé l'éclat qui lui manquoit dans le nom d'un de ses illustres défenseurs (1) qui a soutenu dignement en cette occasion, la majesté des lois, et les droits toujours sacrés de la puissance paternelle.

(1) M. de la Briffe, fils de M. de la Briffe, procureur-général (dont on trouve l'éloge dans la quatrième mercuriale, tome I, page 82). Il est mort conseiller d'état, et intendant de Bourgogne.

Le public ne pouvoit souffrir qu'une voix destinée à défendre ses intérêts, demeurât plus long-temps dans le silence : il ne s'est point arrêté à compter les années; il n'a considéré que le mérite, il ne peut plus désormais lui pardonner aucun moment de repos. Il exige de lui le tribut avancé de ses veilles, et il regarde comme une espèce de larcin, tout le temps qu'il ne lui a pas encore consacré.

Dès le premier pas que ce jeune orateur vient de faire dans la carrière qui s'ouvre devant lui, à la vue de ce sénat auguste, au milieu des justes applaudissemens du barreau, il se forme dans le temple de la justice, un engagement glorieux entre lui et le public.

Si, d'un côté, il lui sacrifie sa voix, ses talens, ses travaux, le public lui assure dès à présent les honneurs, les dignités et la réputation qu'il trouve de tous côtés dans sa famille.

Qu'il ne craigne point d'éprouver jamais son ingratitude ni son injustice : il a devant les yeux un exemple vivant des récompenses éclatantes qui sont préparées au véritable mérite, et à la sincérité du cœur. Heureux de n'avoir plus qu'à suivre une route qui lui est si glorieusement tracée, et plus heureux encore s'il peut la suivre dignement!

Après vous avoir donné cette première idée de la cause et de ses défenseurs, nous entrerons dans l'explication des principales circonstances qui ont précédé, suivi, accompagné le mariage qui en fait toute la difficulté.

Nous en retranchons d'abord tous les faits qui peuvent être véritables, mais qui ne sont point prouvés, et qui par conséquent sont plus propres à l'ornement qu'à la décision de cette cause.

Deux circonstances également importantes renferment tout le fait qui sert de fondement aux différentes appellations sur lesquelles vous avez à prononcer.

La qualité des parties, leur domicile dans le temps de la célébration du premier mariage.

La naissance avoit mis beaucoup de différences

entre ceux que le mariage a égalés dans la suite, soit par rapport à l'âge, soit par rapport à la condition, soit enfin par rapport à la fortune.

Nicolas de Chabert est né le seize août 1665, et par conséquent il n'avoit que seize ans dans le temps que le premier mariage a été célébré.

Son père a toujours porté la qualité d'écuyer Ce titre ne lui est pas même constesté aujourd'hui. Sa noblesse est constante entre les parties.

Il jouit d'une fortune médiocre, mais proportionnée à sa naissance. Il est seigneur de la terre de Thiverni, située dans le diocèse de Beauvais.

Marie-Marguerite Vinot, qui prétend être sa femme légitime, est d'une condition assez obscure.

Son âge est encore à présent un mystère et un secret dont on ignore la vérité. Elle convient néanmoins qu'elle étoit majeure dans le temps qu'elle a contracté le mariage dont elle soutient la validité.

Elle est fille de Françoise Jouau et de Jean Vinot, dont la plus grande fortune a été d'être cornette dans une compagnie de carabiniers.

Elle prétend que sa mère a eu des biens assez considérables par rapport à sa naissance; mais l'extrême nécessité où elle étoit réduite peu de temps après le mariage, marque assez ou que ces biens prétendus ne sont qu'une illusion, ou que du moins sa mère les avoit perdus dans le temps que le mariage a été célébré.

Les appelans comme d'abus ne se contentent pas de prouver l'obscurité de la naissance de l'intimée; ils soutiennent même que la pauvreté l'a réduite à l'état de la plus grande nécessité, et que sa misère l'obligea de chercher un asile dans la maison des sieur et dame de Chabert, où elle fut reçue en qualité de servante, et où elle a demeuré pendant l'espace de plusieurs années.

La preuve de ce fait est établie sur un certificat donné par plusieurs habitans de la paroisse de Thiverni, qui déclarent tous qu'il y a plus de douze à quinze ans qu'ils ont vu Marguerite Vinot demeurer en qualité de fille de chambre, chez les sieur et dame de Chabert, et cela par deux différentes fois.

L'intimée conteste ce fait, et soutient y avoir demeuré à titre de parenté ou d'amitié.

Telle est la première circonstance du fait. La qualité des parties.

La seconde est leur domicile dans le temps de la célébration du mariage.

Nous ignorons et nous voulons même ignorer le commencement des engagemens qui ont été formés entre les parties.

Attachons-nous uniquement au certain, et négligeons ce qui est douteux,

Ne cherchons donc point ici si les parties ont tenté plusieurs fois de surprendre la religion de leurs curés pour parvenir à une célébration de mariage. N'examinons point ce que l'on vous a dit de la paroisse de Saint-Etienne-du-Mont, ni de ce village voisin de Boulogne, où l'on prétend que la vigilance des curés a rendu inutiles les artifices de la séduction.

Arrêtons-nous à ce qui est écrit dans les pièces qui nous ont été communiquées.

Des deux parties qui ont contracté le mariage dont il s'agit, il y en a une dont le domicile est certain, et l'autre dont il est entièrement douteux.

Nicolas de Chabert étoit mineur et fils de famille; il n'avoit point par conséquent d'autre domicile que celui de son père.

Marguerite Vinot ne rapporte aucune preuve qui assure son véritable domicile. Dans cet état, l'un et l'autre se disent domiciliés dans la paroisse de Saint-Benoît, à Paris.

Ils y font publier trois bans; et sans examiner encore qui est le coupable de la fausseté qui y a été commise, il est au moins certain que ces bans contiennent une fausse énonciation, puisqu'on y marque que le père et la mère de Nicolas Chabert sont morts tous deux, et que l'on n'y fait aucune mention de la qualité d'écuyer, que Nicolas de Chabert prend aujourd'hui, et que son père a toujours prise.

Ces trois bans se publient sans opposition.

Nicolas de Chabert et Marguerite Vinot se présentent au prêtre pour donner le nom de mariage à leur engagement.

On convient qu'ils s'adressèrent d'abord au vicaire de Saint-Benoît; que ce fut lui qui fit les perquisitions nécessaires pour s'assurer de la qualité des parties; mais le curé étant survenu dans le temps qu'on alloit faire le mariage, le vicaire le pria de le célébrer. Il se rendit à ses prières; et fondé sur son témoignage, il joignit la bénédiction nuptiale au consentement des parties, le 29 octobre 1686.

Depuis ce temps-là, Nicolas de Chabert et Marguerite Vinot ont demeuré ensemble plusieurs années.

Ce fait est prouvé par les lettres qu'on vous a lues.

Marguerite Vinot a pris publiquement, dans la paroisse de Saint-Jacques du Haut-Pas, la qualité de femme de Chabert.

Une tante carmelite l'a reconnue pour sa nièce.

Enfin, la naissance d'une fille en 1688, baptisée comme fille légitime de Nicolas de Chabert, l'a confirmée encore dans la possession de son état.

Elle prétend en avoir joui jusqu'en 1690; et en effet, elle rapporte un acte passé par-devant notaire, le 4 avril 1690, dans lequel Chabert lui donne le nom de sa femme.

C'est en cet endroit que cessent toutes les preuves de la possession de son état. Chabert devenu majeur, a changé de sentiment. Il a abandonné l'intimée; et enfin, en l'année 1694, il a contracté un mariage solennel, du consentement de ses père et mère, dans la paroisse de Saint-Gervais, après la publication d'un ban, et une dispense des deux autres, avec Françoise Joienne, veuve du sieur du Coudray.

L'intimée ne s'est point opposée à ce mariage; elle n'a pas même rendu plainte contre son mari infidèle:

c'est à la requête du substitut de M. le procureur général, qu'on a commencé la procédure extraordinaire dont l'appel est porté devant vous.

Il rend plainte le 27 juillet 1694, de la bigamie dont Nicolas de Chabert est convaincu ; et quoiqu'il n'en fallût point d'autres preuves que les deux extraits de célébration de mariage qu'il rapporte, il demande encore permission d'informer.

Sur l'information, on décrète de prise-de-corps Nicolas de Chabert, le premier août 1694.

Le sieur de Chabert, père, étoit alors décédé. Sa veuve est avertie de la procédure criminelle faite contre son fils. Elle interjette appel comme d'abus du premier mariage.

La procédure demeure suspendue pendant toute l'année 1695.

Enfin, au mois de juin 1696, on exécute le décret. Chabert est arrêté. Il interjette appel de la procédure; il interjette aussi appel comme d'abus de son prétendu mariage; et ces différentes appellations forment tout le sujet de la cause que vous avez maintenant à décider.

MOYENS DES APPELANS COMME D'ABUS.

La justice ne peut se dispenser de jeter un regard favorable sur une mère malheureuse qui implore le secours des lois pour la conservation de son fils. Après l'avoir ravi à sa famille, à lui-même, par une alliance honteuse, on ne se contente pas de lui avoir fait prendre des liens involontaires, on veut encore l'accabler sous le poids de ses chaînes, et le faire punir d'un crime dont son accusatrice est seule coupable.

Jamais mariage ne porta plus de caractères d'erreur, de surprise, d'abus et de nullité, que celui qui est attaqué en même temps et par la mère et par le fils

Quatre moyens principaux se réunissent contre ce mariage.

Premier moyen. Rapt de séduction, aussi criminel que celui de violence.

Les preuves de ce rapt s'offrent en foule.

1.° Minorité d'un côté, majorité de l'autre :

2.° Qualité des parties ; l'un maître, l'autre servante :

3.° Fausseté dans les bans et dans l'acte de célébration, où l'on déclare que les père et mère sont morts.

Second moyen. Défaut de consentement des père et mère ; moyen indubitable contre le mariage d'un mineur.

Troisième moyen. Défaut de présence du propre curé.

Dispositions des conciles et des ordonnances.

Quatrième moyen. Clandestinité. . . . Nuls parens présens. On a supposé que le frère y avoit assisté, et par là on a accumulé crimes sur crimes. Point de publications de bans dans le domicile véritable, ce qui est le plus grand argument de clandestinité.

Il est inutile de dire que la suite a justifié ce qui pouvoit être irrégulier dans le commencement.

1.° Tout ce qui a suivi s'est passé avant la majorité.

2.° Jamais le père et la mère n'ont consenti à cette union.

3.° Enfin il s'agit de nullités absolues et irréparables.

MOYENS DE L'INTIMÉE.

Le premier mariage est valable, le second est une perfidie sacrilége. C'est ce qu'on espère de prouver par deux propositions.

Première proposition Point de moyens d'abus contre le premier mariage.

1.° Nul rapt. Où est la preuve de la violence ?

C'est en vain que l'on veut excuser la bigamie par la minorité et la qualité des parties. Le mariage du sieur de Chabert avec l'intimée lui étoit avantageux, dans la situation où il se trouvoit. C'étoit un homme abandonné par ses parens.

2.° A l'égard du défaut de consentement de leur part, on soutient qu'il ne suffit pas seul.

3.° Le curé de Saint-Benoît étoit le propre curé; le domicile est prouvé par l'acte le plus authentique, qui est l'acte de célébration.

4.° La clandestinité est un moyen ridicule, puisqu'il y a eu des publications de bans.

Seconde proposition. Quand même le mariage seroit vicieux dans son principe, le défaut en est réparé dans ses suites, et en tout cas ceux qui l'attaquent sont non-recevables.

Trois fins de non-recevoir s'élèvent contre eux.

1.° La famille n'a pas ignoré ce mariage dès le commencement; le frère aîné y étoit présent, et l'acte de célébration en fait la preuve.

2.° La famille l'a su et ne s'en est pas plaint. Lettre de la religieuse carmelite, écrite long-temps après la célébration.

3.° Possession paisible, publique de son état, pendant plus de huit années. Naissance d'une fille baptisée sous son nom.

Enfin celui qu'elle a épousé étoit un enfant abdiqué par son père et par sa mère. L'intimée lui a tenu lieu de tout. Elle devroit au moins obtenir des dommages et intérêts, et elle y a conclu par une requête précise.

Quant a nous, avant que d'entrer dans l'examen des questions agitées par les parties, nous vous présenterons les informations plus par exactitude que par nécessité, le fait des deux mariages du sieur de Chabert étant constant.

(*M. d'Aguesseau lut ensuite plusieurs dépositions.*)

Vous voyez, Messieurs, dans les dépositions dont

nous venons de vous faire la lecture, une circonstance qui peut être importante : c'est que Nicolas de Chabert a protesté presqu'aussitôt qu'il en a été requis, de se pourvoir contre son mariage avec l'intimée. - - - - - - - - - - - - - - - - -

Après cette observation, examinons deux questions.

La première, si ce mariage est valable dans son principe.

La seconde, s'il a été réparé dans ses suites, et si ce qui s'est passé depuis peut en couvrir les défauts.

Nous établirons, en peu de mots, les principes et les faits sur ces deux questions.

Enfin nous y ajouterons nos réflexions sur ce qui regarde l'intérêt public dans cette cause.

Première question. Le mariage est-il valable dans son principe ?

Proposer cette question, c'est demander si les canons doivent être exécutés : s'il est permis de violer les ordonnances, et si la justice peut autoriser l'abus, la profanation, le sacrilége.

On a eu raison de vous dire que jamais on a juré, ni aux pieds des autels, ni dans le tribunal de la justice, un engagement si plein d'abus et de nullités.

Il ne s'agit plus de faire de longues dissertations sur la qualité des moyens d'abus. Ceux qui sont venus avant nous, ont travaillé long-temps pour former une jurisprudence sur ce point. Nous profitons de leurs travaux (1) ; nous marchons avec plus de facilité dans

(1) La modestie de M. d'Aguesseau l'empêchoit de se compter lui-même au nombre de ceux dont les travaux avoient servi à former cette jurisprudence. Il y avoit cependant beaucoup contribué par ses plaidoyers des années précédentes. On peut voir entr'autres le septième plaidoyer, prononcé le 19 juillet 1691, tome I, page 425 et suivantes ; et le trentième plaidoyer, du 27 avril 1694, où il avoit établi les maximes sur la nécessité du consentement des parens, indépendamment même des circonstances de séduction ou de violence, et sur celle de la publication des bans pour la validité des mariages des mineurs, tome II, page 547.

la carrière qu'ils nous ont tracée; et, sans nous attacher à prouver les maximes, contentons-nous de les appliquer.

On peut considérer dans un mariage, ou les personnes qui le contractent, ou la solennité extérieure qui l'accompagne; et, suivant que l'on regarde l'un ou l'autre dans cette cause, on est également surpris d'y voir un si grand amas d'abus et de nullités.

Il est plus difficile d'y choisir que d'y trouver des défauts qui rendent une semblable union nulle et illégitime.

Du côté des contractans,

1°. Point de consentement du père et de la mère. Ce moyen joint à la minorité, fait une forte présomption de rapt, et forme une nullité suivant les ordonnances.

2.° Ce rapt est prouvé non-seulement par cette présomption de la loi, mais encore par plusieurs présomptions de fait.

Première présomption. Inégalité d'âge. C'est une maxime importante qu'avant la majorité la présomption est toujours favorable pour celui qui a été surpris, la loi plaint la foiblesse, l'aveugle facilité, la légèreté naturelle, le défaut d'expérience qui l'ont rendu la victime de l'artifice et de la séduction.

Après la majorité la présomption est toute contraire.

Ici c'est un mineur contre une majeure, et suivant les apparences majeure de plusieurs années, puisqu'elle cache son extrait baptistaire.

Seconde présomption. Inégalité de condition, de biens et de fortune.

Quelles présomptions plus fortes et plus sensibles de rapt et de séduction?

Qu'on ne dise point qu'il n'y a point d'enlèvement, ni de violence.

La subornation est beaucoup plus dangereuse; elle ravit le cœur; l'autre ne ravit que le corps.

Du côté de la solennité extérieure, deux défauts essentiels.

1.° Point de publication de bans dans la paroisse du véritable domicile des contractans.

A l'égard de Marguerite Vinot, elle en avoit un, et elle ne le prouve point.

A l'égard de Nicolas de Chabert, il est certain qu'il n'avoit pas celui qu'on a déclaré.

Par le droit écrit, par la raison, par les arrêts, par la nouvelle loi (1), le domicile des fils de famille est le même que celui de leur père.

Sans cela aucun père ne seroit en sûreté. Et quelle famille seroit en repos, s'il falloit veiller en même temps dans toutes les paroisses du royaume?

2.° Point de présence du propre curé. La disposition du concile de Trente adoptée sur ce point par les lois du royaume, la déclaration de 1639, le nouvel édit, l'ancienne jurisprudence des arrêts, sont le fondement de ce moyen, et il est comme les précédens, aussi bien établi dans le droit que dans le fait.

Seconde question. Si les défauts de ce mariage sont réparés; et si ceux qui l'attaquent sont non-recevables.

Contentons-nous de rappeler quelques maximes sur la seconde question de cette cause.

Première maxime. Il faut avouer que souvent ce qui n'est pas valable *ab initio*, le devient *tractu temporis*, et que la règle catonienne n'est pas toujours observée dans les affaires de cette nature.

Pourquoi? C'est qu'il s'agit d'une question d'état, et qu'il n'y a rien de si important que de l'assurer à ceux qui en jouissent par une possession longue et paisible aux yeux du public.

Le repos des enfans, la tranquillité des familles peuvent fournir des fins de non-recevoir très-puissantes sur des questions d'état. On en voit un exemple

(1) Edit du mois de mars 1697, enregistré au parlement le 11 mars, douze jours avant ce plaidoyer. M. le premier président de Harlay avoit travaillé à la rédaction de cet édit.

par rapport à l'état religieux, contre lequel on ne permet pas de réclamer après cinq ans.

Les mêmes considérations ont fait rejeter, en plusieurs occasions, des demandes qui tendoient à troubler la paix d'un mariage concordant, et à priver de leur état des enfans nés sur la foi d'un engagement qui avoit été regardé comme légitime.

Seconde maxime générale. On distingue deux sortes de nullités.

Les unes absolues, essentielles, irréparables.

Les autres relatives, qui ne peuvent être proposées que par certaines personnes, et qui perdent toute leur faveur quand elles sont dans d'autres bouches.

Telle est celle qui résulte du défaut de consentement des parens. Elle peut être couverte par leur fait, si ayant connoissance du mariage, ils ne veulent pas se servir des armes que la loi met entre leurs mains, et s'ils le ratifient au contraire par leur conduite, pourvu cependant que ce défaut ne soit pas accompagné de circonstances de surprise, de fausseté ou d'artifice que l'intérêt public ne permet pas de tolérer (1).

Voyons donc de quel genre sont les nullités, et de quelle nature est la prescription qu'on y oppose.

Quelles sont ces nullités?

La première est le défaut de consentement du père et de la mère d'un mineur.

La mère est-elle non-recevable à proposer ce moyen? Nulle preuve qu'elle ait su, encore moins qu'elle ait approuvé ce mariage. Rien de plus possible pour un gentilhomme domicilié hors de Paris, que d'ignorer ce qui s'y passe. A peine ceux qui y vivent le savent-ils.

(1) Voyez le trente-troisième plaidoyer, tome III, page 1, et l'observation ensuite, page 15, où l'on a expliqué ce qui peut concilier les arrêts qui ont eu égard aux fins de non-recevoir, avec ceux qui les ont rejetées, et auxquels il faut encore ajouter celui qui fut rendu dans la cause qui fait la matière de ce trente-troisième plaidoyer.

La seconde nullité est la clandestinité. Nulle publication de bans dans le lieu du domicile des parens. Ce moyen peut être regardé comme respectif, et pourroit être couvert dans certains cas; ici, c'est une mère qui le propose, et une mère à qui l'on a dérobé la connoissance d'un mariage indigne.

Mais le défaut de présence du propre curé y ajoute le plus grand caractère de clandestinité; un moyen absolu, une nullité essentielle, établie par le concours de l'un et de l'autre droit, par le nouvel édit.

Quelle est la prescription qu'on voudroit opposer?

Nulle possession depuis la majorité.

Nulle possession sous les yeux de la famille.

Donc ce mariage est absolument nul.

Dernière partie.

Réflexions sur l'intérêt public.

S'il s'agissoit d'un contrat ordinaire, nous pourrions, après vous avoir montré la nullité de cet engagement, finir ici cette cause. Mais l'intérêt public exige de nous des réflexions plus importantes, qui font, à proprement parler, le véritable sujet de cette cause; car la contestation des parties est si facile à décider, qu'elle ne mériteroit presque pas d'occuper votre audience.

Pour satisfaire à nos devoirs à cet égard, examinons

En premier lieu, le crime:

En second lieu, les coupables.

Le crime est de deux sortes;

Le mariage, et ce qui l'a suivi.

Ce qui l'a suivi est le crime particulier de Nicolas de Chabert, qui, sans faire déclarer nul son premier mariage, en contracte un second; ce qui donne lieu de lui reprocher, non pas la bigamie, mais la mauvaise foi, l'infidélité, la profanation des sacremens de l'église, l'abus des plus saintes cérémonies de la religion.

Le mariage renferme des crimes communs à plusieurs personnes.

Premier crime. Supposition fausse de la mort des père et mère.

Second crime. Supposition d'un passant, en la place du frère aîné, pour faire croire qu'il avoit assisté à ce mariage.

Troisième crime. Supposition de domicile.

A ces trois crimes se joignent plusieurs négligences de la part des ministres qui ont eu part à la célébration de ce mariage.

1.° On n'a point fait rapporter d'extrait mortuaire du père et de la mère qu'on leur déclaroit être morts.

2.° On n'a point marqué l'âge de Nicolas de Chabert.

Voyons à présent quels sont les coupables.

1.° Les principaux sont, sans difficulté, Nicolas de Chabert et Marguerite Vinot.

Marguerite Vinot est entièrement criminelle, puisqu'elle étoit majeure.

Mais Nicolas de Chabert, quoique mineur, est cependant coupable et complice des faussetés présentées aux ministres de l'église. Il a vécu quatre ans dans cet engagement : cependant il en contracte un autre, sans avoir fait prononcer la nullité du premier.

2.° Les témoins sont coupables d'avoir attesté des faits qu'ils ne savoient pas, ou qu'ils savoient être faux.

3.° Le supposé Chabert, frère, mériteroit une punition rigoureuse, mais il n'y a point de preuve de cette supposition.

4.° Le curé et le vicaire ne sont pas exempts de faute; la négligence sur une matière si importante pour la société, étant un délit.

Mais le vicaire est mort; et le curé est excusable. Il a suivi la foi de son vicaire qu'il a cru s'être assuré des faits. Il a été trompé par la présence d'un frère véritable ou supposé : cependant la cour pourroit le mander.

Il est d'autant plus nécessaire de réprimer des crimes si contraires à l'intérêt public, qu'ils paroissent à vos yeux dans le moment d'une loi nouvelle, dont l'objet est d'en arrêter le cours, et dont l'observation ne peut être affermie que par une punition sévère et rigoureuse.

Le 23 mars 1697, à la grande audience de la tournelle, est intervenu un premier arrêt.

Entre dame Elisabeth de Maché, veuve de défunt messire Louis-Jean de Chabert, vivant chevalier, seigneur de Thiverni, appelante, comme d'abus, de la prétendue célébration de mariage de Nicolas de Chabert, son fils, avec l'intimée ci-après nommée, en l'église de Saint-Benoît, le vingt-neuvième jour du mois d'octobre mil six cent quatre-vingt-six, d'une part, et Marguerite Vinot, sa servante domestique, intimée, d'autre; et entre ledit sieur Nicolas de Chabert, écuyer, seigneur de Thiverni, appelant de la procédure contre lui faite au châtelet, à la requête du substitut de M. le procureur-général, et comme d'abus, en adhérant à celui interjeté par ladite dame, sa mère, de la célébration de son mariage avec ladite Vinot, d'une part, et M. le procureur-général prenant le fait et cause de son substitut au châtelet, et ladite Vinot, demanderesse en requête du vingt-unième jour du mois de mars mil six cent quatre-vingt-dix-sept, à ce qu'en plaidant sur lesdites appellations, et où la cour jugeroit à propos de donner atteinte à son mariage, et qu'il ne seroit pas juste qu'elle perdît plus de huit mille livres qu'elle avoit en argent et meubles, condamner solidairement les défendeurs à lui payer ladite somme par forme de dommages et intérêts, et en tous les dépens, d'une part, et ladite dame de Maché et ledit sieur de Chabert, son fils, défendeurs, d'autre part, sans que les qualités puissent préjudicier aux parties. Après que de la Briffe, avocat de ladite de Maché; Renard, avocat dudit Nicolas de Chabert; et Déniau, avocat de ladite Vinot, ont été ouïs pendant deux audiences, ensemble d'Aguesseau, pour le procureur-général du roi, qui a fait récit des charges:

LA COUR, en tant que touche l'appel, comme d'abus, dit qu'il a été mal, nullement et abusivement procédé et célébré, déclare le mariage dont est question non valablement contracté, fait défenses aux parties de Renard et de Déniau de se hanter ni fréquenter, à peine de la vie; et, en conséquence, sur l'appel simple, a mis et met l'appellation et ce dont a été appelé au néant; émendant, évoque le principal, et y faisant droit, renvoie la partie de Renard de l'accusation de bigamie, contre lui intentée, et sur la demande à fin de dommages et intérêts de la partie de Déniau, a mis les parties hors de cour et de procès, dépens entr'elles compensés; et, faisant droit sur les conclusions du procureur-général du roi, ordonne qu'à sa requête, le procès sera fait et parfait en la cour aux parties de Renard et de Déniau, ensemble aux nommés René de Chabert, frère dudit Nicolas de Chabert; Françoise Jouau, mère de ladite Vinot; Henry le Goix, officier du marquis de Lyonne; Bernard le Sègle, valet de chambre du marquis de Sorq; Pierre Legrand et Thomas Mouglerier, qui ont assisté à la célébration dudit mariage, pour raison du crime de supposition du décès des père et mère de la partie de Renard, et du domicile des parties contractantes, circonstances et dépendances, et à cet effet, que la partie de Renard sera transférée sous bonne et sûre garde des prisons du châtelet en celles de la conciergerie du palais, et arrêté et recommandé à la requête du procureur-général du roi, et la partie de Déniau et lesdits René de Chabert, Jouau, le Goix, le Sègle, Legrand et Mouglerier, pris au corps et amenés prisonniers esdites prisons de la conciergerie, pour être tous ouïs et interrogés pardevant M.e Le Boultz, conseiller en la cour, sur les faits qui seront donnés par le procureur-général, et répondre aux conclusions qui seront par lui prises; ce faisant, que l'acte de célébration dudit mariage sera mis au greffe criminel de la cour, et où lesdits accusés ne pourroient être appréhendés, seront assignés suivant l'ordonnance, leurs biens saisis et annotés, et commissaire y établi jusqu'à ce qu'ils aient obéi; pour ce fait, communiqué au procureur-général du roi, et vu, être ordonné ce que de raison.

Un second arrêt a été rendu le dix-huit juin mil six cent quatre-vingt-dix-sept,

Entre M. le procureur-général du roi, demandeur et accusateur contre les dénommés en l'arrêt ci-dessus, etc. Ouï et interrogé ledit Nicolas de Chabert sur les cas résultans du procès, Tout considéré :

LA COUR déclare la contumace bien instruite contre lesdits René de Chabert, le Goix, le Sègle, Legrand, Mouglerier, Jouau et Vinot; et pour les cas résultans du procès, iceux René de Chabert, le Goix, Legrand, le Sègle, Mouglerier, Jouau et Vinot, condamnés à faire amende honorable, lesdits René de Chabert, le Goix, Legrand, le Sègle et Mouglerier, nus, en chemise, et lesdites Jouau et Vinot, sans coiffe et pieds nus, ayant tous la corde au col, tenant en leurs mains chacun une torche ardente du poids de deux livres, en la grand'chambre, l'audience tenante, et étant à genoux, dire et déclarer que méchamment ils ont attesté, dans l'acte de célébration du prétendu mariage de Nicolas de Chabert avec ladite Vinot, du neuf octobre mil six cent quatre-vingt-six, que le sieur de Chabert, père dudit Nicolas de Chabert, et Elisabeth de Maché, sa mère, étoient décédés, et que lesdits Nicolas de Chabert et ladite Vinot étoient domiciliés sur la paroisse de Saint-Benoît, dont ils demandent pardon à Dieu, au roi et à justice; et ce fait, lesdits René de Chabert, le Goix, le Sègle, Legrand et Mouglerier, être menés et conduits ès galères du roi, pour y servir comme forçats ledit seigneur roi, le temps et espace de neuf ans, et lesdites Jouau et Vinot, bannies pareillement pour neuf ans de cette ville, prévôté et vicomté de Paris; leur enjoint de garder leur ban-aux peines portées par la déclaration du roi; ordonne qu'à la requête dudit procureur-général du roi, il sera plus amplement informé par-devant le conseiller-rapporteur du présent arrêt, contre ledit Nicolas de Chabert, pour raison des cas mentionnés au procès, circonstances et dépendances, pendant six mois; cependant sera élargi et mis hors des prisons, à sa caution juratoire de se représenter toutes fois et quantes par justice sera ordonné, faisant les soumissions, élisant domicile; pour ladite instruction faite et communiquée audit procureur-général du roi, et vue, être ordonné ce que de raison, et sera la condamnation portée par le présent arrêt contre lesdits René de Chabert, le Goix, le Sègle, Legrand, Mouglerier, Jouau et Vinot, transcrite dans un tableau qui sera attaché à un poteau, qui, pour cet effet, sera planté en la place de Grève de cette ville de Paris.

QUARANTE-QUATRIÈME PLAIDOYER.

DU 28 MARS 1697.

Dans la cause de PIERRE DES CHIENS, et du sieur DE MERY, père temporel des capucins de Langres.

Il s'agissoit de savoir, 1.° Si une profession est nulle, lorsque le noviciat n'a pas été fait de suite et sans interruption?

2.° Si cette nullité est couverte par le temps de cinq ans, lorsque le profès n'a demeuré que deux ans dans le monastère, qu'il en est sorti après avoir remis une réclamation aux supérieurs, sans qu'ils aient fait aucune poursuite contre lui, et que ses parens ne proposent point cette fin de non-recevoir?

3.° Si un père temporel de religieux mendians est partie capable pour appeler, comme d'abus, d'une sentence qui déclare une profession nulle, ou s'il ne peut agir que pour leur intérêt temporel?

QUOIQUE cette cause soit importante, puisqu'il s'agit de décider une question d'état, elle n'a rien néanmoins ni de singulier, ni d'éclatant dans ses circonstances, qui la distinguent de tant d'autres causes semblables qui ont été si souvent portées en votre audience.

Il s'agit de savoir si la profession de celui qui réclame contre ses vœux est un engagement involontaire, son noviciat contraire aux règles et interrompu, sa réclamation légitime, ou si, au contraire, sa profession est l'ouvrage d'une volonté libre, son noviciat régulier et sa réclamation l'effet de son inconstance, odieuse en elle-même, mais encore plus par les nullités qui se rencontrent dans la procédure abusive qu'il a faite pour y parvenir.

La qualité de la partie qui attaque cette procédure forme encore un sujet de contestation qui n'est pas moins important pour la décision de cette cause.

On a eu raison de vous dire que pour prononcer sur des questions de cette nature, le fait est beaucoup plus nécessaire à examiner que le droit.

Nous en retrancherons plusieurs circonstances inutiles, étrangères ou non prouvées.

Renfermons-nous dans les pièces qui nous ont été communiquées, et tâchons de vous expliquer en peu de paroles, ce qui a précédé la profession de Pierre des Chiens, et ce qui l'a suivie. Nous y ajouterons ensuite le récit de la procédure qu'il a faite pour se rétablir dans sa première liberté. C'est à quoi se réduit tout le fait de cette cause.

Pierre des Chiens est né vers l'année 1667. Il prétend que les premières années de sa vie ont été malheureuses, par l'aversion que sa mère avoit pour lui, et par la prédilection qu'elle témoignoit pour ses autres enfans ; que, dès l'âge de quatorze ans, il fut obligé de quitter la maison paternelle pour s'engager dans la profession des armes, et y chercher un asile qu'il ne trouvoit pas dans le sein de sa famille.

Ce premier temps est assez obscur. Il est inutile de s'y arrêter davantage.

Après avoir servi pendant quelques années, il entra dans l'ordre des capucins.

Soit qu'il fût animé par les motifs d'une véritable vocation, soit que les menaces de sa mère, et une impression de puissance et d'autorité paternelle aient été l'unique cause de sa retraite, il est toujours certain qu'à l'âge de dix-neuf ans il prit l'habit des capucins dans le monastère de Saint-Dizier, lieu de sa naissance.

Ce fut le 7 novembre 1686 qu'il s'engagea dans cet état. L'heure précise est marquée dans l'acte de sa prise d'habit ; dix heures et un quart.

Il prétend que, engagé malgré lui dans une servitude qui ne peut être agréable à Dieu que lorsqu'elle est volontaire, il trouva le remède de ses maux dans ses maux mêmes, et que la foiblesse de son corps vint heureusement au secours de celle de son esprit, pour le délivrer d'un joug qu'il n'avoit embrassé que par la violence.

Il vous a dit qu'il tomba peu de temps après dans une langueur presque mortelle ; que les capucins, soit pour lui dérober la vue des peines attachées à son état ; soit pour le soulager dans ses infirmités, eurent pour lui des indulgences affectées et une condescendance dangereuse, et qu'ils souffrirent qu'il sortît plusieurs fois de son cloître pour aller prendre l'air dans différentes maisons de campagne ; que son mal augmentant toujours, il a passé ensuite une partie de son noviciat dans l'infirmerie, et qu'enfin on prit le parti de lui proposer un changement d'air, en transférant son noviciat de Saint-Dizier à Langres.

Quoiqu'il n'y ait que vingt lieues de l'une de ces villes à l'autre, il put à peine faire ce chemin à cheval en quatre jours de temps.

Il acheva son noviciat à Langres, beaucoup plus éprouvé par les infirmités involontaires dont il étoit attaqué que par la pratique volontaire des austérités de la règle qu'il avoit embrassée.

Enfin, le 7 novembre 1687, il prétend que la même violence qui avoit commencé son sacrifice, l'obligea à le consommer.

On vous a fait remarquer que l'on a omis de marquer l'heure dans laquelle il avoit fait profession, quoiqu'on l'eût fait pour la prise d'habit, et que cette observation soit essentielle dans une cérémonie où les moindres formalités sont de rigueur, preuve sensible, vous a-t-on dit, de la précipitation et du trouble qui accompagna une action si religieuse.

Après sa profession, il demeure environ deux ans dans l'ordre des capucins, changeant souvent de demeure et d'infirmité, attaqué d'une hydropisie dangereuse, et dont il n'a commencé à être soulagé que lorsqu'il a quitté la profession religieuse.

Il prétend, après ces deux dernières années d'épreuves et de patience, avoir fait une réclamation solennelle contre ses vœux. Il soutient qu'il l'a déposée entre les mains du provincial, du définiteur et du gardien du monastère.

Quoiqu'il en soit, il est certain qu'il s'est cru libre en ce temps-là. Agité par une inconstance naturelle, ou peut-être convaincu des nullités de sa profession, comme il avoit quitté la profession des armes pour prendre l'habit religieux, il quitte aussi l'état des capucins pour prendre celui de soldat.

Ce changement arriva vers l'année 1689. Il prétend que les capucins eux-mêmes ont été complices de sa sortie. C'est un fait que nous examinerons plus particulièrement dans la suite.

Pierre des Chiens rétabli dans la possession de son ancienne liberté, a différé pendant un long temps à se pourvoir dans les formes contre les vœux qu'il avoit faits, et ce n'est qu'en 1693, cinq ans et deux mois après sa profession, qu'il a obtenu un rescrit de cour de Rome pour faire prononcer la nullité de son engagement.

Ce rescrit est adressé à l'official de Langres et au gardien du monastère des capucins de la même ville, qui doivent procéder conjointement à son exécution.

Pierre des Chiens y expose que son noviciat a été interrompu, que sa profession n'a pas été libre; et sur ces deux moyens le pape permet à l'official et au gardien de le restituer dans l'état séculier : il ajoute les conditions ordinaires de ces sortes de rescrits.

La première, qu'il se présente en habit régulier, et qu'il soit soumis à l'autorité de ses supérieurs pendant l'instruction de la contestation.

La seconde, qu'il ait réclamé dans les cinq ans du jour de sa profession.

Pierre des Chiens présente ce bref à l'official et au gardien de Langres. Ils acceptent tous deux la commission; l'on procède devant eux.

Ils rendent conjointement une première sentence préparatoire, par laquelle ils permettent à Pierre des Chiens de faire preuve des faits par lui articulés, c'est-à-dire des violences de sa mère et de l'interruption de son noviciat. On fait appeler les parties intéressées; et cependant, suivant les offres faites par Pierre des Chiens, on ordonne qu'il se remettra en état et en habit de capucin, pour vivre sous la discipline de son supérieur, et être interrogé en cet état par l'official et le gardien, sur les faits qui concernent l'entérinement du bref.

Cette sentence s'exécute. On fait assigner les témoins, les parens, et entr'autres la mère de Pierre des Chiens.

Elle comparoît devant les juges délégués par l'official pour faire l'enquête. Elle déclare qu'elle n'a jamais usé de menaces pour contraindre son fils à s'engager dans l'état religieux; et au surplus, elle consent qu'il prouve que son noviciat a été interrompu, et qu'il fasse entériner le rescrit qu'il a obtenu en cour de Rome.

Les autres parens font une semblable déclaration; ils acquiescent aux demandes de Pierre des Chiens.

On fait l'enquête, les témoins sont entendus. Pierre des Chiens en fait assigner encore de nouveaux. Ils comparoissent devant l'official et le gardien. C'est ici que l'official a commencé à procéder seul dans cette affaire.

Si l'on en croit l'official, lorsqu'il étoit sur le point d'entendre les témoins, le gardien s'est retiré sans vouloir en dire la raison.

Si l'on en croit le gardien, c'est l'official qui l'a obligé de se retirer.

Pour éclaircir la vérité de ce fait, entrons dans le détail de la procédure.

Le 19 janvier 1695, l'official dresse son procès-verbal, dans lequel il marque que le gardien s'étant retiré sans en rendre aucune raison, il a cru être en droit d'entendre seul les témoins qui se présentoient.

Le gardien demeure trois semaines dans le silence; enfin, le 3 février, nouveau procès-verbal entr'eux, dans lequel le gardien ne dit point que ce soit l'official qui l'ait contraint de se retirer, mais seulement qu'il est prêt de rendre justice à Pierre des Chiens, pourvu qu'il satisfasse au bref, et qu'il se retire dans le monastère des capucins.

L'official répond qu'il ne s'agit que de statuer sur quelques requêtes qu'on avoit mises entre ses mains, et d'ordonner qu'elles seront remises au promoteur; qu'il l'avoit déjà ainsi ordonné : il somme le gardien de signer ses ordonnances : le gardien refuse, se retire, laisse rendre le lendemain la sentence définitive par l'official seul; et enfin, le 11 février 1695, il fait de nouvelles protestations. Ce n'est qu'en ce moment qu'il s'est plaint du procédé de l'official, qui l'a obligé, dit-il, de se retirer dans le temps qu'il alloit procéder à l'audition des témoins.

Après ces protestations, le gardien se retira. Telle fut la fin de ce premier incident qui est survenu dans l'ordre de la procédure.

Pendant que les juges de l'état de Pierre des Chiens disputoient ainsi entr'eux sur l'exécution de leur commission, il se présenta une autre difficulté touchant une des conditions imposées à Pierre des Chiens par le rescrit qu'il avoit obtenu en cour de Rome.

Ce rescrit lui imposoit la nécessité de se remettre en habit de religieux pendant le cours de l'instruction.

Il offrit d'y satisfaire dès le premier pas qu'il fit dans l'ordre de la procédure.

La première sentence rendue par l'official et le gardien conjointement le lui avoit ordonné.

Les choses étoient dans cet état, lorsque les capucins firent deux démarches différentes pour se saisir de la personne de Pierre des Chiens.

Ils voulurent d'abord le retenir dans leur monastère un jour qu'ils le surprirent avec le gardien : leurs efforts furent inutiles, et Pierre des Chiens s'étant échappé, demeura dans la possession de sa liberté.

Cette première tentative n'ayant pas réussi, ils voulurent le faire enlever par le prévôt des maréchaux de la province ; le succès répondit d'abord à leurs espérances. Des Chiens fut arrêté, mais il se sauva encore une seconde fois dans la maison de l'official, qui s'opposa à cette violence, et obligea les archers à relâcher leur prisonnier.

Ce fut dans ces circonstances que l'official rendit une ordonnance sur les conclusions du promoteur, par laquelle il enjoint à Pierre des Chiens de se retirer dans le monastère des jacobins, où il recevroit l'habit de capucin, lequel à cet effet y seroit envoyé par les capucins.

Pierre des Chiens exécuta cette ordonnance. Il se rendit au monastère des jacobins ; les capucins n'y comparurent point. On dressa un procès-verbal de leur absence : on donna acte à Pierre des Chiens de ses diligences. C'est par ce procès-verbal qu'il prétend avoir suffisamment rempli l'obligation qui lui étoit imposée par le bref de cour de Rome, de reprendre l'extérieur de l'état monastique pendant le jugement du procès.

Enfin on joignit à toutes ces procédures plusieurs sommations aux capucins de représenter l'acte de réclamation que Pierre des Chiens prétendoit avoir fait entre leurs mains.

Et dans toutes ces circonstances, l'official rendit la sentence définitive dont l'appel comme d'abus fait tout le sujet de cette contestation.

Par cette sentence, la profession de Pierre des Chiens est déclarée nulle ; il est restitué au siècle.

Deux motifs de ce jugement ; le premier, que l'année de noviciat n'étoit pas entièrement révolue.

Le second, que le noviciat avoit été interrompu

par les maladies et la translation de Pierre des Chiens du monastère de Saint-Dizier en celui de Langres.

Les parens de Pierre des Chiens ont acquiescé à ce jugement. Ils paroissent même dans votre audience, pour donner un consentement encore plus solennel à la restitution de Pierre des Chiens.

Les capucins seuls en ont interjeté appel comme d'abus par l'organe et le ministère de leur père temporel.

Tel est l'état de la procédure.

MOYENS DES APPELANS COMME D'ABUS.

Jamais profession n'a été plus régulière, et par conséquent jamais sentence n'a été plus abusive que celle qui l'a déclarée nulle.

Pierre des Chiens vient vous demander le prix de son inconstance et de son apostasie.

Les capucins, au contraire, demandent l'exécution des canons, l'observation des lois; un exemple qui affermisse ces maximes inviolables que vous avez toujours suivies toutes les fois que vous avez prononcé sur la validité des vœux de religieux.

Ils proposent quatre moyens d'abus principaux contre la procédure de l'official. Moyens d'abus tirés non-seulement de la disposition des canons et des ordonnances générales, mais du rescrit même que Pierre des Chiens a obtenu; titre qu'il devoit au moins respecter, s'il croyoit pouvoir violer impunément tous les autres.

Premier moyen d'abus. L'official a procédé seul, le titre qui établissoit sa jurisdiction ne lui permettoit de procéder que conjointement avec le gardien des capucins.

Il est inutile de dire, que c'est la faute du gardien qui s'est retiré; c'est au contraire l'official qui l'a forcé à s'abstenir de l'instruction et du jugement.

Second moyen d'abus. On n'a pas satisfait à une autre condition du bref, qui a ordonné que le religieux qui réclamoit contre ses vœux, se remît en état.

On l'a laissé vaguer, au scandale de la religion, pendant tout le cours du procès.

C'est en vain que l'on a voulu déguiser et pallier ce défaut, en accusant les capucins de violence; ils n'en ont fait aucune.

Cependant c'est une condition très-essentielle. On n'écoute point un prisonnier, s'il ne rentre dans les fers; il en est de même des captifs volontaires.

Troisième moyen d'abus. Un religieux admis à réclamer, après les cinq ans, contre la disposition du concile, contre celle du rescrit, contre l'utilité publique, après ce terme fatal, il n'y a point de défaut qui ne soit couvert, point de profession qui ne soit inviolable.

L'on ne souffre pas même que la cour de Rome mette des clauses dans ses rescrits, pour relever du laps de temps.

Cependant un official entreprend ce que Rome même n'entreprend pas.

Dans le fait, point de réclamation dans les cinq ans.

On allègue qu'il y en a eu une. Mais, 1.° on ne la rapporte point, et c'est un fait qui ne peut être prouvé que par écrit. La permission d'en faire la preuve par témoins, seroit abusive.

2.° On convient même que s'il y en a eu une, elle a été faite simplement entre les mains des supérieurs réguliers. Or, quand cela seroit, elle seroit insuffisante; la réclamation doit être faite devant l'ordinaire.

3.° Il est inutile de dire que Pierre des Chiens a réclamé par sa sortie.

Peut-il se faire un titre de son inconstance, et un mérite de son apostasie?

Au contraire, c'est ce qui prouve qu'il a condamné lui-même par avance sa prétention.

Il étoit en liberté dès l'année 1689. Qui l'empêchoit alors de réclamer dans la forme la plus authentique, si ce n'est sa conscience et la voix de ce témoin intérieur ?

Quatrième moyen d'abus. On a détruit un engagement inviolable, et une profession qui ne pouvoit plus recevoir d'atteinte, ni dans l'ordre civil, ni dans la police ecclésiastique.

1.° Une profession suivie d'un silence de plus de cinq années.

2.° Une profession à laquelle on n'a opposé que deux défauts, tous deux également supposés.

Premier défaut, force et violence; nulle preuve par les dépositions des témoins; nulle présomption après les cinq ans : enfin la sentence, quoique toujours favorable à Pierre des Chiens, n'allègue point ce motif. Il est donc destitué non-seulement de fondement mais d'apparence.

Second défaut, interruption du noviciat. Mais, 1.° il n'y en a aucune preuve.

2.° Il a été interrompu par ordre des supérieurs, et pour infirmité; circonstances qui n'empêchent pas le novice d'être admis à la profession.

MOYENS DE L'INTIMÉ.

1.° C'est la faute du gardien, si l'official n'a pas procédé conjointement avec lui. C'est lui qui s'est retiré : diverses sommations, et des procès-verbaux, l'ont mis en demeure.

2.° Que les capucins n'imputent point à l'intimé qu'il ne s'est point remis en état; ils sont indignes d'être écoutés sur ce fait :

1.° Par les violences qu'ils ont exercées :

2.° Parce qu'ils ont refusé de lui donner l'habit.

On ne peut pas dire qu'il n'ait point réclamé dans les cinq ans.

1.° Il l'a fait entre les mains des capucins mêmes; ils n'ont jamais osé le nier.

2.° Sa sortie au vu et su des capucins, tolérée, approuvée par eux, n'est-elle pas une réclamation suffisante?

Enfin on a détruit une profession qui étoit nulle et irrégulière. Où est l'abus? Il y en auroit, au contraire, si on ne l'avoit pas détruite, puisque les preuves de la violence, et la preuve de l'interruption du noviciat concourroient à en établir la nullité.

Quant a nous, avant que d'entrer dans l'examen des moyens d'abus, nous croyons devoir nous arrêter dès l'entrée de la cause, à faire quelques réflexions sur la qualité des parties.

Première réflexion. Qui sont ceux qui se plaignent de la sentence de l'official?

Deux sortes de personnes auroient droit de s'en plaindre; les parens et les religieux.

En effet, les vœux et l'engagement de la religion, forment, pour ainsi dire, un double état dans la personne d'un religieux.

Un état d'incapacité par rapport au monde; un état de capacité par rapport à la religion.

Il est exclu de tous les droits des séculiers; il est admis à tous ceux des réguliers.

L'état ne le considère plus comme un de ses sujets; l'ordre dans lequel il entre le regarde comme un de ses membres.

Il cesse de faire partie de la grande société des hommes, pour s'engager dans le peuple choisi, dans le petit troupeau de ceux qui renoncent réellement au monde pour suivre Jésus-Christ dans le désert.

Ainsi, deux sortes de personnes sont intéressées à sa profession.

Les parens, qui profitent de son incapacité; le monastère, qui l'a rendu participant de sa société.

Les uns prennent part, si l'on peut s'exprimer ainsi, à son état négatif, les autres à son état positif; les premiers à ce qu'il n'est plus, les derniers à ce qu'il est.

Il faut même convenir que d'ordinaire ceux qui

marquent plus d'ardeur et d'empressement dans ces sortes de causes, sont les parens, plus sensibles souvent aux intérêts temporels, que les religieux ne le sont aux éternels.

Ici, tout au contraire, les parens sont dans le silence, ou plutôt s'ils parlent, c'est en faveur de Pierre des Chiens. Ils se joignent à lui pour rompre son engagement; les religieux seuls s'y opposent.

De là résulte une forte présomption de la vérité des faits qui sont proposés par ce religieux.

Quelle apparence que, s'ils n'étoient pas véritables, ses parens, ces mêmes parens qui l'ont autrefois, à ce qu'il prétend, sacrifié à leur cupidité, consentissent d'eux-mêmes à le voir rétablir dans le siècle, rentrer dans l'ordre que la nature lui a donné dans sa famille, être capable de posséder des biens, de recueillir des successions?

Seconde réflexion. Dans quel état, sous quel nom même les capucins paroissent-ils dans votre audience? Quel est leur défenseur en cette occasion? Leur père temporel. Est-ce ici le cas d'admettre un père temporel?

A la vérité, on souffre ce personnage emprunté, dans les affaires purement temporelles, comme quand il s'agit de demander un legs modique, une aumône plutôt qu'un legs fait à des capucins. L'interdiction générale dans laquelle ils sont, l'expropriation, l'abdication volontaire à laquelle ils se sont réduits, ne leur permet pas d'agir en leur nom pour quelque bien temporel que ce puisse être; et c'est pour cela qu'un père temporel paroît pour eux aux yeux de la justice.

Mais, lorsqu'il n'est point question des biens profanes, lorsqu'il ne s'agit que de la validité ou de la nullité d'un engagement spirituel, pourquoi auroit-on recours à un personnage aussi étranger que le père temporel? Pourquoi eux-mêmes ne viendront-ils pas reconnoître le tribunal de la justice souveraine du roi?

La cour y apportera le tempérament qu'elle jugera à propos par sa prudence. Pour nous, nous ne croyons point que ce soit le cas d'admettre un père temporel; cette seule fin de non-recevoir suffiroit pour rejeter l'appel comme d'abus.

Après ces premières observations, reprenons quelques principes généraux, dont l'application est nécessaire à l'espèce de cette cause.

Premier principe. Rien de plus volontaire que le sacrifice des religieux. Dieu rejette les oblations forcées, les victimes, qui, loin de suivre d'elles-mêmes les sacrificateurs, se font traîner au sacrifice. Ce principe, écrit dans les canons, autorisé par les lois et par les arrêts, et gravé, pour ainsi dire, dans les cœurs par la main même de l'auteur de la nature, n'a besoin que d'être proposé pour être prouvé.

La volonté, la liberté sont, à la vérité, l'ame, le fondement, la base de tous les contrats; mais plus ces contrats sont importans, plus la liberté doit s'y trouver dans un degré éminent.

Le mariage en fournit un exemple. L'église veut qu'avant que de le célébrer, on examine la liberté des contractans. Le défaut de liberté le fait regarder comme nul dans les tribunaux de la justice.

Second principe. La liberté n'est pas la seule condition essentielle à la profession religieuse.

Il ne suffit pas que celui qui s'immole ait la volonté de se sacrifier; il faut encore qu'il en ait la force et la capacité.

C'est pour cela qu'il y a une épreuve rigoureuse, sagement établie, dès les premiers temps du monachisme.

Autrefois le temps en étoit arbitraire, comme il paroît par les ouvrages de saint Bazile, et par d'autres autorités.

Depuis il a été sagement fixé. Justinien l'avoit réglé à trois ans. Les conciles d'Orient avoient suivi son exemple. Saint Benoît, que Rome et nos conciles ont consacré, l'a réduit à un an; et telle est la disposition du dernier concile, aussi bien que de l'ordonnance de Blois qui a adopté sa disposition.

Ce terme, souvent trop court, surtout dans un

âge aussi peu avancé que celui auquel on permet les professions, doit avoir une condition essentielle, sans laquelle il est inutile. C'est la continuité, la persévérance; sans cela, ce temps sagement établi, et pour le novice et pour le monastère, comme parle le pape Innocent V, ne produira plus l'effet que l'église en attend.

Comment le novice éprouvera-t-il les austérités de la règle qu'il veut embrasser? Comment connoîtra-t-il ses propres forces, s'il ne fait que des exercices interrompus, s'il mêle encore le relâchement du siècle à la rigueur de la discipline, si le temps d'épreuve et d'examen est pour lui un état difficile à définir, dans lequel il ne sera ni véritablement religieux, ni véritablement séculier.

Au contraire, toutes les anciennes règles veulent qu'on redouble, en ce temps-là, les pratiques étroites de la règle; qu'on la rende, s'il est possible, encore plus sévère, afin que ceux qui auront passé par de si rudes expériences, ne trouvent plus rien de nouveau ni d'insupportable dans les rigueurs de la pénitence.

Et, d'un autre côté, comment le monastère éprouvera-t-il les mœurs, la docilité, la soumission du religieux, s'il ne le voit que par intervalles?

Encore une fois le temps est déjà trop court pour en rien retrancher.

Toutes les fois que les lois prescrivent un espace de temps, elles sont présumées vouloir qu'il soit continu.

Il est vrai que peut-être on n'exécuteroit pas cette règle à la rigueur, s'il se trouvoit qu'une légère indisposition eût suspendu pour peu de jours le cours des exercices monastiques.

Mais lorsque l'infirmité a duré long-temps, lorsque le religieux a même eu la liberté de sortir de son couvent, qui peut douter alors que le noviciat ne soit interrompu, et par conséquent qu'il ne puisse être d'aucune utilité pour une profession solennelle?

Troisième principe. Mais quoique la volonté et la capacité soient deux conditions également requises pour la validité des vœux monastiques, il faut reconnoître que l'on a établi une prescription fatale en cette matière, pour assurer l'état des hommes, et ne pas exposer le repos des familles au retours inconstans, et aux caprices frivoles d'un religieux, qui prétendroit toujours n'avoir été ni volontairement, ni légitimement engagé.

De là la prescription des cinq ans. Peut-être a-t-elle été introduite à l'exemple de cette loi romaine, qui défendoit de troubler l'état des morts après cinq ans, et qui assure, par ce temps, les cendres et la mémoire d'un citoyen.

Les religieux sont regardés comme morts par rapport au siècle ; leur vie est cachée aux hommes ; ils ne doivent plus être vivans que devant Dieu.

Quoiqu'il en soit, cette prescription est établie par le concile de Trente, et reçue dans nos mœurs.

Elle fait présumer, ou qu'*ab initio* il n'y a eu aucun défaut dans la profession, ou qu'il peut être réparé par une longue persévérance.

Pour interrompre cette prescription, il faut réclamer, et réclamer par écrit et devant l'ordinaire ; toutes conditions essentielles et irréparables.

Mais il faut considérer cependant deux cas différens : ou l'on attaque la profession par les faits de force et de violence ou par une autre nullité.

Dans le premier cas, le défaut de réclamation est une barrière insurmontable.

Dans le second, il faut distinguer : ou le religieux a persévéré dans son état pendant les cinq ans, et alors on ne l'écoute pas; sa persévérance supplée au défaut du noviciat : ou au contraire, il ne s'est point cru valablement engagé, il est sorti du monastère, il a quitté, de fait plutôt que de droit, l'état religieux, et alors on ne peut pas dire qu'il ait couvert le défaut de noviciat par sa persévérance, et l'on peut douter qu'il y ait une valable fin de non-recevoir contre la nullité qui résulte de ce défaut.

Ces principes supposés, examinons les moyens d'abus.

Les uns regardent la forme, les autres touchent le fond.

Forme. Le premier moyen, tiré de ce que l'official n'a pas procédé conjointement avec le gardien, ne mérite presque pas d'attention.

1.° Il n'a pas tenu à l'official. Sommations sur sommations; procès-verbaux; refus perpétuel du gardien, sans en marquer aucune cause.

Celle qu'il a alléguée depuis n'est pas vraisemblable. C'est que l'official l'ait obligé de se retirer. La présomption est pour l'official, et d'ailleurs il faut observer les dates. C'est le 19 janvier 1695, qu'il se retire pour la première fois. Il revient le 9 février. Allègue-t-il alors que l'official l'ait contraint de se retirer? Nullement. Il dit simplement qu'il faut que Pierre des Chiens se remette en état; et quand est-ce qu'il commence à proposer ce fait? le lendemain de la sentence définitive.

2.° C'est, à proprement parler, dans l'official que réside le pouvoir dans une pareille occasion. Il l'a indépendamment du pape. Vous avez même jugé plusieurs fois, que quoique l'usage soit d'aller à Rome, on peut néanmoins s'adresser directement aux ordinaires.

3.° Enfin, le gardien même, lorsque le rescrit lui est adressé conjointement avec l'official, est plutôt partie, ou tout au plus témoin, que principal juge.

C'est enfin ce que vous avez décidé dans l'arrêt de Julien Coutard (1).

Second moyen d'abus. On n'a pas ordonné à Pierre des Chiens de reprendre l'habit de capucin.

On se trompe dans le fait; il faut ici se rappeler les violences des capucins à l'égard de Pierre des Chiens. L'official n'a pas osé le confier à leur

(1) Voyez ci-dessus le quarante-deuxième plaidoyer, du 14 mars 1697, page 188.

foi : il a cru que c'étoit le livrer entre les mains de ses ennemis. Il a pris un sage tempérament, il a ordonné qu'il se retireroit aux jacobins.

Les capucins ont été sommés de lui donner l'habit. C'est donc par leur faute qu'il n'a pas rempli plus tôt cette condition du rescrit.

Troisième moyen d'abus. Défaut de réclamation dans les cinq ans.

On peut faire plusieurs réflexions sur ce moyen qui est le plus considérable.

Et d'abord, qui sont ceux qui le proposent ?

Si c'étoient ses parens, ils seroient favorables : l'ordre public sembleroit parler pour eux. Ils diroient que la réclamation remise aux religieux, est insuffisante à leur égard, qu'il faut qu'elle soit faite devant l'ordinaire.

Si ce sont les religieux seuls, ils sont odieux, puisqu'eux-mêmes sont convenus qu'il y en avoit une; les témoins l'ont déclaré. Peut-être ne nous arrêterions-nous pas entièrement aux dépositions des témoins en cette matière; mais nous en trouvons une preuve plus que littérale dans les sommations réitérées aux capucins de représenter cette réclamation : aucune réponse de leur part, silence qui parle contre eux.

2.° Dans quelle espèce sommes-nous ?

S'agit-il d'un religieux qui, après avoir demeuré plus de cinq ans dans l'observation de sa règle, veuille détruire, par son inconstance, un ouvrage que sa profession a commencé, et que sa persévérance a consommé.

En ce cas, sa cause nous paroîtroit douteuse.

Mais ici il s'agit d'un homme qui ne s'est jamais cru valablement engagé, qui n'a demeuré que deux ans depuis sa profession chez les capucins, qui a effacé par là cette fin de non-recevoir qu'on auroit pu tirer de sa persévérance pendant cinq ans, s'il avoit toujours conservé son état.

Nous n'avons garde d'approuver sa conduite, au contraire, elle mérite d'être condamnée. Il falloit respecter, au moins, l'ombre et l'apparence d'une profession solennelle, et faire, en 1689, ce qu'il a fait depuis, en 1693, recourir à l'autorité de l'église pour le délier, ou prendre la voie de l'appel comme d'abus.

Mais cependant, rien ne détruit davantage cette fin de non-recevoir, qu'une réclamation, tacite à la vérité, mais très-réelle, d'un homme qui ne se croyant point lié, rentre dans le siècle, sans que jamais les capucins aient fait aucunes diligences pour l'obliger à revenir dans le cloître.

3.° Enfin, s'il s'agissoit de simples faits de violences, on pourroit appliquer, avec plus de succès, la règle des cinq ans.

Mais ici c'est le moindre des défauts qu'on propose; celui auquel on s'attache est l'interruption du noviciat. Comment ce défaut peut-il avoir été réparé par la demeure que Pierre des Chiens, infirme et languissant, a faite pendant deux ans seulement, dans l'ordre des capucins?

Après avoir examiné la sentence dans la forme, traitons à présent, en très-peu de paroles, ce qui regarde le fond.

Nous avons déjà expliqué le droit : l'application en paroît facile.

Sur la force que Pierre des Chiens prétend qu'on a employée pour le contraindre à embrasser l'état religieux, nous voyons peu de preuves, pour ne pas dire que nous n'en voyons aucune.

Au contraire, tout prouve l'interruption du noviciat.

1.° Les dépositions des médecins et des chirurgiens.

2.° Celles des témoins, qui disent qu'on l'a vu à la campagne, hors des maisons de son ordre.

3.° Celles des témoins, qui attestent qu'on l'a transféré à Langres.

4.° Les propres reconnoissances des capucins.

Comment peut-on soutenir, après cela, que le noviciat ait été régulier, et la profession légitime?

En cet état, vous voyez, d'un côté, une profession faite sans noviciat, par un homme infirme et languissant; une profession qui n'a pas été suivie d'une plus étroite observance de la règle, un homme toujours malade, errant de maison en maison, cherchant une santé qui n'étoit pas compatible avec son état.

Jamais le novice n'a connu la religion dans laquelle il a été reçu; jamais la religion ne l'a connu, ni avant, ni après la profession.

Enfin une profession suivie d'une possession de deux années, et depuis ce temps, sortie du religieux, silence des capucins, reconnoissance même de la nullité de sa profession.

De l'autre côté, une sentence juridique dans la forme, juste dans le fond.

Les parens mêmes la soutiennent contre leurs intérêts; les capucins seuls l'attaquent, et ils le font par le ministère d'une personne non-recevable.

La cour peut donc prononcer qu'il n'y a abus, si mieux elle n'aime déclarer le père temporel des capucins de Langres non-recevable, et même défendre aux pères temporels de prêter leur ministère en semblables causes.

Arrêt du 28 mars 1697.

Entre François de Mery, écuyer, syndic et père temporel des capucins de la ville de Langres, appelant comme d'abus d'une sentence rendue en l'officialité de ladite ville, le dix février mil six cent quatre-vingt-quinze, d'une part; et Pierre des Chiens, portant, lorsqu'il étoit audit couvent des capucins, le nom de frère Thadée, capucin, intimé, d'autre; et encore entre ledit des Chiens, demandeur aux fins de la commission, que l'arrêt qui interviendroit sur l'appel, fût déclaré commun et exécuté avec les défendeurs, selon sa forme et teneur, encore d'une part. Et Bonne Baudot, veuve de François des Chiens, et M.e Jacques Goyard, procureur ès siéges de Saint-Dizier; damoiselle Catherine des Chiens sa femme; Nicolas Marchy, marchand de ladite ville, et Bonne des Chiens sa femme; François des Chiens, marchand apothicaire, défendeurs, d'autre; lesquels avoient fait leur déclaration à l'audience, et par écrit, qu'ils se rapportoient à la cour de confirmer ou infirmer ladite sentence, ainsi qu'elle aviseroit par sa prudence. Après que Bonneau, avocat de l'appelant, et avocat des défendeurs, ont été ouïs pendant trois audiences; ensemble d'Aguesseau, pour le procureur-général du roi :

LA COUR déclare la partie de Bonneau non-recevable en son appel comme d'abus. sans préjudice aux capucins de Saint-Dizier de se pourvoir par les voies de droit, ainsi qu'ils aviseront bon être : fait défenses à la partie de Bonneau de procéder en justice au nom et pour les capucins de Saint-Dizier, si ce n'est pour legs à eux faits, ou autres choses qui regarderont purement leur temporel : enjoint aux capucins de Saint-Dizier, et à tous autres, de se pourvoir en la justice du roi, comme les autres sujets, pour toutes les autres choses qui pourront les concerner; condamne la partie de Bonneau en l'amende et aux dépens.

QUARANTE-CINQUIÈME PLAIDOYER.

DU 6 MAI 1697.

Sur une contestation entre plusieurs prétendans à la place de principal du collége de la Marche, les régens et boursiers de ce collége, les habitans de Bar-le-Duc et de Saint-Michel, les officiers et habitans de Chiny, et de Carignan, ci-devant Ivoix.

Les questions agitées dans cette cause concernoient, 1.° les réglemens et usages de l'Université, et les dispositions de la fondation et des statuts du collége de la Marche, sur les qualités nécessaires pour remplir la place de principal.

2.° *Le comté de Chiny, et la prévôté d'Ivoix, à présent Carignan, qu'une des parties prétendoit être comprise dans le duché de Luxembourg, quoique ces terres aient toujours été dans la souveraineté du roi.*

3.° *Une inscription de faux contre un acte que l'on prétendoit avoir été inscrit après coup sur un registre, dans la vue de prouver un fait véritable.*

La multitude des parties, le grand nombre des questions, qu'elles ont agitées, la variété et le détail presque infini des faits qui vous ont été exposés, rendent cette cause aussi vaste et aussi étendue dans son explication, qu'elle est importante et difficile dans sa décision, et nous obligent de retrancher tous les ornemens inutiles, pour entrer d'abord dans le récit du fait qui lui sert de fondement.

Pour le présenter avec quelque ordre, nous y distinguerons trois différentes parties, qui sont la matière de toutes les contestations sur lesquelles vous avez à prononcer.

La première est la fondation, l'établissement, et les statuts du collége de la Marche.

La seconde regarde les titres et les qualités différentes de cette foule de contendans qui se présentent aujourd'hui devant vous.

La troisième enfin se réduit à examiner l'ordre de la procédure, et cette dernière partie est celle que l'on peut justement considérer comme la principale et la plus importante de cette cause.

Le collége de la Marche a été fondé vers l'année 1420.

Deux différens titres comprennent tout ce qui regarde son institution : l'un est le testament de Guillaume de la Marche, fondateur de ce collége ; l'autre est le statut qui a été fait par les exécuteurs de son testament, et qu'on a toujours regardé comme une portion de la fondation, aussi sacrée et aussi religieusement observée que la première.

Le testament de Guillaume de la Marche ne contient qu'une seule disposition touchant l'établissement du collége qui porte son nom ; cette disposition est si courte, et en même temps si claire, qu'elle décideroit aisément toutes les questions que l'on a voulu agiter dans cette cause si c'étoit l'unique loi que l'on dût consulter pour sa décision.

Le testateur, après avoir fait plusieurs legs, veut et ordonne que le surplus de tous ses biens soit employé en œuvres pies, et spécialement à fonder six écoliers avec un maître. Il marque ensuite quelles doivent être les qualités et du maître et des écoliers.

Le maître doit toujours être prêtre : *Qui magister sit semper presbyter*, et Guillaume de la Marche le charge de célébrer trois messes la semaine.

Les écoliers doivent être choisis dans certaines

villes; trois ou quatre de la ville de la Marche, si l'on y trouve des sujets capables de répondre aux bonnes intentions du testateur; deux de la ville de Rosières en Lorraine.

C'est à quoi se terminent toutes les dispositions du testateur. Il marque le lieu de la naissance pour les écoliers. Il ne le marque point pour le maître, ou ce qui est la même chose, pour le principal qu'il leur donne.

Il ajoute à toutes les clauses de son testament, une dernière disposition générale, qui étoit presque de style dans tous les testamens en ce temps-là, et qui regarde le pouvoir des exécuteurs.

Il en nomme huit, et il déclare qu'il se dessaisit entre leurs mains de tous ses effets; qu'il les en rend maîtres, propriétaires, ou plutôt dispensateurs absolus, et leur donne un plein pouvoir d'exécuter toutes les clauses de son testament.

Tel est le premier titre de fondation du collége de la Marche. Il faut maintenant vous expliquer le second. Ce sont les statuts qui ont été faits par les exécuteurs testamentaires de Guillaume de la Marche.

Après son décès, le nombre de ses exécuteurs se trouva réduit à un seul, et c'étoit M.e Beuvin de Winiville. Il s'adressa à l'évêque de Paris pour accomplir les dernières et pieuses volontés du testateur. L'évêque de Paris lui donna d'office trois collègues nouveaux pour exécuter avec lui le dessein de la fondation.

Ce fut avec eux qu'il dressa les statuts qui ont toujours été observés dans le collége de la Marche.

Nous n'entrerons point ici dans le détail des réglemens qu'ils contiennent; nous ne vous expliquerons que les articles qui ont un rapport nécessaire à la décision de cette cause, c'est-à-dire, ceux qui marquent quelles sont les conditions requises pour remplir la place de principal.

L'on commence par exiger de lui les qualités personnelles; et, après lui avoir imposé la nécessité d'être prêtre, ou de se faire promouvoir au sacerdoce dans un temps, qualité qui étoit prescrite par le testament de Guillaume de la Marche, les exécuteurs y en ajoutent une autre que le testateur n'avoit pas marquée, c'est celle de régent en philosophie dans les écoles publiques que la faculté des arts avoit alors dans la rue du Fouare, *qui sit anno quolibet, et continuè, regens in vico Straminis* (ce sont ces termes qui ont servi de sujet à une des dissertations que l'on a faites dans cette cause) et lorsqu'il sera parvenu à la place de principal, on lui impose la nécessité de faire des leçons et des répétitions dans le collége, ou de les faire faire par un autre, en cas qu'il en soit dispensé par un empêchement légitime.

La prévoyance des exécuteurs testamentaires s'est étendue encore plus loin; non contens des qualités personnelles qu'ils ont désirées dans celui qui devoit être principal de ce collége, ils ont encore marqué quelle devoit être sa naissance.

Il en est fait mention en deux endroits différens des statuts.

Dans le premier, il est dit que le principal doit toujours être originaire de la Marche, ou de la ville la plus proche, soumise au duc de Bar, si l'on y trouve des sujets capables, sinon de la province de Reims ou de Sens : *Sit semper de villâ de Marchia, aut proximiori, subjectâ domino duci Barrensi, si habilis reperiatur, aut saltem de provinciâ Remensi vel Senonensi, et nunquam de aliâ provinciâ.*

Dans le second, on ajoute qu'il faut que la ville dans laquelle le principal aura reçu la vie, soit immédiatement et totalement soumise au duc de Bar : *De villis sub dominio ducis Barrensis immediatè et totaliter existentibus.* Il est vrai qu'à la fin de cette même clause, il semble qu'on s'attache uniquement à ce qui étoit porté par la première partie du statut, c'est-à-dire, qu'on exige du principal, en termes généraux, qu'il soit *de ducatu Barrensi, vel saltem de provinciâ Remensi, vel Senonensi, secundùm ritum ecclesiæ, et nunquam de aliâ provinciâ.* Nous tirons les termes mêmes de cette clause, qu'aucune des parties n'a voulu lire à la cour, dans toute son intégrité, mais nous différons de faire cette lecture jusqu'au temps où nous tâcherons de vous montrer quelle doit en être l'interprétation légitime.

Ce collége, ainsi fondé, est soumis entièrement, par les exécuteurs testamentaires, à la visite et à la correction de l'évêque de Paris. C'est à lui qu'on attribue l'institution des boursiers, et la pleine collation de la principalité. C'est lui qui approuve, qui confirme, qui autorise les statuts. C'est à lui-même, enfin, qu'on attribue, par une clause particulière, le pouvoir absolu de les interpréter.

Jean de la Rochetaillée, qui fut ensuite archevêque de Rouen, et cardinal, et qui prend, dans cet acte, la qualité de patriarche de Constantinople, est celui qui autorise ces statuts, en qualité d'administrateur perpétuel de l'église de Paris; qualité que l'usage, ou plutôt l'abus de posséder les évêchés en commende, avoit alors introduite, et qu'un siècle plus éclairé a abolie en France.

Voilà, MESSIEURS, quelle a été l'origine, l'institution, et le premier réglement du collége de la Marche. Telle est la loi commune à laquelle toutes les parties se soumettent, et telle est en même temps la première partie du fait, par laquelle nous avons cru devoir commencer l'explication de cette cause.

Après vous avoir montré quelle est la qualité de la place qui est l'objet des vœux de tant de parties, voyons maintenant quels sont les titres de ceux qui y aspirent.

Le premier, dans l'ordre des dates, est M.e Wiry-Henricy, docteur de Sorbonne, partie de M.e Nivelle. Le lieu de sa naissance est le principal sujet de cette cause; et, sans y entrer encore à présent, nous nous contenterons d'observer qu'il a deux avantages réunis en sa faveur: l'un, d'être le premier dans l'ordre des dates, qui ait obtenu des provisions; l'autre, d'être le seul qui soit toujours demeuré, depuis ce temps, dans la possession actuelle et continue de la principalité de la Marche.

Il est pourvu par feu M. l'archevêque de Paris, au mois d'août 1693, sur la démission de M.e Gilles le Sourd, à présent curé de Saint-Paul; et l'on prétend que ses provisions ne sont pas tant une collation volontaire, qu'une espèce de jugement contradictoire rendu en très-grande connoissance de cause, entre M.e Wiry-Henricy et M.e Jacques Salmon, par lequel le collateur, interprète naturel et légitime des statuts du collége de la Marche, a prononcé en faveur du premier une décision inviolable.

Ces provisions portent que M. l'archevêque de Paris, comme collateur ordinaire de la principalité vacante, l'a conférée à M.e Wiry-Henricy, natif du lieu de Puilly, et comme étant des lieux du duché de Bar: *Tanquam de locis ducatûs Barrensis.*

C'est ainsi que le collateur a expliqué les motifs et les fondemens de la grâce qu'il accordoit à M.e Wiry-Henricy, et ce sont ces mêmes motifs que l'on prétend combattre aujourd'hui, en prouvant qu'il n'est point originaire du lieu de Puilly, et que ce lieu n'est ni mouvant du duché de Bar, ni compris dans le nombre des villes qui sont marquées par les statuts du collége de la Marche.

Ce premier titre a été suivi d'une prise de possession, le 26 septembre 1693, possession qui, jusqu'à présent, n'a été interrompue que civilement.

M.e Louis-François le Vert est le second de ceux qui se présentent aujourd'hui pour demander la place de principal du collége de la Marche. Il a l'avantage d'être docteur en la faculté de théologie, comme M.e Wiry-Henricy. Il est né dans le diocèse de Sens, qui est constamment une des provinces marquées par la fondation, et il gouverne, dans ce diocèse, la paroisse de Montboui, dont il est curé depuis plusieurs années.

Il n'est pas inutile d'observer ici, avec exactitude, toutes les circonstances qui ont accompagné la réquisition qu'il a faite de la principalité de la Marche.

Il ne s'est point présenté en personne devant feu M. l'archevêque de Paris, pour lui demander cette place; il a emprunté, pour paroître devant lui, le ministère d'un procureur. Le porteur de sa procuration étoit le nommé Simon des Vœux. C'est lui qui requiert le collateur de lui accorder des provisions. Le collateur les refuse. Il rend, en même temps, raison de son refus; et il déclare que quand Louis-François le Vert comparoîtra en personne, il verra ce qu'il aura à répondre.

Le Vert s'est pourvu, sur ce refus, par-devant le lieutenant-civil, pour avoir permission de prendre possession; et ne l'ayant point encore obtenue, il est vrai de dire qu'il n'a pour toute possession qu'une demande, et pour provisions qu'un refus.

Le troisième compétiteur, qui le suit immédiatement, est M.e Jacques Salmon, aussi docteur en la faculté de théologie, professeur en cette même faculté, né dans le diocèse de Sens, et le seul de tous les contendans qui ait l'avantage d'avoir enseigné un cours de philosophie; prérogative qui peut seule suffire, si on l'en croit, pour lui faire mériter la préférence sur tous ses compétiteurs.

Il n'a requis publiquement l'office de principal que le 13 avril 1696, deux ans et huit mois après les provisions obtenues par la partie de M.e Nivelle. Il en obtint des provisions le 14, fondées sur la démission de le Sourd, et sur l'incapacité de Wiry-Henricy et de le Vert. On a inséré, dans ces provisions, la clause *ad conservationem Juris*. Il prend possession le 16; Wiry-Henricy s'y oppose; les boursiers demandent trois jours pour délibérer. Tel est l'état dans lequel il se présente devant vous.

Vous avez vu paroître, après Jacques Salmon, un quatrième pourvu de la même principalité : c'est M.e Pierre-Paul Martinet, licencié en théologie, né dans le duché de Bar, âgé seulement de vingt-cinq ans et quelques mois, lorsqu'il a présenté sa réquisition. Il prétend réparer le défaut de son âge par la faveur de ceux qui l'ont présenté. Ce sont les boursiers du collége de la Marche qui le présentèrent à M. l'archevêque, par un acte sous seing-privé. M. l'archevêque lui accorda, le 10 mai 1696, des provisions limitées par une clause précise, qui porte qu'il ne l'est que *ad conservationem Juris duntaxat ; attento quod locus esset plenus.* Il prend possession le 11 mai ; Wiry-Henricy s'y oppose. Les choses étoient dans cet état, lorsqu'un dernier compétiteur a paru sur les rangs : c'est François Thouastre, originaire aussi du duché de Bar, et à présent curé dans le diocèse de Beauvais, distingué de tous les concurrens par une prérogative singulière : il a lui seul l'avantage d'avoir été élevé dans le collége de la Marche ; il a obtenu des provisions semblables à celles de Martinet ; et s'il est, dans l'ordre de la procédure, le dernier qui soit entré dans cette contestation, il prétend qu'il doit être le premier dans celui de la décision que toutes les parties attendent dans votre audience.

Après vous avoir donné, Messieurs, cette idée générale de la cause et des parties, nous entrerons ensuite dans l'explication de la procédure, dont le détail, quoique long et ennuyeux en lui-même, est néanmoins absolument nécessaire pour le jugement de cette contestation.

Nous y distinguerons deux temps, et comme deux époques différentes.

Le premier temps comprend ce qui regarde l'arrêt contre lequel la requête civile est obtenue, et se réduit à vous expliquer la procédure qui l'a précédé.

Le second renferme tout ce qui s'est passé depuis cet arrêt, et consiste principalement dans le récit de toutes les démarches que l'on a faites pour trouver des preuves de la fausseté dont on accuse la partie de M.e Nivelle.

Dans le premier temps, de toutes les parties qui paroissent aujourd'hui, il n'y en avoit qu'une seule qui combattoit le titre de M.e Wiry-Henricy.

Dans le second temps, toutes les parties se sont

réunies contre lui, et ont travaillé de concert à détruire ses provisions.

Louis-François le Vert, le premier de ses adversaires, après avoir essuyé le refus du collateur, se pourvut par-devant le lieutenant-civil. Il demanda permission de se mettre en possession pour la conservation de son droit; le lieutenant-civil ordonna simplement que les parties seroient assignées. Le Vert fait d'abord assigner le sieur le Sourd, et attaque ensuite M.e Wiry-Henricy. Celui-ci comparoît, décline la juridiction du châtelet, et demande son renvoi devant le chancelier de l'université. On le déboute de son déclinatoire. Il interjette appel de la sentence du châtelet. Par arrêt contradictoire, la sentence est infirmée, et les parties sont renvoyées devant le chancelier de l'église de Paris et de l'université, juge ordinaire de ces sortes de contestations.

Le Vert, qui jusqu'alors avoit paru fort ardent dans cette poursuite, cesse en ce moment de paroître. On le fait assigner inutilement devant le chancelier de l'université. Il ne comparoît point. On rend une première sentence par défaut, qui porte qu'il sera délibéré avant que d'en adjuger le profit.

C'est dans cet état, et dans ces circonstances, qu'il survient une nouvelle partie qui ne paroît plus aujourd'hui dans cette cause. Louis de Vitry, originaire du diocèse de Reims, donne sa requête à fin d'intervention. Elle n'est signifiée qu'à Wiry-Henricy. Le chancelier joint le défaut obtenu contre le Vert à cette nouvelle instance; Henricy et Vitry plaident contradictoirement devant lui. Le premier y fait un très-long plaidoyer, dans lequel il s'étend beaucoup pour prouver que la naissance lui a donné tous les avantages nécessaires pour remplir la place de principal. Vitry répond, en assez peu de paroles, qu'à la vérité le comté de Chiny est un fief mouvant du duché de Bar, mais qu'il ne suffit pas d'être né dans un lieu mouvant du duché de Bar, qu'il faut être né dans une ville qui soit soumise totalement et immédiatement à son autorité. Enfin, après une très-longue réplique de Wiry-Henricy, le chancelier de l'université, assisté de deux docteurs et de deux avocats, rend une sentence définitive, par laquelle Vitry est débouté de sa demande, Henricy maintenu, la sentence déclarée commune avec le Vert, qui refusoit opiniâtrément de comparoître.

Cette sentence est signifiée dans toutes les formes, et à Vitry et à le Vert. Le Vert demeure dans le silence. Vitry en interjette appel par un simple acte; M.e Wiry-Henricy le fait anticiper, et en même temps prend une commission en vertu de laquelle il fait assigner le Vert en la cour, pour voir déclarer l'arrêt commun.

Les délais des assignations expirent. Le Vert ne comparoît point. On lève un défaut en la manière accoutumée. Il intervient un arrêt qui le déclare bien obtenu; et, au lieu d'en adjuger en même temps le profit, la cour le joint à l'instance d'appel qui étoit poursuivie contradictoirement entre les deux autres parties.

Cet arrêt est rendu le 22 décembre 1694. Il n'a jamais été signifié à le Vert, et c'est pour cela qu'il vous a dit que, quoique la voie d'opposition fût recevable, il avoit néanmoins pris celle de la requête civile, par respect pour l'arrêt.

Cependant M.e Wiry-Henricy poursuit le jugement de l'appel interjeté par Vitry; et enfin, par un arrêt rendu contradictoirement entre lui et Vitry, et par défaut contre le Vert, la sentence du chancelier est confirmée, et l'arrêt déclaré commun avec le Vert.

Cet arrêt a été signifié à M.e François le Vert, le 11 mai 1695, en parlant à sa personne. Un silence de six mois sembloit l'avoir confirmé, lorsque le pénultième jour des six mois, c'est-à-dire, le 10 septembre 1695, il a obtenu des lettres en forme de requête civile. Il a fait donner assignation sur ces lettres, le 12 du même mois, et c'est cette procédure qui finit le premier temps, dans lequel nous nous sommes proposés de vous expliquer tout ce qui regarde l'arrêt, et qui commence le second, dans lequel nous devons vous faire le récit de la procédure que l'on a suivie pour parvenir à la découverte du délit qui fait la principale matière de cette longue contestation.

Nous sommes obligés d'abandonner ici l'ordre des dates, pour remonter plus haut, et reprendre quelques faits importans dont nous ne vous avons point parlé, de peur d'interrompre le récit que nous vous avons fait de toute la procédure qui a précédé l'arrêt.

Toute la prétention de M.e Wiry-Henricy, et dans le temps que sa cause étoit pendante au tribunal du chancelier de l'université, et depuis qu'elle a été portée en la cour, et même encore aujourd'hui, se renferme à soutenir qu'il est né dans le village de Puilly, qui fait partie du comté de Chiny, relevant immédiatement du duc de Bar.

La preuve de ce fait, fondement unique de sa capacité, est tirée d'un extrait baptistaire que M.e Nicolas Furniret, curé de Puilly, lui a délivré au mois de juin 1693, par lequel il paroît qu'il est né le 3 octobre 1654, qu'il a été baptisé le 5 du même mois, et que cela est ainsi écrit dans les registres de baptêmes de la paroisse de Puilly.

C'est cet extrait baptistaire que M.e Wiry-Henricy a représenté à M. l'archevêque de Paris : c'est celui qu'il a fait insérer dans la sentence du chancelier de l'université : c'est enfin celui qu'il soutient encore aujourd'hui comme véritable, et conforme à son original.

Pendant que, sur le fondement de cette pièce, il demandoit des provisions à M. l'archevêque de Paris, Furniret, curé de Puilly, qui la lui avoit délivrée, travailloit lui-même à la détruire.

Il donna, le 1.er août 1693, un écrit sous seing-privé au nommé du Barret, commis employé dans la régie des fermes du roi, par lequel il s'accuse lui-même d'une fausseté punissable, et déclare qu'à la vérité il n'a point trouvé le baptême de M.e Wiry-

Henricy sur les registres de sa paroisse; mais qu'ayant appris qu'il étoit né à Puilly, il s'est informé du temps de la naissance, et qu'il a su, par plusieurs anciens habitans de ce lieu, qu'il étoit né environ le 3 octobre 1654, et qu'il avoit été baptisé le 5 du même mois; qu'il a cru ensuite pouvoir réparer cette omission sur le registre, et qu'il l'a fait d'autant plus facilement, qu'il y avoit plusieurs feuilles blanches, dont il en a rempli une de ce baptême, comme ayant été fait en l'année 1654.

Cette déclaration a été remise entre les mains de le Vert. Nous ignorons par quelle voie et dans quel temps on la lui a confiée; mais il est certain qu'elle n'a paru qu'après l'arrêt, et que c'est cette pièce qui a servi de premier indice pour commencer l'instruction que nous allons vous expliquer.

A peine les lettres en forme de requête civile eurent-elles été signifiées, que le Vert obtint un compulsoire pour faire compulser les registres de baptêmes de la paroisse de Puilly.

On assigne le curé pour représenter le registre; on assigne M.e Wiry-Henricy pour assister à la représentation.

Le 11 octobre 1695, étoit le jour de l'échéance de l'assignation; l'huissier se transporte dans la maison presbytérale du curé de Puilly : ni le curé, ni la partie assignée ne s'y trouvent; on dresse un procès-verbal de leur absence; l'huissier donne assignation au curé, en parlant à sa servante, pour comparoître au parlement; son procès-verbal s'achève. Alors un frère de la partie de M.e Nivelle, et le curé de Puilly, arrivent. L'un déclare qu'il est arrivé en poste pour assister au compulsoire; l'autre répond aux sommations qui lui sont faites par l'huissier de représenter ses registres, que quant à présent il n'a aucun registre de baptêmes en sa possession, si ce n'est ceux qu'il a tenus depuis quatre ans; que les registres tenus par son prédécesseur peuvent être parmi plusieurs effets qu'il a été obligé d'envoyer à plusieurs endroits par forme de refuge; que quant à présent il ne sait où ils sont, et qu'aussitôt qu'il les aura en sa possession, il offre d'en donner toute communication nécessaire ; et il ajoute que cependant il est vrai qu'il a donné une forme d'extrait véritable au sieur Wiry-Henricy.

Cependant ce procès-verbal est suivi d'une demande intentée par le Vert contre Furniret, curé de Puilly, afin de l'obliger à représenter ses registres.

En même temps il s'inscrit en faux contre l'extrait baptistaire et contre le registre dont on prétendoit qu'il étoit tiré. Il somme M.e Wiry-Henricy de déclarer s'il entend se servir de l'un et de l'autre. Sa réponse est qu'il déclare qu'à l'égard de son extrait baptistaire, il prétend s'en servir; mais que pour ce qui regarde le registre, c'est un piége qu'on lui tend pour le surprendre, attendu que le curé a déclaré qu'il ne l'avoit point en sa possession.

Peu de temps après cette déclaration, il présente une requête à la cour, par laquelle il demande qu'en cas qu'elle trouve quelque difficulté à juger suivant son extrait baptistaire, il lui plaise de lui permettre de faire preuve, par témoins, qu'il est né et qu'il a été baptisé dans le lieu de Puilly.

D'un autre côté, le Vert le presse de faire apporter le registre au greffe de la cour.

Les parties viennent plaider à l'audience sur leurs différentes requêtes; et c'est en cet état que la cour a prononcé le premier des deux arrêts qui ont servi de fondement aux diligences que l'on a faites pour prouver la prétendue fausseté de l'extrait baptistaire.

La disposition de cet arrêt est très-remarquable. Il donne acte d'abord à M.e Wiry-Henricy de la déclaration par lui faite à l'audience, qu'il n'a point d'autre extrait baptistaire que celui qu'il a remis au greffe de la cour, et qu'il n'a point celui sur lequel il a été ordonné prêtre. L'arrêt ordonne ensuite, premièrement, que Furniret, curé de Puilly, sera tenu de faire rapporter, dans un mois, le registre des baptêmes au greffe de la cour, ou d'indiquer précisément l'endroit où il l'a fait porter. En second lieu, qu'il sera pareillement tenu de reconnoître ou dénier l'écriture ou signature de l'acte par lui donné le 1.er août 1693, au nommé du Barret, dans lequel il s'accuse de fausseté. On joint à l'instance principale le surplus des requêtes, c'est-à-dire la demande que la partie de M.e Nivelle avoit formée à fin de permission de faire preuve, par témoins, du fait de sa naissance à Puilly.

Cet arrêt n'a point eu d'autre effet, que d'obliger le curé de Puilly de faire une déclaration plus précise du lieu où il avoit déposé les registres de sa paroisse, et de tomber dans une variation qui rend, et cette cause douteuse, et sa conduite très-suspecte.

Le 21 juillet 1696, Furniret se transporte chez un notaire. Il déclare devant lui, qu'après avoir mûrement considéré l'arrêt, il est obligé de reconnoître qu'il a porté dans l'abbaye d'Orval le registre qu'on lui demande; qu'il a cru le déposer dans un lieu sûr, et qu'il l'a fait par la crainte des incursions continuelles des ennemis; qu'il l'a déjà dit ainsi dans le procès-verbal de compulsoire, et qu'il offrit même à l'huissier d'aller avec lui dans l'abbaye d'Orval pour y trouver ce registre; que, depuis ce temps-là, le registre ne s'est plus retrouvé, et qu'il ne le retient par dol, fraude, ni autrement.

Telle est, Messieurs, la première partie de la déclaration qui concerne uniquement la représentation du registre. Il y en ajoute une seconde, qui regarde la déclaration qu'il avoit donnée en l'année 1693.

Il dit, en propres termes, qu'il ne se souvient point de ce que c'est que ledit acte; que s'il s'en trouve un de cette qualité, qui ait été signé de lui, il faut qu'il ait été surpris par le rapport que le sieur du Barret fit à celui qui l'a écrit, n'étant point véritable qu'il ait écrit après coup, sur le registre, le baptême en question, dont il a délivré un extrait qui contient vérité en la forme et au fond, lequel a été tiré sur l'original qui étoit dans ledit registre, et n'y a point été inséré après coup par ledit sieur curé.

Quelque favorable que cette déclaration paroisse à la partie de M.e Nivelle, elle est néanmoins combattue par un fait que nous ne pouvons nous dispenser de relever en cet endroit.

Le curé de Puilly prétend que cet acte est beaucoup moins son ouvrage que celui de la partie de M.e Nivelle.

En effet, il rapporte un projet de cette déclaration, que l'on n'a pourtant pas entièrement suivi, qui paroît apostillé en un endroit de la main de la partie de M.e Nivelle. Son écriture a été reconnue. Il la reconnoît même en votre audience.

Nous vous expliquerons dans la suite les inductions que l'on a tirées de ce fait, et les réponses qu'on leur oppose. Nous nous contentons de l'observer à présent dans l'ordre des dates, et nous acheverons de vous expliquer, en très-peu de paroles, les faits qui ont suivi cette déclaration.

Les parties sont revenues en la cour. Le Vert a soutenu que le curé de Puilly n'avoit point pleinement satisfait à l'arrêt. La partie de M.e Nivelle a prétendu, au contraire, que l'arrêt étoit exécuté, et qu'il ne s'agissoit plus que de donner les moyens de faux, pour mettre l'affaire en état.

Sur cette dernière contestation, la cour a rendu le dernier arrêt qui a mis la cause dans la situation dans laquelle elle est aujourd'hui.

Cet arrêt reçoit d'abord Salmon et Martinet parties intervenantes, et ordonne ensuite que l'écrit du premier août 1693, sera porté au greffe de la justice royale la plus prochaine de Puilly, pour y être reconnu ou dénié par M.e Nicolas Furniret, et cependant que M.e Jacques Salmon fera toutes les perquisitions nécessaires pour trouver le registre.

Les deux parties de cet arrêt ont été également exécutées.

L'écrit du curé de Puilly a été apporté au greffe de la prévôté de Chavency. Toutes les parties ont été appelées pour assister à la reconnoissance de cette déclaration. Le curé de Puilly y a comparu en personne; et, après avoir pris communication de cet écrit, il a reconnu sa signature; il a ajouté que cette déclaration qu'il avoit signée, en 1693, contenoit vérité. Il l'a confirmée encore de nouveau; mais, en même temps, il a déclaré qu'il a cru rendre service à la partie de M.e Nivelle en donnant cet écrit; que du Barret lui avoit fait entendre que la partie de M.e Nivelle en avoit besoin, et que, sans cela, il ne l'auroit jamais donné: circonstance qui est une des plus importantes de cette cause.

Cette reconnoissance précise du curé de Puilly, a été suivie de deux interrogatoires qu'il a subis par-devant le même juge.

Il répète dans ces interrogatoires les mêmes faits qu'il avoit déjà déclarés; il les explique dans un plus grand détail. Il prétend qu'il a pu, sans crime, ajouter, sur les registres de sa paroisse, le baptême dont il s'agit; qu'il n'a fait que prêter, à une vérité publique et constante, le secours nécessaire d'une preuve légitime. Il avoue qu'il a déjà rendu le même service à d'autres particuliers qu'il nomme; mais il ajoute à ces faits d'autres circonstances non moins importantes que les premières. Il déclare qu'il a eu la facilité de confier le registre de baptêmes de l'année 1654 au curé de Tonne-le-Pré, qui est frère de la partie de M.e Nivelle, et que, malgré la promesse expresse qu'il lui avoit faite de le lui remettre entre les mains, il le retient encore à présent; que le même curé de Tonne-le-Pré lui a donné une indemnité, mais qu'il a eu l'adresse de la retirer de ses mains; que néanmoins le répondant a pris la précaution d'en retirer une copie collationnée; qu'enfin il a eu une confiance aveugle pour le même curé, et qu'il lui a donné une procuration pour charger un procureur de défendre à l'assignation qui lui a été donnée en la cour.

Tels sont, Messieurs, les principaux faits qui sont contenus dans l'interrogatoire. Nous vous les expliquerons encore plus en détail, lorsque nous vous rendrons compte des moyens des parties.

Après vous en avoir donné une légère idée, et vous avoir marqué quelle a été l'exécution de la première partie de l'arrêt, il faut maintenant vous expliquer comment on a exécuté la seconde, et quel a été le fruit des perquisitions que M.e Jacques Salmon a faites du registre des baptêmes de la paroisse de Puilly, en vertu du pouvoir que la cour lui en avoit donné par son arrêt.

L'huissier s'est transporté, en conséquence, dans l'abbaye d'Orval, où d'un côté le célérier a répondu que M.e Nicolas Furniret avoit, dans l'abbaye, un coffre plein de papiers ; et de l'autre, deux frères oblats ont fait des déclarations beaucoup plus précises.

L'un a déclaré qu'il avoit vu Furniret, curé de Puilly, avec le curé de Tonne-le-Pré, chercher dans un coffre qui est déposé dans leur monastère, et qu'il les a vus tirer et remettre des livres.

Le second explique plus particulièrement le détail de cette action. Il déclare qu'il y a treize ou quatorze mois qu'il vit venir à l'abbaye d'Orval, Furniret, curé de Puilly, avec le curé de Tonne-le-Pré; qu'il leur ouvrit la porte de la chambre où le curé de Puilly avoit déposé un coffre plein de papiers ; qu'ils cherchèrent pendant quelque temps des registres dans ce coffre, et que Furniret tira un petit registre couvert de parchemin, qu'il donna au curé de Tonne-le-Pré, en disant : *Voilà ce que vous cherchez ;* qu'ils sortirent ensuite ; et dirent qu'ils avoient fait leur affaire, et que, depuis ce temps, le curé de Puilly lui dit que le curé de Tonne-le-Pré refusoit de lui rendre son registre.

Il est important de remarquer que le temps qui est marqué par ce religieux, est précisément celui du compulsoire, dans lequel on a commencé à alléguer la perte des registres. Ainsi, en supposant sa déposition véritable, c'est immédiatement avant le compulsoire, que le registre des baptêmes a été confié au frère de la partie de M.e Nivelle.

On ne s'est pas contenté de cette première perquisition faite dans l'abbaye d'Orval. Le même huissier y a retourné une seconde fois. Le premier des deux frères oblats qui avoient déjà répondu à la première sommation, a été encore entendu. Il a déclaré qu'il persistoit dans ce qu'il avoit dit, et qu'il n'avoit rien à y ajouter, si ce n'est qu'il lui semble que le curé de Puilly dit au curé de Tonne-le-Pré, en lui présentant un registre : *Voilà ce que vous cherchez.*

Enfin, l'on a joint à toutes ces perquisitions, une dernière sommation faite au curé de Clerbault, qui n'a fait qu'une réponse générale, et qui paroît assez peu importante pour la décision de la cause.

C'est ainsi, MESSIEURS, que l'arrêt de la cour a été exécuté. Le curé de Puilly a reconnu son écriture; et Salmon a fait faire les perquisitions du registre que nous venons de vous expliquer.

M.e Wiry-Henricy a fait aussi, de son côté, quelques procédures, par lesquelles nous finirons le récit du fait de cette cause.

Il a fait interroger trois parties sur faits et articles.

Le premier, est le curé de Puilly, qui convient des liaisons qu'il a à présent avec M.e Jacques Salmon; et qui déclare même qu'il lui a envoyé une procuration pour révoquer son procureur, et en constituer un nouveau. Il confirme, dans cet interrogatoire, tous les faits qui sont contenus dans ceux qu'il a subis à la requête de le Vert, et il proteste qu'il n'a été ni suborné, ni intimidé, ni surpris, lorsqu'il a fait toutes les déclarations qui y sont contenues.

Le second, est M.e Jacques Salmon; et le troisième, qu'il ne faut point séparer du second, est M.e Louis-François le Vert, curé de Mauboüi, dans le diocèse de Sens.

Ils ont tous deux expliqué les mêmes faits. Les deux principaux sont :

Qu'il y a eu autrefois un traité fait entr'eux, par

lequel le Vert cédoit tous ses droits à Salmon, mais que ce traité ne subsiste plus aujourd'hui.

Et que, même à présent, c'est M.e Jacques Salmon qui a avancé tous les frais du procès, et qui a consigné l'amende de la requête civile, quoiqu'elle ne soit obtenue que sous le nom de le Vert.

Voilà, MESSIEURS, quel est le véritable état de cette contestation. Tels sont les faits qui en forment le plan et la difficulté. Nous y ajouterons seulement ce qui regarde l'intervention de quelques nouvelles parties qui sont survenues dans cette cause.

Outre les cinq contendans dont nous avons expliqué d'abord les titres et les qualités, trois nouvelles parties qui se partagent entr'eux, et les appuient de leurs suffrages.

Les habitans du duché de Bar sont intervenus les premiers, et demandent la confirmation du privilége qu'ils prétendent avoir d'être préférés à tous les étrangers, dans l'office du principal du collége de la Marche, et ces nouvelles parties interviennent pour soutenir la prétention de M.e Pierre-Paul Martinet, qui est le seul des contendans jusqu'à l'intervention de Thouastre, qui ait l'avantage d'être né dans le duché de Bar.

La seconde intervention est formée par les habitans du comté de Chiny, pour soutenir qu'ils font partie du duché de Bar, au moins par rapport au privilége de la fondation.

Enfin vous avez vu les régens et les boursiers du collége de la Marche intervenir aussi dans cette cause; et ces deux dernières parties intervenantes sont des troupes auxiliaires qui se présentent pour la défense de M.e Wiry-Henricy. Il est vrai que, depuis que cette intervention des boursiers a été introduite en la cour, il y en a plusieurs qui ont fait une espèce de désertion, et qui, ayant protesté contre l'acte qu'ils ont signé en sa faveur, se sont rangés du côté de M.e Martinet. On prétend que quelques-uns, par une seconde variation, sont rentrés dans le parti de M.e Wiry-Henricy.

Ainsi, il est certain que cette affaire cause, dans le collége de la Marche une espèce de schisme et de division, pendant laquelle il est impossible d'y conserver et encore moins d'y rétablir la discipline.

Cette multitude de différentes parties, qui paroissent dans votre audience, se réunit d'abord pour combattre leur ennemi commun, M.e Wiry-Henricy; elles se partagent ensuite pour se détruire mutuellement, et pour vous demander réciproquement la préférence sur leurs concurrens.

On propose, de leur part, deux sortes de moyens contre leur principal adversaire.

Les uns sont uniquement tirés de la forme, et sont propres et particuliers à M.e Louis-François le Vert.

Les autres sont pris du fondement de la contestation, et sont communs à toutes les parties qui combattent le titre et les droits de M.e Wiry-Henricy.

Dans la forme, la sentence du chancelier est injuste. L'arrêt qui la confirme a été surpris.

Trois ouvertures de requête civile.

1.° L'arrêt confirme une sentence rendue sur des procédures absolument nulles.

L'ordonnance exige la signification des interventions.

Cependant l'intervention de Vitry n'a pas été signifiée à le Vert, et c'est sur le fondement de cette intervention que la sentence et l'arrêt sont intervenus.

2.° La procédure est absolument collusoire entre Vitry et la partie de M.e Nivelle, pour frustrer le Vert du droit qu'il avoit d'interjeter appel pendant trois ans.

3.° L'arrêt qui joint à l'instance d'appel la demande formée contre le Vert, pour faire déclarer l'arrêt commun, est par défaut. L'opposition seroit recevable; mais il y a un moyen invincible de requête civile. Cet arrêt non signifié, nul avenir pour obtenir l'arrêt définitif. Donc il y a une contravention à la forme prescrite par l'ordonnance, qui fournit une ouverture de requête civile.

Dans le fond, trois propositions générales communes à toutes les parties qui combattent contre la partie de M.e Nivelle.

Première proposition. L'extrait baptistaire est faux, et il faut en conclure que celui qui le rapporte n'est point né dans le lieu de Puilly; autrement on auroit commis une fausseté inutile.

Elle est rétablie par des preuves non suspectes, et par des témoins irréprochables.

Le curé de Puilly avoue la fausseté. C'est un coupable qui reconnoît son crime.

Le frère de la partie de M.e Nivelle écrit des lettres, et donne une indemnité au curé. C'est un complice qui se trahit lui-même.

Deux religieux de l'abbaye d'Orval déposent précisément du fait important de la soustraction des registres. Ce sont des saints qui rendent témoignage à la vérité.

Enfin la partie de M.e Nivelle se confond lui-même par ses réponses, par ses démarches, par le soin qu'il prend pour tirer avantage de ce mystère. C'est le premier auteur de la fausseté, qui est forcé de déposer contre lui-même, et de fournir contre sa conduite, le témoignage le moins suspect et le plus convaincant.

Une infinité d'autres preuves se joignent en foule; et il est impossible de résister à l'impression naturelle que tous ces faits font sur l'esprit de ceux qui les écoutent.

Seconde proposition. Le lieu de Puilly n'est pas un des lieux portés par la fondation.

On établit cette proposition par deux moyens principaux.

1.° Le lieu de Puilly est dans la prévôté d'Ivoix, et la prévôté d'Ivoix est constamment dans le duché de Luxembourg. Tous les géographes, tous les historiens, on dit plus, tous les actes passés entre les souverains, confirment cette vérité. Il ne faut que consulter le traité des Pyrénées, où l'on cède Ivoix comme faisant partie du duché de Luxembourg. On pourroit même contester que le lieu de Puilly et la prévôté d'Ivoix fassent partie du comté de Chiny; mais, quand on en conviendroit, Chiny n'est point mouvant du duché de Bar. Nul titre qui le justifie. Le jugement des commissaires du roi est fondé sur d'autres principes.

2.° Quand Puilly seroit dans la mouvance du duché de Bar, quelle induction pourroit-on en tirer? Les termes de la fondation excluroient toujours ceux qui ne sont nés que dans la mouvance du duc de Bar. Quels termes plus forts que ces expressions: *De villis sub dominio ducis Barrensis immediatè et totaliter existentibus*?

Troisième proposition. Enfin, quand la partie de M.e Nivelle auroit les avantages de la naissance, auroit-il les qualités personnelles qui sont requises pour être pourvu de la place de principal.

Deux défauts essentiels l'en excluroient.

1°. Il est docteur, et les docteurs en sont exclus.

2.° Il n'a pas régenté, et il faut l'avoir fait.

Mais il n'est point de Puilly. Quand il seroit de Puilly, Puilly n'est point du nombre des lieux portés par la fondation. Enfin, quand Puilly y seroit compris, les qualités personnelles, nécessaires pour remplir cette place, lui manquent, et il en seroit toujours indigne par la fausseté qui a été commise pour y parvenir.

Après avoir détruit l'ennemi commun, ils tournent mutuellement leurs armes contre eux-mêmes.

M.e Jacques Salmon prétend mériter la préférence, comme le seul qui ait régenté un cours de philosophie.

M.e Pierre-Paul Martinet la prétend, comme originaire du duché de Bar.

François Thouastre soutient qu'il a, d'un côté, l'avantage d'être né dans le Barrois, et de l'autre, qu'il a encore celui d'avoir été boursier dans le collége.

Ils s'opposent réciproquement plusieurs défauts. Si l'on en croit Salmon, Martinet est trop jeune : il avoit à peine vingt-deux ans quand la place a vaqué. Si l'on écoute Martinet, Salmon, soit comme docteur, soit comme professeur en théologie, est exclu honorablement de la principalité de ce collége.

Tels sont, en substance, les moyens généraux et particuliers de ces différens contendans.

M.e Wiry-Henricy prétend qu'il ne s'agit ici que d'une requête civile ; que toutes les autres parties de la cause sont inutiles ; que ceux qui l'attaquent aujourd'hui, sont des dévolutaires, toujours odieux, pourvus deux ans et demi depuis qu'il est en possession paisible, et qui ne méritent pas d'être écoutés.

Il se réduit donc à combattre le Vert.

Dans la forme, le Vert est non-recevable dans sa requête civile, puisqu'en premier lieu, il est sans titre ; il n'en a pas d'autre qu'un simple refus donné par M. l'archevêque de Paris en connoissance de cause.

En second lieu, il est sans intérêt. Il a cédé son droit à M.e Salmon. La collusion et l'intelligence entr'eux sont évidentes.

En troisième lieu, la requête civile n'a été signifiée qu'après les six mois. On l'a obtenue le 11 mars, et signifiée le 12 septembre.

Au surplus, les moyens qu'on y emploie sont absurdes et téméraires.

1.° Il est absurde de dire qu'il falloit signifier à le Vert, non comparant, l'intervention de Vitry ; et d'ailleurs, c'est un moyen d'appel, non de requête civile.

2.° Il n'est pas moins absurde de se plaindre de ce qu'on ne lui a pas laissé trois ans pour appeler.

3.° On n'a jamais signifié un arrêt qui joint un défaut à une instance. On pouvoit en adjuger le profit sur-le-champ. On pouvoit donc ordonner qu'il seroit joint.

Dans le fond, il pourroit se borner à répondre au moyen de faux ; cependant pour ne rien laisser sans réponse, il soutient d'abord que le lieu de Puilly fait constamment partie du comté de Chiny, et que le comté de Chiny est mouvant du duché de Bar.

Il soutient ensuite qu'il suffit d'être né dans un lieu mouvant du duché de Bar, pour aspirer à la place de principal du collége de la Marche, et qu'il y a quatre degrés marqués dans la fondation.

Premier degré. Être né à la Marche.

Second degré. Dans les villes soumises immédiatement au duc de Bar.

Troisième degré. Dans le duché de Bar.

Quatrième degré. Dans la province de Reims, ou dans celle de Sens.

Il prétend, après cela, qu'il a toutes les qualités personnelles qui sont requises par la fondation.

1.° La qualité de docteur peut servir, et ne peut jamais nuire.

2.° Il n'est point nécessaire d'être régent; il suffit de pouvoir faire régenter.

Enfin, en se renfermant dans le moyen de faux, il fait consister sa défense dans deux propositions.

La première, que le faux ne peut être ici un moyen de requête civile.

La seconde, qu'elle ne peut arrêter le jugement de la cause.

Première proposition Trois conditions sont requises pour pouvoir faire du faux, un moyen de requête civile.

La première, que la pièce ait été jugée fausse; elle ne l'est point encore.

La seconde, qu'elle ait été produite. Ici la pièce, qui est arguée de faux, n'a pas été produite, et n'a pu l'être, puisqu'il s'agit d'un arrêt d'audience.

La troisième condition et la plus importante, c'est qu'il faut que ce soit une pièce décisive. Elle ne l'est pas, puisqu'il a d'autres moyens pour prouver sa naissance à Puilly.

Seconde proposition, dans laquelle il y a trois choses à considérer.

1.° Les déclarations et les variations du curé de Puilly.

2.° La qualité de la prétendue fausseté.

3.° Les personnes qu'on veut y impliquer.

Les variations du curé de Puilly sont prouvées par ce qu'il a déclaré dans trois temps différens.

Premier temps. Il délivre l'extrait baptistaire au mois de juin et il donne, au mois d'août, à du Barret, une déclaration qui en détruit la foi.

Second temps. Il donne, en 1696, une déclaration favorable à la partie de M.e Nivelle, pour la faire tomber dans un piége.

Troisième temps Il se livre tout à fait à Salmon. Ses interrogatoires sont pleins de preuves de la fausseté de ses réponses, et c'est en vain qu'il a cherché à nuire à la partie de M.e Nivelle.

1.° Il ne peut jamais détruire son propre acte.

2.° Il est tombé dans une infinité de contradictions.

Si l'on a joint encore d'autres déclarations à celles de ce curé, elles sont suspectes. Les religieux d'Orval ont été entendus deux fois.

La première fois, ils n'avoient pas assez parlé au gré de M.e Salmon.

Si l'on considère, en second lieu, la qualité de la prétendue fausseté, elle étoit inutile pour celui à qui on l'impute, ce qu'il prouve par deux observations :

L'une, que l'extrait baptistaire ne lui seroit nécessaire que pour prouver son âge, et non pour le lieu de sa naissance, qui peut se prouver d'ailleurs.

L'autre, que la substance de cet acte est véritable, prouvée par les certificats qui marquent que sa famille est établie à Puilly, par les prix qu'il a mérités, et les certificats d'études qui lui ont été délivrés par les ordres donnés à Orval ; par les déclarations mêmes du curé de Puilly, et par celles du sieur Fordonel, ancien curé de cette paroisse.

Si l'on examine, en troisième lieu, la qualité des personnes qu'on veut engager dans l'accusation de faux, ce sont :

1.° Le curé de Puilly. Il est juste de lui faire son procès.

2.° Le frère de M.e Wiry-Henricy. Il peut être coupable, et M.e Wiry-Henricy être innocent. Il n'y a aucune preuve contre lui, et ce seroit un pur malheur pour lui, si, par un zèle indiscret, son frère, en faisant inscrire son baptême, après coup, sur un registre, eût commis une fausseté matérielle pour prouver un fait véritable. Au surplus, l'ordonnance ne le priveroit pas de sa place pour un pareil fait, soit parce qu'elle ne parle que des bénéfices ecclésiastiques, et qu'on ne peut étendre une disposition de rigueur; soit à cause de la singularité d'une fausseté si différente de celle que l'ordonnance a eu en vue, et à laquelle on ne pourroit pas appliquer les mêmes peines.

Quant a nous, vous voyez, Messieurs, par le récit abrégé que nous venons de vous faire des principaux moyens qui vous ont été proposés par toutes les parties, quelle est, en même temps, l'étendue, l'importance, et la difficulté de cette cause.

Mais, après vous l'avoir représentée telle que les parties vous l'ont expliquée, nous croyons qu'il est de notre devoir d'en retrancher toutes les questions inutiles, pour la renfermer dans ses bornes légitimes, et vous remettre devant les yeux le véritable état de la contestation sur laquelle vous avez à prononcer.

Il faut commencer d'abord par retrancher du nombre des parties presque tous les intervenans, c'est-à-dire, ceux qui interviennent simplement pour soutenir les uns ou les autres des contendans.

Quoique leur intervention puisse être de quelque poids dans cette cause, elle n'ajoute néanmoins aucune question nouvelle, aucune discussion importante, aucune difficulté considérable à celles qui font le sujet de cette contestation : en un mot, elle multiplie les parties, mais elle ne change pas l'état de la cause.

Nous ne distinguerons donc plus, d'après ce principe, les habitans du duché de Bar de M.e Pierre-Paul Martinet, en faveur duquel ils interviennent ; et nous confondrons de même, avec M.e Wiry-Henricy, les habitâns du comté de Chiny, et les régens du collége de la Marche, qui joignent leurs suffrages à sa prétention.

Mais nous ne pouvons nous dispenser de nous arrêter un moment sur une dernière intervention qui paroît avoir quelque chose de singulier, et de différent de toutes les autres : c'est une intervention, pour ainsi dire, partagée, et qui se détruit par ses propres forces.

La cour entend assez que nous voulons parler de celle des boursiers du collége de la Marche.

D'abord le plus grand nombre s'étoit déclaré pour M.e Wiry-Henricy : ils avoient souscrit un acte passé en sa faveur ; mais le lendemain onze boursiers, de dix-huit qui sont dans ce collége, ont protesté contre leur signature. On en trouve même jusqu'à treize qui ont présenté au collateur M.e Pierre-Paul Martinet. La partie de M.e de Nivelle prétend que la sévérité de sa discipline, et la règle de son gouvernement lui attirent cette persécution ; qu'il y en a déjà quelques-uns qui sont rentrés dans leur devoir, et que tous, dans peu de temps, reviendront reconnoître leur supérieur légitime.

Quoiqu'il en soit, il est toujours certain qu'il ne peut pas dire, dans l'état présent, que le plus grand nombre soit pour lui. Mais, d'un autre côté, il paroît tant d'incertitude, de variation, de légèreté dans la plupart de ces boursiers, que nous croyons que le meilleur parti qu'on puisse prendre, est de ne considérer dans cette cause, ni ceux qui se joignent à lui, ni ceux qui se déclarent contre lui, et de regarder cette intervention comme si elle n'eût jamais été formée.

Il faut avouer néanmoins que ceux qui suivent le parti de M.e Martinet, ont intenté des demandes qui pourront mériter un jour l'attention de la cour et la protection de la justice. Ils demandent l'exécution de la fondation et des réglemens qui l'ont suivie. Ils prétendent que l'un et l'autre sont également violés en plusieurs points importans; mais ces demandes sont prématurées : elles ne peuvent servir, à présent, qu'à embarrasser cette cause, qui n'est déjà que trop mêlée de faits et de questions. Quand il y aura un principal maintenu dans la paisible possession de sa charge, alors ils pourront, avec lui, demander à la cour tel réglement qu'ils jugeront à propos. Ils auront un contradicteur légitime; mais aujourd'hui ils n'en ont point encore d'assuré : ils doivent donc attendre le jugement que la cour prononcera sur cette question préalable; et quelque juste, quelque favorable que puisse être leur requête, il n'est pas encore temps d'y statuer.

Telles sont, Messieurs, les réflexions générales que nous avons cru devoir faire en un mot sur ces interventions, dont nous ne vous parlerons plus dans toute la suite de cette cause.

Considérons ensuite les véritables parties, les demandeurs originaires, ceux qui aspirent tous à la principalité du collége de la Marche.

Nous pourrions observer d'abord, que l'on peut aussi retrancher de cette cause un des plus apparens compétiteurs de M.e Wiry-Henricy : c'est M.e Louis-François le Vert; et, quand nous ne le séparerions pas de M.e Jacques Salmon, nous ne croirions pas, suivant toutes les présomptions qui résultent de leurs interrogatoires, faire quelque injustice ni à l'un ni à l'autre.

Nous vous expliquerons des faits très-importans, et qui seroient autant de preuves naturelles de l'intelligence qui a toujours été entre ces deux parties. Nous vous retracerions ces tentatives que M.e Jacques Salmon a faites auprès de M. l'archevêque de Paris, pour obtenir la place de principal dans le collége de la Marche, et le peu de succès de ses efforts. Nous vous dirions ensuite, qu'il y a tout sujet de présumer qu'il a emprunté un autre nom pour tenter une seconde fois la fortune; que c'est à lui que le Vert a adressé la procuration en vertu de laquelle on a requis feu M. l'archevêque de Paris de lui accorder cette place; que, depuis ce temps-là, il y a eu un traité secret passé entr'eux, une cession faite par le Vert, une indemnité donnée par Salmon, et que, quoiqu'ils soutiennent tous deux que ce traité ne subsiste plus, ils reconnoissent néanmoins l'un et l'autre que c'est Salmon qui, jusqu'à présent, a avancé tous les frais, que c'est même lui qui a consigné l'amende de la requête civile. Enfin nous ajouterions à tous ces faits, la qualité de curé dont le Vert est revêtu, et qui ne le dispose pas à entrer dans une principalité de collége; ses fuites perpétuelles, son absence dans tous les temps, et encore à présent même l'indifférence qu'il témoigne par sa conduite, pour une place à laquelle apparemment il ne prétend que par rapport à Salmon.

Mais, quelque fortes que soient ces présomptions, quelle conséquence en résulte-t-il dans cette cause? Qu'à la vérité il y a une partie de moins, mais que ses droits, tels qu'ils soient, subsistent toujours; que le Vert, si l'on veut, n'est plus partie par lui-même, mais qu'il revit, pour ainsi dire, qu'il existe en la personne de Salmon. Ses droits, ses intérêts, ses prérogatives sont conservés en leur entier par la cession que l'on présume qu'il en a faite, et il est assez indifférent de savoir si c'est le Vert qui est véritablement demandeur en requête civile, ou si c'est Salmon qui est demandeur sous son nom, pourvu qu'il soit toujours certain qu'il y a un demandeur en requête civile.

La requête civile subsiste donc toujours, soit en la personne de le Vert, soit en celle de Salmon. Voyons maintenant quel est l'état de la contestation à l'égard des autres parties.

Nous croyons pouvoir dire qu'elle se renferme uniquement dans ce qui concerne l'examen de la capacité de M.e Wiry-Henricy. Il combat lui seul contre tous, et tous se réunissent contre lui. Jusqu'à ce qu'on l'ait retranché de cette cause, il est inutile d'entrer dans le détail des contestations que les autres parties ont formées les unes contre les autres;

Et cela par deux raisons également essentielles.

L'une, que, sans examiner encore la validité ou la nullité de son titre, il est le seul qui ait l'avantage d'avoir un titre confirmé et autorisé par un arrêt. Tant que cet arrêt subsistera, il est impossible de pouvoir jamais adjuger à un autre la même principalité, dans la possession de laquelle il a été maintenu par un jugement authentique. C'est donc ce jugement qu'il faut attaquer avant toutes choses; c'est ce titre qu'il faut détruire; et c'est par conséquent sa capacité ou son incapacité qu'il faut considérer seule, dans l'état présent de cette cause.

La seconde raison, encore plus forte que la première, prévient une objection que l'on pourroit faire contre ce que nous venons de vous proposer.

On pourroit prétendre qu'à la vérité, tant que l'arrêt subsistera, aucun des contendans ne peut espérer d'être maintenu dans la qualité de principal du collége de la Marche; mais que la cour peut, en le détruisant, juger ensuite du mérite et de la capacité des autres contendans, et préférer celui qui réunit en sa personne toutes les conditions nécessaires pour remplir la place dont il s'agit.

Cette objection seroit non-seulement spécieuse, mais très-solide, si la qualité de l'une des parties permettoit à la cour d'entrer dans le fond, par rapport aux autres concurrens. Mais l'ordonnance renferme le droit d'une des parties dans des bornes si étroites, qu'elle le met presque hors d'état de se défendre.

M.e François le Vert, ou Jacques Salmon, sous son nom, est demandeur en lettres de requête civile. Il ne peut prendre par conséquent de conclusions que sur la forme, et non sur le fond. Toute sa prétention se termine à faire juger le rescindant, que la loi défend de cumuler avec le rescisoire.

Il est vrai que les autres parties, qui sont tiers-opposans à l'arrêt, ont droit de conclure au fond; mais, dans cette espèce, il semble qu'il ne seroit pas juste qu'ils eussent un avantage que l'ordonnance refuse à M.e le Vert; et que tout ce qu'ils peuvent faire à présent, c'est de joindre leurs moyens d'oppositions à ses ouvertures de requête civile, c'est de lui prêter leur secours pour combattre leur ennemi commun. Mais ils ne peuvent pas, quant à présent, demander une préférence sur lui, parce qu'il n'est pas en état d'en prétendre une sur eux; autrement le combat seroit inégal, et la justice blesseroit la règle qu'elle a elle-même dictée : *Non debet uni licere, quod alteri non permittitur.*

Tel est, MESSIEURS, le véritable objet de cette contestation : examiner le droit de la partie de M.e Nivelle; combattre ou soutenir l'arrêt qui l'a maintenu dans la place de principal. Si ce titre subsiste dans la forme et dans le fond, cette multitude d'adversaires qui l'attaquent, se dissipe et s'évanouit d'elle-même. S'il est renversé, alors la cour pourra entendre une autre fois les autres parties, parce qu'alors leurs armes seront égales : ils seront tous en état et d'attaquer et de défendre.

Réduisons-nous donc à l'examen de l'arrêt rendu en sa faveur. Envisageons-le d'abord dans la forme; examinons-le ensuite dans le fond. La première partie sera fort courte. La seconde sera beaucoup plus étendue que nous le souhaiterions.

Première partie. Forme de l'arrêt.

Trois moyens de requête civile, qu'il est facile d'expliquer, et même, si nous osons le dire, de décider en très-peu de temps.

Mais, auparavant, il est nécessaire d'examiner les fins de non-recevoir, qui paroissent très-importantes dans une espèce de question d'état, telle que celle dont il s'agit.

On en a proposé trois.

La première, que le demandeur est sans titre. La seconde, qu'il n'a point d'intérêt dans cette cause. La troisième, que la requête civile n'a pas été signifiée dans les six mois.

A l'égard de la première, il y a deux points à considérer.

Premièrement, si ce moyen est véritable dans le fait.

Secondement, si, quand il seroit véritable, on pourroit le regarder comme une fin de non-recevoir.

Sur le premier point, il faut convenir d'abord, que le titre de le Vert paroît fort léger, si même il mérite le nom de titre. C'est une simple réquisition faite par procureur à feu M. l'archevêque de Paris, et suivie d'un refus de sa part.

Nous ne voulons point révoquer en doute les maximes communes en ces matières, et cette règle si ancienne et si utile, que *le refus vaut titre*.

Mais on peut néanmoins expliquer cette règle, et distinguer entre différens genres de refus.

Quand il s'agit d'un refus absolu, qui est injuste, ou du moins que la partie prétend tel, et qu'il y a le moindre doute sur ce sujet, un tel refus peut passer pour un titre jusqu'au jugement de la contestation.

Mais, lorsque le refus n'est ni absolu ni injuste, étant fondé sur une cause qui étoit entièrement au pouvoir de celui qui faisoit la réquisition de faire cesser, en se conformant aux règles et à l'usage, on peut dire que, bien loin de pouvoir en tirer avantage, il doit se l'imputer à lui-même, et ne se plaindre que de sa propre négligence.

Appliquons ces principes. De quelle nature est le refus fait par feu M. l'archevêque de Paris? A-t-il refusé des provisions, parce qu'il en avoit déjà accordé à un autre? On pourroit soutenir, en ce cas, que ce refus est injuste, en ôtant à le Vert le moyen de soutenir son droit, et il dépendroit de l'événement du procès de savoir si ce droit est légitime ou sans fondement.

Mais le refus de feu M. l'archevêque de Paris n'a point pour objet de nuire à son droit. Il n'en exprime point d'autre motif, sinon que celui qui requiert des provisions n'a point comparu en personne, qu'il n'a pu par conséquent l'examiner, ni juger par lui-même s'il étoit capable ; et il répond, en un mot, que quand il l'aura vu et examiné, il verra ce qu'il aura à faire. C'est moins le refuser, que l'instruire de ce qui s'observe pour obtenir des provisions du collateur.

Depuis ce temps, le Vert n'a fait aucune diligence. Il ne s'est point présenté devant M. l'archevêque de Paris ; il s'est adressé au lieutenant-civil, pour avoir permission de prendre possession. Le lieutenant-civil ne la lui a pas accordée. Jusqu'à présent même il n'a point encore pris possession.

Est-il nécessaire d'en dire davantage pour montrer combien son titre est foible et léger ?

Cependant (et c'est le second point que nous avons à examiner), peut-on dire que ce moyen soit une véritable fin de non-recevoir ?

De quoi s'agit-il aujourd'hui ? Ce n'est pas de savoir si le Vert sera maintenu ; mais de savoir si on peut l'écouter en qualité de demandeur en requête civile, et prétendre lui fermer la bouche, en disant que, dans le fond, il n'a point de titre véritable. Ce seroit, MESSIEURS, juger le rescindant par le rescisoire. Dès le moment que la partie de Me Nivelle a cru devoir plaider contre lui ; dès le moment qu'il a obtenu une sentence, un arrêt qu'il lui oppose aujourd'hui, il doit être permis réciproquement à le Vert de se servir des voies de droit contre cet arrêt. En un mot, cette fin de non-recevoir regarde le fond, duquel il ne s'agit pas actuellement, et non pas la forme, de laquelle seule il est question. Ainsi, tout ce que l'on vous a dit à cet égard, peut bien rendre la personne et les intentions de le Vert très-peu favorables, mais non pas le faire déclarer absolument non-recevable dans ses lettres en forme de requête civile.

Passons ensuite à la seconde fin de non-recevoir, encore moins solide, et plus aisée à réfuter que la première. Le Vert, dit-on, n'a plus d'intérêt dans cette cause; c'est Salmon seul qui agit sous son nom. Mais, quand cela seroit véritable, quel est le fait qui a été articulé par la partie de M.e Nivelle, et sur lequel il a fait interroger le Vert et Salmon? C'est qu'il y a une convention secrète entr'eux, et que le Vert a cédé ses droits à Salmon. Or, comme ces sortes de cessions ne sont point absolument réprouvées dans l'usage, qu'on les tolère même en matière de bénéfices, et que la cour en a autorisé une semblable, en 1631, pour la même place de principal du collége de la Marche, tout ce que l'on pourroit conclure de ce fait, c'est que ce n'est plus le Vert qui agit aujourd'hui: mais comment pourroit-on prouver que Salmon, subrogé à ses droits, exerçant ses prétentions, ne seroit pas en état de poursuivre le jugement de la requête civile que le Vert a obtenue?

Voici une dernière fin de non-recevoir, qui seroit beaucoup plus décisive que les autres, si, dans le fait, elle trouvoit un fondement solide.

La requête civile, vous a-t-on dit, n'a pas été signifiée dans les six mois.

La date de la signification de l'arrêt, faite à le Vert, est le 11 mars 1695.

La date de la requête civile est le 10 septembre, constamment dans les six mois. Elle a été signifiée le 12 septembre, le lendemain des six mois, si l'on compte *de momento ad momentum.*

Mais la règle générale observée en ces matières, est que *dies termini non computatur in termino.*

M. Tiraqueau, dans son Traité du Retrait lignager, a traité cette question avec plus d'étendue qu'aucun autre auteur, et il remarque que c'est une opinion constante parmi les jurisconsultes, que toutes les fois que la loi se sert d'une particule exclusive, elle n'entend point comprendre le jour du terme dans le terme, et cette particule exclusive est la particule *à die venditionis;* c'est celle que notre langue traduit ordinairement par ces mots, *à compter du jour du contrat.*

Dès le moment que cela est ainsi écrit dans la loi, on attend que le jour entier du contrat soit passé pour commencer à compter le délai. En un mot, le jour du terme est exclu; il n'entre point dans le calcul du temps préfini par l'ordonnance.

L'exemple des oppositions est contraire à celui qui l'allègue. Il est certain, dans l'usage du palais, qu'on ne compte point le jour de la signification.

Mais, ce qui lève ici toute difficulté, c'est que le principal moyen du demandeur en requête civile, est qu'on a jugé sur pièces fausses, et que l'ordonnance, en ce cas, ne fait courir le délai que du jour de la fausseté découverte. Or, s'il est vrai qu'elle le soit, elle ne l'est que par toutes les procédures que l'on a faites sur l'exécution de l'arrêt. On ne sauroit du moins montrer que le demandeur en ait eu une véritable connoissance dans les six mois de la signification de l'arrêt. La seule preuve que l'on pouvoit en avoir alors, c'étoit une déclaration sous seing-privé du curé de Puilly, mais qui n'a été reconnue que long-temps après; et d'ailleurs on ne prouve point que cette pièce fût entre les mains de le Vert lorsque l'arrêt lui a été signifié.

Il est donc toujours certain que, par rapport au moyen tiré du faux, la requête civile ne seroit pas obtenue trop tard; et ce moyen soutient tous les autres.

Mais, si ces fins de non-recevoir ne sont pas assez fortes pour imposer silence au demandeur en requête civile, les ouvertures qu'il propose dans la forme, sont si foibles, que l'on n'avoit pas besoin d'appeler les fins de non-recevoir au secours du défendeur, pour les détruire.

Première ouverture de requête civile. L'arrêt confirme une sentence rendue sur une procédure vicieuse. L'intervention de Vitry n'avoit pas été signifiée à le Vert; c'est, selon lui, une contravention à l'ordonnance.

Mais, en premier lieu, c'est une question fort douteuse, de savoir si l'ordonnance a entendu parler des parties non comparantes, ou simplement de celles qui formoient une véritable contestation.

On pourroit même croire qu'elle n'a entendu parler que de celles qui étoient parties comparantes.

Et d'ailleurs, un homme qui n'a combattu que par sa fuite, est-il bien recevable à alléguer ce moyen?

En second lieu, quand il seroit vrai que la procédure n'auroit pas été régulière, seroit-ce un moyen de requête civile en faveur de le Vert? Il n'avoit qu'à le proposer comme un grief contre la sentence; mais, n'ayant jamais proposé ce grief, les juges devoient-ils le suppléer? Et d'ailleurs, qui a jamais ouï-dire que l'on tire un moyen de requête civile, d'une procédure faite en cause principale? Quand l'ordonnance a établi le moyen de *procédure non suivie*, qui peut douter qu'elle n'ait entendu parler de celle qui s'est faite pour parvenir à l'arrêt. La requête civile est dans la procédure, ce que la plainte d'inofficiosité étoit en droit contre les testamens; *ultimum et subsidiarium remedium*, qu'on n'accorde qu'à ceux qui n'en ont point d'autre. Le Vert n'avoit-il pas la voie d'appel, et, après avoir négligé de s'en servir, peut-il faire d'un moyen d'appel un moyen de requête civile?

Seconde ouverture. Arrêt rendu sur une procédure collusoire, pour priver le Vert du temps de trois ou de dix ans pour appeler.

On s'est attaché à vous faire voir que la procédure est collusoire, en rassemblant plusieurs présomptions. Mais Salmon et le Vert peuvent-ils reprocher aux autres des procédures collusoires?

Allons plus loin. Où est le moyen de requête civile? On prétend qu'on a voulu priver le Vert du temps de trois ou de dix ans qu'il avoit pour appeler de la sentence du chancelier de l'université.

A la vérité, s'il étoit seul partie contre celui qui a été maintenu par la sentence, il avoit droit d'en interjeter appel dans les temps portés par l'ordonnance. Mais, lorsqu'il y a plusieurs parties dans une sentence, rien de plus usité, quand une d'elles en interjette appel, que de faire appeler les autres pour assister au jugement, et voir déclarer l'arrêt commun.

L'intérêt du public dans la distribution de la justice, demande qu'on autorise cet usage dans l'ordre de la procédure.

Troisième ouverture. L'arrêt du 22 décembre, n'a pas été signifié, et le dernier arrêt a été rendu sans avenir.

Ce moyen n'est pas mieux fondé que le précédent. Il est inoui qu'on signifie à un défaillant un arrêt qui joint un défaut levé au greffe.

La cour pouvoit en adjuger le profit sur-le-champ; elle a différé. Ce délai a encore donné du temps au défaillant pour comparoir; et parce qu'on lui a fait grâce, il tire de la grâce même un moyen de requête civile.

Où auroit-on signifié un avenir? Au domicile? On va d'absurdités en absurdités. Il n'y a donc point d'ouverture de requête civile dans la forme.

Nous regardons le moyen fondé sur le faux, comme un moyen dépendant du fond. Ainsi, nous le joignons à la seconde partie de la cause, dans laquelle nous devons examiner les raisons tirées du fond, que l'on oppose à l'arrêt.

Seconde partie. Sur le fond.

Nous nous sommes arrêtés avec peine à vous expliquer un détail ennuyeux, nous osons même dire inutile, d'ouvertures de requête civile; mais il a fallu acheter le droit de les rejeter, par la peine de vous les expliquer en détail et avec l'exactitude nécessaire.

Entrons maintenant dans l'examen des moyens du fond, et voyons s'ils sont plus solidement établis que ceux de la forme.

Pour faire cet examen avec ordre, nous suivrons toujours la fondation et les statuts du collége de la

Marche. C'est à ce point fixe que nous rapportons toutes les questions que nous devons traiter ici en très-peu de paroles. C'est cette loi commune à toutes les parties, qui nous fournira en même temps, et les principes des réflexions que nous allons vous proposer, et l'ordre même dans lequel nous vous les proposerons.

Commençons d'abord par retracer, en abrégé, les principales dispositions de la fondation et des statuts.

Deux sortes de conditions, suivant l'esprit du législateur du collége de la Marche, doivent concourir dans un sujet qui se destine à remplir la place de principal.

La première regarde les qualités personnelles. La seconde concerne les priviléges de la naissance. Et dans la comparaison de ces deux conditions, l'on ne peut pas douter que la première ne doive être considérée comme beaucoup plus importante que la seconde, non-seulement par les maximes de l'intérêt public, qui veulent qu'on préfère sans hésiter la vertu au hasard de la naissance, mais encore parce que c'est elle que les fondateurs ont désirée la première. Ils ont suivi l'ordre de la raison et de la sagesse, et ils ont désiré la capacité dans celui qui devoit être principal, avant que d'exiger en lui les avantages de la naissance.

Nous pourrions donc renfermer, dans deux parties, tout ce que nous devons examiner dans le fond de la contestation, et réduire cette cause à deux questions générales : l'une, qui consisteroit à savoir si M.e Wiry-Henricy a l'avantage de posséder les qualités personnelles ; l'autre, s'il a le bonheur de la naissance.

Mais il faut observer d'abord, que cette dernière question en renferme deux. La première se réduit à examiner si le lieu de Puilly est du nombre de ceux qui sont marqués par la fondation ; l'autre, s'il est vrai qu'il soit né dans ce lieu, ou si au contraire son extrait baptistaire n'est qu'une fiction et qu'une imposture.

Ainsi, nous renfermerons dans trois questions principales tout ce qui nous reste à vous expliquer.

Nous examinerons d'abord, si Me Wiry-Henricy réunit en sa personne les qualités essentielles pour exercer le ministère auquel il aspire.

Nous vous expliquerons ensuite ce qui regarde le lieu de Puilly, et nous essayerons de vous marquer précisément, autant qu'il est possible, de quel seigneur il est mouvant.

Enfin nous examinerons si la partie de Me Nivelle prouve suffisamment qu'il est né à Puilly, ou si les présomptions qu'on lui oppose sur les faits qui lui ont été imputés, détruisent le titre qu'il a produit pour justifier du lieu de sa naissance.

Premièrement, est-il vrai qu'un docteur en théologie ne puisse pas remplir la place de principal du collége de la Marche?

Trois réflexions décident cette première difficulté.

1.° Il est certain que si l'on s'arrête aux statuts, on ne trouvera aucune disposition expresse qui interdise aux docteurs l'entrée dans cette place. Il est vrai que le fondateur s'est servi du terme de maître-ès-arts; mais cette qualité subsiste toujours avec celle de docteur : un degré n'efface pas l'autre, et cette addition de degré ajoute une seconde preuve de la capacité, sans détruire la première.

2.° Il faut néanmoins convenir que le statut doit s'entendre suivant l'usage qui s'observoit alors dans l'université; que cette condition peut se tirer, par conséquence et par induction, des termes du statut, qui veulent que le principal soit choisi dans le nombre des régens. Or il est certain qu'un docteur en théologie ne peut jamais exercer la régence dans la faculté des arts.

Il faut avouer même, et tout le monde sait que, dans ce temps, les docteurs en médecine et en théologie étoient également exclus du gouvernement des colléges de la faculté des arts. Nous en trouvons des preuves dans la faculté des arts, où nous voyons, qu'environ soixante ans après la fondation du collége de la Marche, vers l'an 1486, cette question fut agitée. L'on demanda si l'on autoriseroit l'usage qui commençoit à s'établir, d'admettre les docteurs en théologie aux principalités des colléges ; et par trois conclusions différentes, il fut dit que l'on suivroit l'ancien usage qui les excluoit de ces places. Les docteurs en portèrent inutilement leurs plaintes à l'assemblée générale de l'université. Le décret de la faculté des arts y fut confirmé, et cela par trois raisons :

La première, que chaque faculté devoit être maîtresse de ses colléges ; et que, de même qu'il seroit injuste qu'un maître-ès-arts voulût être principal d'un collége de théologie, il étoit contraire à l'ordre qu'un maître en théologie usurpât le gouvernement d'un collége uniquement consacré à l'étude des arts.

La seconde, que par là les principaux commençoient à se soustraire à la juridiction du recteur, prétendant ne pouvoir être corrigés que par leur propre faculté ; et qu'ainsi ce nouvel usage tendoit à énerver la discipline, et à introduire le déréglement et l'indépendance dans les colléges.

La troisième enfin, que souvent les docteurs avoient des vues plus ambitieuses ; qu'ils songeoient à s'élever aux dignités de l'église ; ou du moins, qu'occupés à des études plus nobles et plus élevées, attachés aux fonctions de prédicateur ou de confesseur, ils dédaignoient de s'abaisser à l'emploi stérile et obscur d'instruire des boursiers.

Suivant ces principes, il est constant qu'un docteur en théologie auroit eu beaucoup de peine à obtenir la place de principal dans les temps qui ont suivi immédiatement la fondation du collége de la Marche.

3.° Mais la troisième réflexion qui décide, c'est que, depuis ce temps-là, malgré les plaintes renouvelées de temps en temps par la faculté des arts, l'usage contraire s'est établi : les docteurs en théologie l'ont emporté sur la faculté des arts. On s'est insensiblement accoutumé à voir les principalités des colléges entre leurs mains, et cet usage, qu'on a considéré autrefois comme un abus, est devenu maintenant une coutume autorisée par le silence de ceux qui pourroient s'en plaindre. Depuis le commencement de ce siècle, on pourroit aisément montrer une suite et une tradition des docteurs en théologie qui ont été successivement principaux des plus grands colléges. Il suffit même de parcourir les plus fameux que nous ayons aujourd'hui, pour y trouver des principaux docteurs. Sans sortir de cette cause, vous voyez trois docteurs qui se présentent pour obtenir la place de principal, et si on ne l'accordoit pas à l'un d'entr'eux, il faudroit admettre nécessairement ou Martinet, qui n'avoit que vingt-deux ans lorsque la place a vaqué, et qui n'en a pas encore à présent vingt-sept, ou arracher Thouastre à la conduite d'une paroisse, qu'on prétend qu'il gouverne avec beaucoup d'édification.

Nous ne croyons pas qu'il soit nécessaire de nous étendre davantage sur cet article. Le statut n'exclut les docteurs que par induction. L'usage de l'université les excluoit autrefois; le même usage les admet aujourd'hui.

On ne peut donc exclure la partie de M.e Nivelle par un excès de capacité. Voyons maintenant si le défaut de capacité peut lui être justement opposé.

On prétend que les termes de la fondation contiennent une exclusion expresse de ceux qui n'ont point la qualité de régent.

Reprenons les termes mêmes : *Qui sit anno quolibet et continuè Regens in vico Strammis.* Après cela, on ajoute : *Et per se ipsum legat benè et diligenter, aut per alium ad hoc idoneum, et sufficientem legi facere teneatur, audiat vel audiri faciat similiter eorum Lectiones, per se aut per alium.*

De là, dit-on, il résulte une conséquence infaillible, qu'il faut être régent pour aspirer à la qualité de principal.

Nous ne dirons point d'abord ce qui vous a été plaidé pour la partie de Me Nivelle, qu'il faut joindre les deux clauses, d'être régent et de faire des leçons dans le collége. La seule lecture suffit pour faire voir que ce sont deux dispositions différentes. L'une regarde le temps qui précède la fonction de principal; l'autre celui qui la suit. Avant que d'être principal, il faut être régent dans la rue du Fouare; depuis qu'on est principal, il faut faire des leçons, ou, si l'on veut, des répétitions dans le collége de la Marche.

Rien n'est plus clair que cette interprétation; la preuve en est facile, si l'on pouvoit en désirer quelqu'une après la lecture du statut. La régence doit s'exercer dans la rue du Fouare; les leçons dont il est parlé ensuite, doivent se faire dans le collége; donc la régence et les leçons ne sont pas la même chose.

Nous n'ajouterons pas non plus ce qu'on vous a dit pour la même partie, et qui n'est fondé que sur ce que l'on a confondu les usages présens avec les anciens usages de l'université.

On vous a dit qu'il y auroit de l'absurdité dans ce statut, si ses auteurs avoient exigé que le principal eût la qualité de régent, parce que pour cela il eût fallu que toutes les chaires du collége eussent dépendu du fondateur.

Premièrement, nous ne voyons aucune conséquence entre ces deux propositions : le principal sera choisi dans le nombre des régens; donc tous les régens de la faculté des arts dépendent du fondateur.

Secondement, l'on suppose, sans fondement, que les chaires étoient alors telles qu'elles sont aujourd'hui; elles n'étoient point, en ce temps, renfermées dans des colléges; on confondoit le docteur avec le régent; on n'acquéroit point la qualité sans acquérir en même temps les suites nécessaires; on pouvoit enseigner aussitôt qu'on avoit acquis le degré; les écoliers, non plus que les régens, n'étoient point enfermés dans des colléges; ils fréquentoient les écoles publiques qui se tenoient dans la rue du Fouare, ou aux environs; les uns s'attachoient à un régent; les autres à un autre : comme le nombre des écoliers étoit très-grand, celui des régens étoit à proportion aussi considérable; et il n'est pas surprenant que les auteurs des statuts du collége de la Marche aient voulu que ce fût dans un grand nombre de personnes que l'on choisît le principal.

On peut dire même que cet ordre étoit naturel; car, puisqu'alors il n'y avoit presque point de régens attachés à des colléges particuliers, et que le principal étoit le seul régent propre aux boursiers, qui devoit les instruire en particulier, les conduire aux écoles publiques, et leur faire répéter ensuite les leçons qu'ils avoient apprises, il étoit convenable qu'un principal eût passé par la fonction de régent, et qu'il eût donné en public des preuves certaines et comme des gages assurés de ce qu'il devoit faire en particulier.

A quoi nous arrêterons-nous donc touchant cette question, dans laquelle il semble que la disposition précise des statuts prononce l'incapacité de la partie de M.e Nivelle?

Renfermons-nous dans trois réflexions.

Première réflexion. Il est certain que si cette cause s'examinoit dans le temps même de la fondation, il seroit difficile de reconnoître dans M.e Wiry-Henricy les caractères nécessaires pour exercer le ministère de principal.

Les termes que nous venons de vous rapporter sont très-clairs; ils désignent parfaitement les qualités qu'il faut avoir pour être réputé régent.

Deux conditions essentielles : la continuité de la régence, le lieu de la régence.

La première condition est marquée par ces termes : *Anno quolibet et continuè Regens.*

La seconde condition est expliquée par les paroles qui suivent : *In vico Straminis.*

Pour bien les entendre, il faut supposer ici qu'il y avoit plusieurs sortes de régens.

Les uns qui étoient admis à la régence, mais qui attendoient qu'il y eût des écoles vacantes ; ceux-là n'étoient qu'improprement régens et n'avoient aucuns priviléges. Ce n'est point par conséquent de ceux-là que les auteurs du statut ont entendu parler.

Les autres enseignoient, à la vérité, mais avec cette différence entr'eux, que les uns n'enseignoient qu'en certain temps de l'année, ou qu'en particulier hors des écoles publiques, au lieu que les autres enseignoient continuellement et dans le lieu destiné à la profession publique de la régence.

On a même été plus loin ; et, quoique certains régens commençassent à avoir des classes réglées dans quelques colléges, on ne les réputoit pas véritablement régens, s'ils n'enseignoient dans la rue Fouare.

Toutes ces distinctions sont clairement marquées par un statut de la faculté des arts, du mois de mai 1463, rapporté par du Boullay, dans son Traité *De Patronis quatuor Nationum universitatis* (1). Tit. *De veris Regentibus. Quod nullus reputetur de actu Regens, nisi qui habeat materiam* (c'est-à-dire une classe), *in aliquò collegiò, et legat invico.*

Il est remarquable que ce décret est fait *super reformatione quorumdam qui utuntur nomine Regentium*, et dans le même siècle que la fondation du collége de la Marche, quarante ans après.

Nous passons une infinité de conclusions semblables.

Observons seulement qu'en 1471, on ajouta au nombre des vrais régens, qui avoient part aux distributions, aux repas, aux nominations de l'université, ceux qui seroient principaux des colléges, ou

(1) Cet ouvrage, de du Boullay, a été imprimé en 1662, à Paris, chez Claude Thiboust, *in*-12.

qui auroient régenté au moins deux cours de philosophie ; et cette même conclusion s'explique ainsi : *Illos solum veros reputabant Regentes, qui actu habent materiam, dummodò sæpiùs adeant vicum Straminis* (1).

On a enfin introduit, à cet égard, une distinction entre les grands et les petits colléges, c'est-à-dire, colléges célèbres ou obscurs, de plein exercice, ou d'exercice imparfait; et l'on ne regarde, dans l'usage présent, comme véritablement régens, par rapport aux droits de l'université, que ceux qui enseignent dans les colléges de plein exercice.

Revenons au point de la question. Il est donc constant que dans le temps du statut, les termes dont il se sert désignoient un régent parfait, qui enseignoit continuellement et publiquement dans la rue du Fouare.

Mais cet usage est presque aboli. Ce n'est plus à cette marque que l'on reconnoît les régens. Les principes sont changés : ainsi il est difficile de faire aucune application à cette cause.

On ne prouve pas même que ceux qui ont rempli depuis long-temps la principalité du collége de la Marche aient été régens.

Le dernier état est contre cette maxime; et l'on allègue pour exemple M.e le Sourd, dernier possesseur de cette place.

Mais allons plus loin, et faisons une seconde réflexion, qui mérite encore plus d'attention. La raison de l'ancien usage, et par conséquent du statut, ne subsiste plus ; et c'est ce qui fait qu'on doit avoir moins de peine à s'écarter de l'observation rigoureuse d'une loi dont les motifs sont absolument changés.

Pourquoi exigeoit-on cette qualité de régent dans le principal? Nous l'avons déjà dit : c'étoit parce que n'y ayant point alors de régens établis dans les colléges, le principal devoit en faire la fonction à l'égard des boursiers; et ainsi l'on exigeoit de lui,

(1) Voyez du Boullay, dans le même endroit.

avec raison, une espèce d'apprentissage de *Tyrocinium*.

Mais aujourd'hui qu'il y a des régens établis dans les collèges, qui y font des exercices à la décharge du principal, où tous les boursiers peuvent s'instruire, et où le principal a droit d'assister, la raison du statut cesse.

Un statut de cette qualité ne doit pas être considéré comme plus immuable qu'une loi publique, qui tous les jours cesse quand les causes et les motifs pour lesquels elle a été faite viennent à changer.

On peut même ajouter que ces statuts particuliers suivent l'usage de l'université par rapport auquel ils ont été dressés. Quel inconvénient peut-il y avoir, si, l'usage de l'université changeant, le statut qui l'imite change avec lui?

Une troisième réflexion, plus décisive encore que les premières, c'est que, si l'on interprétoit les statuts à la rigueur, aucun des contendans ne seroit capable de remplir la place de principal.

Le seul de tous ces contendans qui prétende avoir satisfait au statut, est Me Jacques Salmon. Tous les autres n'ont point régenté.

Mais Me Jacques Salmon lui-même a-t-il les conditions requises suivant cet article de la fondation?

1.° Etoit-il actuellement et continuellement régent lorsqu'il a obtenu des provisions? Il y avoit neuf ans qu'il ne régentoit plus dans la faculté des arts. Qu'on ne parle point ici de la fonction de professeur en théologie; ce seroit, à la rigueur, plutôt une exclusion qu'une raison de préférence; et une chaire de théologie pourroit même être regardée comme une place incompatible avec celle de principal.

2.° Peut-il prendre le nom de régent? Nous avons vu qu'il falloit au moins pour cela avoir fait deux cours de philosophie; et, ce qui est remarquable, le cours en ce temps-là étoit de quatre années: Salmon n'en a fait qu'un de deux ans.

3.° Peut-il dire qu'il soit régent *In vico Straminis?* Ne nous arrêtons point à l'écorce, à la lettre : nous savons bien que l'usage d'enseigner dans la rue du Fouare est aboli; mais si le nom ne subsiste plus, la chose subsiste, c'est-à-dire la nécessité d'avoir enseigné dans les écoles publiques. Or il n'y a maintenant d'écoles réputées publiques, que dans les colléges de plein exercice; et Salmon n'a enseigné que dans le collége de Cambrai.

4.° S'il veut entendre les statuts à la lettre, quelle conséquence ne peut-on pas en tirer contre lui-même? Salmon est docteur en théologie; un docteur en théologie ne peut être régent. Il faut être régent pour être principal; donc Salmon ne peut être principal.

Ce seroit inutilement que nous nous arrêterions plus long-temps à traiter une question dont la décision tendroit également à exclure toutes les parties, si elle étoit telle que M.e Jacques Salmon vous la présente.

Après vous avoir montré qu'on ne peut justement objecter à la partie de M.e Nivelle, ni excès, ni défaut de capacité, c'est-à-dire, qu'il ne peut être exclu ni parce qu'il est docteur, ni parce qu'il n'est pas régent, passons maintenant à la seconde question principale, et voyons si les avantages de la naissance concourent avec les qualités personnelles, pour rendre M.e Wiry-Henricy capable de remplir l'office de principal du collége de la Marche.

Nous devons examiner, dans cette seconde question, la qualité du lieu dans lequel il prétend avoir reçu la vie, c'est-à-dire, du village de Puilly; car ce seroit inutilement que nous chercherions s'il est né dans Puilly, s'il étoit certain que Puilly ne soit pas compris dans l'étendue des lieux marqués par les statuts.

Trois difficultés sur ce lieu, qu'il faut traiter en très-peu de paroles, afin de passer promptement à la troisième et principale partie de la cause, qui regarde le faux.

Première difficulté. Le comté de Chiny est-il mouvant du duché de Bar? Premier point de fait, contesté entre les parties.

Seconde difficulté. La prévôté d'Ivoix, dans laquelle Puilly est constamment enclavé, fait-elle partie du comté de Chiny? Seconde question de fait, douteuse dans cette cause.

Troisième difficulté. Suffit-il d'être né dans un lieu mouvant du duché de Bar, pour être du nombre des sujets capables d'aspirer à la principalité du collége de la Marche? C'est une question d'interprétation des statuts, qui finira tout ce que nous avons à vous expliquer touchant cette seconde partie.

Examinons d'abord la première difficulté, qui consiste à savoir si le comté de Chiny est mouvant du duché de Bar.

Une réflexion générale pourroit nous dispenser de traiter ici cette question; c'est qu'on peut la regarder comme suffisamment décidée par le jugement que les commissaires nommés par le roi ont rendu, en 1681, sur la réunion de ce comté à la couronne.

Il a été jugé alors discrtement, que le comté de Chiny seroit tenu de faire la foi et hommage au roi, sinon ce comté déclaré commis. Et quels titres énonce-t-on dans ce jugement? Tous titres qui prouvent que c'est en qualité de duc de Bar que le roi (1) exigeoit cet hommage.

Après cela, on agite des questions superflues, et l'on a eu raison de vous dire, qu'elles ne pouvoient plus être traitées que dans le conseil de Malines; mais qu'il n'étoit plus permis de les agiter en France, et surtout dans le premier tribunal de la justice suprême du roi, en présence de cet auguste sénat, qui a tant de fois signalé son zèle pour la défense et pour la conservation des droits de la couronne.

C'est inutilement que, pour éluder la force de cet

(1) Le duché de Bar a toujours relevé de la couronne, et il étoit alors en la main du roi Louis XIV.

argument, l'on a dit qu'on avoit proposé, dans le temps de ce jugement, trois moyens différens pour la réunion du comté de Chiny; que le premier étoit, à la vérité, la mouvance du duché de Bar, mais qu'il y en avoit deux autres; l'un, que les habitans du comté de Chiny étoient régis par la coutume de Beaumont en Argonne, ville soumise sans difficulté à la France; l'autre, qu'ils avoient toujours été dans l'usage de prendre la loi à Montmédy, ville cédée au roi par le traité des Pyrénées.

La seule lecture de ce jugement suffit pour effacer cette vaine couleur qu'on a voulu y répandre.

Premièrement, pourquoi obligeroit-on le comte de Chiny à faire la foi et hommage au roi, si l'on ne jugeoit que ce comté est mouvant du duché de Bar? Les droits de souveraineté n'ont rien de commun avec ceux de mouvance immédiate. Le roi pourroit avoir l'un, sans avoir l'autre. Or, s'il est vrai que le comte de Chiny doive la foi au roi, n'est-il pas certain que c'est toujours à raison de quelque fief qui appartient au roi? On ne rend hommage d'aucun fief comme relevant en général du roi ou de la couronne, sans faire mention d'un lieu dont on déclare qu'il est mouvant. Les plus nobles de tous les fiefs, les pairies, et quelques autres, sont déclarés mouvans de la tour du Louvre. Or quel peut être ce fief, à raison duquel la mouvance est jugée appartenir au roi, si ce n'est le duché de Bar?

Secondement, on énonce dans le vu de ce jugement, plusieurs actes de foi et hommage rendus aux ducs de Bar, par les comtes de Chiny. Pourquoi vouloir chercher d'autres motifs de sa décision? Encore une fois, on juge que le comté de Chiny est mouvant du roi. Il ne peut l'être, suivant ces titres, qu'à raison du duché de Bar; donc ce jugement décide que le comté de Chiny est un fief mouvant du duché de Bar.

Ce jugement subsiste en son entier. Il pourroit donc seul décider la première difficulté.

Si néanmoins on veut encore examiner les titres sur

lesquels il est rendu, on y trouvera des preuves convaincantes de la vérité de la mouvance dont il s'agit.

La longueur de cette cause ne nous permet pas de faire ici des dissertations historiques sur l'origine de ce comté. L'on convient assez qu'il a été donné à un prince de la maison de Bourgogne par Ricuin, duc de Mosellane ou de Lorraine. Mais, sans entrer dans la discussion inutile de ces antiquités douteuses et incertaines, observons seulement deux faits :

L'un, que ce comté a eu, jusqu'en l'année 1387, des seigneurs particuliers; l'autre, que depuis ce temps-là il a été vendu à la maison de Luxembourg : et, comme il étoit limitrophe au duché de Luxembourg, on l'a confondu souvent, dans la suite, avec ce duché; mais il a néanmoins conservé son nom de comté de Chiny, et son territoire séparé.

Or, dans ces deux temps, soit lorsqu'il avoit des seigneurs particuliers, soit depuis que les ducs de Luxembourg l'ont possédé, il a toujours reconnu pour son seigneur immédiat le duc de Bar.

Dans le premier temps, nous trouvons deux actes, l'un de 1202, l'autre de 1227, dont on rapporte des copies collationnées sur les originaux par M. le procureur-général du parlement et chambre des comptes de Metz, par lesquels les comtes de Chiny se reconnoissent *hommes-liges* du duc de Bar, avouent tenir de lui le *fief-lige* de Chiny, *jurable et rendable à grande et petite force*, et déclarent que leurs sujets, tant nobles que bourgeois, ont fait aussi le *serment de féauté* au duc de Bar, et qu'ils lui ont promis de le servir contre leur comte même, s'il contrevenoit aux engagemens qu'il contractoit avec le duc de Bar, en qualité de *vassal-lige*.

Dans le second temps, les habitans du duché de Bar, qui interviennent pour Martinet, rapportent eux-mêmes un acte contraire à leur prétention. C'est l'extrait de la vente du comté de Chiny, faite aux ducs de Luxembourg, où il est stipulé que le duc de Bar y donnera son consentement; et quelque temps après, nous trouvons un acte passé en 1387, dans lequel le roi des Romains, duc de Luxembourg, s'engage à reconnoître le duc de Bar pour son seigneur à raison du comté de Chiny, et le duc de Bar, de son côté, scelle les lettres de l'acquisition qu'il en avoit faite.

Il est vrai qu'il semble, par l'énoncé d'un traité fait en 1603, entre les archiducs et le duc de Bar, que l'on ne prétendoit plus soutenir la mouvance que pour la moitié; mais l'on ne voit point comment cette réduction auroit pu être faite; et d'ailleurs étant faite sans le consentement du roi, souverain seigneur du comté de Chiny, elle seroit absolument nulle par les maximes les plus communes du droit de fief.

Il est donc constant que le comté de Chiny a été considéré comme un fief-lige du duché de Bar.

Le seul auteur qui combat cette opinion, est le nommé Jean Bertels, historien dévoué à la maison d'Autriche, qui n'allègue que son seul témoignage pour toute autorité; témoignage non-seulement suspect, mais entièrement détruit par les actes que nous venons de vous expliquer.

Mais, encore une fois, il est inutile de s'étendre plus long-temps sur cet article. Il ne doit pas être permis aux sujets du roi de révoquer en doute ce qui a été décidé par ses juges. Nous pourrions même rapporter encore d'autres preuves de ces mêmes vérités; mais nous les passons sous silence comme superflues.

Venons à la seconde difficulté. La prévôté d'Ivoix fait-elle partie du comté de Chiny?

Cette seconde question est plus obscure que la première.

Pour l'expliquer, il faut supposer deux faits qui sont certains.

Le premier, que depuis plus de cent années, la prévôté d'Ivoix a toujours été censée faire partie du comté de Chiny. Il y en a des preuves sans nombre.

1.° Des lettres de priviléges accordées aux marchands de la ville d'Ivoix par Philippe II, roi d'Espagne, en 1581; par les archiducs, en 1612 et 1613, comme comtes de Chiny.

2.° Des jugemens rendus à Ivoix, en 1562 et 1593, portant confirmation des lettres d'affranchissement accordées par les comtes de Chiny à des particuliers, habitans d'Ivoix.

3.° Des mandemens adressés par les gouverneurs du comté de Chiny, en 1621, 1622 et 1632, à la prévôté d'Ivoix, pour la convocation des trois états.

4.° La rédaction de la coutume de Thionville, où le duché de Carignan, qui étoit autrefois la prévôté d'Ivoix, est compris sous le comté de Chiny; rédaction faite de l'autorité du roi, depuis la réunion de la prévôté d'Ivoix.

L'unique objection que l'on puisse proposer, se tire du traité des Pyrénées, où il est dit qu'on cède Ivoix dans le Luxembourg. Mais le doute, qui peut résulter de cette énonciation, se dissipe par deux réponses.

L'une qu'on a confondu Chiny avec le Luxembourg, comme nous l'avons déjà dit, parce qu'ils appartenoient aux mêmes princes.

L'autre, encore plus décisive; quand Chiny et Ivoix seroient enclavés à présent dans le duché de Luxembourg, cela détruiroit-il la mouvance?

Le second fait, qui n'est pas moins constant, c'est qu'anciennement, et dans le temps de la fondation du collége de la Marche, Ivoix et Chiny étoient sujets des mêmes seigneurs.

C'est un fait reconnu entre les parties, et prouvé, 1.° par plusieurs lettres patentes de 1308, et autres années, accordées par les comtes de Chiny aux habitans d'Ivoix.

2.° Par la vente que les comtes de Chiny ont faite de la prévôté d'Ivoix, en 1340, aux ducs de Luxembourg.

3.° Enfin, par la vente du reste du comté de Chiny, faite quarante ans après, aux mêmes ducs; et depuis ce temps-là Ivoix et Chiny ont été toujours unis.

Cela supposé, reprenons ces faits. Il est constant, en premier lieu, que Chiny est mouvant du duché de Bar; en second lieu, que, depuis un temps immémorial, Ivoix fait partie du comté de Chiny.

Il est encore certain qu'il a toujours été possédé par un même seigneur, excepté dans l'intervalle de quarante ans qui se sont écoulés depuis la vente d'Ivoix, jusqu'à celle de Chiny.

De là résulte une présomption très-forte, qu'Ivoix est compris dans Chiny, et soumis à la même mouvance.

Tant que l'on ne prouvera point le contraire, cette présomption passera pour la vérité. C'est à ceux qui veulent avancer la distinction d'Ivoix et de Chiny pour la mouvance, à la prouver; parce qu'Ivoix est, pour ainsi dire, en possession d'être considéré comme mouvant du duché de Bar, sous le nom et comme faisant partie du comté de Chiny.

La seule objection qui ait quelque apparence, c'est qu'en comparant les ventes d'Ivoix et de Chiny, on trouve que dans celle de Chiny on a demandé le consentement du duc de Bar, et cette condition n'est point exprimée dans la vente d'Ivoix; d'où l'on conclut que Chiny relevoit du duc de Bar, mais qu'Ivoix n'en a jamais été mouvant.

Mais d'abord, on ne rapporte qu'un simple extrait de ces contrats, fait par un homme sans caractère, qui se dit préposé pour la confection de l'inventaire des titres du duché de Luxembourg.

En second lieu, cette condition est de droit, et n'a pas besoin d'être exprimée. Combien de ventes se font sans demander le consentement du seigneur dominant, sauf à ce seigneur, après cela, de refuser le sujet qui lui est présenté.

Nous n'avons donc plus que la troisième difficulté à examiner sur cette question. Suffit-il d'être né dans un lieu mouvant du duc de Bar, pour pouvoir être nommé principal?

La décision de ce point dépend des termes de la fondation; et il est nécessaire d'observer qu'il y a, à cet égard, quatre dispositions.

Première disposition du fondateur, qui ne dit rien sur ce sujet.

Seconde disposition des exécuteurs de son testament, qui n'en parlent pas non plus.

Troisième disposition, qui se contente de parler du *duché de Bar.*

Quatrième disposition, qui ajoute ces mots *immediatè et totaliter:*

Mais, 1.° à la fin de la clause on revient à cette expression *Ducatûs Barrensis.*

2.° On ne peut pas dire que les termes *immediatè et totaliter* soient employés pour restreindre, parce qu'autrement il n'y auroit que ceux du domaine propre du duc de Bar, *sub Dominio Ducis Barrensis*, qui seroient capables; et c'est ce qui prouve invinciblement que ce n'est qu'un degré de préférence. Ces deux termes *Dominium et Ducatus* n'ont rien de commun; l'un désigne la propriété, l'autre la juridiction.

3.° Il seroit absurde de l'interpréter autrement; car ou l'on entendra le mot *totaliter* de la vassalité, ou de la sujétion à la qualité de souverain; et l'on ne peut admettre aucune de ces deux interprétations.

La première interprétation est condamnée par le fait, que les sujets du comté de Chiny sont admis constamment aux places de boursiers, quoique le choix des boursiers soit renfermé dans des bornes beaucoup plus étroites; donc les sujets des vassaux du duc de Bar peuvent être admis.

La seconde interprétation doit être rejetée, parce qu'il ne se trouveroit point de personnes qui fussent sujets du duc de Bar en qualité de souverain, puisque le Barrois n'a pas d'autre souverain que le roi.

Il faut donc en revenir à distinguer les différens degrés des lieux désignés dans la fondation.

Le premier, la ville de la Marche.

Le second, le domaine du duc de Bar.

Le troisième, l'étendue du duché de Bar avec ses dépendances.

Le quatrième, les provinces de Sens et de Reims.

Il seroit ridicule de penser que les auteurs du statut aient voulu préférer un homme de la province de Sens, né peut-être à cent lieues de la ville de la Marche, à un homme né dans un fief mouvant du duc de Bar, peut-être à vingt lieues de l'endroit de la naissance du fondateur.

Enfin, le statut doit être interprété plutôt dans une signification étendue, que dans un sens le plus étroit, afin d'avoir plus de sujets capables pour remplir l'objet de la fondation.

Terminons par une dernière réflexion ce qui concerne la question sur le lieu de Puilly.

Il faut au moins convenir que cette question est douteuse, soit par rapport au fait de la mouvance, soit par rapport à l'interprétation du statut; et, dès le moment qu'il y aura du doute, pourra-t-on déposséder un homme qui a joui deux ans et demi avant que ses compétiteurs aient paru, et cela sur le fondement d'un point de critique, d'une dissertation savante, d'une antiquité obscure et incertaine?

Ce défaut, s'il y en a quelqu'un, seroit couvert.

La seule indignité ne se couvre point; et s'il est vrai que la partie de Me Nivelle soit entrée dans cette place par une fausseté criminelle, il est toujours temps de l'en dépouiller. Sa possession augmente son délit, loin de l'effacer. Chaque jour ajoute un nouveau degré à sa première faute, et chaque instant renouvelle le vice de son usurpation.

Ce seroit donc inutilement qu'elle n'auroit aucun défaut essentiel qui la rendît incapable, soit par rapport aux qualités personnelles, soit par rapport au lieu de Puilly, dont elle prétend être originaire, si elle ne prouvoit pas qu'elle est née dans ce lieu, ou si elle avoit commis une fausseté qui la rendît indigne de profiter des avantages de sa naissance.

C'est ce qui nous engage à entrer dans l'examen de la troisième question, dans laquelle nous devons chercher les preuves de la vérité de sa naissance, ou les présomptions de la fausseté dont on l'accuse.

Commençons par une réflexion générale sur l'état auquel cette cause se trouve réduite, réflexion très-importante, qui doit nous servir de guide dans tout ce qui nous reste à vous proposer sur cette dernière partie de la cause, et par laquelle nous devons juger de la force, de la qualité, du poids des faits qui vous ont été proposés touchant la fausseté, et de l'usage que l'on doit en faire et pour l'intérêt des parties et pour l'utilité publique.

Il semble d'abord qu'il ne nous reste qu'un seul fait à examiner, et que ce fait unique soit la naissance de Me Wiry-Henricy dans le lieu de Puilly.

S'il ne peut pas prouver ce fait important, alors la condition la plus essentielle de toutes, celle qui est le fondement de toutes les autres, lui manquera absolument. Le lieu de sa naissance étant incertain, ses provisions obtenues sur un faux exposé seront subreptices, son titre vicieux, sa possession injuste, sa conduite pleine d'aveuglement et de témérité.

Si, au contraire, il peut démontrer la vérité de sa naissance dans le lieu de Puilly, on pourroit croire qu'après tout ce que nous venons de vous expliquer, il ne resteroit plus que de le maintenir dans la possession paisible de la place de principal.

Cependant, MESSIEURS, nous sommes obligés de faire dès à présent cette observation importante, que, dans l'état présent de cette cause, rien ne seroit moins raisonnable que cette conséquence.

Il ne s'agit pas seulement ici de savoir s'il a l'avantage d'être né dans le lieu de Puilly; il s'agit encore d'examiner s'il n'a point cherché à établir la preuve de ce fait par une fausseté répréhensible.

Quand il seroit vrai qu'il seroit né à Puilly, si néanmoins il étoit constant qu'il eût commis une fausseté pour assurer son état, s'il étoit prouvé qu'il eût supprimé les registres publics de cette paroisse, pour dérober aux yeux de la justice la connoissance de sa faute, il est certain que bien loin que le délit fût couvert ou effacé, il subsisteroit encore, et s'augmenteroit tous les jours par la détention injuste de ces mêmes registres. Qui pourroit être alors assez ennemi du bien public, pour ne pas convenir qu'il devroit être privé d'une place à laquelle il ne seroit parvenu que par des voies si condamnables?

Qu'il soit capable, si l'on veut, par le privilége de sa naissance, il auroit cessé de l'être par la qualité de son délit. La nature l'appeloit à la place de principal, sa propre conduite l'en excluroit; et ce seroit en vain qu'il réclameroit le lieu de son origine, si la nature de son action lui faisoit perdre les droits de sa patrie.

Et, sans exagérer ici sa faute et les peines qu'elle mériteroit, si elle étoit prouvée, ne suffit-il pas d'y appliquer la sage disposition de l'ordonnance, qui prive de la possession des bénéfices, non-seulement ceux qui ont fait une fausseté pour les obtenir, mais ceux mêmes qui se seroient servi d'une pièce dont la fausseté leur seroit connue.

Telle est la juste horreur que les lois ont conçue contre la fausseté. Toujours punissable dans les matières les plus profanes, elle porte un caractère particulier qui approche du sacrilége, quand elle se découvre dans une matière sacrée.

S'il étoit certain que la partie de M.e Nivelle eût été instruite de la fausseté de son titre; si elle en avoit été non-seulement le complice, mais le premier, le principal auteur, comment oseroit-elle demander aujourd'hui, pour prix et pour récompense d'un crime, un office qui approche fort de la nature des bénéfices, et qui est certainement beaucoup plus important que la plupart des bénéfices qui font la matière des contestations ordinaires?

Nous ne croyons pas avoir besoin de nous étendre en de longues dissertations pour combattre et pour rejeter la distinction plus subtile que solide, qui vous a été proposée entre les véritables bénéfices, et l'office de principal du collége de la Marche.

Il est vrai que l'ordonnance n'a parlé que des bénéfices; mais il est vrai aussi que le même motif qui a fait établir cette maxime pour les bénéfices, doit la faire observer, et souvent même avec encore plus de raison, dans les autres offices; et surtout dans une place de la qualité de celle dont il s'agit entre les parties.

Quel est le motif de cette loi? Elle a voulu exclure de toute administration publique ceux qui auroient employé des voies criminelles pour y parvenir. Elle n'a pas cru que les intérêts du public, le soin des pauvres, que les autres fonctions attachées aux bénéfices pussent être confiées à des prévaricateurs et à des faussaires; et elle a porté si loin sa juste sévérité, qu'elle a cru que la seule connoissance, la seule participation de ce crime étoit une exclusion formelle.

Or, ce même motif ne se trouve-t-il pas tout entier dans l'administration d'un collége considérable? Le public y est-il moins intéressé? L'église et l'état, qui regardent ces maisons comme les premiers séminaires où se forment les sujets qui doivent dans la suite se consacrer à leur service peuvent-ils voir les principalités des colléges devenir le prix d'une supposition et d'une fausseté? Seront-ils insensibles à ce désordre, et peuvent-ils le punir par une peine plus douce que celle de la privation de l'office que l'on a voulu acheter par des voies si indignes?

Si cette réflexion est décisive pour ces sortes d'offices considérés en général, combien doit-elle l'être davantage pour la principalité du collége de la Marche en particulier?

Ce n'est point ici une de ces principalités ordinaires, offices purement politiques et économiques, c'est un office mixte, dans lequel les droits civils et ecclésiastiques se trouvent réunis. Le principal doit être prêtre, aux termes de la fondation. Il est chargé de célébrer trois messes chaque semaine. Si ce n'est pas un véritable titre de bénéfice, c'est tout au moins une prestimonie, soumise par conséquent aux mêmes règles; c'est, en un mot, un état si approchant des bénéfices ecclésiastiques, qu'il seroit difficile de trouver une différence entr'eux par rapport à celui qui en est pourvu.

Et quelles pourroient être les raisons d'y faire quelque distinction dans la matière dont il s'agit? Ne peut-on pas dire même, comme nous l'avons déjà remarqué en passant, que cette place est infiniment plus importante que la plupart des bénéfices auxquels on applique tous les jours la disposition de l'ordonnance?

Faut-il moins de sagesse, de probité, de droiture, d'intégrité, de prudence et d'attention, pour conduire un grand nombre de régens, pour gouverner un peuple d'écoliers, pour conserver l'ordre, la discipline, la paix dans un collége, pour en bannir le vice, pour y rappeler la vertu, pour former des sujets capables de remplir les places les plus importantes de l'église ou de l'état, que pour administrer les revenus d'un prieuré simple, pour faire célébrer les messes dont une chapelle est chargée, et pour toutes les autres fonctions des bénéfices ordinaires? Et l'on voudra cependant que, dans les derniers, on suive la disposition rigoureuse de l'ordonnance, et que, dans les premiers, on laisse le crime impuni, parce qu'il doit avoir de plus grandes suites.

Ajoutons une dernière circonstance, tirée encore de l'état singulier de la principalité du collége de la Marche, et remarquons ici que ce principal est celui qui doit examiner les titres des boursiers et des autres officiers du collége; c'est lui qui doit s'informer exactement du lieu de leur naissance, pour empêcher qu'on n'élude par des voies indirectes l'intention du fondateur; enfin, c'est lui qui doit donner tous les certificats du temps d'étude, lesquels servent de fondement et de degré pour passer à des études plus élevées, ou à des emplois plus distingués.

Et comment pourra-t-on avec confiance lui remettre entre les mains tous ces soins importans?

Comment pourra-t-on s'assurer de tous ces faits sur la foi de sa parole, si lui-même a été capable d'entrer dans cette place par la voie d'une fausseté ? Manquera-t-il d'indulgence et de facilité pour les imitateurs de son action, et pourra-t-il condamner dans les autres une faute qu'il voit récompensée, et, pour ainsi dire, couronnée dans lui-même ?

Qu'on ne prétende point détruire ces grandes maximes par une distinction peu solide, entre les lois pénales et celles qui ne le sont point. On ne peut pas étendre, vous a-t-on dit, les lois pénales; et ce seroit les étendre que d'appliquer aux principalités ce qui n'a été réglé que pour les bénéfices.

A cela, Messieurs, il est aisé de répondre, premièrement, que ce n'est point ici, à proprement parler, une extension; c'est juger seulement que le terme général de *bénéfices* comprend même les principalités et les autres offices, surtout lorsque l'on voit, comme dans l'espèce de cette cause, un titre mixte, mêlé de spirituel et de temporel, un titre, comme nous l'avons déjà dit, qu'on auroit bien de la peine à distinguer d'un véritable bénéfice, par rapport à la matière dont il s'agit.

Secondement, que cette maxime cesse souvent, et surtout lorsqu'on voit une si grande parité de raisons, que l'intention du législateur ne peut être douteuse.

Mais, en troisième lieu, quand même on supposeroit que ce cas n'est pas compris dans les termes généraux de la loi, que pourroit-on en conclure, si ce n'est que la peine est arbitraire et soumise au pouvoir des juges? Or, en admettant cette supposition, quelles règles les juges pourroient-ils suivre pour imposer une peine ? Ne se détermineroient-ils pas par l'un ou l'autre de ces principes, quand même ils voudroient user d'indulgence à l'égard de l'accusé ?

Le premier principe seroit de choisir la peine la plus douce; et y en a-t-il une plus légère que la privation du droit, fondée sur l'injustice des moyens dont on se sert pour y parvenir?

Le second, de chercher dans les cas décidés par l'ordonnance, un exemple semblable, dont l'application fût juste et naturelle au cas qui n'est point décidé; et alors pourroient-ils suivre une méthode plus sûre que la comparaison de l'office et du bénéfice, et ne seroient-ils pas obligés, par ce principe, d'appliquer à l'un ce qui est établi pour l'autre?

Nous ne croyons donc pas que l'on puisse douter que la fausseté ne soit punissable par la perte de la principalité, s'il est vrai qu'elle ait été commise, et cela sans entrer dans une autre distinction que l'on vous a proposée. Il semble que l'on soit convenu au moins tacitement, que s'il s'agissoit d'une fausseté pleine et entière, la partie de M.ᵉ Nivelle seroit indigne de la place qu'elle demande; mais l'on a prétendu que, quand même elle seroit coupable, tout son crime se réduiroit à avoir voulu réparer une omission par une voie peu permise, et à avoir cherché à prouver une vérité par une fausseté, et que ce genre de délit seroit trop léger pour être puni par la peine rigoureuse de l'ordonnance.

Mais premièrement, pour se servir avec succès de cette couleur ingénieuse, il faudroit avoir démontré clairement et invinciblement le fait de sa naissance à Puilly. Or, cette preuve sera fort difficile tant qu'elle sera accusée de fausseté, puisque toutes les autres présomptions, toutes les autres pièces mêmes qu'elle pourroit produire seront toujours regardées comme suspectes, tant qu'elles viendront de la part d'un homme soupçonné de fausseté, et qui n'en auroit point été justifié.

Secondement, quand même elle auroit prouvé ce premier fait de la vérité de sa naissance à Puilly, comment pourroit-elle prouver qu'il est permis de faire une fausseté pour rétablir la preuve d'une vérité? L'innocence peut-elle justement emprunter les armes du crime? La vérité ne rougit-elle pas de se servir des couleurs du mensonge? Et depuis quand est-il devenu permis de commettre un crime pour couvrir une omission ? Qu'y avoit-il même de plus aisé à réparer que cette omission ? N'étoit-il pas facile de dresser un procès-verbal, d'entendre des témoins ? Il y avoit mille moyens sûrs et innocens, on les néglige : un seul est criminel, on le choisit.

En troisième lieu, quand on voudroit pallier ou dissimuler ce désordre, excuser l'erreur de celui qui auroit été l'auteur d'une pareille fausseté, quoique cependant il n'eût pu pécher que par l'ignorance du droit naturel qui n'excuse jamais, ne faudroit-il pas toujours le punir pour en prévenir les conséquences ? Il seroit même à souhaiter qu'on l'eût déjà fait par quelque exemple éclatant. Qui peut ignorer que souvent des gens de bien, ou qui passent pour tels (car nul terme n'est plus profané dans le monde), qui peut ignorer, disons-nous, que souvent ils ont cru pouvoir réparer ainsi, par des voies criminelles, la perte d'un acte, ou une autre omission semblable ? Et, sans cette juste sévérité, que deviendroit le dépôt sacré des registres publics ? Où seroit la sûreté de la naissance, de l'état, de la fortune des hommes ? La moindre altération, le moindre changement est un crime, grand dans son principe, encore plus grand dans ses suites, contre lequel les lois divines et humaines s'élèvent également.

Si l'on pouvoit encore douter de cette vérité, ne suffiroit-il pas de l'examiner dans l'exemple d'un témoin qui auroit déposé la vérité, mais une vérité qu'il ne pouvoit jamais savoir par lui-même. Il dira qu'il a été témoin oculaire d'un fait, et cependant on prouvera qu'il étoit absent de cent lieues de l'endroit où l'action s'est passée. Ce sera inutilement qu'il cherchera à se défendre, en disant qu'il n'a déposé que la vérité. Une vérité inconnue n'est pas une vérité pour lui. Il en est de même d'un acte. Un acte est une espèce de témoin. Il ne suffit pas qu'il contienne la vérité, il faut encore qu'il en ait été chargé, qu'elle lui ait été confiée dans le temps même de l'action ; sans cela, c'est toujours un faux témoin, quoique son témoignage s'accorde avec la vérité.

Réunissons maintenant, en très-peu de paroles, toutes les observations que nous venons de vous faire.

Première maxime à laquelle nous croyons devoir nous attacher. La fausseté n'est pas moins punissable, lorsqu'il s'agit d'un office de principal, que s'il s'agissoit d'un bénéfice.

Seconde maxime. La fausseté est peut-être moins odieuse, lorsqu'elle ne tend qu'à faire revivre une vérité ; mais elle est toujours très-criminelle, et il est d'une grande conséquence de ne pas la laisser impunie. Celui qui commence par faire l'essai d'une fausseté en faveur de la vérité, tourne bientôt sa dangereuse science contre la vérité même.

Tels sont les principes par lesquels nous croyons devoir nous conduire dans l'examen de la fausseté que l'on impute à la partie de M.e Nivelle ; et, après avoir supposé qu'elle ne peut conserver la place de principal, s'il est vrai qu'elle l'ait acquise par une fausseté, tâchons de rassembler en peu de paroles les preuves ou les présomptions de ce prétendu crime ; et, pour le faire avec ordre, divisons cette recherche en deux questions différentes.

La première, s'il est certain, comme le prétend la partie de M.e Nivelle, indépendamment même de son extrait baptistaire, qu'elle soit née dans le lieu de Puilly.

La seconde, s'il est vrai que les registres de Puilly aient été d'abord altérés pour commettre la fausseté, et ensuite supprimés pour en dérober la preuve.

Sur la première question, les pièces qu'on vous a présentées comme des preuves invincibles prouvent tout au plus le domicile du père de la partie de M.e Nivelle, et non le lieu de la naissance du fils. Ce sont des écritures privées, des attestations et des déclarations contre lesquelles on a proposé plusieurs réponses particulières ; mais, en général, ce n'est point la preuve que l'ordonnance exige ; et celui qui les a rapportées s'est trop flatté lorsqu'il a cru pouvoir se passer tout à la fois et de l'extrait baptistaire, et de la preuve par témoins qu'il avoit demandée par une requête dans laquelle il ne conclut pas aujourd'hui.

Il faut avouer néanmoins qu'il en résulte toujours quelque présomption favorable, trop foible pour pouvoir dès à présent le regarder comme véritablement né dans le lieu de Puilly, mais cependant assez forte pour faire admettre la preuve par témoins, si les registres étoient véritablement perdus, et perdus sans son fait.

Voyons maintenant ce que l'on peut juger sur la seconde question des prétendues preuves de la fausseté dont on l'accuse.

Pour cela, il est nécessaire de vous lire, 1.° les déclarations de Furniret, curé de Puilly.

2.° Les interrogatoires.

3.° Les dépositions des deux frères oblats d'Orval (*M. d'Aguesseau en fit lecture en cet endroit.*).

Il est constant d'abord que si l'on considère les déclarations du curé de Puilly en elles-mêmes, elles paroissent si fortes, si précises, si circonstanciées, que si la foi de leur auteur n'étoit pas suspecte, elles formeroient non-seulement une présomption, mais une preuve convaincante. Il ne reste donc plus qu'à examiner quelle doit être l'autorité du témoignage de ce curé.

En général, le seul témoignage d'une personne publique ne peut détruire l'acte qu'elle a passé : autrement la fortune, la vie, l'honneur des hommes seroient entre les mains d'un officier susceptible de passion, de corruption, de caprice, qui les sacrifieroit à son honneur, à son intérêt, à sa légèreté, maxime qui n'a pas besoin d'être prouvée.

Mais si, d'un côté, ces déclarations ne peuvent former une présomption suffisante par elles-mêmes, peut-on douter de l'autre qu'elles ne soient capables de faire naître du moins un soupçon très-violent de la fausseté d'une pièce, lorsqu'on voit que son propre auteur vient reconnoître son crime, et s'accuser le premier dans le tribunal de la justice ?

Tâchons d'approfondir davantage la nature et la force de cette suspicion : distinguons pour cela deux sortes de procédures différentes dans lesquelles un notaire, un curé, un officier public peut attaquer l'acte qui est son ouvrage, devenir son propre dénonciateur, et se déclarer coupable de fausseté.

L'une est la procédure criminelle ; l'autre une instance civile.

Dans le premier cas, lorsqu'un notaire ou une autre personne publique, accusée de fausseté, comparoît devant les juges qui instruisent son procès, et que, pressé par la force de la vérité, il avoue le crime dont il est prévenu, qui peut douter que sa confession ne soit d'un très-grand poids? A la vérité, elle ne suffiroit pas seule, *non auditur perire volens;* mais jointe à d'autres argumens, soutenue par d'autres témoignages ou par le concours des présomptions, elle forme dans l'esprit des juges la plus forte et la plus parfaite de toutes les convictions.

Dans le second cas, c'est-à-dire, dans une instance civile, une semblable déclaration ne peut pas avoir la même autorité; mais on ne peut s'empêcher néanmoins de regarder cet aveu comme un fait qui mérite toute l'attention de la justice. Il semble même qu'il soit vrai de dire qu'il ne lui manque alors que le secours de la forme pour acquérir le dernier degré d'évidence et de conviction; et, comme cette forme peut y être ajoutée, la justice n'a garde de rejeter ces déclarations d'abord qu'elles paroissent. Elle leur prête au contraire le caractère de solennité qui leur manque; elle recueille avec soin ces semences de preuves, pour parvenir enfin à la connoissance et à la punition du crime.

Que l'on n'abuse donc pas ici de la maxime commune, qui ne reçoit pas les déclarations des officiers publics, lorsqu'elles sont contraires à leurs actes. Cette maxime est véritable, pourvu qu'on la renferme dans ses bornes légitimes. En un mot, de semblables déclarations ne font jamais, seules et par elles-mêmes, une preuve complète; mais elles forment souvent des conjectures puissantes, des commencemens de preuves que l'on ne peut absolument rejeter.

Deux considérations peuvent faire admettre ces sortes de présomptions, l'une générale l'autre particulière et tirée des circonstances du fait.

La considération générale, qui est commune à toutes ces déclarations, c'est le danger auquel s'expose celui qui les donne. Il ne peut faire un pareil aveu sans se déclarer faussaire, et par conséquent sans s'exposer à la peine que la loi impose à ceux qui, revêtus d'un caractère public, commettent une fausseté dans les fonctions de leurs charges : or, cette peine est le dernier supplice; et qui pourra se persuader qu'un homme soit capable de s'accuser faussement d'un crime qui mérite la mort?

La force de la vérité, les remords de la conscience, l'espérance de prévenir une condamnation rigoureuse par l'aveu sincère de sa faute, toutes ces considérations peuvent déterminer un coupable à se déférer lui-même au tribunal de la justice. On en a vu quelques exemples; et quoiqu'ils soient fort rares, il n'est pas néanmoins impossible d'en trouver encore. Mais peut-on concevoir qu'un innocent renonce tout d'un coup aux avantages, à la gloire de l'innocence; qu'il se détermine à passer pour coupable, qu'il emprunte les apparences du crime, et qu'il aille au-devant de la peine qu'il n'a pas méritée?

L'imposture peut bien aller jusqu'à imiter la vertu qu'on n'a pas; mais que l'innocence puisse affecter de paroître coupable d'un crime que l'on n'a pas commis, c'est, Messieurs, ce qui n'a point encore eu d'exemple, et le crime n'a pu jusqu'à présent acquérir, comme la vertu, le privilége de faire au moins des hypocrites.

Pour pouvoir donc détruire une présomption si fortement gravée dans l'esprit de tous les hommes, il faudroit prouver quelque chose de plus qu'une simple légèreté dans celui qui auroit fait de semblables déclarations. Les noms d'*imbécille* et d'*extravagant*, que l'on a tant de fois prodigués dans cette cause au curé de Puilly, ne seroient pas trop forts. On ne pourroit combattre un pareil témoignage qu'en accusant le témoin de folie. On a senti en effet que c'étoit à ce seul moyen qu'on pouvoit avoir recours; mais il falloit des preuves, et non pas de simples paroles, pour établir un fait de cette qualité.

La considération particulière, et qui est tirée des circonstances du fait de chaque contestation, c'est que quand il se trouve qu'une semblable déclaration est appuyée par d'autres circonstances, soutenue par d'autres faits prouvés, avec lesquels elle s'accorde parfaitement; alors ce seroit vouloir fermer les yeux à la vérité, que de refuser son acquiescement à un témoignage que les présomptions générales et particulières fortifient également.

Si l'on applique cette règle à l'espèce de cette cause; si l'on joint au témoignage de ce curé tous les faits contenus dans les dépositions et les interrogatoires, toutes les circonstances dont on peut tirer de fortes présomptions, soit sur la fausseté et l'enlèvement des registres, soit sur l'auteur de ces deux délits, nous ne doutons pas qu'il n'y en ait assez pour autoriser la demande que l'on fait, à ce qu'il soit permis d'instruire sur les moyens de faux. Nous croyons même devoir nous joindre à cette demande, et requérir qu'il plaise à la cour ordonner l'instruction d'un crime, à la vengeance duquel le public est encore plus intéressé que les particuliers qui vous la demandent.

Nous avouons néanmoins que c'est avec peine que nous sommes obligés de former cette accusation pour satisfaire au devoir de notre ministère. Quelques soupçons que l'on puisse former dans l'état présent de cette cause contre la partie de Me Nivelle, nous devons ce témoignage à la vérité, que si l'on excepte ce seul endroit de sa vie, nous n'avons que des éloges publics à lui donner. Elle n'a exercé aucunes fonctions où sa conduite n'ait été non-seulement irréprochable, mais approuvée, mais louée, mais proposée pour exemple par ses supérieurs. Elle a donné les premières preuves de sa sagesse et de son exactitude dans la place de ministre de l'hôpital du Saint-Esprit : elle l'a exercée avec l'approbation du public, et elle a mérité, par sa conduite, d'avoir son frère pour successeur dans cette place, qui même n'y a été admis qu'à condition qu'elle lui serviroit de conducteur et de modèle. Depuis qu'elle est en possession de la principalité du collége de la Marche, elle y a rétabli l'ordre et la discipline. Le grand nombre des écoliers, la satisfaction de tous les régens qui travaillent avec succès sous sa direction, sont des preuves authentiques de sa capacité dans l'emploi qui lui est confié. Nous voyons même avec plaisir qu'elle est presque le seul des contendans qui ne jouisse d'aucun bénéfice qui puisse la détourner de l'application continuelle que la fonction de principal exige d'elle. Nous souhaitons qu'elle puisse se justifier dans la suite, et dissiper tous les soupçons qui subsistent jusqu'à présent contr'elle.

Mais enfin, nous manquerions au plus essentiel de nos devoirs, qui est de veiller à la poursuite et à la punition des crimes, et le public pourroit nous reprocher justement que nous négligeons ses intérêts, si, dans la place que nous avons l'honneur d'occuper, nous gardions un silence criminel sur des faits de la qualité de ceux qui paroissent dans cette cause.

Outre le concours des présomptions qui font un commencement de preuve de ces faits, trois raisons principales nous persuadent que l'on ne peut se dispenser d'ordonner une instruction.

La première est l'état de la procédure.

La seconde, la qualité d'un des accusés.

La dernière est la nature même du crime dont il s'agit.

Pour ce qui regarde l'état de la procédure, en quelle situation trouvons-nous cette affaire?

Une requête civile, des oppositions, une inscription de faux, qui fait le principal moyen de l'une et des autres. C'est une voie de droit que l'ordonnance ouvre à toutes les parties. On a donné des moyens de faux. On en demande l'instruction, supposé que la cour ne les trouve pas suffisamment instruits.

Il n'y a qu'un seul cas où l'on puisse arrêter une inscription de faux. C'est lorsqu'il paroît clairement, évidemment, manifestement, qu'elle est sans aucun fondement, ou qu'il y a des fins de non-recevoir insurmontables. Ici il n'y a ni fins de non-recevoir, ni un défaut évident de fondement; elle est fondée, au contraire, sur des présomptions si fortes et si pressantes, que nous croyons être obligés de nous joindre à l'inscription de faux.

On ne peut pas non plus soutenir que les moyens de faux ne soient pas admissibles. Deux seules raisons peuvent faire rejeter les moyens de faux; l'inutilité, l'impossibilité. Ceux que l'on vous propose ne portent ni l'un ni l'autre de ces caractères.

Ils ne sont pas inutiles; car, quoi de plus essentiel que de prouver que l'acte de baptême n'étoit point dans les registres; qu'il y a été ajouté après coup, et que les registres sont en la possession de ceux qui veulent cacher ce fait? Ils ne sont point impossibles à établir; car, quoi de plus facile à prouver que des faits de cette nature, surtout avec les commencemens des preuves que l'on en a déjà rapportées?

Si l'on compare ces moyens de faux avec ceux que l'on tire d'ordinaire du témoignage des experts, peut-on seulement balancer entre les uns et les autres? Et qui peut douter que si les faits dont il s'agit se trouvoient prouvés par une instruction régulière, ils ne fournissent des argumens beaucoup plus forts que les présomptions, toujours douteuses, que l'on tire du rapport des experts?

Si l'on pouvoit encore douter de la force de ces moyens, il est aisé de la faire sentir par cette seule considération:

Si les faits qu'ils contiennent sont une fois prouvés ; si l'on justifie, par une procédure en forme et légitime, que les déclarations du curé sont véritables, que l'acte de baptême a été écrit après coup sur le registre ; disons plus, si l'on prouve ce seul fait, que l'on a soustrait ce registre, et qu'on le retient encore aujourd'hui, qui pourra douter que le crime n'ait été commis ? Or, il suffit, pour admettre des moyens de faux, qu'il soit évident que, supposé que ces moyens soient prouvés, le faux seroit avéré.

A l'égard de la qualité d'un des accusés, oublions, pour un moment, la principalité du collége de la Marche, et l'intérêt des contendans ; ne l'envisageons que par rapport au curé de Puilly.

Il est certain qu'à son égard, ses propres déclarations suffisent, sinon pour le condamner dès à présent, au-moins pour lui faire faire son procès. Qui a jamais douté qu'on ne doive instruire le procès d'un homme qui, dans un écrit qu'il a signé, se dénonce lui-même, et s'accuse le premier dans le tribunal de la justice ?

Mais ce crime est néanmoins encore douteux et incertain. Il est constant qu'il y en a un dont la découverte intéresse l'une ou l'autre partie. Si ce curé a commis la fausseté, c'est un coupable qui s'accuse ; s'il ne l'a pas commis, c'est un innocent qui cesse de l'être, pour commettre une calomnie punissable. Il ne peut que choisir entre les noms de faussaire ou de calomniateur. L'un ou l'autre peuvent lui être dus ; mais jusqu'à ce que l'instruction soit faite, on ne peut encore certainement lui donner l'un plutôt que l'autre. Comment pourroit-on dès à présent punir son crime ? Premièrement, lequel punira-t-on ? Sera-ce la fausseté ou la calomnie ? Secondement, comment le punira-t-on, si l'un ou l'autre de ces crimes sont prouvés ? Les peines que l'on peut imposer sans instruction, à l'audience, seroient-elles proportionnées à leur nature ?

Ajoutons que la partie de Me Nivelle a reconnu elle-même, à l'audience, qu'il étoit nécessaire de faire le procès au curé de Puilly, et l'a même écrit dans un *factum* qui a été distribué.

Or, dès le moment qu'il y a nécessité d'instruire le procès à l'égard du curé, on ne peut juger définitivement cette cause, parce que si une fois le curé est convaincu de fausseté, il en résulte, contre la partie de M.e Nivelle, une de ces présomptions naturelles, plus fortes que toutes les dépositions des témoins, puisqu'il sera impossible de s'imaginer que le curé de Puilly ait commis ce crime de son propre mouvement, gratuitement, inutilement, et sans l'instigation de la partie qui y étoit intéressée. S'il est au contraire convaincu de calomnie, son jugement formera un argument invincible contre ceux qui l'y auroient engagé.

Enfin, si nous considérons la nature du crime, il est si important, qu'il faudroit être ennemi du bien public pour ne pas désirer l'éclaircissement d'un fait si grave et si intéressant pour les familles.

En effet, il s'agit d'éclaircir deux points principaux; l'un, si le registre a été altéré en y insérant des actes après coup. Et qui peut n'être pas frappé de l'utilité de la nécessité d'une instruction qui tend à assurer la foi des registres publics, à punir les moindres changemens qu'on peut y faire, à rétablir le fondement de toute certitude par rapport à l'état des hommes, qu'il semble que l'on ait voulu ébranler dans cette occasion?

L'autre point, est de savoir si le registre a été soustrait; et quand il n'y auroit, MESSIEURS, que ce seul fait, pourrions-nous demeurer dans le silence? Un registre public enlevé! Et que deviendra la preuve de la naissance de tous ceux qui y sont contenus? Comment pourra-t-on rétablir ce registre, si ce n'est en faisant le procès aux auteurs de la soustraction? Car il est très-vraisemblable que si la cour usoit d'indulgence en cette occasion, jamais ce registre ne paroîtroit; et par conséquent, pour dérober la preuve de la fausseté commise en faveur d'une seule personne, on détruiroit en même temps, celle de la naissance de tous ceux dont le baptême est inséré dans ce registre.

Il est facile de répondre aux deux seules objections que l'on pourroit faire contre l'interlocutoire que nous vous proposons.

La première, qu'il est fâcheux, après un si grand nombre d'audiences (1), de se réduire à un simple interlocutoire.

Mais, 1.° c'est le genre de la cause qui le demande.

2.° (Et c'est ici la réponse pleine, la réponse décisive) il ne faut pas regarder cet interlocutoire, comme un arrêt qui ne prononcera sur aucune des questions de la cause, et qui les laisse subsister en leur entier; au contraire, en ne jugeant rien en apparence, il décidera tout, à la réserve du seul fait de faux qui n'est pas suffisamment instruit.

Il jugera, dès à présent, toutes les autres ouvertures de requête civile, puisque, si elles étoient suffisantes, on commenceroit par rétracter l'arrêt.

Il jugera que toutes les questions que l'on a formées sur les qualités personnelles, étoient inutiles; qu'un docteur peut être admis à la place de principal, et que l'on ne peut alléguer dans cette cause le privilége de la régence.

Il jugera, que le lieu de Puilly est du nombre de ceux qui sont marqués par la fondation. En un mot, il jugera tout ce qui est en état de recevoir une prononciation décisive, et il ne différera de juger que ce qui est douteux et incertain, et qui a besoin du secours d'une instruction régulière et légitime.

La seconde objection est, que l'état d'un collége considérable demeurera dans l'incertitude. C'est sans doute un malheur, mais un malheur inévitable; la cour peut néanmoins l'assurer par provision. Quelques présomptions que l'on puisse opposer à la partie de M.e Nivelle, elles ne sont pas néanmoins revêtues de

(1) Cette cause fut plaidée avec beaucoup d'étendue pendant sept audiences.

la forme prescrite par l'ordonnance, pour pouvoir dépouiller un officier. Ainsi l'on ne peut s'empêcher de le laisser dans la possession de la place de principal; et, quoique cette possession ne soit pas paisible, nous ne doutons pas qu'il ne continue à apporter tous les soins pour la conservation de la discipline dans ce collége. Mais enfin, quand il y auroit quelque inconvénient, il faut le comparer avec l'inconvénient opposé, de juger précipitamment une affaire dont l'explication étendue, que nous nous sommes crus obligés de vous en faire, vous fait connoître toute l'importance, non-seulement pour l'intérêt des parties, mais encore plus pour l'intérêt du public.

L'ARRÊT reçut les intervenans parties intervenantes; sur les lettres en forme de requête civile, appointa les parties au conseil; et, sur les interventions en droit et joint, ordonna que la pièce maintenue fausse, les moyens de faux, et les autres pièces qui avoient été mises entre les mains des gens du roi pour la plaidoirie de la cause, seroient mises au greffe de la cour, lesdites pièces préalablement paraphées par première et dernière par le greffier, pour, sur la distribution qui en sera faite en la manière accoutumée, y être fait droit ainsi qu'il appartiendra.

On n'a point trouvé d'arrêt définitif. Il paroît que la requête civile et l'inscription de faux ont été ou rejetées ou abandonnées, celui qui étoit en possession de la place de principal du collége de la Marche, en vertu de l'arrêt qu'on attaquoit, ayant continué de la remplir jusqu'à sa mort, arrivée en 1722.

4

QUARANTE-SIXIÈME PLAIDOYER.

DU 22 MAI 1697.

Dans la cause de la dame LE CAMUS, veuve du sieur DE MENNEVILLETTE, et de Madame DE FOIX DE MAULÉON, femme de M. DE JEAN, maître des requêtes.

1.° *Si un testament révoqué peut être établi par un codicille dans lequel le testateur déclare qu'il veut que ce testament soit exécuté, ou s'il est nécessaire de le transcrire de nouveau.*

2.° *Si une substitution faite en collatérale, en faveur de quelques-uns des parens du testateur, sans que celui-ci y ait suivi entièrement l'ordre de la succession légitime, fait un propre en leur personne, ou un acquêt.*

LA décision de cette cause dépend de l'examen de deux questions, qui paroissent toutes deux aussi considérables par leur importance que par leur difficulté.

Dans la première, il s'agit d'entrer dans la nature de la révocation des testamens, de pénétrer dans les intentions d'un testateur, d'examiner s'il est impossible de faire revivre un premier testament révoqué par un testament postérieur, sans le recommencer entièrement, ou si au contraire le retour d'une volonté favorable peut rétablir l'ouvrage qu'une volonté contraire sembloit avoir entièrement détruit.

Dans la seconde question, encore plus importante

que la première, par les suites et les conséquences qu'elle peut avoir pour le public, vous avez à décider des conditions qui sont nécessaires pour donner à un immeuble la qualité de propre ; en quels cas la volonté de l'homme peut faire un propre comme la disposition de la loi, et si cet avantage, qui sembloit être réservé à la succession légitime, peut être communiqué à une substitution testamentaire, lorsqu'elle entre dans l'esprit de la loi, lorsqu'elle suit les traces du sang, et qu'elle se conforme à l'ordre de la nature et à l'esprit de la coutume.

Quelque difficiles que paroissent ces deux questions, nous avons au moins cet avantage dans cette cause, qu'elles sont presque entièrement détachées de toute sorte de faits particuliers. On ne voit point ici cette multitude de circonstances qui rendent souvent la décision des questions de droit douteuse, et presque toujours inutile. S'il y a quelques faits à vous expliquer dans cette cause, il n'y en a qu'autant qu'il en faut précisément pour donner lieu aux questions qui ont été agitées en votre audience. Tout le reste des faits de suggestion, d'impressions, d'artifices, sont tous avancés de part et d'autre, sans aucun commencement de preuve, étrangers par conséquent à la décision de cette contestation, plus propres à l'embellir par des couleurs recherchées, qu'à la décider par des raisons directes et naturelles. Nous ne craindrons donc point de déclarer d'abord, que nous retrancherons de l'explication de cette cause, toutes ces circonstances inutiles, et nous nous contenterons de dire en un mot, que, dans le grand nombre de faits qui vous ont été expliqués, il y en a deux sortes ; les uns que nous ne voulons jamais croire, et les autres, sur lesquels nous voulons douter toujours ; mais les uns et les autres sont également inutiles au jugement de cette contestation, et peu dignes d'occuper un moment l'attention de la justice.

Deux questions, encore une fois, font tout le partage de cette cause ; l'une regarde la qualité des biens dont le testateur a disposé ; l'autre regarde la forme et la substance même de sa disposition.

Ainsi, le fait se réduit à deux circonstances principales.

L'une comprend l'explication des substitutions dont les biens étoient chargés ;

L'autre renferme l'examen des dispositions du testateur, dont la volonté fait le principal sujet de cette contestation.

Pour vous donner d'abord une idée juste et naturelle des substitutions par lesquelles on prétend que les biens sont devenus propres, il faut observer que feu M. le Camus, maître des requêtes, a fait en l'année 1677, le testament dans lequel nous lisons la substitution qui sert de fondement à une des questions de cette cause.

Ce ne fut point dans le nombre de ses héritiers présomptifs qu'il choisit son successeur ; il appela M. le Camus de Courcevin, son neveu, à l'exclusion de ses frères. Il l'institua son légataire universel, et il chargea ce legs de deux sortes de substitutions différentes ; ce sont deux dispositions qu'il est à propos de distinguer d'abord, et cette distinction trouvera son application dans la suite de cette cause.

La première substitution regarde deux maisons dans la rue de Taranne, qui appartenoient au testateur. Il charge ces biens d'une substitution masculine. Il veut, qu'après la mort de M. le Camus de Courcevin, ces maisons appartiennent à l'aîné de ses enfans mâles ; il appelle ensuite le puîné de ses descendans mâles : et en cas que M. le Camus de Courcevin vienne à décéder sans descendans mâles, il lui substitue alors André le Camus d'Emery, qui est celui de la succession duquel il s'agit aujourd'hui, et il lui impose encore les mêmes charges de substitutions qu'il avoit prescrites à son légataire universel.

La seconde substitution est distinguée de la première par des circonstances singulières, que ni l'une ni l'autre des parties ne vous ont pas assez exactement expliquées.

Le testateur déclare, qu'à l'égard de tous ses autres biens, meubles, immeubles et propres, il veut que M. le Camus de Courcevin, son neveu, n'en ait que la jouissance pendant sa vie, sans avoir la faculté de les aliéner, en cas qu'il décède sans enfans mâles et femelles, et, qu'après son décès, les titres des immeubles, et le prix des meubles substitués, seront remis entre les mains d'André le Camus d'Emery.

Telle est la volonté du testateur, par laquelle on doit décider de la qualité des biens dont il s'agit; volonté qui a pour objet principal un parent fort proche, à la vérité, mais qui n'étoit point héritier présomptif du testateur; volonté qui comprend deux sortes de biens : les uns chargés d'une substitution masculine en faveur des aînés, et, à leur défaut, au profit de feu M. le Camus d'Emery : les autres, dont il semble qu'il ne lègue que la jouissance au légataire universel, et la propriété à M. le Camus d'Emery, légataire substitué.

Après vous avoir expliqué le titre et la nature de la substitution, il faut y joindre, en peu mots, ce qui s'est passé dans la famille touchant l'exécution de cet acte.

M. le Camus, maître des requêtes, étant mort, M. le Camus de Courcevin, légataire universel, et premier héritier institué, a recueilli sa succession. Il a joui de tous les biens; toute sa famille a approuvé le testament. Il est mort sans enfans. Ainsi, le cas que le testateur avoit prévu est arrivé; M. le Camus d'Emery, qui lui étoit substitué, lui a succédé en deux qualités différentes.

La première ne regarde que les biens compris dans le testament de M. le Camus, maître des requêtes; et c'étoit la qualité de substitué.

La seconde étoit celle d'héritier du sang, et cette qualité lui donnoit droit de jouir de tous les autres biens libres de M. le Camus de Courcevin.

Dans la première de ces qualités, il n'avoit point de concurrent.

Dans la seconde, il pouvoit avoir un cohéritier;

et c'étoit la dame de Mennevillette. Mais cet obstacle cessa par la renonciation qu'elle fit à la succession de M. de Courcevin, son frère, et M. le Camus d'Emery demeura en possession paisible de tous les biens de M. de Courcevin, soit comme son héritier, soit comme substitué. La disposition de l'homme et celle de la loi concouroient également en sa faveur.

C'est une des difficultés que l'on a agitées dans cette cause, de savoir lequel de ces deux titres a prévalu en sa personne; s'il a possédé les biens substitués comme héritier, ou comme substitué; s'il y a eu une confusion de ces deux qualités en sa personne, ou si, au contraire, il les a conservées distinctes et séparées.

Sans examiner encore à présent ce point important de la cause, il est toujours certain que l'on rapporte des actes de part et d'autre, qui semblent favoriser également la prétention des deux parties. Dans les uns, il a pris simplement la qualité d'héritier légitime; dans les autres, il a agi comme héritier substitué : c'est ce que nous examinerons encore plus en détail dans la suite de cette cause.

Voilà, MESSIEURS, tout ce qui concerne la première partie du fait que nous nous sommes proposés de vous expliquer. Telle est la nature des biens dont on demande si M. le Camus d'Emery a pu disposer. Telles sont les substitutions dont ces biens sont chargés; telles sont toutes les personnes qui les ont possédés; Jean le Camus, testateur, qui a fait la substitution; Denis le Camus, institué; André le Camus, son frère, substitué.

Passons à présent à la seconde circonstance principale; et, après avoir vu quelle est la nature des biens, examinons de quelle manière M. le Camus d'Emery en a disposé.

L'explication de cette seconde circonstance est renfermée dans quatre actes différens, dont trois s'accordent parfaitement : il n'y en a qu'un seul qui marque un changement de volonté dans le testateur.

Le premier de ces actes est un testament olographe, du 25 janvier 1695.

Sans entrer ici dans le détail de ses dispositions, qui vous ont été lues, nous nous contenterons d'en observer deux principales.

La première, est le legs qui y est au profit de la partie de M.e de la Barre. Ce legs comprend tout ce qui étoit contenu dans le legs universel fait par Jean le Camus au profit de M. de Courcevin, et que M. le Camus d'Emery avoit recueilli en vertu de la substitution faite à son profit.

La seconde, est un legs universel en faveur de M. le président de Crévecœur.

Il charge et le legs particulier et le legs universel, d'un grand nombre de substitutions.

Il confirme ce testament par une clause dérogatoire. Il révoque et annulle, dès à présent, tous les testamens dans lesquels on ne trouvera point ce verset de l'Ecriture-Sainte : *Quoniam justus Dominus, et justitias dilexit.*

Ce testament, écrit et signé de la main du testateur, est revêtu d'une reconnoissance solennelle que M. le Camus en a faite dans le temps de sa dernière maladie.

Le 20 novembre 1695, il envoie chercher des notaires. Il reconnoît en leur présence le testament olographe. Il ajoute à cette reconnoissance un codicille qui contient quelques legs peu importans, et dans lequel on a pris soin de répéter la clause dérogatoire : *Quoniam justus Dominus, et justitias dilexit.*

Telle a été la première disposition du testateur. Voyons maintenant le changement qui est survenu dans sa volonté.

La reconnoissance dont on vient de parler est du 20 novembre 1695. Le 25, M. le Camus d'Emery fait un autre testament par-devant notaires, dans lequel il ne lègue à la partie de M.e de la Barre que la somme de trente mille livres. Il donne le surplus de ses biens à M. le président de Crévecœur. Il révoque tous les testamens qu'il auroit pu faire, et notamment celui du 25 janvier précédent. Il dérogé en général à toutes clauses dérogatoires, mais il néglige de faire une mention spéciale de celle qu'il avoit écrite lui-même dans son premier testament, et qu'il avoit répétée cinq jours auparavant dans la reconnoissance de ce testament.

Ce changement de volonté, contraire aux intérêts de Madame de Jean, n'a duré que vingt-quatre heures.

Le lendemain, 26 novembre 1695, M. le Camus d'Emery veut rétablir le premier ouvrage de sa volonté, qu'il avoit détruit. Il fait un codicille, dans lequel il révoque le second testament. Il déclare qu'il veut que le premier soit entièrement exécuté; il le représente lui-même aux notaires; il requiert qu'il soit annexé à la minute de ce codicille; les notaires en font une espèce de description ou de procès-verbal. C'est ainsi que se termine cet acte.

Il est suivi, le lendemain 27, d'un nouveau codicille, qui confirme encore le premier testament, et dans lequel le testateur ne se contentant pas de déclarer en général, qu'il veut que ce testament olographe soit exécuté, confirme en particulier la disposition qu'il avoit faite en faveur de la partie de M.e de la Barre; et, en rétablissant le premier testament par ce second codicille, comme il l'avoit déjà fait par le premier, il ajoute qu'il veut qu'il soit accompli, même pour le legs fait à Madame de Jean, dont elle jouira franchement et quittement de toutes dettes. Il prend ensuite des précautions singulières pour le paiement de ses créanciers; mais l'explication en est absolument étrangère à la décision de cette cause.

Il meurt peu de jours après. Madame de Jean demande l'exécution du premier testament. La dame de Mennevillette soutient qu'il est révoqué par le second, et que les codicilles qui l'ont suivi, n'ont pu le faire revivre; elle demande subsidiairement la réduction du legs, et elle prétend que les biens que M. le Camus d'Emery a recueillis par la voie de la substitution, ont été propres en sa personne.

La cause est portée en la première chambre des requêtes du palais : elle y est plaidée contradictoirement pendant sept audiences; et, par la sentence qui y a été prononcée, sans s'arrêter aux prétentions de la dame de Mennevillette, on ordonne l'exécution du premier testament.

Depuis cette sentence, il en est intervenu une seconde qui n'est que l'exécution de la première, et par laquelle on ordonne par défaut que la dame de Mennevillette sera tenue de faire cesser les saisies qui ont été faites des biens légués à Madame de Jean. On oblige M. le président de Crévecœur à déclarer, dans trois jours, s'il veut accepter la charge d'exécuteur testamentaire, qui lui est donnée par le testament olographe de M. d'Emery, conjointement avec Madame de Jean, sinon l'on permet à Madame de Jean d'agir seule en qualité d'exécutrice testamentaire.

La dame de Mennevillette a interjeté appel de ces deux sentences. Elle les attaque par les mêmes moyens qu'elle avoit proposés en cause principale.

Elle soutient d'abord, que le testament du 25 janvier 1695, révoqué par celui du 25 novembre de la même année, n'a jamais pu revivre que par un testament solennel qui contînt de nouveau les mêmes dispositions, et que les codicilles par lesquels le testateur l'a rappelé, sont des actes imparfaits, qui ne peuvent rendre au testament qu'ils confirment, l'être et la vie qu'il avoit perdus par le changement de volonté du testateur.

Elle prétend ensuite, que quand même ce testament auroit pu être considéré comme une volonté légitime et solennelle du testateur, il faudroit toujours reconnoître qu'il a excédé le pouvoir qui lui étoit confié par la loi. Les biens dont il a disposé, étoient des propres. Une substitution graduelle qui suivoit l'ordre du sang et de la parenté, image vivante de la succession légitime, leur avoit ôté la qualité d'acquêts, et avoit privé en même temps le testateur du droit de disposer entièrement de ses biens. La loi à laquelle il a voulu se soustraire, doit venger, après sa mort, l'injure qui lui a été faite, en réduisant sa volonté dans les bornes légitimes du seul quint de ces propres dont il a pu disposer.

Pour établir la première proposition, c'est-à-dire, qu'un testament révoqué ne peut jamais revivre, l'on s'est attaché à deux réflexions générales.

On vous a dit d'abord, que dès le moment que le testateur a condamné lui-même sa première disposition, qu'aussitôt qu'il l'a révoquée par un testament postérieur, le testament révoqué perd le nom et la forme de testament, pour dégénérer en un simple mémoire, qui n'a plus aucun caractère ni de solennité ni de volonté du testateur, qui soit capable de le distinguer d'un projet informe de testament.

Il ne faut point rapporter d'autres preuves de la vérité de cette proposition, qu'une maxime dont tous les jurisconsultes demeurent également d'accord. Si un testateur, après avoir révoqué un premier testament par un second, révoquoit ensuite purement et simplement le second, sans ajouter qu'il veut faire revivre le premier, personne n'oseroit dire que le premier testament doit être exécuté. En effet, il ne porte plus l'image de la dernière volonté du testateur. Il est abrogé par un second, et ce second par un troisième. Que reste-t-il à conclure, si ce n'est que le testateur a voulu également détruire toutes les productions de sa volonté, et que, renonçant à tous ses testamens, il a voulu soumettre la disposition de ses biens à la seule prévoyance de la loi?

Quelle conséquence plus juste de ce principe, que celle que l'appelante en a tirée? Un testament révoqué ne conserve donc plus rien de l'être d'un testament; et si cela est, on doit considérer celui qui l'a fait, comme s'il n'eût jamais eu la pensée de le faire; et de même que s'il n'eût jamais fait de testament, il faudroit qu'il satisfît à toutes les formalités prescrites par la coutume, c'est-à-dire, qu'il écrivît le testament de sa main, ou qu'il le dictât à un notaire; il faut aussi qu'étant considéré comme n'ayant jamais fait de testament, il recommence tout de nouveau à se soumettre aux mêmes lois. Comme sa volonté est nouvelle, il faut aussi que sa disposition soit nouvelle.

C'est inutilement qu'on dit qu'il suffit que le testateur ait autrefois médité sur les dispositions de son testament, et qu'un seul retour de volonté peut leur rendre la force que le changement de sa volonté leur avoit ôtée.

On répond que ce n'est point assez que le testateur ait voulu une fois dicter une certaine loi à sa postérité, si sa volonté a été changée depuis. Il faut, en ce cas, qu'il veuille une seconde fois ce qu'il avoit voulu une première; il faut que cette volonté soit accompagnée de la même réflexion, de la même délibération, des mêmes solennités que la première. Sans cela, la loi ne reconnoît point dans ce jugement, ce degré de prudence, de sagesse, de maturité, qu'elle désire dans tous les testateurs.

Elle regarde, en un mot, ce testament révoqué, comme un simple projet de testament. Il ne suffiroit pas de joindre un projet de testament à un codicille par lequel on en ordonneroit simplement l'exécution: les arrêts ont décidé plusieurs fois qu'un mémoire, joint à un codicille, ne pouvoit faire un testament. Il ne suffit pas non plus de joindre un testament révoqué, à un codicille, pour faire de ces deux actes ainsi joints ensemble un seul corps de testament. La comparaison est juste et parfaite entre le testament révoqué et un simple mémoire; et, si l'on étoit obligé de décider entre les deux, il semble même que la décision seroit en faveur du simple mémoire. Ce n'est qu'un projet, à la vérité, mais c'est un projet qui n'a été ni rejeté ni condamné par le testateur; au contraire, le testament révoqué rentre, comme le simple mémoire, dans l'état et dans la qualité d'un projet, mais d'un projet infirmé, anéanti par le testateur: le premier manque seulement d'une approbation solennelle, mais le second est véritablement et effectivement réprouvé.

On ajoute une seconde réflexion, que l'on prétend être encore plus décisive, et l'on soutient que le plus grand principe que l'on puisse établir en cette matière, est celui qui exige, dans un testament, le concours de deux conditions qui constituent toute son essence, la volonté et la solennité.

Ce n'est pas assez que ces deux conditions également indispensables se trouvent dans des actes séparés, il faut qu'elles se réunissent dans un seul pour former un testament. La volonté est imparfaite sans la solennité; c'est une ame séparée de son corps. La solennité n'est qu'une ombre et une vaine cérémonie sans la volonté; c'est un corps sans vie, sans force et sans mouvement.

C'est cependant ce qui se rencontre dans l'espèce de cette cause. A la vérité, si l'on réunit le testament olographe du 25 janvier, avec le codicille du 25 novembre, on trouvera dans ces deux actes joints ensemble, et la matière et la forme d'un testament, c'est-à-dire, la volonté et la solennité; mais on ne les trouvera jamais réunies dans le même acte; au contraire, chacun de ces actes considéré séparément, est nul et défectueux. Le testament contient les dispositions, mais il n'est plus revêtu de la solennité, puisque la révocation lui a fait perdre sa formalité extérieure. Le codicille est, à la vérité, solennel; mais il ne contient point les dispositions. Ainsi, la volonté est d'un côté, et la solennité de l'autre; ces deux conditions indivisibles, sont séparées. En faut-il d'autres preuves, que de voir qu'aucun des deux actes ne peut suffire pour autoriser la demande de Madame de Jean? Si elle ne se sert que du testament, on lui répond qu'il est révoqué; si elle a recours au codicille, on lui oppose qu'il ne contient aucune disposition. Ces deux actes sont donc imparfaits, défectueux, impuissans et inefficaces par eux-mêmes. Or, qui a jamais ouï dire que de deux actes imparfaits on puisse faire un testament parfait?

Quelle conséquence n'auroit-on pas à craindre dans le public, si l'on avoit la facilité de faire revivre ainsi un testament révoqué par le testateur? Le seul de nos auteurs qui a traité cette question (M.e Jean-Marie Ricard) en a senti toutes les suites, et il décide formellement (1), qu'un testament révoqué est considéré comme s'il n'eût jamais existé, et qu'il faut le transcrire tout de nouveau pour le rétablir dans le degré de force qu'il a perdu.

Il ne faut point opposer, vous a-t-on dit, à ces maximes si pures de la jurisprudence française, un texte obscur d'une loi romaine, dans laquelle on prétend qu'il est décidé que si un testateur a cancellé, a rayé, a effacé un second testament par lequel il révoquoit le premier, alors le premier testament doit revivre et être exécuté; ou qu'un seul retour de volonté suffit pour ressusciter un testament qui avoit été anéanti par un changement dans l'état du testateur.

Premièrement, cette loi ne doit point être tirée à conséquence, puisqu'il ne s'agit pas, comme nous l'apprend le grand Papinien, de la validité du premier testament, mais simplement d'une exception favorable, que l'on accordoit, en certains cas, à celui qui étoit institué dans le premier testament; ce qui regarde absolument les formes du droit romain, et n'a aucune application au droit français.

Mais d'ailleurs ne doit-on pas faire une extrême différence entre le cas d'un second testament qui a été lacéré par le testateur, et celui d'un testament qu'il n'a fait que révoquer par un acte séparé?

La révocation est beaucoup moins forte que la lacération; l'une n'empêche pas que le second testament ne subsiste, au moins par rapport à la révocation du premier; l'autre, au contraire, détruit absolument le second testament; elle efface jusqu'à la preuve, jusqu'au souvenir de l'existence de ce second testament.

(1) Traité des Donations, tome I, partie III, chapitre II, section IV, N. 183, édition de 1754, page 481.

En un mot, un testament révoqué subsiste encore; un testament lacéré ne subsiste plus.

Enfin, quelle induction peut-on tirer du droit romain par rapport à cette question? Il y a une différence infinie entre les principes de sa jurisprudence et les maximes de la nôtre. Dans le droit romain, il n'étoit pas nécessaire que la volonté et la solennité concourussent dans un même acte pour la formation du testament; parmi nous, ce concours est une condition absolument inviolable. Il ne faut donc pas s'étonner si le droit romain admettoit favorablement ce retour de volonté qui fait revivre un premier testament, au lieu que, parmi nous, la seule volonté n'est pas suffisante, si elle ne se trouve revêtue de tous les caractères qui doivent accompagner un testament. En un mot, la seconde vie d'un testament ne doit être ni moins parfaite ni moins solennelle que la première.

Passant ensuite à la seconde proposition, l'on a soutenu que, quand même un testament pourroit subsister, il faudroit toujours réduire sa disposition au quint des biens substitués, puisque ces biens étoient de véritables propres; et il semble que l'on s'est attaché à vous prouver cette proposition avec plus de soin et plus d'étendue que la première.

On vous a dit que, soit que l'on considère le titre de la substitution, soit que l'on examine la voie par laquelle M. le Camus, testateur, a recueilli les biens substitués, on sera toujours également convaincu que l'on ne peut refuser à ces biens la qualité de propres, sans attaquer les principes les plus certains de notre jurisprudence.

Si l'on considère la substitution en elle-même, on prétend que c'est une maxime certaine que toute substitution qui imite l'ordre de la succession, et qui se conforme à la disposition de la loi, fait un propre dans la personne du substitué.

Trois raisons également solides démontrent la vérité de cette proposition.

La qualité des biens, et la manière dont ils sont déférés.

L'intention du testateur, ou de l'auteur de la substitution.

Enfin la jurisprudence des arrêts.

La seule manière dont ces biens sont déférés, leur imprime le caractère d'un bien propre et patrimonial.

On n'y trouve aucune des qualités des acquêts; on y découvre, au contraire, toutes les qualités des propres.

Ce n'est point un bien dont le substitué soit redevable à son industrie; au contraire, souvent il n'étoit pas né dans le temps que la substitution a été faite: c'est au sang, et non pas au mérite; c'est à la famille, et non pas à la personne, que cet avantage est accordé. Ces biens sont donc déférés comme les propres mêmes, par les seules raisons du sang, de l'alliance et de la parenté.

En effet, on peut dire que la loi qui règle la succession des propres, et qui les affecte à la famille, est une espèce de substitution légale et publique, par laquelle la coutume fait pour toutes les familles, ce qu'il n'y a point de sage père de famille qui ne fasse dans la sienne; et réciproquement on peut dire qu'une substitution particulière est une espèce de loi domestique, qui fait des propres pour une certaine famille.

Ainsi, cette disposition s'accorde parfaitement avec celle de la loi. L'une et l'autre ont le même principe, le même vœu, la même fin; l'une supplée au défaut de l'autre; elles se prêtent un secours mutuel, bien loin de se combattre et de se détruire. Le concours de ces deux lois doit-il avoir moins de force que s'il n'y en avoit qu'une seule? Si le testateur n'avoit point ajouté sa disposition à celle de la loi, les biens seroient propres; et, parce qu'il y a joint sa propre volonté, parce qu'il a ajouté de nouvelles précautions pour conserver le bien dans sa famille, sa prévoyance ne servira qu'à donner des prétextes pour éluder la loi; et, ce qui auroit été un propre s'il n'y avoit eu qu'une loi pour le rendre tel, sera un acquêt, parce qu'il y en a deux qui concourent pour lui donner cette qualité !

Si l'on joint à la nature des biens, la force de la volonté du testateur, on sera encore plus persuadé que toutes sortes de droits se réunissent pour faire un propre des biens substitués dans la personne du substitué.

Personne n'ignore qu'un donateur ne puisse imposer à sa libéralité la condition de faire un propre, comme toutes les autres dont il lui plaît de charger les biens qu'il donne.

Cette volonté peut être expresse, elle peut être présumée; mais soit expresse ou présumée, elle a toujours le même effet d'affecter les biens à la ligne et à la famille.

C'est ainsi que, dans le cas du rappel, quoique le rappel soit l'ouvrage de l'homme et non pas de la loi, l'héritier rappelé possède les biens comme propres, de même que s'il les avoit recueillis par la voie ordinaire d'une succession légitime.

C'est ainsi que dans la coutume d'Orléans il suffit qu'une donation soit faite par un contrat de mariage, pour imprimer aux biens donnés le nom et la qualité de propres.

Or, combien de circonstances se réunissent ici, pour faire présumer cette volonté !

Si M. le Camus, maître des requêtes, donne, c'est le nom et la famille qui est l'objet de sa libéralité : il ne choisit point la personne; il appelle ceux qui ne sont pas encore nés comme ceux qui le sont; il n'écoute que la voix du sang; il n'est sensible qu'aux intérêts de la famille, il ne reconnoît point d'autre ordre que celui de la loi.

Enfin ces maximes ont l'avantage d'être autorisées par la jurisprudence certaine et uniforme des arrêts.

Dans tous les cas où cette question a été agitée,

on s'est toujours arrêté à ce grand principe, que les substitutions de la nature de celles dont il s'agit, ne faisoient qu'aider la loi, et qu'elles laissoient subsister ses dispositions en leur entier.

De là on a tiré, par un arrêt, cette conséquence, que le droit d'aînesse ne devoit pas plus être refusé dans ces sortes de biens, que dans ceux qui viennent par la loi des successions ordinaires.

De là on a encore conclu, par un autre arrêt, que les droits de relief n'étoient pas dus, quoiqu'il parût d'abord que le fils ne tînt rien de son père, mais uniquement de l'auteur de la substitution.

De là enfin on a cru pouvoir tirer la décision précise de la question présente, dans l'arrêt de Mignot et dans celui de Genetais. On a regardé comme de véritables propres, les biens déférés par une substitution qui imite l'ordre de la succession légitime.

On joint à l'autorité de ces arrêts, celle d'une sentence arbitrale, que le mérite et la dignité de ceux qui l'ont rendue, peuvent élever jusqu'au poids et à l'autorité d'un arrêt, et par laquelle on prétend que la question a été nettement décidée, quoiqu'il fût question, comme dans l'espèce de cette cause, d'une substitution faite en collatérale, et qu'ainsi tous les argumens que l'on oppose aujourd'hui à la dame de Mennevillette ont été discutés, examinés, rejetés par de grands magistrats dont le sentiment peut servir de principe de décision dans cette cause.

Que si l'on objecte que les donations faites en collatérale, ne peuvent faire un propre, suivant la dernière jurisprudence des arrêts, quand même elles ont pour objet l'héritier présomptif, et que les substitués n'étant que donataires de l'auteur de la substitution, on ne peut jamais supposer que les biens soient devenus propres en leurs personnes.

On répond, 1.° que cette jurisprudence, contraire

aux anciennes maximes du droit français, condamnée par le plus grand nombre des coutumes, ne doit point être étendue.

2.° Que, quand même on voudroit l'étendre au cas particulier dont il s'agit, il faudroit toujours admettre une exception, dont tous nos auteurs conviennent, et reconnoître que quand il y a une volonté expresse ou présumée de faire un propre, alors la règle ordinaire cesse absolument, parce que la disposition de l'homme se joint au vœu de la loi pour conserver le bien dans la famille.

3.° Enfin on ajoute qu'il y a une extrême différence entre une donation pure et simple, et une substitution.

Dans l'une, il n'y a aucun progrès, nulle suite de degrés, aucune trace, aucun vestige de succession.

Dans l'autre, le bien passe de degrés en degrés; il fait souche; et la succession testamentaire imite parfaitement la succession légitime.

La donation s'accorde au mérite, la substitution à la famille.

La loi n'a point de part à la donation. L'homme seul y agit, et souvent même contre l'intention de la loi. Au contraire, si les substitutions dont il s'agit, semblent d'abord l'ouvrage de l'homme, elles deviennent ensuite l'ouvrage de la loi, puisque c'est suivant son ordre que les biens passent de degré en degré, sans jamais sortir de la famille.

Ce seroit encore inutilement que l'on voudroit prétendre que la substitution dont il s'agit, ne suit pas l'ordre du sang et de la loi, parce qu'elle appelle les aînés et les mâles à l'exclusion des puînés et des filles.

Le testateur n'a fait qu'imiter en cela ce que la coutume fait souvent pour de certaines espèces de biens; et d'ailleurs cette circonstance marque encore plus le désir ardent, la volonté énixe qu'il a eue de conserver le bien dans sa famille : enfin elle se trouvoit dans l'espèce de la sentence arbitrale rendue pour le partage de la succession de Mademoiselle de Guise; et, malgré cette objection, on n'a pas laissé de décider que le bien étoit propre dans la personne du dernier substitué.

Si ces maximes sont certaines dans la thèse générale, elles le sont encore plus dans l'espèce particulière de la cause, où l'on voit que M. le Camus, dernier possesseur des biens substitués, a négligé la substitution pour s'attacher uniquement à la qualité d'héritier; il a confondu tous les droits en sa personne. Jamais il n'a formé de demande en ouverture de substitution; au contraire, il a pris dans tous les actes la qualité d'héritier. Ainsi, les deux qualités contraires de débiteur et de créancier de la substitution, de grevé et d'appelé par la loi, se sont réduites à la seule qualité d'héritier, par une confusion qui ne faisoit préjudice à personne; celle de substitué, qui faisoit toute la difficulté de cette cause, s'est évanouie, et celle d'héritier qu'il a retenue, a donné incontestablement aux biens qu'il possédoit à ce titre, la qualité de propres.

Ainsi, dans le droit et dans le fait, la sentence des requêtes du palais est également insoutenable. On a confirmé un testament révoqué, et que le testateur n'avoit pu faire revivre; on a fait plus, on a confirmé un legs de la totalité d'un propre. L'un et l'autre chefs de ce jugement résistent également aux principes du droit français, à la jurisprudence des arrêts, et aux circonstances particulières de cette cause.

De l'autre côté, on soutient, au contraire, que la première question que l'on propose ici pour moyen d'appel, ne peut mériter ce nom ni dans le droit, ni encore moins dans le fait; et que la seconde, qui paroît d'abord plus douteuse, est néanmoins aisée à décider contre ceux qui la proposent, en faisant usage de leurs propres principes, et des préjugés qu'ils allèguent en leur faveur.

Quel est le premier moyen dont on se sert pour détruire une sentence juridique, rendue en très-grande connoissance de cause, après une plaidoirie de sept audiences, une vaine subtilité, un abus manifeste des principes, une question qui paroît aujourd'hui pour la première et pour la dernière fois dans le tribunal de la justice.

On prétend qu'un premier testament révoqué par un second, ne peut jamais revivre, si le testateur ne recommence de nouveau sa disposition. Proposition également insoutenable, et dans le droit et dans le fait.

Dans le droit, la seule raison naturelle la condamne; la seule lumière du sens commun la rejette.

Où est la loi qui autorise cette maxime singulière, qu'il ne suffit pas d'ordonner l'exécution d'un premier testament, qu'il faut encore le transcrire ou le dicter, comme s'il n'avoit jamais été écrit?

Où est la coutume qui a établi cet étrange principe? On est obligé de convenir qu'il n'y en a point.

Au contraire, si l'on cherche dans le droit romain des textes qui aient quelque rapport avec cette nouvelle subtilité, on trouvera une loi précise qui décide que lorsqu'un testateur, après avoir fait deux testamens, raye et cancelle le second, le premier revit de plein droit.

De là, quelle conséquence ne peut-on pas tirer pour la décision de cette cause!

Qu'est-ce que la rature ou la cancellation d'un testament? C'est une révocation tacite. Le testateur raye ou barre simplement son second testament. Il est censé le révoquer par là, mais il ne le révoque pourtant pas expressément. Cependant cette révocation tacite suffit pour faire revivre le premier testament; et l'on voudra qu'une révocation expresse, dans laquelle on ne se contente pas de détruire le second testament, mais où l'on ajoute encore que l'on veut que le premier soit exécuté, ne soit pas suffisante pour le confirmer, et pour le faire revivre!

Enfin, au défaut des lois, quelles raisons emploie-t-on pour soutenir ce paradoxe?

Premièrement, qu'un testament révoqué n'est plus qu'un simple mémoire. On en convient, mais c'est un mémoire qui reprend la forme de testament, aussitôt que la volonté du testateur se déclare en sa faveur.

On ajoute que la solennité et les dispositions ne concourent point ici dans un même acte; que les dispositions sont dans le testament, et les solennités dans le codicille : mais c'est ce qui est contraire à tous les principes. Aussitôt que le testament est rétabli par le renouvellement de la volonté, il est en même temps rétabli dans son premier état. Il contient les dispositions, il contient la forme d'un testament; rien ne lui manque pour avoir une parfaite exécution.

Mais ce seroit inutilement que l'on s'étendroit ici sur des principes de droit. Les seules circonstances du fait suffisent pour décider cette première question. Jamais testament ne fut plus solennellement, ni plus expressément rétabli que celui qui a été confirmé par la sentence des requêtes du palais.

M. le Camus le fait, l'écrit lui-même le 25 janvier 1695. Il le reconnoît par-devant notaires le 20 novembre suivant : on lui fait faire un testament contraire le 25 novembre; il le rétracte le lendemain; il déclare qu'il persévère dans sa première volonté; il fait un codicille le 27 novembre, dans lequel il rappelle nommément le testament du 25 janvier. Il en fait un second le 26 du même mois, où il rappelle encore non-seulement le testament du 25 janvier, mais le legs en particulier qu'il avoit fait à Madame de Jean; il fait annexer la minute du testament olographe au codicille qui le confirme. Les notaires le paraphent et en dressent un procès-verbal en sa présence.

Si tout cela ne suffit pas pour faire revivre un testament, on demanderoit volontiers quelles plus grandes précautions il falloit prendre.

A la vérité, M.e Jean-Marie Ricard demande, par une précaution singulière, que l'ancien testament, que l'on prétend faire revivre, soit transcrit entièrement dans l'acte qui le rappelle; mais quelle raison rend-il de son sentiment? Parce que, dit-il, parmi nous, un testament ne peut revivre *nudâ voluntate*. Or, s'il avoit été consulté sur l'espèce de cette cause, auroit-il dit que le testament olographe de M. le Camus n'étoit rétabli que *nudâ voluntate*? Ce nom peut-il convenir à deux codicilles solennels, à ce procès-verbal de description de ce testament; enfin, à la réquisition du testateur, par laquelle il a demandé que ce premier testament fût annexé à la minute de son codicille?

Le droit et le fait s'élèvent donc également contre cette première proposition. Sa seule nouveauté suffit pour la faire rejeter comme une vaine subtilité qui n'a aucun fondement dans les principes des lois et des coutumes.

Le second moyen que l'on vous a proposé, a le même caractère que le premier; le droit et le fait le condamnent. C'est ce que l'on a prétendu pouvoir vous montrer en très-peu de paroles.

On s'est renfermé, par rapport au droit, dans des principes généraux, dont on soutient que l'on ne peut jamais s'écarter.

On vous a dit que c'étoit une maxime indubitable, que dans les substitutions, tout le droit qu'ont les substitués vient uniquement de la personne du testateur, ou de l'auteur de la substitution. C'est ce qui fait la matière de cette règle courte, mais décisive du droit, *capit à gravante, non à gravato*.

Le substitué succède immédiatement au testateur; et, si cela est, où peut être la difficulté de cette cause?

L'on convient qu'une donation faite en collatérale, n'est jamais qu'un acquêt. Or une substitution n'est, surtout dans nos mœurs, qu'une véritable donation. Que cette donation soit répétée plusieurs fois, que d'abord elle s'adresse à l'institué, qu'elle passe ensuite au substitué, c'est toujours une donation en collatérale; et si cela est, il est contraire à tous les principes de vouloir en faire un propre.

Il n'appartient qu'à la loi d'imprimer aux biens cette qualité de propres. Où est celle qui décide qu'un bien donné en collatérale, puisse être revêtu de cette qualité ?

Il est vrai que souvent la volonté de l'homme a le droit de faire un propre; mais il faut que ce soit une volonté expresse, qui déroge à la nature des choses, et qui change la qualité des biens.

En un mot, ou il y a une volonté expresse, et alors il faut la suivre; ou il n'y en a point, et dans ce cas, il faut s'attacher à cette distinction solide, proposée par Me Jean-Marie Ricard, avec laquelle tous les principes s'accordent parfaitement.

Ou la substitution est faite en directe, et le substitué est du nombre des descendans du testateur; et, dans cette supposition, personne ne doute que les biens ne soient de véritables propres, parce que, en quelque degré que ce soit, les biens donnés en directe sont des propres.

Ou au contraire, la substitution est faite en collatérale; et, dans ce dernier cas, ce n'est jamais qu'un acquêt, parce que c'est toujours une donation, soit en la personne de l'institué, soit en celle du substitué, et qu'une donation en collatérale ne peut avoir la force de faire un propre.

Quand même l'on admettroit des présomptions de volonté dans cette matière, quand on supposeroit qu'il suffit que le testateur ait suivi l'ordre des successions pour présumer qu'il a voulu faire un propre, quelle conséquence pourroit-on en tirer dans un testament où le testateur a changé l'ordre de la loi dans tous les degrés dont il a parlé? Dans l'un, il exclut ses propres frères; dans l'autre, les filles et les puînés de son héritier; dans le dernier, la sœur du substitué. Où est donc la couleur que l'on a voulu répandre dans cette cause, que le testateur n'avoit fait que se conformer et se soumettre à l'esprit de la loi?

La jurisprudence des arrêts n'est point contraire à ces principes. Dans toutes les espèces qui vous ont été citées, il y avoit des présomptions et des conjectures certaines de la volonté des donateurs. C'est une circonstance observée dans le plus fameux de ces arrêts, par M. Bignon, qui y a porté la parole, que l'intention de la donatrice étoit claire ; sans cela les biens auroient été regardés comme acquêts.

Ici, nulle marque, nulle présomption de volonté, qui donne lieu de conjecturer que le testateur a voulu faire un propre.

Donc la loi publique et la loi particulière cessent également, donc le legs est valable en lui-même, donc il n'est point réductible.

On pouvoit se dispenser de citer la sentence arbitrale qui n'a aucun rapport avec l'espèce de cette cause. Les biens avoient passé comme propres par cinq ou six générations différentes. Ils avoient fait souche trois ou quatre fois en ligne directe. D'ailleurs l'effet des substitutions étoit beaucoup plus grand avant l'ordonnance de Moulins ; ainsi, nulle application à l'espèce présente.

Après cela, il est assez superflu d'examiner, dans le fait, si M. le Camus n'a point possédé les biens dont il s'agit, en qualité d'héritier, au lieu de les posséder comme substitué. On prétend qu'il ne pouvoit jamais le faire, parce que la substitution n'étoit pas encore absolument éteinte, et qu'il ne l'a jamais fait ; on rapporte des actes dans lesquels il a pris la qualité de substitué. Au surplus, il ne pouvoit en faire la demande qu'à lui-même ; ce qui auroit été absurde.

Ainsi, à quoi se réduit cette cause, aussi favorable d'un côté qu'elle l'est peu de l'autre ? L'intimé soutient une sentence, ouvrage de la prudence des juges ; elle défend un testament, ouvrage de la sagesse et de la volonté du testateur ; testament favorable, puisqu'elle étoit proche parente du testateur ; testament dans lequel le testateur a toujours persévéré, qu'il n'a révoqué que pendant vingt-quatre heures, et qu'il a rétabli aussitôt qu'il a recommencé à agir par les mouvemens d'une volonté libre; testament qui ne peut être attaqué que par de vaines subtilités, qui disparoissent et s'évanouissent aussitôt qu'on les compare avec les principes les plus solides de notre jurisprudence.

QUANT A NOUS, après vous avoir expliqué les moyens des parties avec toute l'exactitude que l'importance des questions exigeoit de nous en cette occasion, entrons à présent dans l'examen des deux difficultés principales que l'on a agitées dans votre audience.

L'une, tend à détruire entièrement le testament dont l'intimée demande l'exécution. Elle l'attaque dans son principe, et par le défaut de volonté, et par celui de solennité.

L'autre, est une question subsidiaire, qui ne regarde pas la validité du legs, mais simplement son exécution; et qui, le laissant subsister dans son principe, tend seulement à le réduire par rapport aux biens qui y sont compris.

Commençons par examiner la première, et voyons s'il est vrai qu'un testament révoqué soit éteint sans retour, en sorte qu'il soit impossible au testateur de le faire revivre par quelque acte que ce puisse être.

Telle est la proposition que nous avons à examiner.

Reprenons d'abord les circonstances du fait, dans lesquelles elle se présente.

M. le Camus d'Emery fait un testament olographe le 25 janvier 1695; il le reconnoît par-devant notaires, le 20 novembre suivant; il le détruit le 25 du même mois; il le rétablit le 26 et le 27, par deux codicilles qui en ordonnent l'exécution : il ne se contente pas de rappeler ce testament en général, il rappelle encore en particulier le legs qu'il avoit fait à la partie de Me de la Barre. Il veut que ce testament soit annexé à la minute des codicilles qui le font revivre.

Il est certain qu'il ne manque aux précautions du testateur que celle d'avoir fait transcrire de nouveau son premier testament dans le codicille qui le confirme. Si l'on excepte cette seule formalité, il a satisfait à tout ce qu'on devoit attendre de sa prévoyance. Sa volonté est claire, certaine, précise, réitérée plusieurs fois; on ne peut point douter ici de ce qu'il a voulu.

En cet état, on demande si ce testament a repris sa première force et son ancienne validité, ou si, au contraire, il est demeuré dans le néant dont le testateur s'est efforcé inutilement de le retirer.

Nous pouvons examiner cette question, ou par rapport aux seules lumières de la raison naturelle, indépendamment de toute loi positive, ou par rapport aux argumens que l'on tire des principes des lois et des dispositions de la coutume.

Si nous l'envisageons d'abord dans la première vue que nous venons de vous proposer, si nous oublions, pour un moment, les subtilités du droit, les réflexions trop profondes que l'on fait quelquefois sur des questions qui doivent se décider par les notions communes du bon sens et de l'équité, nous ne croyons pas qu'on y trouve une de ces véritables difficultés qui peuvent souvent balancer et partager même l'esprit des juges les plus éclairés.

M. Cujas observe qu'une des réponses ordinaires du jurisconsulte Scœvola, dans des espèces semblables, où la première pensée ne découvre aucune difficulté, où la seconde a beaucoup de peine à en apercevoir, étoit de dire, lorsqu'on lui demandoit si l'on pouvoit décider qu'un acte étoit valable et légitime, pourquoi ne vaudroit-il pas? Ce qu'il exprimoit en un seul mot latin, *quidni*, qui marquoit que le jurisconsulte, ne trouvant d'abord aucune raison de douter qui se présentât à son esprit, le laissoit entraîner à la première impression du bon sens, et décidoit nettement en faveur de la première réflexion.

Il semble que nous pourrions appliquer ici cette même manière de décider, et qu'elle conviendroit assez à la question que l'on a proposée devant vous, si on la détache de toutes les vaines subtilités d'une jurisprudence obscure, incertaine et scrupuleuse.

En effet, que demande-t-on? Si lorsqu'un homme a fait un premier testament parfait en lui-même, et revêtu de toutes les formalités prescrites par la loi, mais qu'il a révoqué depuis par un second testament, il suffit, pour le faire revivre, de détruire le second testament, et de déclarer que l'on confirme et qu'on approuve le premier.

Il semble qu'il n'y ait autre chose à répondre, si ce n'est de dire, avec Scœvola, *quidni?* Pourquoi ce retour de volonté ne seroit-il pas suffisant? Pourquoi exigeroit-on de plus grandes formalités?

Le premier testament a eu autrefois une existence et une validité certaines. Quel défaut l'a donc annullé? Un changement de volonté. Donc, si cette volonté se déclare une seconde fois en sa faveur, il reprend sa première force, il rentre dans tous les droits qu'il avoit perdus. Un retour de volonté répare l'injure qu'un changement de volonté lui a faite.

Voilà ce que la raison naturelle, voilà ce que l'équité même inspire d'abord à tous les hommes. Qu'on les consulte inopinément sur cette question, les suffrages ne seront point partagés : ils regarderont la prétention contraire comme une pure subtilité; et c'est déjà un préjugé très-fort contre une proposition, que de voir qu'elle révolte naturellement l'esprit de tous les hommes, que la première réflexion la rejette absolument, et que ce n'est qu'avec peine qu'on s'y accoutume et qu'on la regarde peu à peu comme revêtue de quelque apparence de raison.

La vérité n'a point de peine à se familiariser avec l'esprit de l'homme raisonnable; elle lui est si naturelle, qu'il la goûte d'abord, qu'il la saisit partout où il l'aperçoit; il résiste, au contraire, à tout ce qui n'a point le caractère éclatant de justice et de vérité; et il n'y a point de marque plus sûre pour discerner ce qui est véritablement solide, de ce qui n'est qu'une fausse subtilité, que d'en juger par l'impression que l'un et l'autre font d'abord sur l'esprit de ceux qui sont capables de décider les questions où elles se présentent.

En un mot, il faut souvent suivre, dans l'interprétation des testamens, une règle semblable à celle de ce Romain dont parle encore le même jurisconsulte Scœvola : *Hoc testamentum meum feci sine ullo Jurisperito, rationem animi mei potius secutus quam obscuram et nimiam diligentiam.*

Mais ne nous arrêtons pas davantage à ces réflexions générales; et puisqu'il faut examiner cette question en jurisconsulte, voyons quelles sont les raisons de douter que l'on oppose à cette impression générale, si favorable à l'intimée. Les premières idées sont certainement pour elle; voyons si les secondes réflexions peuvent les effacer.

Nous n'avons que quatre ou cinq principes différens par lesquels nous puissions nous conduire, comme par autant de guides assurés, dans l'examen des questions qui regardent les testamens.

Le premier, est la disposition des ordonnances qui sont nos véritables lois.

Le deuxième, est l'autorité de la coutume, qui est la seconde espèce de loi sous laquelle nous vivons.

Le troisième, est la jurisprudence des arrêts, interprètes naturels des ordonnances et des coutumes. Voilà tout ce qui constitue notre droit français.

Et au défaut de ces secours, on s'adresse aux jurisconsultes romains, comme aux dépositaires de la raison écrite; et enfin, s'ils ne répondent rien de précis sur la question qui se présente, on revient à la raison non écrite; c'est-à-dire, aux principes communs que la main de l'auteur de la nature a gravés dans le cœur de tous les hommes, et qui sont le fondement de toutes les lois.

Parcourons, en peu de mots, ces cinq espèces de règles différentes.

Les ordonnances, la coutume, les arrêts, le droit romain, les raisonnemens que l'on tire de part et d'autre des principes de notre jurisprudence : rien n'est plus facile à faire que cet examen.

Ce seroit en vain que l'on chercheroit dans les ordonnances, dans les coutumes, dans les arrêts, une disposition précise qui décidât la question qui se présente aujourd'hui. On reconnoît de bonne foi, de la part même de l'appelante, qu'il n'y a aucun texte précis, aucune décision formelle qui établisse qu'un premier testament ne peut jamais revivre quand il est révoqué par un second, si le testateur ne le recommence entièrement.

Voilà donc déjà les trois espèces de lois les plus considérables parmi nous, qui sont entièrement inutiles pour combattre les idées naturelles que tous les hommes conçoivent d'eux-mêmes sur cette première question : ni ordonnance, ni coutume, ni arrêts. Et ce n'est pas sans dessein que nous observons ce silence de ces trois espèces de règles différentes ; on peut dire que ce silence parle, et qu'il s'explique en faveur de l'intimée.

Depuis le temps que l'on fait des testamens, et que les dernières volontés des morts font la matière des principales querelles des vivans, il n'est pas possible que cette espèce ne se soit présentée plusieurs fois, qu'un homme n'ait fait et révoqué un testament, et qu'ensuite il l'ait rétabli dans son premier état ; cependant on ne trouve ni loi ni arrêt qui ait traité cette question. Et quelle peut en être la raison ? C'est qu'on n'a jamais entrepris de l'agiter ; c'est qu'elle a paru si singulière, si subtile, si contraire aux impressions communes de la raison, que l'on a cru qu'il seroit impossible de faire réussir une pareille prétention : de là le silence des lois, et l'impossibilité où l'on a été réduit de trouver des arrêts qui eussent le moindre rapport à cette espèce.

Grand préjugé contre la prétention de l'appelante, la nouveauté de la question qu'elle propose.

Mais allons plus loin ; examinons les deux espèces de règles qui sont désormais les seules que nous puissions consulter, puisque toutes les autres nous manquent. La raison écrite, la raison naturelle, conduites et éclairées par les principes de l'un et l'autre droit.

Le droit romain ne nous fournit qu'un seul texte qui puisse être appliqué à la décision de cette cause ; c'est la fameuse loi 11. §. *Testament.* ff. *De bonorum possessione secundum Tabulas*, et cette loi, bien loin d'appuyer la prétention de l'appelante, lui paroît absolument opposée.

Quelle est l'espèce de cette loi?

Un majeur fait son testament ; il passe ensuite, avec toute sa fortune, dans une famille étrangère, par la voie de l'adoption, ou, pour se servir des termes propres, par la voie de l'adrogation : *Dando se in adrogandum, cum capite fortunas quoquè suas in familiam et domum alienam transtulit.*

Son testament est éteint, annullé, anéanti par deux raisons également solides.

L'une, est le changement d'état qui arrive dans le testateur ; il cesse d'être père de famille ; et la loi, qui avoit autorisé son testament lorsqu'il avoit cette qualité, le déclare nul lorsqu'il la perd en devenant fils de famille de celui qui l'a adopté.

L'autre est le changement même de volonté qui survient dans le testateur. Son adoption est toute volontaire, et par là il est censé renoncer au testament qu'il avoit déjà fait.

Ainsi, deux principes concourent pour détruire ce testament : l'un, l'incapacité du testateur causée par l'adrogation ; l'autre, le changement de sa volonté.

Continuons l'espèce de la loi.

Ce testateur sort de la famille dans laquelle il étoit entré par l'adoption ; il redevient capable de tester, père de famille, en un mot, *sui Juris*.

Il meurt. L'héritier institué demande d'être mis en possession de ses biens ; l'héritier légitime lui oppose les raisons que nous venons de vous proposer; l'incapacité, le changement de volonté.

Que décide Papinien? Qu'il faut distinguer : ou le testateur n'a fait aucune déclaration qui puisse marquer le retour de sa volonté, et alors ce testament est absolument nul : ou, au contraire, il a déclaré par un codicille, ou par quelque acte que ce puisse être, qu'il vouloit que le premier testament fût exécuté, et, en ce cas, sa volonté doit avoir une pleine exécution. Papinien en rend cette raison admirable, qu'il exprime avec l'élégance et la précision qui lui sont naturelles : *Quia voluntas quæ defecerat, Judicio recente rediisse intelligitur.*

Il explique sa pensée par une comparaison qui la rend plus sensible.

Il en est de même, dit-il, que si un homme, après avoir fait deux testamens, dont le second détruiroit le premier, déchiroit ou effaçoit le second pour faire valoir le premier, *ut priores supremas relinqueret.*

Il est vrai que, dans la suite, Papinien ajoute que le testament, à la vérité, ne vaut pas de plein droit, mais qu'il se soutient par équité, et qu'il ne s'agit pas tant d'examiner la validité de cet acte, que de savoir si l'héritier peut lui opposer l'exception *doli mali, aut mutatæ voluntatis.* Mais nous ne cherchons point ici les formalités subtiles du droit romain; nous cherchons ces principes de raison naturelle, ces maximes, pour ainsi dire, du droit des gens, qui doivent être communes à tous les législateurs. Et, qu'importe après tout, que l'héritier institué dans ce testament, soit maintenu de plein droit, ou par équité; qu'il soit fondé sur le droit civil, ou sur l'édit du préteur, pourvu qu'il soit vrai que l'on ne pût lui opposer ni l'incapacité du testateur, ni le changement de volonté, et que, malgré les raisons spécieuses de l'héritier légitime, il doit être toujours maintenu dans la possession des biens?

Il est vrai qu'il semble que M. Cujas ait désiré qu'il ne fût pas étranger au testateur, pour pouvoir soutenir en ce cas son testament. Mais, premièrement, il est le seul des interprètes qui ait désiré cette condition qui n'est point clairement marquée par la loi ; au contraire, Barthole, Jason, Donellus, Faber, décident tous indistinctement qu'il suffit que le testateur ait marqué le retour de sa volonté par un codicille, pour faire revivre ce premier testament. Mais, en second lieu, peut-on dire ici que l'héritier institué, ou le légataire universel fût étranger au testateur? Quel est celui qu'il avoit institué? M. le président de Crévecœur, son neveu, fils de son héritière présomptive ; et quoiqu'il ne veuille pas encore aujourd'hui se servir de ce testament, peut-il, par son silence, faire préjudice aux légataires, et les priver d'un droit qui leur est acquis aux termes de cette loi ?

Enfin il s'agissoit dans cette loi, de faire revivre un testament, et non d'un codicille tel que sont tous nos testamens ; ce qu'elle décide pour un acte tel qu'un testament, s'applique, à plus forte raison, à un codicille.

Ainsi, tout concourt pour l'application de ce texte fameux à la cause dont il s'agit.

Les termes mêmes dans lesquels il est conçu, semblent faits pour l'espèce que vous avez à décider : *Voluntas quæ defecerat, Judicio recente rediisse intelligitur*. M. le Camus avoit fait un premier testament ; il l'avoit, à la vérité, révoqué par un second : sa volonté avoit détruit son premier ouvrage ; mais cette même volonté qui l'avoit détruit, l'a rétabli dans la suite. Sa volonté ne l'avoit pas encore absolument abandonné pendant sa vie, elle pouvoit à tout moment lui rendre la force qu'elle lui avoit ôtée. Ce n'étoit pas une séparation, une division irréparable ; ce n'étoit qu'une absence de peu de jours. Cette volonté qui s'étoit écartée de son premier but, y est enfin revenue : *Voluntas quæ defecerat, Judicio recente rediisse intelligitur*.

Ajoutons que la loi s'explique dans des circonstances beaucoup plus fortes que celles de cette cause.

Le testament, comme nous l'avons déjà observé, étoit anéanti par deux causes également essentielles : le changement d'état qui produisoit une incapacité dans le testateur, et un changement volontaire qui marquoit qu'il avoit voulu déroger à son testament. Cependant, malgré ces deux révocations également fortes, une seule déclaration suffit pour le faire revivre. Ici il n'y a qu'un simple changement de volonté, et nous trouvons deux déclarations favorables au testament. Quelle comparaison peut-on donc faire entre la difficulté des deux espèces, c'est-à-dire, celle de la loi et celle de la cause ?

Qu'on n'oppose point ici qu'il y a trop de différence entre l'esprit du droit romain et la disposition de nos coutumes, pour pouvoir appliquer cette loi à la jurisprudence française.

Deux réponses, également invincibles à cette objection.

L'une, qu'au contraire il y avoit beaucoup plus de solennités dans le droit que parmi nous, pour la validité des testamens. Nos testamens les plus solennels n'ont pas même tant de formalités que les simples codicilles des Romains, si l'on en excepte les termes de *dicté, nommé, lu et relu au testateur*, qui ne sont plus que des clauses de style (1). Il falloit cinq témoins

(1) La coutume avoit indiqué, par ces termes, deux choses essentielles pour la validité d'un testament reçu par une personne publique ; l'une, qu'il soit dicté par le testateur ; l'autre, qu'il lui en soit fait lecture avant que de le signer. Elle vouloit qu'il en fût fait mention, et l'on croyoit qu'il falloit s'assujettir à ces termes mêmes qui étoient devenus de style, comme M. d'Aguesseau l'observe ici ; il pensoit qu'il étoit bien plus utile d'exiger qu'il en fût fait une mention expresse, sans obliger à employer servilement certains mots. C'est ce qu'il a décidé par l'article XXIII de l'ordonnance du mois d'août 1735, concernant les testamens, qui porte que ceux qui les recevront *écriront les dernières volontés du testateur telles qu'il les dictera, et lui en feront ensuite la lecture, de laquelle il sera fait une mention expresse, sans néanmoins qu'il soit nécessaire de se servir précisément de ces termes,* dicté, nommé, lu et relu, sans suggestion, *ou autres requis par les coutumes ou statuts.*

pour faire un codicille; nos testamens n'en demandent que deux, quand ils sont notaires l'un et l'autre, et trois quand il n'y a qu'un notaire. L'on sait d'ailleurs les différences infinies qu'il y a entre la rigueur des lois civiles et l'indulgence de nos mœurs sur la manière d'instituer un héritier. Parmi nous, pourvu que l'on fasse son testament à Paris, deux témoins suffisent pour la forme d'une institution d'héritier; il en falloit sept en droit, et une infinité d'autres formalités dont nous avons heureusement secoué le joug.

Est-il nécessaire de répondre ici à ce que l'on vous a dit, qu'en droit les dispositions pouvoient être dans un acte, et les formalités dans l'autre; parce que, dans le testament mystique ou secret, les dispositions étoient dans l'écrit que l'on cachetoit, et les principales formalités, c'est-à-dire, la superscription, les sceaux des témoins, étoient sur l'enveloppe; pensée qui auroit assurément paru très-nouvelle aux législateurs romains, qui n'ont jamais distingué l'enveloppe de l'écrit qu'elle contient, et qui les ont regardés comme ne faisant qu'un seul acte, un seul corps de testament.

Mais la seconde réponse, et qui ne peut jamais être détruite, c'est que cette loi n'est pas demeurée dans les bornes ordinaires du droit romain, c'est-à-dire, qu'elle n'a pas été simplement considérée comme une raison écrite; nous l'avons reçue dans nos mœurs, vos arrêts l'ont adoptée. Il y en a un solennel de l'année 1619, prononcé en robes rouges, rapporté par M. Bouguier, *Lettre T, nombre* 2, par lequel on a jugé qu'un second testament lacéré ou rayé par le testateur, n'étoit pas capable d'empêcher que le premier ne fût exécuté.

Nous n'examinons point encore les différences que l'on peut imaginer entre un testament lacéré, et un testament révoqué.

Nous nous contentons de remarquer ce qu'un de ceux qui nous ont rapporté cet arrêt a observé, que, lors de la prononciation qui en fut faite, M. le premier président Boschard de Champigny avertit le public que la cour s'étoit principalement déterminée par le motif de la loi que nous avons citée, et par l'autorité du grand Papinien.

Ce n'est donc point ici une loi étrangère à nos mœurs; c'est une loi autorisée, adoptée, consacrée, si l'on peut s'exprimer ainsi, par la jurisprudence de vos arrêts. Et en effet, cette loi est fondée sur une équité qui doit établir un droit universel. On ne sauroit trop en répéter les termes : *Voluntas quæ defecerat, judicio recente rediisse intelligitur.*

Telle est la disposition de la raison écrite.

Voyons si elle peut être combattue par la raison naturelle qui s'arme contre elle des principes du droit coutumier.

Tous les raisonnemens qu'on vous a faits se réduisent, en un mot, à soutenir qu'un testament révoqué n'est plus qu'un simple mémoire; qu'il faut, pour le faire revivre, que le testateur veuille une seconde fois ce qu'il a voulu une première; et que, pour marquer qu'il le veut, il faut que ses dispositions soient transcrites une seconde fois, ou dans la forme du testament olographe, ou suivant les solennités du testament par-devant notaires; que, sans cela, on éluderoit la disposition de la coutume, et qu'il arriveroit enfin que la matière se trouveroit d'un côté et la forme de l'autre : les dispositions seroient dans le testament, les solennités dans le codicille; étrange absurdité contre laquelle tous les principes s'élèvent, dit-on, également.

Tel est le précis des raisons que l'on allègue au défaut des textes et d'autorités.

Pour démêler tout l'équivoque que l'on veut faire naître en cette matière, il suffit d'établir, en un mot, le véritable caractère d'un testament révoqué, et l'on verra pour lors que toutes les objections que l'on a faites tombent et se dissipent d'elles-mêmes.

Quel est le changement qui arrive à un testament, lorsque le testateur le révoque par un testament postérieur.

C'est ce qui est parfaitement expliqué par M. le président Faber, dans son dixième livre *de Conjecturis*.

Deux sortes de changemens, dit cet auteur, peuvent survenir dans un testament.

Les uns regardent le testament même, *Jus ipsum testamenti;* les autres concernent la volonté du testateur.

Ceux qui regardent le testament même sont plus considérables; les autres sont plus légers.

Les premiers sont, par exemple, la naissance d'un posthume qui, en termes de droit, annulloit et rompoit le testament de son père, la lacération ou la cancellation du testament. Tous ces changemens attaquent le corps, la matière et la substance du testament.

Les autres, sont la révocation tacite ou expresse que le testateur fait de son testament.

Dans les premiers, comme le corps même du testament est attaqué, alors il ne peut revivre que par un second testament, ou pour mieux dire, il ne revit jamais; c'est un testament nouveau qu'il faut faire, l'ancienne disposition est détruite et anéantie absolument.

Mais, dans les autres, le testament existe toujours en lui-même; c'est toujours un acte réel, un acte certain, un acte dont la matière n'est point anéantie: allons plus loin; si on le considère encore une fois en lui-même, en faisant abstraction de tout le reste, la forme même est entière, la solennité n'est point effacée; en un mot, l'acte en soi a tout ce qu'il faut pour valoir et pour être exécuté.

Quelle est donc la cause qui lui ôte, pour ainsi dire, l'être et le nom de testament? C'est une cause, en quelque manière extérieure, qui est hors de l'acte; c'est le changement de la volonté du testateur, prouvé par un acte suivant.

Tant que cette cause subsiste, le testament ne peut être exécuté. Il ne suffit pas même que le testateur rétracte le second testament par lequel il avoit révoqué le premier, il faut qu'il déclare encore qu'il veut faire exécuter le premier. En un mot, un absence de volonté le rendoit nul; un retour certain de volonté est absolument nécessaire pour le rétablir dans son premier état; mais aussitôt que cette volonté paroît, alors le premier testament revit de plein droit.

En effet, qu'est-ce qui pourroit lui manquer? Sera-ce la matière? Mais il contient les dernières dispositions du testateur. Sera-ce la forme? Mais l'acte en lui-même est revêtu de toutes les solennités nécessaires. Sera-ce enfin la volonté du testateur? Cette volonté, à la vérité, l'avoit abandonné, mais elle est réunie en sa faveur. On peut dire que le testament révoqué, est une matière toute disposée à recevoir l'esprit et la vie. Aussitôt que l'esprit revient, c'est un tout parfait auquel il ne manque aucune des parties qui forment son essence; et soutenir que, pour lui donner l'être, il faut le recommencer de nouveau, c'est avancer que pour ranimer un corps, il faut nécessairement le produire et confondre la résurrection qui lui rend la vie, avec la création qui lui a donné l'existence.

Si l'on avoit besoin de chercher des exemples pour confirmer cette vérité, rien ne seroit plus naturel que d'employer ici la comparaison de la loi et du testament; comparaison si noble, employée par les jurisconsultes, *disponat Testator et erit Lex*. Les anciennes formalités des testamens marquent qu'on les regardoit comme de véritables lois qui se faisoient devant les citoyens assemblés. Suivons donc cette comparaison. Un législateur fait une première loi; il l'abroge par une seconde; il détruit ensuite la seconde, et il déclare en termes généraux qu'il veut que la première soit exécutée. Si l'on écoutoit les raisons subtiles dont on s'est servi dans cette cause, il faudroit représenter au législateur que cette première loi abrogée par la seconde, est devenue un simple mémoire, un projet d'ordonnance qui ne peut revivre qu'avec la même solennité que si elle n'eût jamais été faite, et qu'il falloit la transcrire de nouveau, pour en rétablir l'exécution.

Si ce raisonnement seroit absurde dans une loi publique, on peut dire qu'il n'est guères plus soutenable dans la loi privée d'un testament.

Qu'oppose-t-on à ces maximes?

Premièrement, on prétend que comme il ne suffiroit pas de joindre un mémoire à un codicille, et de dire que l'on veut qu'il soit exécuté, de même aussi c'est inutilement que l'on cherche à composer un testament valable du premier testament qui étoit réduit à l'état d'un simple mémoire, et du codicille qui le confirme.

On pourroit d'abord révoquer en doute avec beaucoup de fondement, la vérité de cette proposition, qu'un testament révoqué n'est qu'un simple mémoire. C'est, comme nous l'avons déja dit, un testament parfait en lui-même, c'est un corps qui a sa matière et sa forme. La vie lui est ôtée, mais elle peut lui être facilement rendue. Il y a donc toujours une extrême différence entre un projet de testament qui n'est point écrit et signé par le testateur, et un testament écrit et signé de sa main, qui n'est détruit que par l'absence de sa volonté.

Mais admettons même la comparaison du mémoire. Elle sera entièrement contre la partie qui la propose; car si d'un côté c'est un mémoire, de l'autre c'est un mémoire écrit et signé de la main du testateur. C'est un mémoire qui a toute la forme du testament olographe; or supposons qu'on joigne un pareil mémoire à un codicille qui en ordonne simplement l'exécution, qui oseroit soutenir qu'il ne doive pas avoir une pleine exécution?

Un homme écrit et signe lui-même ses dernières volontés; il envoie chercher ensuite des notaires; il ordonne l'exécution de ce mémoire, qui est un véritable testament (1). Qui peut douter que sa disposition ne soit légitime?

(1) On pourroit ajouter l'espèce d'un mémoire qui seroit

L'application de cette espèce à celle de la cause, se fait naturellement. Le testament révoqué n'est, si l'on veut, qu'un simple mémoire; mais c'est un mémoire écrit et signé de la main du testateur. Faut-il davantage pour faire un testament, que de marquer, dans un codicille, la persévérance de sa volonté, et le dessein formel de faire de ce mémoire une dernière disposition?

On ajoute, en second lieu, que la disposition et la solennité doivent concourir, dans un même acte, pour la formation d'un testament. Le principe est véritable; mais quelle en peut être l'application? On dit qu'à la vérité le premier testament contient des dispositions, mais il a perdu la forme de testament; le codicille est solennel, mais il ne contient point les dispositions.

Il est aisé de dissiper cette fausse couleur qu'on a voulu répandre dans cette cause.

Il n'est point vrai que le premier testament ait perdu la forme de testament. Il l'a conservée toute entière; nous l'avons suffisamment expliqué. Qu'est-ce qu'il a perdu? La volonté du testateur. Cette volonté est revenue. Le testament est donc parfait. Il réunit la solennité à la disposition. On peut dire même qu'il n'a jamais perdu ni l'un ni l'autre; il ne lui manquoit que la volonté. Le codicille, à la vérité, ne contient point de disposition particulière, mais aussi ce n'est pas pour cela qu'il a été fait; c'est seulement pour avoir une preuve de la dernière volonté du testateur. Il faut qu'il prête secours au premier testament; mais après cela le premier testament subsiste par lui-même, et trouve en lui tout ce qui lui est nécessaire pour son exécution.

Mais, dit-on, si l'on autorisoit cette maxime, on ouvriroit la porte aux fraudes et aux suggestions. Un

relatif à une disposition d'un testament, comme pour régler une distribution d'un legs fait au profit des pauvres ou des domestiques, et l'espèce d'un négociant qui auroit ordonné par un testament ou codicille, l'exécution de ce qu'il avoit écrit sur ses livres.

ami intéressé, un domestique infidèle pourra choisir tel testament qu'il jugera à propos entre plusieurs qu'un homme aura fait, et le lui faire confirmer à l'extrémité de sa vie; comme s'il étoit plus difficile de le faire transcrire, ou d'en faire écrire un nouveau, si l'on a l'intention et les moyens d'abuser de la foiblesse d'un mourant. Mais d'ailleurs le sort de ces sortes de dispositions dépend toujours des circonstances, et l'on ne peut établir de règle générale sur tout ce qui s'appelle suggestion.

On oppose enfin, au défaut des raisons, l'autorité de Me Jean-Marie Ricard, auteur, à la vérité, digne de louange par les travaux utiles qu'il a entrepris pour le public, mais qui ne rend qu'une raison très-subtile de son sentiment (1). Il dit qu'il faut que le testateur veuille une seconde fois ce qu'il a voulu une première. On ne peut pas en disconvenir. Mais il ajoute qu'il faut que sa volonté soit une seconde fois transcrite par lui, ou dictée de nouveau, comme si le testament étoit anéanti par lui-même, au lieu qu'il a toujours existé, et qu'il ne lui manquoit que la volonté qui est revenue en sa faveur. Mais le même auteur convient que le droit romain est contraire à cette opinion; et quelle différence trouve-t-il entre le droit romain et le nôtre à cet égard? C'est que, dans le droit romain, un testament pouvoit se soutenir *nudâ voluntate*, et qu'il en est autrement parmi nous; mais cette raison ne convient pas à l'espèce, où l'on ne peut pas dire que M. le Camus n'ait fait

(1) *Nota.* Ricard, au même chapitre, fait encore une autre méprise dont on ne peut disconvenir. Il confond le fils déshérité avec le fils prétérit dans le testament de son père, et il dit que la prétérition du fils donne lieu à la plainte d'inofficiosité, ce que jamais aucun jurisconsulte n'admettra, puisqu'il est certain que la prétérition du fils rend le testament nul.

Cette note se trouve écrite à la marge du plaidoyer par M. d'Aguesseau, qui, malgré quelques méprises de ce genre, regardoit Ricard comme un auteur estimable.

revivre le premier testament que *nudâ voluntate*. Il l'a fait revivre par un codicille solennel.

Et c'est ce qui achève, dans le fait particulier, de nous déterminer sur cette première question.

Jamais de volonté plus énixe, plus persévérante que celle du testateur. Son testament est fait le 25 janvier, reconnu le 20 novembre, confirmé le 26 et le 27 du même mois. Voilà quatre actes entièrement uniformes : au milieu de tout cela, une seule variation qui n'a subsisté que pendant vingt-quatre heures. Observons encore que la minute de ce testament a été annexée au codicille et paraphée par les notaires. Le legs même qu'il y avoit fait, est rappelé nommément par le dernier codicille. Le fait et le droit sont également réunis sur cette première question.

Ajoutons un moyen qui a échappé aux parties intéressées. La clause dérogatoire est répétée partout, hors dans le testament du 25 novembre 1695, qui contient la révocation. On n'y trouve qu'une clause générale pour déroger à toutes clauses dérogatoires, sans répéter les termes marqués dans la disposition du testateur (1).

Après vous avoir expliqué nos réflexions sur la première question de cette cause, et vous avoir montré que les raisons de l'appelante ont beaucoup plus d'apparence que de solidité, nous avouons que ce n'est qu'avec peine que nous approchons du moment où nous allons être obligés de vous proposer nos

(1) L'omission de rappeler précisément les termes de la clause dérogatoire faisoit au moins une présomption contre le second testament, et l'on auroit pu soutenir que c'étoit une nullité. Il s'étoit élevé beaucoup de questions au sujet des clauses dérogatoires. On en abusoit même quelquefois, en faisant insérer une clause dérogatoire dans un testament ; et lors de la rédaction de l'ordonnance des testamens, il fut reconnu, par les avis des cours, qu'il y avoit tant de diversité de jurisprudence sur cette matière, que l'avis de l'abroger fut préféré. C'est la disposition de l'article LXXVI de l'ordonnance du mois d'août 1735.

sentimens sur la seconde question. Son importance égale sa difficulté ; toutes les familles y sont également intéressées.

L'arrêt que vous prononcerez doit servir de loi pour l'avenir, et établir des principes dans une matière où, jusqu'à présent, il ne paroît point qu'il y en ait eu de certains.

Nous sommes même ici destitués du secours et du guide le plus assuré que nous puissions espérer dans une matière douteuse et incertaine, c'est la jurisprudence de vos arrêts. De tous les préjugés que l'on vous a cités, il n'y en a pas un seul qui soit dans l'espèce de cette cause, comme nous le ferons voir dans la suite. Ainsi, c'est une espèce toute nouvelle qui demande aussi une nouvelle application.

Attachons-nous donc aux principes et aux maximes les plus communes : c'est la seule route que nous puissions suivre au défaut de préjugés ; et voyons s'il est vrai qu'une substitution de la nature de celle dont il s'agit, qui commence, qui continue, qui finit en collatérale, a fait un propre dans la personne du substitué.

Cette question en renferme deux, l'une de fait, l'autre de droit.

La première consiste à savoir en quelle qualité M. le Camus d'Emery a recueilli les biens qui font la matière de cette contestation ; si c'est en qualité d'héritier de M. le Camus de Courcevin, son frère, ou en qualité de substitué. S'il est certain qu'il ne les a possédés que comme héritier, il sera inutile d'aller plus loin, et d'examiner la nature de la substitution, puisqu'on ne pourra pas douter qu'un bien recueilli par succession ne soit un véritable propre.

Que si, au contraire, nous trouvons que M. le Camus d'Emery a joint les deux qualités sans les confondre, qu'il a possédé les biens libres de M. de Courcevin comme son héritier, et les biens chargés de fidéicommis comme son substitué, alors il faudra examiner la seconde question, et s'appliquer à découvrir les principes par lesquels on peut décider de la nature et des effets de la substitution, dont l'exécution fait la principale, et, nous osons presque dire, la seule question de cette cause.

La première question est sommaire et facile à décider.

On demande si M. le Camus a possédé les biens dont il s'agit, comme héritier ou comme substitué.

Pour décider cette question, il faut supposer d'abord que les qualités d'héritier et de substitué n'ont rien d'incompatible. Quelle contrariété peut-on feindre entre être héritier de son frère, et être donataire ou légataire de son oncle? Le concours de ces deux titres est donc possible; il ne répugne ni à la nature, ni à la loi; et, de ce seul principe, il s'ensuit que ce n'est point ici une matière où l'on puisse agiter des questions de confusion, de droits et de qualités. Car ce qui produit la confusion, c'est la réunion de deux droits incompatibles. Alors il faut que l'un des deux l'emporte sur l'autre, et que le plus foible cède au plus puissant. Ainsi, les qualités de débiteur et de créancier étant incompatibles, un héritier pur et simple confond, sans difficulté, les créances qu'il pouvoit exercer contre la succession. Ainsi, dans la coutume de Paris, le titre d'héritier et celui de légataire ne pouvant concourir en ligne directe, l'acceptation de la qualité d'héritier détruit incontestablement la qualité de légataire, et toujours par le même principe; ce sont des qualités contraires qui ne peuvent subsister dans le même sujet.

Mais celle de substitué par l'oncle, et d'héritier du frère n'ont rien d'opposé. Ce seroit donc inutilement qu'on parleroit ici de confusion et de réunion de droits.

Ces deux principes supposés, voyons ce qui s'est passé dans la personne de M. le Camus.

1.° A-t-il pu renoncer à la substitution et se tenir à la qualité d'héritier?

2.° L'a-t-il dû?

3.° L'a-t-il fait?

En parcourant très-sommairement ces trois propositions, nous trouverons que jamais M. le Camus n'a pu renoncer à la substitution; que jamais il n'a dû le faire, et qu'enfin il ne l'a jamais fait ; et que tout ce qu'on peut lui reprocher, c'est de n'avoir pas fait une demande en justice pour l'ouverture de la substitution, reproche sur lequel il est très-aisé de le justifier.

A-t-il pu renoncer à la substitution ? Il n'y a qu'à lire le testament de Jean le Camus, pour être persuadé du contraire. La substitution pouvoit ne pas finir en la personne de M. le Camus d'Emery : s'il se fût marié, ses enfans y étoient appelés. Comment auroit-il pu, par son silence, détruire une substitution ? Il ne faut pas répondre que ce cas n'est point arrivé. Il suffit de considérer qu'il pouvoit arriver, pour être convaincu que la substitution n'étoit point encore éteinte, et par conséquent qu'elle subsistoit indépendamment de la volonté du testateur.

Mais comme souvent dans le droit, lorsqu'une personne qui avoit deux titres, n'a pas suffisamment expliqué quel étoit celui auquel elle s'attachoit, on regardoit *quid utilius*, ce qui lui étoit le plus avantageux, voyons aussi en cet endroit ce que M. le Camus d'Emery a dû faire, et quel étoit le parti qui lui étoit le plus utile.

Deux avantages incontestables dans la qualité de substitué.

Le premier, de pouvoir disposer de la totalité des biens, s'il est vrai que vous décidiez que la substitution n'a pu faire un propre. Mais sans entrer, quant à présent, dans cette question, il suffit de considérer qu'au moins il étoit persuadé que ces biens n'étoient que des acquêts, puisqu'il en a entièrement disposé. S'il s'est trompé, ou si son sentiment étoit véritable, c'est ce que nous examinerons bientôt ; mais c'est ce qui est indifférent pour la décision de la question que nous traitons ici. En effet, ne suffit-il pas que M. le Camus d'Emery ait cru, quoique peut-être sans fondement, que la qualité de substitué lui étoit plus avantageuse, pour décider qu'il a toujours eu intention de la conserver.

Le second avantage, encore plus grand et plus réel

que le premier, c'est que, sans la substitution, il n'y auroit eu que la moitié des biens substitués. Il avoit une cohéritière, et c'étoit la partie de M.e Chardon. Quand elle soutient aujourd'hui que M. le Camus d'Emery a possédé ses biens comme héritier, elle oublie qu'elle a donné autrefois des armes pour combattre cette proposition. Car si M. son frère étoit simplement héritier, pourquoi a-t-elle renoncé à la succession de M. de Courcevin? Cette succession n'étoit point onéreuse; elle y auroit trouvé du moins la moitié des biens venant de l'auteur de la substitution. Si ces biens ne montent qu'à quarante mille écus, c'étoit toujours vingt mille écus qu'elle auroit pu espérer. Il est donc visible que la seule existence, la seule durée de la substitution l'a déterminée à renoncer? Et, si cela est, comment peut-elle aujourd'hui soutenir que cette substitution a été éteinte et détruite par la confusion?

Enfin, qu'a fait M. le Camus d'Emery? Comment a-t-il expliqué ses intentions?

Il est vrai que la dame de Mennevillette rapporte jusqu'à onze actes où il a pris la qualité d'héritier pur et simple; mais, premièrement, on ne prouve point que ces actes soient faits par rapport aux biens substitués. Secondement, encore une fois, nulle incompatibilité entre les titres d'héritier et de substitué.

Et d'un autre côté, la volonté de M. le Camus d'Emery est déclarée:

1.° Par l'inventaire des biens de M. le Camus de Courcevin, inventaire fait en présence de la famille, où l'on voit qu'il fait inventorier le testament de Jean le Camus dans lequel il trouve la substitution, et dit qu'elle est ouverte en sa faveur, et cela dans l'instant même où la succession est déférée:

2.° Par deux immatricules de rentes sur l'Hôtel-de-Ville, où il a marqué précisément la qualité de substitué:

3.° Par son testament. Et quand il n'y auroit que ce seul acte, ne suffiroit-il pas? Avoit-il un temps marqué pour expliquer son intention ? Avoit-il fait quelque acte qui pût déroger à la substitution ?

Mais, dit-on, il n'en a jamais demandé l'ouverture ; et contre qui l'auroit-il demandée ? Contre la dame de Monnevillette ? Elle avoit renoncé. Contre lui-même ? Cela étoit absurde.

On en est réduit à dire qu'il falloit faire créer un curateur à la succession de M. le Camus de Courcevin, pour intenter contre lui cette demande ; mais c'est une proposition nouvelle qu'il faille créer un curateur à une succession, lorsqu'il y a un héritier de cette même succession. M. le Camus étoit héritier ; il ne pouvoit par conséquent s'adresser qu'à lui-même.

Il falloit donc, Messieurs, retrancher absolument un moyen aussi léger d'une cause qui en a tant d'autres solides ; et puisque la substitution a toujours subsisté, puisque la matière n'étoit pas susceptible de confusion, puisque M. le Camus n'a pu, ni dû, ni voulu déroger à la qualité de substitué, arrêtons-nous à la seconde question de la cause, et voyons si la substitution a pu faire un propre en sa personne.

On convient que, dans le premier degré, l'institution, faite en faveur d'un parent collatéral du testateur, ne pouvoit former qu'un acquêt ; mais on soutient que, dans le second degré et dans la personne du substitué, c'étoit un propre.

Deux termes principaux font toute l'obscurité de cette question ; le terme de *substitution* et le terme de *propre*.

Ainsi, Messieurs, souffrez qu'avant que d'entrer dans le détail de cette seconde question, nous fassions ici deux observations générales, l'une sur la nature des substitutions, l'autre sur la nature des propres ; et quand on aura bien pénétré, sur ces deux points, dans l'esprit de la loi et des coutumes, il ne sera peut-être pas si difficile de décider de la force que peut avoir une substitution, pour imprimer à un immeuble la qualité de propre.

Si tous les principes ne devenoient pas aujourd'hui douteux par la liberté que l'on se donne de s'écarter des routes connues, nous n'aurions pas besoin de nous arrêter, même un seul moment, à prouver la vérité de la maxime commune, qu'en toute substitution, et principalement dans la substitution fidéicommissaire, qui est la seule que nous connoissions en pays coutumier, les substitués reçoivent les biens du testateur et non pas de l'institué. C'est du premier qu'ils tirent tout leur droit. Il y a autant de donations, de legs ou d'institutions différentes qu'il y a de degrés de substitutions. La volonté du testateur ou du donateur a établi un ordre dans sa libéralité; elle a pour premier objet l'institué; elle passe ensuite aux substitués. Mais lorsque l'obstacle de l'institué est retranché par sa mort, alors elle appelle aussi efficacement et aussi directement le substitué qu'elle avoit appelé l'institué; et c'est ce qu'on a voulu dire par ces termes ordinaires, que le substitué *Jus habet à Testatore, non ab herede : capit à gravante, non à gravato;* maxime si constante, qu'on regarde comme une espèce d'hérésie en droit, d'avancer la proposition contraire.

Papinien a examiné cette question dans la loi *unum ex familia* ff. *de legatis*, et il la propose dans l'espèce de toutes la plus favorable. C'est lorsque l'institué a le choix entre plusieurs substitués. S'il y a un cas dans lequel on puisse dire que le substitué tienne quelque chose de l'institué, c'est assurément celui où il lui doit le bienfait de l'élection. Cependant Papinien décide que, même en ce cas, tout le droit remonte au testateur, que le substitué ne tient rien de l'institué, et que l'institué ne lui a rien donné du sien, et par sa propre libéralité, en lui laissant des biens qu'il étoit nécessairement obligé de remettre : *Quid est enim quod de suo videatur reliquisse, qui quod reliquit, omninò relinquere debuit?*

Ce principe de l'oracle de la jurisprudence romaine a toujours été reçu dans nos mœurs. Me Charles Dumoulin le regarde comme une maxime certaine.

L'application s'en fait tous les jours; on ne doute point, par exemple, que le substitué ne soit pas tenu des dettes de l'institué, qu'il ne puisse renoncer à sa succession en même temps qu'il accepte la substitution.

En un mot, rien ne peut ébranler ce principe, que tout le droit des substitués comme celui des institués, dérive également du testateur, et que les uns comme les autres lui doivent la propriété des biens qu'ils possèdent.

L'on n'a pu nier tout à fait les principes de la part de l'appelante, et l'on s'est retranché dans une distinction semblable à la plupart de celles que l'on a faites dans cette cause, c'est-à-dire plus spécieuse que solide.

L'on a dit qu'il falloit distinguer la propriété de la possession; qu'à la vérité le substitué ne recevoit point la propriété de l'institué, mais qu'il falloit au moins convenir qu'il recevoit de lui la possession.

Il est facile de lever l'équivoque et de faire voir que cette distinction ne peut s'appliquer à la question dont il s'agit dans cette cause.

Il est vrai que le substitué possède les biens après l'institué; il est vrai même qu'il ne sauroit entrer en possession de ces biens que lorsque l'institué les a laissés vacans, pour ainsi dire, par sa mort. Mais il y a une grande différence entre posséder après l'institué, et tenir la possession de l'institué.

Le substitué jouit d'un bien dont l'institué a joui avant lui; mais doit-il cet avantage à l'institué? C'est ce qu'on ne sauroit dire. Cette possession est-elle un fruit de la libéralité de l'institué? est-elle transmise par la loi de l'un à l'autre, comme il arrive dans la succession légitime? Au contraire, il semble que l'institué ne soit qu'un obstacle qui suspend le cours des grâces du testateur. Aussitôt que cet obstacle est ôté, le testateur et le substitué se rejoignent et se réunissent comme s'ils n'avoient jamais été séparés.

Ainsi, on peut bien dire que la possession passe de l'institué au substitué; mais quand on voudra s'attacher aux principes, on dira toujours qu'il prend la possession après lui, sans la recevoir de lui, et que même, par rapport à la possession, il tire tout son droit du testateur.

Tels sont, MESSIEURS, les véritables principes de la jurisprudence; nulle distinction à faire en ce point entre le droit écrit et le droit coutumier. Ils s'accordent parfaitement dans cette maxime, qu'il y a autant de donations ou de legs différens qu'il y a de différens degrés de substitution, et que le substitué reçoit son droit immédiatement de la personne de l'auteur de la substitution.

Après vous avoir donné cette idée générale des substitutions, tâchons d'expliquer aussi, en très-peu de paroles, quelle est la nature d'un propre, et quelles sont les conditions nécessaires pour l'établir.

Un propre peut se définir ou en lui-même, ou, pour expliquer encore plus clairement sa nature, en le comparant avec le terme qui lui est opposé, c'est-à-dire celui d'acquêt.

En lui-même, et dans son origine, un propre n'est autre chose qu'un immeuble qui nous est échu par succession directe ou collatérale. Deux caractères doivent se trouver dans un propre; le premier, que ce soit un immeuble; le second, qu'il soit déféré comme immeuble par la voie de la succession légitime.

Si l'on compare le terme de propre avec celui d'acquêt, on connoîtra encore plus distinctement sa véritable qualité. Un acquêt est un bien dont nous ne sommes redevables qu'à notre industrie, qu'à notre mérite, et aux qualités personnelles qui nous l'ont procuré; en un mot, le propre est un bien réel, et l'acquêt un bien personnel, si l'on peut s'exprimer ainsi.

Telle est la première idée et la plus générale du nom de propre, dans laquelle on reconnoît aisément que le propre est l'ouvrage de la loi, et que l'acquêt, au contraire, est l'ouvrage de l'homme.

Mais, parce que l'on a regardé les propres comme un établissement salutaire pour la conservation des familles, l'on a imaginé ensuite différens moyens de faire un propre, et la volonté de l'homme a imité en ce point l'intention de la loi.

Depuis ce temps-là on a commencé à distinguer deux sortes de propres, le propre légal, ou, comme parlent quelques-unes de nos coutumes, le propre naturel et le propre fictif ou conventionnel : l'un introduit par la coutume, l'autre par la disposition des contractans.

Et, sans entrer ici dans tous les cas où cette dernière espèce de propre a lieu, arrêtons-nous à celui qui a rapport précisément aux circonstances de cette cause.

L'on a permis à un donateur d'imposer cette loi à sa libéralité, que le bien qu'il donnoit seroit affecté à la famille de la même manière que la coutume l'auroit déféré, si le bien eût été véritablement propre; et lorsque cette condition a été apposée dans une donation ou dans un testament, il est sans difficulté qu'on ne distingue plus entre cette espèce de propre et celle que la loi a introduite.

Ce n'est pas tout encore; on a porté plus loin cette jurisprudence favorable, et l'on a voulu que, dans certain cas, une volonté tacite et présumée fût suffisante pour revêtir un immeuble de la qualité de propre. On a même reconnu, dans l'usage, deux sortes de présomptions qui ont la force de suppléer au défaut des expressions, et de faire un propre conventionnel, quoique la convention ne soit pas expresse.

La première présomption est générale. C'est ainsi qu'une donation faite en ligne directe dans la coutume de Paris est toujours présumée donner ou conserver la qualité de propre, même pour la portion qui n'auroit point appartenu au fils dans la succession de son père, parce qu'on ne peut jamais douter que l'intention du père n'ait été de donner ce bien à sa postérité, et de le perpétuer autant qu'il sera possible dans sa famille. C'est ainsi que, dans la coutume d'Orléans, une donation, faite même par un collatéral, peut imprimer la qualité de propre, pourvu qu'elle soit faite dans un contrat de mariage, parce qu'alors il est évident que c'est la famille qui a été le principal motif du donateur, et qu'il n'a fait qu'y porter un bien pour le soumettre ensuite à la disposition de la loi.

La seconde présomption est particulière; elle dépend des circonstances qui accompagnent une donation. Souvent elles sont assez fortes pour faire présumer favorablement que l'intention du donateur a été de se conformer à la coutume, et c'est l'espèce d'un des arrêts que nous allons vous expliquer.

Reprenons donc tous ces principes avant que d'en faire l'application.

Les propres, dans leur origine, sont l'ouvrage de la loi, qui ne donne cette qualité qu'aux biens qu'elle défère par succession, ou qui leur sont subrogés.

Dans la suite, les propres ont commencé à devenir l'effet de la volonté de l'homme. Cette volonté est expresse ou présumée, et elle se présume par des conjectures générales et par des circonstances particulières.

Telles sont, MESSIEURS, toutes les observations que nous avons cru devoir vous faire d'abord sur les deux termes qui forment la question que vous avez à décider, le terme de *substitution* et le terme de *propre*. Nous avons tâché de découvrir leur nature; essayons maintenant d'en faire l'application.

Il semble, au premier coup d'œil, que rien ne soit plus aisé à décider que la difficulté que nous examinons, si l'on se sert des principes incontestables que nous avons supposés.

Deux maximes également certaines:

L'une, que les substitués tirent tous les droits du testateur, qu'ils sont véritablement et parfaitement ses donataires, qu'ils ne reçoivent rien que de lui, et qu'il y a autant de donations qu'il y a de degrés de substitution.

L'autre maxime, sur laquelle nous ne nous sommes point étendus, parce que la partie de Me Chardon l'a reconnue de bonne foi, c'est que, dans la jurisprudence présente, et surtout depuis l'arrêt rendu après une enquête par turbes, en 1646, une donation en collatérale ne fait jamais qu'un acquêt, quoiqu'elle soit faite *Successuro*, et qu'ainsi, soit par la nature des biens, soit par la qualité du donataire, elle imite parfaitement l'ordre de succéder. Ce principe est certain dans la coutume de Paris. Peut-être seroit-il à souhaiter qu'on eût préféré la disposition équitable du plus grand nombre des coutumes qui contiennent une décision opposée; mais, après de longues contradictions, la maxime a été reçue, et nous sommes obligés de nous y soumettre.

Réunissons donc ces deux propositions. D'un côté, il est certain que la substitution faite en faveur des collatéraux n'est qu'une véritable donation dans la personne du substitué, et une donation en collatérale qui est suspendue, à la vérité, pendant la vie de l'institué, mais qui vient toujours uniquement du donateur. De l'autre côté, il n'est pas moins certain qu'une donation en collatérale ne peut jamais faire un propre.

Que reste-t-il à conclure, si ce n'est que, dans l'espèce présente, la donation, ou, si l'on veut, la substitution n'a pu faire qu'un acquêt?

En effet, qu'est-ce qui peut distinguer le second degré du premier? car on convient que les biens étoient de véritables acquêts dans la personne de l'institué. Sur quoi sera fondée la différence? Ne sont-ils pas tous deux également donataires ou légataires du testateur? Ne reçoivent-ils pas également leur droit de sa libéralité? Y a-t-il un ordre de succession entr'eux? Peut-on dire que le bien ait fait souche en la personne de l'institué? Mais il faudroit, pour cela, que le substitué le reçût de lui, et c'est ce qui est contraire à tous les principes.

Il semble donc que l'on ne pourroit pas dire que ces biens fussent des propres de plein droit. Il resteroit à examiner s'il y auroit, dans la disposition du testateur, une volonté capable de faire un propre.

Mais c'est ce qui ne s'y rencontre point, à considérer le testament par des vues générales.

Premièrement, point de volonté expresse.

Secondement, point de présomptions de volonté.

Certainement les présomptions générales ne s'y trouvent point. Ce n'est point une donation faite en ligne directe; ce n'est point une donation insérée dans un contrat de mariage.

Les présomptions particulières s'y trouvent-elles au défaut des générales? Nullement. On n'y parle point de *propres du côté et ligne;* ces mots n'y sont point employés : on n'y regarde point toute la famille en général comme la coutume l'envisage dans la succession des propres; loin d'y suivre l'ordre d'y succéder établi par la loi, il y est blessé en plusieurs endroits. Ce sont là pourtant les différentes espèces de présomptions particulières que l'on a coutume de relever en ces occasions. Il n'y a donc rien dans la loi ni dans la volonté de l'homme qui puisse imprimer cette qualité de *propre* que l'on cherche.

Ce sont là les réflexions naturelles que les principes dictent sur cette matière.

Cependant il faut avouer que la faveur des propres est si grande, que la jurisprudence des arrêts a toujours eu plus en vue de les étendre que de les resserrer; et que toutes les fois qu'on a trouvé une parfaite conformité entre la volonté de l'héritier et celle de la loi, on a tâché de faire subsister l'une et l'autre en même temps, et de donner aux biens la double qualité de biens substitués et de biens propres.

Pour expliquer cette jurisprudence des arrêts, par laquelle seule on peut balancer la force des principes que nous venons de vous expliquer, il faut distinguer les différens cas dans lesquels la substitution peut être renfermée; et cela, par rapport à ce grand principe que M.e Jean-Marie Ricard a emprunté de Dumoulin, qu'il faut toujours, pour décider ces questions, envisager la relation qui est entre le substitué et le testateur.

Suivant cette maxime, distinguons d'abord les substitutions faites en ligne directe, de celles qui sont faites en ligne collatérale.

Dans les premières, il est constant que les biens sont propres, et cela est fondé sur trois raisons également solides.

L'une, que nous avons déjà expliquée, c'est la présomption légale de l'intention d'un père, toujours plein de l'espérance d'une longue postérité, toujours occupé du désir de conserver son bien dans sa famille.

La seconde est que cette substitution imite parfaitement l'ordre de succéder, et qu'il seroit absurde, dans nos mœurs, qu'un bien qui a passé plusieurs fois de la personne des pères à celle des enfans, pût être considéré comme acquêt.

La troisième, et la principale, c'est que, dès le premier degré dans la personne même du donataire ou de l'institué, la donation en avancement d'hoirie fait toujours un propre. Ainsi, par le même principe que nous avons expliqué, comme tous les descendans sont aussi donataires du testateur, et donataires en directe, le bien conserve toujours sa qualité de propre en tous les degrés.

Dans les secondes, c'est-à-dire dans les substitutions faites en collatérale, on ne trouve plus ces motifs ni ces présomptions de l'intention d'un père, ni cette faveur d'un bien qui passe du père aux enfans institués et substitués, ni enfin cette maxime qui, dès le premier degré, fait un propre d'un bien donné ; au contraire, on trouve une maxime toute opposée qui rend ce bien un pur acquêt.

Quoique ces raisons de différence soient très-essentielles, et qu'il en résulte qu'en général une substitution en ligne collatérale ne fait point un propre, on s'est attaché à une dernière distinction qui nous paroît suffire seule pour la décision de cette cause.

L'on a distingué les substitutions qui suivoient absolument l'ordre de succéder, qui ne contenoient qu'une simple prohibition d'aliéner, en laissant les biens à tous les héritiers légitimes, ou qui ne faisoient que les appeler dans le même ordre que la loi les avoit appelés, et les substitutions dans lesquelles un testateur s'écartoit de la disposition de la loi, troubloit l'ordre de la succession légitime, et disposoit des biens qu'il donnoit à ses héritiers, non en esclave, mais en maître de la loi.

C'est dans le premier cas que les arrêts que l'on vous a cités ont été rendus. Il n'y en a pas un seul qui ne soit dans l'espèce d'un fidéicommis qui imitoit et suivoit exactement les règles de la coutume. C'est dans ce seul cas que l'on peut appliquer les grandes maximes qui vous ont été tant de fois répétées : Que la volonté de l'homme ne faisoit qu'aider la sagesse de la loi ; que l'une et l'autre partoient d'un même principe, et concouroient à une même fin ; qu'il seroit absurde que ce que la loi seule auroit fait, elle cesse de le faire, parce que la disposition de l'homme se trouve jointe avec elle.

En effet, les dispositions d'un testateur peuvent ajouter à la loi sans détruire la loi, quoique souvent rien ne soit plus opposé que l'esprit d'un testament et celui de la loi, quoique l'on n'ait pour but ordinairement que de détruire l'autre ; cependant il arrive quelquefois que la loi publique et la loi domestique marchent d'un pas égal, et qu'elles se réunissent en faveur d'une famille.

Que fait, à proprement parler, le testateur dans ce cas? Il laisse subsister la loi en son entier. Ce sera elle qui déférera la succession; ce sera elle qui enréglera le partage, qui décidera des droits des cohéritiers; et tout ce que le testateur y ajoute est une nouvelle précaution par laquelle il défend l'aliénation des biens qu'il lègue. Or, cette addition, bien loin d'être contraire au vœu de la coutume, et d'en empêcher l'exécution, est précisément ce que la coutume désire, et ce que la seule force de la loi a pu opérer dans certains temps et dans certaines coutumes.

Il seroit donc absurde, il seroit absolument injuste que, parce que le testateur a ajouté une nouvelle précaution à celle de loi, il abrogeât la loi même, qu'il la renversât pour avoir voulu lui tendre la main, et qu'il la détruisît en voulant l'affermir.

Mais, lorsqu'au contraire ce n'est plus l'esprit de la loi, mais sa propre affection que le testateur a eu en vue; lorsqu'il s'est éloigné de la voie ordinaire des successions pour en prendre une autre; lorsqu'il a négligé l'ordre de la coutume pour faire une disposition absolument singulière, dans laquelle, à la vérité, il appelle ses parens, mais sans garder entre eux le rang qu'ils avoient dans la succession légitime, en ce cas, la loi ne concourt plus avec ses volontés, elle n'y reconnoît plus cette suite, ce progrès qu'elle a sagement établi, elle est blessée par la disposition de l'homme, bien loin d'être secourue et fortifiée; et, pour se venger du mépris que l'on a fait de sa prévoyance, elle refuse aussi son secours à la volonté de l'homme; elle ne prend plus de part à ce qui se passe; et, laissant les biens dans leur état naturel, elle ne fait point un *propre* de ce qui est déféré par une pure disposition de libéralité.

Toute la question de cette cause se réduit donc à examiner si le testateur a voulu suivre parfaitement l'ordre des successions (alors on présumera qu'il a eu intention de faire un propre), ou s'il s'est écarté de cet ordre pour dicter dans sa famille une loi qui n'eût rien de commun avec l'ordre de la succession légitime.

Reprenons ici les clauses du testament et la distinction des deux espèces de biens dont le testateur a disposé : les maisons de la rue de Taranne, et les autres biens.

A l'égard des premières, voyons si l'on peut trouver, dans sa disposition, cette parfaite conformité du testateur avec l'esprit de la loi, unique présomption de sa volonté qui puisse rendre les biens substitués *propres*.

Parcourons tous les degrés, et nous trouverons que partout le testateur s'est éloigné de l'ordre de la coutume.

Premièrement, s'il avoit été si jaloux de cet esprit de la loi, pourquoi appeler, dans le premier degré, son neveu à l'exclusion de ses frères et sœurs? Nous savons bien qu'on vous a dit que le premier degré étoit indifférent, parce que, quand même l'institué auroit été l'héritier présomptif du testateur, le bien auroit été acquêt en sa personne; mais, quoiqu'il ne s'agisse pas de juger de la qualité du legs dans la personne de l'institué, c'est toujours une circonstance très-importante, que de voir que, dès le premier pas que le testateur fait, il abandonne l'ordre de la loi; et, en effet, dans les arrêts que nous allons vous expliquer, le donataire avoit toujours fait choix d'abord de son héritier présomptif, et ensuite des héritiers de son héritier, suivant toujours, dans tous les degrés, l'ordre et l'esprit de la coutume.

Passons ensuite au second degré; c'est celui de tous qui paroît le plus favorable à la prétention de l'appelante. On appelle, à la vérité, les enfans de Denis le Camus, institué ou légataire universel; mais on se repent bientôt d'avoir suivi la voie du sang et de la coutume; et, dans le nombre de ces enfans, on exclut d'abord les filles entièrement; dans les mâles, on exclut les puînés; et de quels effets s'agissoit-il? de tous biens en roture, de maisons et de rentes. Quand même il auroit été question de fiefs, les filles et les puînés y auroient toujours eu leur part; mais cela est encore plus fort dans des biens de la qualité de ceux dont il s'agit, où l'égalité est introduite par la coutume. On détruit cette égalité, on exclut entièrement les filles et les puînés. Est-ce là un testament qui aide, qui soutient et qui confirme la coutume? N'est-ce pas plutôt un acte qui la détruit, qui l'abroge, qui la rejette?

Ce n'est pas tout encore; venons au troisième degré ou au troisième cas marqué par la substitution. Si Denis le Camus vient à mourir sans enfans mâles, elle porte que les biens passeront à André le Camus, son frère; et c'est ici, MESSIEURS, où il paroît manifestement combien on s'est éloigné de la vérité, quand on vous a représenté cette substitution comme un acte qui imitoit parfaitement l'ordre de la loi.

S'il y a, dans toute la loi, une portion sacrée et inviolable, s'il y a une disposition dont elle soit plus jalouse que de toutes les autres, c'est celle qui défère les biens des pères aux enfans, sans distinction de sexe. Il semble que ce soit faire un outrage à la loi, que de s'en écarter dans cette disposition écrite de la main de la nature même (1). C'est cependant ce que fait le testateur. Il prive les filles de la succession de leur père; il veut que, si Denis le Camus ne laisse que des filles, ces filles soient exclues de la possession des biens substitués; il préfère, contre l'esprit, contre les termes de la loi, le frère aux propres filles de l'institué; et l'on appelle cette disposition une imitation fidèle de la disposition de la coutume, une heureuse conformité de la volonté de l'homme avec celle de la loi, une parfaite harmonie entre la loi publique et la loi particulière.

Si nous envisageons ensuite ce qui concerne les autres biens, nous y trouverons presque les mêmes

(1) Les filles sont capables en général de succéder à leur père, et c'est ce qui paroît fondé sur la nature; mais elles sont incapables, par rapport à certains objets, comme la dignité de pair. *Voyez* le trente-huitième plaidoyer, tome IV. De même pour les fiefs masculins. Tous les fiefs étant chargés du service militaire, elles n'ont été admises à y succéder en France que suivant ce qui a été réglé par chaque coutume.

circonstances, et quelque chose encore de plus fort.

Il est vrai que ces biens ne sont pas chargés de tant de substitutions que les premiers; mais celle qu'on leur impose s'éloigne pareillement de l'ordre des successions.

On veut que, si Denis le Camus meurt sans enfans mâles et femelles, les biens appartiennent à M. le Camus d'Emery; mais M. le Camus d'Emery avoit une sœur, et c'étoit la dame de Mennevillette, à qui ces biens étoient déférés par égale portion, si l'on avoit suivi les maximes ordinaires; donc l'on s'éloigne entièrement dans cette substitution, comme dans la première, de l'ordre de la loi.

Mais il y a plus, il semble même qu'au terme du testament, Denis le Camus, dans le cas qui est arrivé, ait été réduit à une simple jouissance, qu'ainsi son legs se soit réduit à un simple usufruit, et que la propriété ait passé directement en la personne d'André le Camus, de la succession duquel il s'agit.

Il est vrai qu'ensuite l'on comprend tout cela sous le terme de *substitution;* mais il paroît toujours certain que jamais le testateur n'a pensé que ce bien pût faire souche et devenir propre.

En cet état, quelle pourroit être la raison qui feroit considérer ces biens substitués comme de véritables propres?

Le propre ne peut être que l'ouvrage de la loi ou de la volonté de l'homme. Ici certainement la loi ne les rend point propres. La volonté de l'homme n'est déclarée que par cette seule circonstance, que c'est un parent du testateur qu'il appelle à la possession de ses biens. Mais cette seule circonstance ne sauroit suffire, s'il ne paroît, outre cela, que le testateur a voulu se conformer entièrement à l'ordre de la loi, ou plutôt la laisser agir dans toute son étendue, en y ajoutant seulement une nouvelle précaution, qui est la prohibition d'aliéner. Or, ici nous voyons au contraire que le testateur a formé un plan tout différent de celui de la loi; qu'il a fait une disposition singulière qui n'a presque point de conformité avec la prévoyance de la coutume; et que, par conséquent, c'est par les règles de la succession testamentaire, et non point par celles de la succession légitime, que l'on doit décider cette cause.

On oppose à toutes ces raisons qu'il suffit que, dans l'événement, les biens passent à un homme qui étoit héritier présomptif de l'institué, pour leur donner la qualité de propres; qu'il ne s'agit pas tant de faire un propre, que d'empêcher qu'il ne se détruise; et, pour nous servir des termes mêmes dans lesquels on s'est expliqué, d'empêcher qu'on ne le défasse.

Mais on n'a pas pris garde que, régulièrement parlant, ce qui vient par testament, soit à l'institué, soit aux substitués, ne peut faire qu'un acquêt; qu'il n'y a qu'une seule exception à cette maxime, et cette exception est lorsque le testateur a voulu se conformer entièrement à la volonté de la loi. Il ne suffit donc pas que, dans l'événement, l'ordre de la loi se trouve observé, s'il ne l'est encore dans l'intention du testateur, car c'est ici son intention qui domine. Or, il est certain que si l'on consulte l'intention de ce testateur, il ne paroîtra point qu'il ait eu en vue de suivre la succession légitime; au contraire, il l'abandonne partout, il la néglige dans tous les degrés, il la détruit dans un de ses points les plus importans; c'est le chef de la succession des filles à leur père.

On propose une autre objection.

On ne peut point, dit-on, tirer aucun argument de l'affectation aux mâles, parce que souvent la coutume en use ainsi, et c'est l'esprit du droit coutumier pour les fiefs.

Il suffit de répondre, 1.° Qu'il s'agissoit de maisons et d'autres effets non nobles.

2.° Que même, dans les fiefs, les filles ne sont pas exclues de la succession de leur père par un droit général, et en quelques coutumes que ce soit, surtout en celles de Paris.

On ajoute qu'il faudroit regarder au moins la portion qui seroit échue à M. d'Emery par succession, comme propre; mais on oublie toujours qu'il s'agit de l'intention du testateur, et que cette intention est indivisible.

Sur quoi donc, encore une fois, sera fondée cette idée, et cette qualité de propre? Il semble qu'on se soit réduit à la fin à la disposition des arrêts.

Mais, bien loin que leur autorité et celle des auteurs qui les ont rapportés puissent ébranler les principes que nous venons de vous proposer, c'est, au contraire, ce qui achève de nous confirmer dans le parti que nous croyons devoir prendre dans cette cause.

On a cité trois arrêts, celui qui est rapporté par M. Bouguier, *lettre F*, *nombre* 3, celui de Mignot, et celui des Genetais. Ces deux derniers sont rapportés par Ricard, dans son Traité des substitutions.

Examinons l'espèce du premier arrêt.

Une sœur donne ses biens à sa sœur; elle la charge de substitution envers ses enfans, et ses enfans les uns envers les autres.

On demande si le droit d'aînesse aura lieu dans le partage de ces biens substitués.

On juge qu'il y aura lieu. Pourquoi? La raison qu'en rend M. Bouguier, qui rapporte l'arrêt, est que la testatrice n'a point dérogé à la coutume; elle a suivi l'ordre de succéder marqué par la loi. Elle est présumée avoir voulu que la loi soit exécutée, et y avoir seulement voulu ajouter une nouvelle précaution, en défendant l'aliénation.

Donc, suivant cet arrêt et le sentiment de M. Bouguier, quand il y a dérogation aux coutumes, quand l'ordre de succéder n'est point gardé, le bien légué n'est jamais qu'un acquêt. Ainsi, cet arrêt ne peut s'appliquer au testament dont il s'agit dans cette cause, où l'ordre de succéder est troublé.

Voyons quelle étoit l'espèce de l'arrêt de Mignot, rendu en 1640.

Mignot donne une maison à sa sœur, avec défenses de l'aliéner, et obligation de la conserver aux enfans, auxquels elle appartiendra en propriété. On juge que cette maison doit être regardée comme un propre dans la succession du dernier des enfans. Pourquoi? C'est qu'il y avoit une volonté déclarée d'observer l'ordre de la loi, une simple prohibition d'aliéner la maison donnée. Quelle application peut-on faire de cette espèce à celle de cette cause?

L'arrêt des Genetais, rendu en 1657, est un préjugé très-décisif contre la partie qui s'en sert, si l'on en considère l'espèce.

Une tante donne des maisons et des rentes à sa nièce, lui défend de les aliéner, les substitue à ses enfans nés et à naître. On demande si ces biens sont propres dans la succession des enfans. On juge qu'ils le sont.

M.e Jean-Marie Ricard rapporte en entier le plaidoyer de feu M. Bignon, lors avocat-général, qui contient précisément les principes que nous vous avons expliqués.

D'abord, ces maximes fondamentales que nous vous avons proposées, qu'une donation en collatérale est un acquêt, et cela, dans le second degré comme dans le premier, parce que les substitués prennent les biens de la main du testateur et non de l'institué.

Il y a une seule exception à ces maximes, lorsque la volonté de suivre l'ordre de la loi est certaine et déclarée. Or, elle l'étoit par trois ou quatre circonstances que M. Bignon relève. Il observe que la donatrice avoit affecté de marquer que la donataire étoit son héritière présomptive; que la donation étoit faite de biens propres; que les mots de *propres de côté et lignes*, étoient répétés plusieurs fois dans la donation; enfin, que la substitution ne tendoit qu'à assurer et conserver l'ordre des successions légitimes, sans aucune dérogation à la loi.

Tels sont tous les arrêts dont on a voulu tirer des inductions, et ces arrêts confirment toutes les maximes que nous vous avons expliquées.

Il n'y en a pas un seul où les donations ne fussent faites aux héritiers présomptifs; il n'y en a pas un seul où l'ordre de la coutume ne fût exactement et religieusement observé; enfin, il n'y en a pas un seul où l'on ne trouvât des vestiges de la volonté du testateur pour faire des propres.

Ici, tout au contraire; en premier lieu, la donation n'est pas faite à l'héritier présomptif; en second lieu, l'ordre de la coutume y est renversé; en troisième lieu, nulle trace, nulle conjecture de la volonté du testateur de faire des propres.

Nous ne nous arrêtons pas à répondre à l'objection que l'on tire de l'arrêt qui a jugé que le droit de relief n'étoit pas dû par celui qui devient possesseur d'un bien substitué, lorsqu'il se trouve en ligne directe avec le précédent possesseur. C'est qu'à l'égard du seigneur, on ne considère que le changement de possesseur qui lui donne un nouveau vassal, soit qu'il arrive en conséquence de l'ordre prescrit par la loi, ou par une suite de la volonté arbitraire de l'homme. Le relief établi pour le cas où la possession passe à un collatéral, ne peut être exigé dans le cas où elle est transmise en directe. La substitution détermine, à la vérité, ceux qui doivent posséder les biens qui y sont compris; mais elle ne change rien, et ne peut rien changer aux règles qui servent à décider si une mutation donne ouverture ou non aux droits du seigneur. Et c'est-là que l'on peut appliquer la distinction que l'on a faite entre le droit que chaque substitué tire toujours de l'auteur de la substitution, et la possession dans laquelle il remplace celui qui l'a précédé immédiatement, et qui étoit avant lui l'homme et le vassal du seigneur (1).

(1) C'est ce qui a été décidé depuis ce plaidoyer, d'abord pour le ressort du parlement de Paris, par un arrêt du 20 mai 1727, dont on ordonna la lecture et la publication, et ensuite pour tout le royaume, par l'article LVI du titre I.er de l'ordonnance du mois d'août 1747, rédigée par le même auteur, qui porte : « Lorsqu'il y aura des biens féodaux ou « censuels compris dans une substitution, elle ne pourra nuire

Au défaut des arrêts, on s'est attaché principalement à la sentence arbitrale rendue entre M. le prince de Condé, Madame la princesse d'Hanôvre, et feue Mademoiselle d'Orléans, pour le partage de la succession de Mademoiselle de Guise.

Nous savons tout le respect qui est dû aux magistrats illustres qui ont décidé comme arbitres; mais nous ne pouvons cependant nous dispenser d'examiner ce préjugé dans la forme et dans le fond.

Dans la forme, c'est celle d'une sentence. Il y en a une dans cette cause qui contient une décision contraire. Il s'agit de savoir laquelle des deux on doit suivre.

Outre cela, c'est une sentence arbitrale; et des arbitres peuvent entrer dans des considérations d'équité, de grandeur et de dignité d'une maison, que l'on ne peut pas toujours prendre pour motif de décision dans une affaire portée en justice. Mais, dans le fond, quelle étoit l'espèce?

Certainement on a agité deux questions.

L'une générale, si une substitution en collatérale fait un propre ou un acquêt.

L'autre particulière et dépendante du fait.

Il y a plusieurs différences entre cette contestation et celle dont il s'agit.

Première différence. Dans quel temps les donations dont il s'agissoit avoient-elles été faites? En 1556, dans le temps qu'on doutoit encore si les donations en collatérales n'étoient pas des propres, lorsqu'elles

« ni préjudicier aux seigneurs dont lesdits biens sont mouvans; et, en conséquence, il en sera usé, à l'égard de chaque nouveau possesseur des biens substitués, ainsi que s'il avoit pris la place du dernier possesseur desdits biens par la voie de la succession ordinaire ou par une donation; en sorte que, dans tous les pays et dans tous les cas où les héritiers naturels et légitimes, où les donataires sont sujets dans les mutations au paiement du droit de relief ou autre droit seigneurial, chaque substitué soit pareillement obligé d'acquitter les mêmes droits, et réciproquement, lorsque les héritiers naturels et légitimes ou les donataires n'en sont pas tenus, les substitués en seront pareillement exempts ».

étoient faites *Successuro*. Le premier arrêt qui ait décidé nettement cette question, est de 1589 (1).

Seconde différence. Les donations étoient faites, à la vérité, par un collatéral; mais elles passoient ensuite de directe en directe, au lieu qu'ici les biens chargés de substitution viennent d'un collatéral, et passent ensuite à un collatéral. Or, nous croyons pouvoir dire qu'il n'y a jamais eu d'exemple que, dans ce cas, on ait regardé ces biens comme propres. Dans le cas où les biens, quoique substitués par un collatéral, doivent passer en ligne directe, il y auroit beaucoup de faveur, quoique les principes soient contraires; mais dans le cas où ils doivent passer à un collatéral, il n'y en a aucune.

La troisième et la véritable différence, est que la disposition dont il s'agissoit étoit une véritable substitution en directe, quoiqu'on eût affecté de la dissimuler par un détour et par une feinte.

C'est ce qui résultoit de plusieurs faits prouvés par les actes de donation.

François de Lorraine possédoit l'hôtel de Laval et l'hôtel de Clisson. Il donne l'hôtel de Clisson à Charles, son frère, et il lui fait donner l'autre par une personne interposée. Condition secrète entre les deux frères, que Charles de Lorraine, cardinal, donneroit ensuite les mêmes hôtels à François de Lorraine et Henri, son fils, avec clause de substitution. Tout cela se faisoit pour avantager Henri de Lorraine, au préjudice de ses frères et sœurs, sans qu'il fût tenu de rapporter cet avantage dans la succession de François de Lorraine, son père.

Mais, dans la vérité, les deux hôtels venoient effectivement de François de Lorraine de Guise. Ils passoient donc de directe en directe; et, par conséquent, l'espèce n'a aucun rapport à celle sur laquelle vous avez à prononcer.

(1) Il est rapporté dans le Recueil d'arrêts de M. Louet, lettre A, sommaire II, nombre 3.

Enfin, on a voulu même recourir aux manuscrits (1), et employer l'autorité très-respectable d'un grand magistrat, qui avoit fait des projets de réformation et de loi. Les arrêtés de M. le premier président de Lamoignon, ont effectivement en vue de faire que des biens ainsi substitués soient propres.

Mais comment le fait-on? C'est en commençant par détruire le principe que nous suivons à présent, qu'une donation en collatérale fait un acquêt. On décide contre les arrêts qui ont établi cette jurisprudence, qu'elle fait un propre dans tous les cas, quand même le parent, en faveur duquel elle est faite, ne seroit pas le plus proche héritier du donateur; et ensuite, après avoir détruit le principe, il n'est pas étonnant qu'on change la conséquence. Car, puisque dans le premier degré on vouloit établir qu'un bien donné en collatérale seroit un propre, il étoit bien plus juste qu'il le fût dans le second.

Mais c'est précisément ce qui prouve la force de la conséquence que nous avons tirée de la maxime autorisée par la jurisprudence. On ne peut établir le contraire qu'en détruisant le principe. Or, le principe subsiste jusqu'à présent. Donc la conséquence ne peut être contestée.

De là deux réflexions par lesquelles nous terminerons la discussion de cette question.

L'une, qu'on peut penser comme ce grand magistrat, qu'il seroit à souhaiter qu'on fît une loi qui établît des principes différens; mais il est certain qu'on ne peut le faire sans une loi.

L'autre, que tout cela fait connoître qu'il n'y a point d'arrêt qui ait jugé cette question en faveur de l'opinion soutenue par l'appelante, ce qui forme un grand argument contre cette opinion.

(1) On ne connoissoit encore alors les arrêtés de M. le premier président de Lamoignon que par des copies manuscrites. Ils ont été imprimés depuis, et on les trouve en partie à la suite du Commentaire d'Auzanet, sur la coutume de Paris. Ils sont maintenant imprimés en entier, et séparément, dans un volume *in-4.°*

Il n'est pas possible que l'espèce ne se soit présentée plusieurs fois. Pourquoi ne point rapporter d'arrêt précis?

Nous croyons donc avoir prouvé, dans la première partie de cette cause, que le premier testament a été suffisamment rétabli par le testateur. Nous croyons avoir également prouvé, dans la seconde partie, qu'il est constant, dans le fait, que la substitution n'a pas été éteinte par la confusion des titres d'héritier et de substitué; que, dans le droit, il n'y a ici ni loi ni volonté de l'homme qui ait imprimé aux biens substitués la qualité de propres. La loi ne la donne qu'aux biens qui sont déférés dans l'ordre qu'elle a marqué pour les successions. La volonté du testateur n'a point été de suivre cet ordre pour faire un propre: il n'a pensé qu'à faire un legs. Donc la sentence que l'on attaque, par la voie de l'appel, est juridique. Ainsi, nous estimons qu'il y a lieu de mettre l'appellation au néant.

Arrêt en la première chambre des enquêtes, le 22 mai 1697, prononcé par M. le président de la Barde.

Entre dame Marie le Camus, veuve de messire Adrien de Hanyvel, seigneur de Mennevillette, secrétaire des commandemens de Monsieur, duc d'Orléans, héritière par bénéfice d'inventaire de défunt messire André le Camus, conseiller en la cour et commissaire aux requêtes du palais, son frère, appelant des sentences rendues aux requêtes du palais, les vingt-quatre juillet et vingt août mil six cent quatre-vingt-seize, d'une part; et dame Claude-Françoise de Foix de Mauléon, vicomtesse de Couserans, épouse de messire Jean-Baptiste de Jean, baron de Launac, conseiller du roi en ses conseils, maître des requêtes ordinaire de son hôtel, légataire particulière et exécutrice testamentaire dudit feu sieur André le Camus, intimée, d'autre part; et ladite dame vicomtesse de Couserans esdits noms, demanderesse aux fins de la commission obtenue en chancellerie, le vingt-un octobre mil six cent quatre-vingt-seize, suivant l'exploit du vingt-deux dudit mois, à ce que l'arrêt qui interviendra sur l'appel de ladite dame Marie le Camus de Mennevillette, soit déclaré commun avec le défendeur ci-après nommé; ce faisant, il soit ordonné que lesdites sentences dont est appel seront exécutées selon leur forme et teneur, avec condamnation de dépens, d'une part;

et messire Adrien-Alexandre de Hanyvel, marquis de Crévecœur, conseiller du roi en ses conseils, président à mortier de ladite cour, légataire universel dudit feu sieur le Camus, son oncle, défendeur d'autre part; et ladite dame Marie le Camus de Mennevillette, esdits noms, demanderesse en requête présentée à la cour, le vingt-sept février mil six cent quatre-vingt-dix-sept, à ce que l'arrêt qui interviendra sur son appel de ladite sentence, du vingt-quatre juillet mil six cent quatre-vingt-seize, en ce qu'elle ordonne l'exécution du testament dudit feu sieur André le Camus, du vingt-cinq janvier mil six cent quatre-vingt-quinze, portant les legs, substitutions et délivrance desdits legs y contenus, soit déclaré commun avec les défendeurs ci-après nommés, et en conséquence, de ce que ledit testament a été révoqué, il soit ordonné que les fins et conclusions, prises par ladite dame de Mennevillette aux requêtes du palais, contre ladite dame vicomtesse de Couserans, lui seront adjugées avec dépens, d'une part; et les administrateurs de l'Hôtel-Dieu et de l'Hôpital-Général de cette ville de Paris, et ladite dame vicomtesse de Couserans esdits noms, défendeurs d'autre part; et lesdits sieurs administrateurs de l'Hôpital-Général, demandeurs en requête du premier mars dernier, à ce qu'en déboutant ladite dame de Mennevillette de sadite requête du vingt-sept février, il plût à la cour les recevoir parties intervenantes en tant que besoin est ou seroit en l'instance d'appel de ladite dame de Mennevillette, faisant droit sur leur intervention, ordonner que le testament dudit feu sieur André le Camus, du vingt-cinq janvier mil six cent quatre-vingt-quinze, sera exécuté; ce faisant, que lesdits demandeurs auront délivrance du legs de trois mille livres, fait par ledit testament, aux pauvres dudit Hôpital; et même ordonner que les substitutions, portées par ledit testament, seront exécutées; et condamner ladite dame de Mennevillette, en qualité d'héritière dudit feu sieur le Camus, à leur payer ladite somme de trois mille livres, ensemble les intérêts, frais et dépens, d'une part; et lesdites dame de Mennevillette et dame vicomtesse de Couserans, esdits noms, défenderesses d'autre part; et les sieurs administrateurs dudit Hôtel-Dieu de Paris, aussi demandeurs en requête, du vingt-trois mars mil six cent quatre-vingt-dix-sept, à ce qu'il plût à la cour, en déboutant ladite dame de Mennevillette de sadite requête du vingt-sept février, et conformément à la sentence desdites requêtes du palais, du vingt-quatre juillet mil six cent quatre-vingt-seize, ordonner que les demandeurs auront délivrance du legs de la somme de deux mille livres fait audit Hôtel-Dieu par ledit feu sieur André le Camus, par son testament du vingt-cinq janvier mil six cent quatre-vingt-quinze; ce faisant, condamner ladite dame de Mennevillette, héritière dudit feu sieur le Camus, à payer ladite somme de deux mille livres, et les intérêts d'icelle, à raison de l'ordonnance, et en outre aux dépens, d'une part;

et lesdites dame de Mennevillette et dame de Couserans esdits noms, défenderesses, d'autre part. Après que Chardon, avocat de ladite dame le Camus, de la Barre, avocat de la dame de Foix de Mauléon, et Bornat, avocat des administrateurs de l'Hôtel-Dieu, ensemble d'Aguesseau pour le procureur-général du roi, ont été ouïs pendant sept audiences :

LA COUR a reçu les parties de Bornat intervenantes, ayant égard à l'intervention, a mis et met les appellations au néant; ordonne que ce dont a été appelé sortira effet; en conséquence, les parties de Bornat auront délivrance de leur legs de la somme de deux mille livres, porté par le testament du vingt-cinq janvier mil six cent quatre-vingt-quinze; condamne l'appelante ès amende de douze livres et ès dépens des causes d'appel; donne défaut, et pour le profit, déclare l'arrêt commun avec les défaillans. Fait en parlement, en la première chambre des enquêtes, le vingt-deux mai mil six cent quatre-vingt-dix-sept.

Il y a eu un second arrêt, le treize août mil six cent quatre-vingt-dix-sept, entre M. le président de Crevecœur, qui étoit légataire universel et exécuteur testamentaire dans le premier testament de M. le Camus, qu'il avoit fait revivre par ses codicilles des vingt-six et vingt-sept novembre mil six cent quatre-vingt-quinze, la dame de Mennevillette, héritière par bénéfice d'inventaire, les administrateurs de l'Hôpital-Général, légataires particuliers, et Madame de Jean, aussi légataire. En voici le texte :

ENTRE messire Adrien-Alexandre de Hauyvel, chevalier, marquis de Crevecœur, conseiller du roi en tous ses conseils, président en sa cour de parlement, exécuteur testamentaire et légataire universel de défunt messire André le Camus, conseiller en la cour, demandeur en délivrance de legs, d'une part; et dame Claude-Françoise de Foix de Mauléon, vicomtesse de Couserans, légataire et exécutrice testamentaire dudit défunt sieur le Camus, intimée, et dame Marie le Camus, veuve de messire Adrien de Hauyvel, comte de Mennevillette, héritière par bénéfice d'inventaire dudit feu sieur le Camus, son frère, défenderesse d'autre part; et encore entre les directeurs de l'Hôpital-Général de cette ville de Paris, demandeurs, etc. APRÈS que Nouette, avocat dudit Hanyvel; Chardon, avocat de ladite le Camus; Gueau, avocat des administrateurs de l'Hôpital-Général; et de la Barre, avocat de ladite de Foix de Mauléon, ont été ouïs, ensemble d'Aguesseau pour le procureur-général du roi :

LA COUR a reçu les parties de Chardon et Gueau parties intervenantes; faisant droit sur lesdites interventions, donne acte aux parties de Gueau du consentement des autres parties, que délivrance leur soit faite du legs dont est question; donne pareillement acte à la partie de Nouette de ce qu'elle accepte la qualité de légataire universel et d'exécuteur testamentaire, dudit le Camus; ce faisant, l'a reçu opposant à l'exécution de l'arrêt du vingt-deux mai dernier, en ce qu'il confirme la sentence du vingt août mil six cent quatre-vingt-seize, et appelant de ladite sentence; faisant droit sur lesdites opposition et appel, met l'appellation et ce dont a été appelé au néant; émendant, ordonne que le codicille du vingt-sept novembre mil six cent quatre-vingt-quinze, sera exécuté selon sa forme et teneur; décharge la partie de Chardon de la condamnation portée par ladite sentence, en contribuant par elle, suivant ses offres, au paiement des dettes, conformément audit codicille; ordonne que, dans un mois, pour toute préfixion et délai, ladite partie de Chardon représentera, par-devant M.e Hyerosme le Feron, conseiller, les quittances de paiemens qu'elle a faits des deniers procédant des effets de la succession, dans lequel procès-verbal les parties pourront former telles contestations qu'elles aviseront bon être, et par-devant lequel conseiller les parties conviendront d'un séquestre pour régir les biens de ladite succession, suivant ledit codicille, sinon en sera par lui nommé un d'office, entre les mains duquel seront mis tous les titres, papiers et enseignemens de ladite succession, tant ceux concernant les legs faits à la partie de la Barre, que ceux concernant les quatre quints des propres, appartenant à la partie de Chardon, et les legs faits à la partie de Nouette; pour lesdits titres, papiers et enseignemens, être rendus après le séquestre fini, à qui ils appartiendront, et sera tenue, ladite partie de Chardon, de donner à celle de la Barre, aux frais de la succession, un double de l'inventaire fait après le décès dudit le Camus, et procès-verbal des créanciers opposans à la levée de son scellé, dépens compensés. Fait en parlement, en la première chambre des enquêtes, le treize août mil six cent quatre-vingt-dix-sept.

QUARANTE-SEPTIÈME PLAIDOYER.

DU 4 JUIN 1697.

Dans la cause de JEAN CLERMONT et ANNE-ELISABETH FIORELLI, sa femme, et les héritières de MARIE-ROBERT DUVAL, seconde femme de TIBERIO FIORELLI.

Si la légitimation par mariage subséquent peut avoir lieu pour des enfans nés ex conjugato et solutâ, aut vice versâ, *lorsque l'un des deux a été dans la bonne foi sur l'état de l'autre, et l'a cru libre?*

QUOIQUE l'explication de cette cause soit assez sommaire, si l'on s'attache uniquement aux circonstances du fait, elle est néanmoins très-importante, si l'on envisage la principale question qui y a été traitée, et qui consiste à examiner quels doivent être les effets de la bonne foi par rapport à l'état et à la fortune des enfans; si sa faveur ne doit pas être renfermée dans les bornes d'un mariage solennel, contracté à la face des autels, et qui porte tous les caractères extérieurs d'une union légitime, ou si, au contraire, elle peut s'étendre même jusqu'aux engagemens criminels, et ôter aux enfans le nom honteux de bâtards adultérins, pour leur donner le titre moins odieux d'enfans naturels, capables d'être légitimés par un mariage subséquent.

Cette question, qui partage tous les canonistes, est le véritable sujet de la contestation qui se présente à décider. Elle y est accompagnée de circonstances singulières qui peuvent la rendre aussi difficile dans le fait, qu'elle est importante dans le droit.

Tiberio Fiorelli, connu sous un autre nom (1) dans le monde, et fameux par la grande réputation qu'il avoit acquise dans son art de comédien, est celui dont les deux mariages ont fourni la matière de cette cause, que le nom de son principal acteur et ses incidens singuliers pourroient faire regarder comme une espèce de fiction plus propre au théatre qu'au barreau, si la vérité ne s'y trouvoit jointe à la vraisemblance.

Il étoit né en Italie vers l'année 1606. Florence étoit le lieu de sa naissance; son art, celui de comédien; et sa vie, telle que son art pouvoit la faire présumer.

L'espérance d'une meilleure fortune le fit venir en France. Il y passa avec une femme appelée Laurenza-Isabella; et c'est une des questions de la cause de savoir, si elle a jamais été unie avec lui par les liens d'un engagement légitime, ou si au contraire l'exercice d'une même profession, et encore plus les nœuds du libertinage et de la débauche, avoient formé entr'eux une conjonction illicite, qu'ils cherchoient à déguiser sous le nom d'un mariage légitime.

Quoiqu'il en soit, il est certain que si l'on en croit Tiberio Fiorelli lui-même, dans les différens interrogatoires qu'il a subis au châtelet, il avoit épousé publiquement celle qui passoit pour sa femme, dans la ville de Palerme en Sicile.

En l'année 1659, nous trouvons un acte, passé par-devant notaires, dans lequel ils prennent la qualité de mari et femme. Ils achètent conjointement quelques héritages qui étoient situés auprès de Florence; ils stipulent même que la jouissance de ces terres appartiendra au survivant d'eux.

On prétend que c'est là le dernier acte dans lequel

(1) Scaramouche.

cette fiction a subsisté ; cependant on rapporte, depuis ce temps-là, un contrat de mariage de Silvio Fiorelli, fils de Tiberio et de Laurence-Isabelle, dans lequel il prend la qualité de fils légitime. On y énonce une lettre écrite à Tiberio par sa femme, dans laquelle elle consent au mariage de son fils. En un mot, si elle n'étoit pas femme légitime, il est constant qu'elle en conservoit toutes les apparences ; et cela dans un temps où, si elle n'avoit été qu'une simple concubine, Tiberio Fiorelli n'avoit plus rien à ménager avec elle, puisqu'elle l'avoit abandonné pour s'en retourner en Italie.

Ce contrat de mariage est passé en 1666. Nous ne voyons rien, depuis ce temps, qui prouve l'existence de la prétendue femme de Tiberio, si ce n'est l'extrait mortuaire dont on vous a parlé, et par lequel il paroît que Laurence-Isabelle, fille de Bernardo del Campo, est morte en 1687.

Nous examinerons bientôt la forme de cet acte, et la foi que l'on doit y ajouter.

Voila, Messieurs, tout ce qui regarde le premier mariage de Tiberio Fiorelli. Il faut vous expliquer en aussi peu de paroles ce qui concerne le second.

Quelque incertitude qu'il y ait entre les parties sur les autres faits, il y en a un néanmoins sur lequel elles s'accordent parfaitement.

Les deux parties ont également reconnu que les premiers engagemens de Tiberio avec Marie-Robert Duval, s'étoient formés par le crime. On prétend qu'ils ont commencé vers l'année 1680 ; Tiberio étoit alors âgé de près de soixante-quinze ans, et l'on soutient aujourd'hui que cette habitude criminelle a donné la naissance à la partie de M.e Issaly.

On rapporte en effet un extrait baptistaire de 1681, où l'on voit qu'elle a été baptisée sous le nom d'Anne-Elisabeth Fiorelli, comme fille de Tiberio Fiorelli et de Marie-Robert Duval, que l'on qualifie sa femme. Dans cet acte, Fiorelli n'est point présent ; il ne signe point sur le registre des baptêmes. Cependant il est convenu, dans la suite, que c'étoit lui qui avoit pris soin de l'éducation de cette fille; et elle s'est conservée jusqu'à présent dans la possession de la qualité de fille de Tiberio Fiorelli, quoiqu'on ait voulu la révoquer en doute dans votre audience.

Sept années entières s'écoulent depuis la naissance de cet enfant, jusqu'au mariage par lequel on prétend qu'elle a été légitimée.

Enfin, en l'année 1688, Tiberio Fiorelli, ou pressé par les remords de sa conscience, ou excité par les remontrances d'une grande princesse, résolut de revêtir son engagement du nom honorable de mariage.

Il fut célébré en la paroisse de Saint-Sauveur; et nous ne pouvons nous dispenser de relever ici une circonstance qui peut être de quelque importance, c'est qu'il n'est fait aucune mention, ni dans le contrat, ni dans l'acte de célébration de cette prétendue fille, dont la naissance étoit un des principaux motifs de ce mariage; on n'y observe point l'ancien usage qui se pratique presque toujours dans ces occasions, de la mettre sous le poêle; en un mot, on oublie absolument la fille dans cette cérémonie, et l'on y donne à Tiberio Fiorelli, la qualité de veuf de Laurence-Isabelle del Campo.

L'engagement de Tiberio devient légitime, mais il ne devient pas plus heureux. Soit, comme on vous l'a dit d'un côté, que la jalousie eût troublé son esprit, soit, comme on le prétend de l'autre, que ses soupçons ne fussent que trop bien fondés, il est certain qu'il se plaignit ouvertement de la conduite de sa femme, et qu'il soutint qu'elle n'avoit recherché avec empressement son mariage que pour le faire servir de voile à ses débauches. Il intenta contre elle une accusation d'adultère. Il la fit enfermer d'abord dans la maison de Sainte-Pélagie, ensuite dans les prisons du grand châtelet.

Elle mourut en l'année 1693. Aussitôt après sa mort on assemble les parens de sa fille pour lui donner un tuteur; et c'est en cet endroit que commencent les variations de Tiberio Fiorelli, qui servent aujourd'hui à rendre l'état de la fille incertain.

Il fut assigné comme les autres parens; tous les parens lui donnèrent leur suffrage; il avoit même signé la procuration par laquelle ils lui déféroient la tutelle. Cependant, le 7 novembre 1693, il comparoît en personne dans l'assemblée des parens; il désavoue la qualité de père, il refuse celle de tuteur.

Les choses demeurent en cet état jusqu'au 19 décembre 1693; alors il change de langage; il reconnoît pour sa fille celle qu'il avoit désavouée peu de temps auparavant; il accepte la fonction de tuteur.

Nous n'examinerons point encore quelle fut la cause de ce changement si inopiné. Nous nous contenterons de vous remarquer que, dans l'intervalle de ces deux déclarations contraires, Marie-Madeleine Duval avoit formé sa demande contre Tiberio, en qualité de tante et de plus prochaine héritière de sa femme.

Elle concluoit contre lui à la restitution des sommes que Marie-Robert Duval lui avoit apportées en dot; six mille livres d'une part, quatre mille livres d'autre, et une tapisserie d'environ huit à neuf cents livres.

Sur cette demande, Tiberio comparut au châtelet: il chercha d'abord à se défendre en attaquant la qualité de la demanderesse. Il soutint qu'elle n'étoit point parente de sa femme; il lui opposa les mêmes fins de non-recevoir qui vous ont été expliquées.

Dans ce premier moment de sa défense, on le fit interroger sur faits et articles. Il fit deux déclarations très-importantes; l'une sur son état, l'autre sur celui de sa fille.

Il reconnut qu'il avoit été marié une première fois; que sa première femme n'étoit morte qu'en 1687; et il protesta qu'il ne reconnoissoit point la partie de M.e Issaly pour sa fille; qu'elle étoit le fruit de la prostitution publique de sa mère, et qu'il la désavouoit absolument.

Mais, dans la suite de la contestation, ses variations augmentèrent encore l'obscurité de ce fait. Il soutint au contraire qu'Anne-Elisabeth Fiorelli étoit sa fille née dans le concubinage, mais légitimée par un mariage subséquent; et, pour détruire les premiers faits par la même voie par laquelle ils avoient été établis, il fit intervenir le subrogé-tuteur de sa prétendue fille. Ce tuteur, de concert avec lui, le fait interroger une seconde fois sur faits et articles, et alors il se rétracte entièrement. Il reconnoît l'appelante pour sa fille; mais en même temps il convient de de l'existence de son premier mariage.

Ainsi, toute la difficulté se trouva réduite à savoir combien le premier mariage avoit duré; s'il subsistoit encore dans le temps de la naissance de l'appelante, et même dans le temps de la célébration du second mariage, ou si au contraire la mort de la première femme avoit rétabli Tiberio Fiorelli dans une pleine et parfaite liberté.

Ce fut dans ces circonstances qu'intervint la première sentence dont est appel, qui ordonne, avant faire droit, que les parties feront leurs diligences dans six mois, pour rapporter l'extrait mortuaire de Laurenza Isabella, première femme de Tiberio Fiorelli.

Tiberio est mort dans les six mois, et l'on a trouvé, sous son scellé, l'extrait mortuaire que l'on cherchoit.

Il est important d'expliquer ici la forme dans laquelle cet acte a paru.

Nous voyons qu'il n'est expédié qu'en l'année 1694, après la sentence du châtelet.

Celui qui en demande l'expédition, s'adresse aux vicaires-généraux de l'archevêque de Florence. Ils ordonnent au curé de représenter le registre des morts. Le curé obéit. Un notaire en extrait l'acte dont il s'agit, et, par cet acte, il paroît que, le 19 janvier 1687, on a enterré Laurenza-Isabella, fille du feu Bernardo del Campo, et femme de Tiberio Fiorelli, fils de Silvio Fiorelli.

Cet acte est porté à l'audience du châtelet. L'on y agite les mêmes questions de droit et de fait qui vous ont été proposées, et, enfin, sentence définitive par laquelle on déboute l'appelante de la demande qu'elle avoit formée pour être déclarée fille légitime; on maintient l'intimée, comme plus prochaine héritière, dans la portion des biens de Marie Duval, et néanmoins on adjuge à l'appelante deux cents livres de pension alimentaire, et quinze cents livres une fois payées.

Cette sentence, et la première qui lui sert de fondement, sont la matière du premier appel sur lequel vous avez à prononcer.

L'intimée, de son côté, a interjeté appel de la dernière sentence, en ce qu'elle adjuge des alimens trop considérables à l'appelante, et peu proportionnés aux forces de la succession.

Et ces deux appellations forment les deux chefs de contestation que vous avez à décider (1).

Quant a nous, vous voyez, Messieurs, par l'explication que nous vous avons faite des circonstances de cette cause, et des moyens opposés, que toute cette contestation se réduit à l'examen des qualités des deux parties.

Elles s'accusent réciproquement du même défaut de légitimité. D'un côté, on prétend que l'intimée n'est pas partie capable, parce qu'elle n'est pas parente de Marie-Robert Duval, femme de Tiberio Fiorelli, et qu'elle abuse de la conformité des noms pour s'insérer dans une famille etrangère : que si elle avoit quelque liaison avec elle, la source en seroit illégitime et la rendroit incapable de succéder, parce qu'il n'y a aucune conformité entre le nom de sa mère et celui de la femme légitime de son père, et qu'ainsi elle seroit seulement bâtarde adultérine.

(1) Les moyens furent rappelés ici sans avoir été écrits.

4

D'un autre côté, l'on soutient que l'appelante n'est pas fille de Tiberio Fiorelli : que si elle lui doit la naissance, elle est le fruit odieux de l'adultère, et n'a pu être légitimée par un mariage subséquent.

Nous avons donc à examiner d'abord, si l'intimée est véritablement tante de Marie-Robert Duval, femme de Fiorelli, comme fille légitime de Louis Duval, leur père commun. Nous passerons ensuite à l'examen de la qualité de l'appelante, pour savoir si elle est véritablement fille de Tiberio Fiorelli, et si par le mariage qu'il a contracté depuis qu'elle est née, il l'a mise au rang des enfans légitimes.

Première qualité, ou première question. Comme la première question qui concerne la qualité de l'intimée, est la moins importante et la moins difficile de cette cause, que d'ailleurs c'est une pure question de fait, nous la traiterons très-sommairement.

Louis Duval étoit constamment père légitime de Richard Duval, père de Marie-Robert Duval, femme de Tiberio Fiorelli.

L'unique question est de savoir si le même Louis Duval a une fille légitime appelée Marie-Madeleine Duval, sœur de Richard, et tante de Marie-Robert Duval, femme de Tiberio Fiorelli.

Pour prouver ce fait, on rapporte deux actes principaux :

L'un est l'extrait baptistaire de Marie-Madeleine Duval, qui est aujourd'hui l'intimée.

L'autre est le contrat de mariage de la même Marie-Madeleine Duval.

Dans l'un, on voit que Marie-Madeleine Duval est dite fille de Louis Duval, faiseur de battoirs, et de Marguerite Couvre, sa femme.

Dans l'autre, il paroît que Richard Duval assiste, en qualité de frère, au contrat de mariage de Marie-Madeleine Duval, et de là l'on cor lut qu'elle est non-seulement fille légitime de Louis Duval, mais qu'elle a toujours passé dans la famille de son père pour sa fille légitime; qu'elle a été reconnue comme sœur légitime par Richard Duval, père de Marie-Robert Duval, de la succession de laquelle il s'agit aujourd'hui.

La seule observation par laquelle on prétend combattre tous ces faits, c'est que le nom de la mère ne se trouve pas le même dans les extraits baptistaires des deux enfans de Louis Duval, c'est-à-dire, dans celui de Richard Duval, et dans celui de Marie-Madeleine Duval, qui néanmoins, si l'on en croit l'intimée, étoient frère et sœur, enfans du même père et de la même mère.

Dans l'extrait baptistaire de Richard, l'on trouve que la mère est appelée Marguerite Caiard.

Dans celui de Marie-Madeleine Duval, la mère s'appelle Marguerite Couvre.

Ce seul changement de nom fait toute l'équivoque de cette première partie de la cause.

Mais il est facile de dissiper, par quelques réflexions, ce premier nuage dont la cause est couverte.

Première réflexion. Quand Marguerite Couvre et Marguerite Caiard seroient deux personnes différentes, on ne pourroit en rien conclure contre l'intimée; car il faudroit prouver, outre cela, que Marguerite Caiard vivoit encore dans le temps que Marguerite Couvre prenoit la qualité de femme de Richard Duval, et alors, à la vérité, on prouveroit parfaitement que Marie-Madeleine Duval ne seroit pas légitime.

Mais jusqu'à ce qu'on prouve ce fait, rien n'empêche que Louis Duval n'ait été marié deux fois, d'abord avec Marguerite Caiard, ensuite avec Marguerite Couvre.

Mais, dit-on, ce seroit à l'intimée à le prouver. Nullement; car elle a pour elle un extrait baptistaire. C'est à ceux qui l'attaquent à prouver que ce titre ne peut lui donner la qualité de fille légitime.

Seconde réflexion. Il faut observer ici tout ce qui se trouve conforme dans les deux extraits baptistaires.

1.° Le nom du père. Louis Duval dans tous les deux.

2.° La profession du père, faiseur de battoirs dans tous les deux.

3.° Le nom de baptême de la mère; Marguerite, dans les deux extraits baptistaires.

Il est bien difficile que toutes ces circonstances concourent, et néanmoins que ce soit deux personnes différentes.

Troisième réflexion. Il paroît manifestement, par un acte non-suspect, qu'il y a eu toujours de l'erreur et de la diversité dans la manière d'écrire le nom de Marguerite Couvre ou Caiard.

Dans le contrat de mariage de l'appelante, on voit que sa mère, veuve de Louis Duval, est appelée *Marguerite Couvard*, nom qui semble en quelque manière un milieu entre le nom de *Caiard*, qui est dans l'extrait baptistaire de Richard, et le nom de *Couvre*, qui est dans l'extrait baptistaire de Marie-Madeleine Duval. Il commence comme l'un, et finit comme l'autre, et l'on peut dire qu'il les concilie tous deux. Ainsi, on ne peut tirer aucun argument certain d'un nom qui a été écrit si diversement.

Quatrième réflexion. Mais ce qui décide, et ce qui assure entièrement la véritable interprétation de ces extraits baptistaires, c'est que dans la famille, Marie-Madeleine Duval a été reconnue comme fille légitime, et cela par Richard Duval même, aïeul de l'appelante, père de sa mère, et qu'elle ne peut aujourd'hui désavouer. Il est présent au contrat de mariage de sa sœur Marie-Madeleine Duval; il le signe; il l'approuve; et, dans ce contrat, elle est appelée fille de Louis Duval et de Marguerite Couvard. Donc jamais on n'a eu la moindre pensée de lui disputer la qualité de fille légitime; donc cette première question pouvoit être retranchée de la cause.

Cinquième réflexion. Tiberio Fiorelli l'a lui-même reconnue dans la lettre qu'il a écrite à l'intimée. On vous en a fait la lecture; et comment l'appelante, qui est sa fille, si on l'en croit, et qui prétend être son héritière, peut-elle contester un fait qu'il a confirmé par sa reconnoissance?

Seconde question. État de l'appelante.

C'est ici la véritable, et presque la seule question de la cause.

Elle renferme deux parties principales.

L'une fort courte et très-facile à décider; l'autre plus étendue, qui renferme le véritable nœud de toute cette contestation.

L'appelante prétend être fille légitime de Tiberio Fiorelli.

Voyons en premier lieu si elle est sa fille.

En second lieu, si elle est sa fille légitime.

Premier point. Elisabeth Fiorelli est-elle fille de Tiberio Fiorelli?

Il seroit inutile de s'étendre sur les différentes preuves de la filiation, ni d'expliquer les principes tant de fois rappelés dans cette audience, qui décident tous les jours dans ce sanctuaire de la justice, de l'état et de la fortune des hommes. Le seul fait suffit pour lever entièrement la difficulté; mais faisons deux réflexions générales, avant que d'y entrer.

La première, que nous agitons ici une question superflue et décidée par avance; disons mieux, une question jugée par la sentence même dont l'intimée vous demande la confirmation.

Que prononce cette sentence? Elle adjuge une pension alimentaire à Anne-Elisabeth Fiorelli sur les biens de Tiberio.

Donc elle est jugée sa fille.

En quoi l'intimée se plaint-elle de la sentence? En ce qu'elle soutient que cette pension est trop forte. Donc elle acquiesce à la décision sur la qualité de fille; elle ne se plaint que de l'excès des alimens.

La seconde réflexion, c'est qu'il est certain que l'extrait baptistaire est favorable à la prétention de l'appelante. Elle y est qualifiée fille de Tiberio Fiorelli; elle est baptisée sous son nom.

Nous savons bien qu'il y a quelques soupçons contre cet extrait baptistaire, soit parce que le prétendu père ne le signe point, quoique apparemment on n'ait rien fait en cela que de son consentement, soit parce qu'on y donne faussement la qualité de sa femme à Marie-Robert Duval, qui ne l'avoit pas encore en ce temps-là.

Mais cependant c'est la grande, allons plus loin, c'est presque l'unique preuve que l'on puisse avoir de l'état des hommes. Qu'on renverse cette preuve, tous les fondemens de la société civile sont ébranlés; il n'y a plus rien de certain parmi les citoyens si l'on retranche cet argument. Qu'on dise tant que l'on voudra que ce principe est douteux, que rien n'est plus facile à altérer, à dissimuler, à changer même que le contenu d'un extrait baptistaire, toutes ces réflexions sont justes; mais, quelque douteuse que puisse être cette preuve, tout sera encore plus douteux, si on ne l'admet pas, si on la rejette sans des preuves convaincantes de fausseté.

Voyons donc ce qu'on oppose ici à la vérité de cette pièce.

On ne peut la combattre que par deux sortes d'argumens.

Premier argument négatif. On n'a point mis Anne-Elisabeth Fiorelli sous le poêle dans le temps de la célébration du mariage.

Mais, quoique cet usage soit très-ancien en France, quoiqu'il s'observe presque toujours, cependant on ne peut point dire qu'une telle omission puisse donner atteinte à l'état des enfans. Souvent la honte, la pudeur, plusieurs autres raisons détournent les parens de faire de semblables déclarations; mais tous les docteurs tiennent également que, pourvu qu'il soit constant d'ailleurs que les enfans doivent véritablement la naissance à ceux qui ont contracté, dans la suite, un mariage légitime, ils sont toujours légitimés. En effet, cette légitimation a eu lieu longtemps avant que l'usage de mettre les enfans sous le poêle fût reçu. On ne trouve, dans les lois romaines, rien qui ressemble à cet usage; cependant ces mêmes lois sont celles qui ont établi la légitimation des enfans par un mariage subséquent.

Second argument positif, fondé sur les déclarations de Tiberio Fiorelli.

Plusieurs réflexions à cet égard.

Première réflexion. Ces déclarations sont contraires les unes aux autres, et se détruisent mutuellement. Tantôt il se dit le père d'Anne-Elisabeth Fiorelli, tantôt il la désavoue. La nature et la passion agissent alternativement sur son cœur. Il signe une procuration où il la reconnoît; il la rétracte ensuite devant le lieutenant-civil; il se repent après de sa rétractation, et il reconnoît sa fille; il désavoue, dans la suite, cette reconnoissance, et veut cesser d'être père; enfin, il redevient père par ses dernières déclarations, et c'est dans cet état et dans ces sentimens qu'il a cessé de vivre.

Pourquoi écoutera-t-on plutôt les déclarations qui sont contre elle, que celles qui sont pour elle? Au contraire, dans le doute, il faut suivre l'avis d'un grand pape : *In favorem prolis potiùs declinamus* (1).

D'ailleurs toutes ces déclarations se détruisent réciproquement. Qu'en résulte-t-il, si ce n'est qu'il faut en revenir à l'extrait baptistaire, seule preuve qui demeure sûre au milieu de cette incertitude de toutes les autres?

Seconde réflexion. S'il falloit même choisir entre ces déclarations, le droit ne nous apprendroit-il pas à préférer celles qui sont favorables à l'état.

Deux maximes certaines qui y sont établies, ont toutes deux application au fait particulier de la cause.

Première maxime. Professio à matre iratâ facta (2) ne nuit point à l'enfant. C'est la décision

(1) Innocent III. *Capit. ex tenore x. Qui filii sint legitimi.*

(2) Loi 29. §. 1. ff. *De probat et præsumpt.*

précise d'une loi. Or, ici nous voyons un père irrité; soit que ses soupçons fussent légitimes ou mal fondés, il est certain qu'il en avoit contre la mère, et peut-être a-t-il voulu se venger dans la personne de la fille.

Seconde maxime. Au contraire, *Grande præjudicium affert pro filio confessio Patris* (1), et cette présomption est fortifiée par la circonstance de la haine du père contre la mère.

Il est vrai qu'ici il y a quelques suspicions à cause du temps dans lequel ces déclarations favorables à l'état ont été faites, parce qu'elles sont postérieures à la demande de la tante en restitution de la dot.

Mais ces suspicions paroissent trop légères pour s'écarter des maximes communes du droit, et pour détruire un extrait baptistaire.

Troisième réflexion. Enfin ces déclarations favorables à l'état, sont appuyées par des faits qui se joignent avec elles pour prononcer en faveur de l'appelante.

Dans tous les temps, et lors même que Tiberio étoit le plus irrité, lorsqu'il désavouoit l'appelante pour sa fille, il a toujours reconnu que, depuis son enfance, c'étoit lui qui avoit pris soin de son éducation, lui seul en avoit fait tous les frais, il l'avoit fait nourrir et élever chez lui. Les soins paternels sont des présomptions très-fortes de la filiation. *Tractatu cognoscitur Filiatio.*

Second point. Est-elle fille légitime?

C'est proprement dans ce point unique que doivent se former toutes les difficultés de la cause. Elles se divisent naturellement en deux parties, le droit et le fait.

Dans le droit, supposé que la première femme fût vivante lors de la naissance d'Anne-Elisabeth Fiorelli, la bonne foi prétendue de Marie-Robert Duval

(1) Loi 1. §. 12. ff. *De agnoscendis et alendis liberis.*

suffiroit-elle pour purger le vice de l'origine de sa fille? Si l'on consulte la vérité, elle est née dans une conjonction adultérine; son père étoit marié, et sa femme étoit alors vivante. Mais on prétend que si l'on s'attache à la fiction favorable que la bonne foi a introduite, on ne doit point considérer Anne-Elisabeth Fiorelli comme le fruit de l'adultère, mais comme une fille naturelle qui a pu être légitimée par le mariage subséquent.

Pour faire entendre l'état de la question, il faut nécessairement supposer ici deux dispositions de droit distinctes et séparées, dont la confusion fait toute l'équivoque.

Première disposition, dont la source est dans le droit canonique, au chapitre *ex tenore* x. *Qui filii sint legitimi.*

Quoique régulièrement le seul mariage légitime et véritable puisse faire naître des enfans légitimes et de véritables fils de famille, cependant, par un effet de la faveur des enfans, et par la considération de la bonne foi, il a été reçu par équité, que s'il y avoit quelqu'empêchement caché qui rendît ensuite le mariage nul, les enfans conservassent toujours le nom et les prérogatives d'enfans légitimes, parce qu'ils sont nés sous le voile, sous l'ombre, sous l'apparence du mariage.

De là cette maxime commune, que le *mariage putatif*, pour nous servir des expressions des canonistes, c'est-à-dire, celui que l'un des conjoints a cru légitime, a le même effet pour assurer l'état des enfans qu'un mariage véritablement légitime; maxime introduite par le droit canonique, qui, quoique autorisée par plusieurs textes de ce droit, fait néanmoins à peine partie de notre droit civil; mais nous l'avons adoptée dans nos mœurs, et vos arrêts l'ont suivie.

Une seconde disposition qu'il faut distinguer de la première, et qui tire son origine du droit écrit, c'est le bénéfice de la légitimation *per subsequens Matrimonium*; bénéfice introduit par la loi 5, Cod. *de*

Naturalibus Liberis, confirmé par la loi 10 et la loi 11, au même titre; par les Novelles XII, chapitre IV, LXXIV et LXXXIX, de Justinien. Mais ce bénéfice demande une condition essentielle; c'est que ceux qui veulent légitimer leurs enfans par cette voie, la plus favorable de toutes, aient pu valablement contracter mariage dans le temps de la naissance des enfans.

Le droit canonique a imité cette disposition des lois romaines, chapitre *Tanta vi.* x. *Qui filii sint legitimi.*

Nos coutumes l'ont adoptée; celle de Troyes, article 108, celle de Sens, art. 92.

Cela supposé, on demande si de même que quand le mariage a précédé la naissance des enfans, la bonne foi de l'un des conjoints qui croyoit ce mariage légitimement contracté, suffit pour rendre les enfans légitimes; aussi, lorsque la naissance des enfans a précédé le mariage, la bonne foi suffit pour les faire légitimer dans la suite par un mariage subséquent, quoiqu'ils ne pussent aspirer à la faveur de la légitimation, parce qu'ils sont nés dans un véritable adultère.

Posons l'espèce. Un homme marié, dont on ignore le mariage, entretient un commerce criminel avec une femme libre, qui, quoiqu'elle vive dans le désordre, ne connoît pas néanmoins l'excès de son crime, et croit ne vivre que dans l'état de concubinage, dans le temps qu'elle commet un véritable adultère : il naît des enfans de cette conjonction illicite. Dans la suite la femme légitime meurt, le mari épouse sa concubine; il est certain, qu'à la rigueur, il semble que les enfans ne puissent être légitimés. Et pourquoi? Parce que dans le temps qu'ils ont reçu le jour, leur père et leur mère ne pouvoient point contracter un mariage valable et légitime.

L'on demande alors si la bonne foi de la mère peut assurer l'état des enfans, parce qu'en un mot l'on soutient que, quoiqu'elle ait vécu dans le désordre, elle étoit néanmoins dans la bonne foi par rapport à l'adultère. Ainsi ses enfans doivent être considérés comme des enfans simplement naturels : *In veritate adulterini, in opinione naturales.*

Tel est l'état de la question. Essayons de la décider par les principes de l'une et de l'autre jurisprudences, et encore plus par les grands principes de l'honnêteté naturelle et de l'utilité publique.

Pour le faire avec ordre, nous pouvons envisager la légitimation des enfans *per subsequens Matrimonium*, ou en elle-même, ou par rapport à cette autre fiction du droit, qui répute légitimes les enfans qui sont nés à l'ombre d'un mariage contracté de bonne foi par l'un ou l'autre des contractans.

Si nous envisageons d'abord la légitimation en elle-même, nous croyons qu'il ne sera pas difficile de décider la question proposée, et d'établir pour maxime que, sans aucune distinction, des enfans nés avant le mariage ne peuvent jamais aspirer à la qualité de légitimes, s'ils ne sont nés dans un temps où le père et la mère étoient libres, et où rien ne les empêchoit de pouvoir contracter un mariage légitime.

Première raison. Les termes de la loi et de toutes celles qui l'ont suivie.

Quelle est la condition précise qu'exige Justinien ? *Cujus Matrimonium non est legibus interdictum* (1). *Eàm tamen cum quâ poterat habere Connubium* (2). *Quam licebit etiam legitimè ducere Uxorem* (3). *Cui omninò licet copulari* (4). Telles sont toutes les expressions des lois.

Les dispositions du droit canonique ne sont pas moins formelles. Le fameux chapitre *Tanta vi.* x. *Qui filii sint legitimi* suit le même principe. *Erit*

(1) Loi 10. Cod. *De Naturalibus liberis.*

(2) Loi 11. Cod. *De Naturalibus liberis.*

(3) Novell. 12, *cap.* 4.

(4) Novell. 89. *cap.* 8.

spurius filius et ab hereditate repellendus, quoniam Matrimonium legitimum inter se contrahere non potuerunt.

Donc, suivant les papes comme suivant les empereurs, c'est une condition absolument essentielle que les contractans aient été libres de contracter un mariage légitime.

La loi ne distingue point. C'est une maxime inviolable qu'elle établit, qu'il faut la capacité de contracter un mariage dans le temps de la naissance des enfans. Donc, s'il y a incapacité, il ne peut y avoir de légitimation.

De là un grand argument qui fournit une *seconde raison.*

Il n'y a point de loi qui étende si loin les priviléges de la bonne foi, que de vouloir égaler l'adultère au mariage, et faire naître des enfans capables d'être légitimés dans l'adultère, comme elle les fait naître légitimes dans le mariage contracté de bonne foi.

Or, s'il n'y a point de loi, où est le prétexte de la légitimation? Il est certain que la légitimation est l'ouvrage de la loi. Il est certain que depuis qu'on a eu quelques idées de la nature du mariage légitime, il n'y a que cette voie de faire naître des enfans légitimes. Toutes les légitimations qui sont venues ensuite, sont autant d'exceptions de cette maxime importante. Il faut donc qu'il y ait une loi ou une coutume qui les autorise. Ici, ni loi ni coutume qui l'admette. Donc elle doit être rejetée.

Troisième raison. Quel est le principe sur le fondement duquel les enfans nés *ex soluto et solutâ*, sont légitimés par un mariage subséquent?

C'est ce qui est marqué dans la loi *Cum quis.* 10. Cod. *De Naturalibus Liberis. Neque enim verisimile est eum qui posteà dotem conscripserit, ab initio talem affectionem circa mulierem non habuisse, quæ eam dignam esse uxoris nomine faciebat.*

Et c'est ce que Dumoulin explique parfaitement sur l'article 8 de l'ancienne coutume de Paris.

Que fait la loi en faveur des enfans? Elle présume que les pères et les mères ont toujours eu intention de s'engager par les liens d'un mariage solennel. Elle suppose que le mariage a été contracté, au moins de vœu et de désir, dès le temps de la naissance des enfans, et par une fiction équitable elle donne un effet rétroactif au mariage.

Or, pour pouvoir admettre cette fiction, il faut, comme parlent tous les docteurs, que les deux extrêmes soient habiles; c'est-à-dire que le mariage ait pu être contracté, et dans le temps de la naissance des enfans, et dans le temps qu'il a été effectivement célébré.

La capacité de contracter un mariage légitime dans le temps de la naissance des enfans, est donc une condition essentielle pour qu'ils puissent profiter du bénéfice de la légitimation.

La loi ne feint point des choses impossibles; *Fictum*, dit Donat, *est id quod factum non est fieri potuit.* La fiction est comme l'art : elle imite la nature, mais elle ne la défigure pas : elle aide la vérité, mais elle ne doit jamais la détruire : elle peut bien supposer que ce qui étoit possible, et qui n'est point, existe; mais elle ne feindra jamais que ce qui étoit impossible soit effectivement. Ainsi, par exemple, dans l'adoption, elle suppose un fils à celui qui n'en a point; mais elle veut que celui qui devient son fils dans l'ordre de la loi, l'ait pu être dans celui de la nature. Il ne faut pas que la copie efface l'original, ni que l'ombre obscurcisse la vérité. *Ne imagine*, dit le grand Papinien, *naturæ veritas adumbretur.*

Or, ici, comment pouvoir accorder avec la vérité une fiction qui supposeroit un mariage dans le temps qu'il est impossible d'en contracter? C'est un obstacle invincible, un milieu inhabile qui empêche que le mariage ne puisse remonter jusqu'au jour de la naissance des enfans.

Que si nous comparons ensuite la légitimation des enfans *per subsequens Matrimonium*, avec cette autre espèce de fiction qui regarde comme légitimes les enfans qui sont nés dans un mariage que la seule bonne foi fait réputer légitime, nous trouverons tant de différences entre l'une et l'autre espèces, qu'il est impossible de pouvoir tirer aucune conséquence de l'une à l'autre.

Quelle est la raison du chapitre *Ex tenore* x. *Qui filii sint legitimi?*

Deux motifs principaux de sa décision.

1.° Le nom de mariage, nom si puissant que son ombre même suffit pour purifier, en faveur des enfans, le principe de leur naissance. L'église et l'état tiennent compte à ceux qui contractent un mariage, de l'intention qu'ils avoient de donner des enfans légitimes à la république; ils ont formé un engagement public et solennel; ils ont suivi l'ordre prescrit par la loi, pour laisser une postérité légitime. Un empêchement secret, un événement imprévu trompe leur prévoyance; on ne laisse pas de récompenser en eux le vœu, l'apparence, le nom du mariage, et l'on regarde moins ce que les enfans sont, que ce que les pères avoient voulu qu'ils fussent.

2.° La bonne foi de ceux qui ont contracté un semblable engagement. Il y a plusieurs cas où la bonne foi, jointe à un titre coloré, purge les vices de la possession. La difficulté a paru plus grande, lorsqu'elle n'étoit que dans un des deux contractans; et, dans ce cas, quelques anciens glossateurs divisoient l'état des enfans, en les regardant comme légitimes par rapport à l'un, illégitimes par rapport à l'autre. Mais il étoit absurde qu'un même homme fût *partim legitimus, partim illegitimus*. L'état est indivisible (1), et il paroît plus équitable de récom-

(1) Il ne s'agit ici que de l'état et de la qualité de légitime, et non de la question de savoir si, dans ce cas, ces enfans succèdent également à celui qui étoit de mauvaise foi, comme à celui qui étoit de bonne foi. C'est un point qui n'avoit pas été agité dans cette cause.

penser le coupable avec l'innocent, que de confondre et d'envelopper l'un et l'autre dans une même condamnation.

Voyons si ces deux motifs ont quelque application à la légitimation, *per subsequens Matrimonium*, des enfans qui sont le fruit d'une conjonction toujours criminelle.

1.° Il n'y a point de mariage, même putatif; ainsi, nul titre coloré qui accompagne cette espèce de prescription. La naissance des enfans n'a pas suivi, elle a précédé le mariage; ils ne la doivent qu'à une source impure.

2.° Sur la bonne foi on peut faire deux réflexions importantes.

La première, que cette bonne foi est peu probable dans deux personnes qui commettent un crime. On le présume aisément dans ceux qui s'engagent publiquement, qui ne sont pas censés vouloir faire un sacrilége, et ont cru recevoir un sacrement. Mais il n'en est pas de même de ceux qui méprisent les lois divines et humaines, en vivant dans le concubinage.

La seconde, que cette prétendue bonne foi ne les excuse pas, parce qu'ils commencent par commettre un crime, et que c'est à eux à s'imputer tout ce qui arrive en conséquence.

Et c'est ici, MESSIEURS, où nous croyons devoir développer ce grand principe, qui a été parfaitement expliqué par le judicieux cardinal de Palerme, le meilleur de tous les interprètes du droit canonique, et qui l'avoit été avant lui par Barthole; et, si l'on veut remonter encore plus haut, par Papinien.

Ce grand canoniste se fait l'objection du mariage putatif, et il répond qu'il y a de la différence. *Quia contrahens Matrimonium, dat operam rei licitæ; ideò ignorantiâ suâ excusatur. Sed admittens virum sine Matrimonio, dat operam rei illicitæ; ideò ignorantia sua non est probabilis, nec debet indè consequi præmium, et danti operam rei illicitæ imputantur omnia quæ sequuntur præter voluntatem suam.*

Et Barthole avoit dit avant lui : *Quandocunque coitus fit sine colore Matrimonii, tunc indistinctè punitur secundum illud quod est in veritate, non secundùm id quod putabat, quoniam dabat ab initio operam rei illicitæ* (1).

Et Papinien, dont l'un et l'autre ont emprunté ces maximes si saintes en elles-mêmes, distingue expressément, lorsqu'il s'agit de punir un inceste, s'il y a eu au moins l'apparence d'un mariage qui puisse faire présumer la bonne foi, ou si, au contraire, le crime qui a été commis, renferme une double injure faite à la loi et à la nature, parce que *Multùm interest errore illud Matrimonium contrahatur, an contumacia juris et sanguinis contumelia concurrant* (2).

Ainsi, point de bonne foi présumée ; toute présomption cesse pour des coupables ; et, quand il y en auroit, elle n'excuse point, parce que *debat operam rei illicitæ.*

Que ne pourroit-on point dire, si l'on pouvoit s'étendre sur cette matière? Nous pourrions vous rappeler la loi de ce législateur grec (3), qui punissoit doublement les crimes commis dans l'ivresse, etc.

En effet, tout se réduit à ce simple raisonnement : La loi peut récompenser l'innocence telle qu'elle se trouve dans celui qui contracte de bonne foi, par erreur de fait, un mariage défendu ; mais que la loi récompense une personne qui a voulu mal faire, parce qu'elle a voulu faire un moindre mal, c'est ce qui ne peut être écouté.

Ajoutons, d'ailleurs, deux réflexions : l'une, qu'il

(1) Barthol. *ad Leg.* 38. §. 1. ff. *ad Leg. Juliam de Adult.*

(2) *Leg.* 38. *Si Adulterium* §. 1. ff. *ad Leg. Juliam de Adult.*

(3) Pittacus, *apud Platon. in Protag. Aristot. et Plut.*

ne s'agit point ici de punir; il s'agit de ne point étendre une grâce, un bienfait de la loi; l'autre, que la légitimation *per subsequens Matrimonium*, n'est pas véritablement favorable, si l'on réfléchit sur ses conséquences. Elle n'étoit accordée par les premières lois, que pour le passé; elle entretient, fomente, multiplie le concubinage, dans l'espérance de pouvoir un jour donner un état aux enfans.

Joignons à ces raisons une foule de docteurs; le cardinal de Palerme, Jean André, Boïch, Covarruvias, Peregrinus, Molina.

Enfin, les coutumes de Troyes et de Sens, qui n'admettent cette légitimation que pour ceux qui sont nés *ex soluto et solutâ*.

Qu'oppose-t-on? Une glose mal entendue, unique fondement des raisonnemens de quelques docteurs qui ont été d'un sentiment contraire.

La glose semble d'abord désirer que la concubine ait été *conscia adulterii* (1).

Mais elle répond ensuite: *Contrarium videtur, quia hìc non distinguitur*. Il est vrai que l'on y lit à la fin ces mots: *Sed primum veriùs est*.

Mais, en premier lieu, on peut faire une observation critique sur cette glose. Ces derniers mots n'y étoient point dans le temps du cardinal de Palerme, ou n'étoient que dans quelques exemplaires. On prétend que c'est une addition de Jean André.

En second lieu, comment Jean André explique-t-il lui-même ces mots? *Quand* (dit-il) *il y a eu un mariage précédent*.

Dans le fait, l'application des principes à l'espèce de la cause est très-facile.

Deux questions à examiner par rapport au fait.

La première, y avoit-il de la bonne foi?

La seconde, au temps de la naissance de l'appelante, son père avoit-il une femme vivante et légitime?

(1) *Glossa ad cap.* Tanta vis x. *Qui filii sint legit.*

Sur la première question, 1.° la bonne foi ne se présume point dans une personne qui commet une action criminelle, suivant ce que nous vous avons déjà expliqué; 2.° tout diminue ici cette présomption. Un comédien, un Italien, un concubinage continué pendant huit ans; son mariage avec sa concubine suit de près la mort de sa première femme; donc on en avoit quelque connoissance. Enfin, le caractère de Marie-Robert Duval, concubine d'abord d'un homme de soixante et quinze ans, sa femme, ensuite pour devenir accusée d'adultère, est-ce là une personne bien propre à donner une grande idée de sa bonne foi?

Sur la seconde question de fait, voyons d'abord si la première femme étoit vivante; ensuite, si elle étoit femme légitime?

Il y a une double preuve qu'elle étoit vivante en 1681, temps de la naissance d'Anne-Elisabeth Fiorelli.

1.° Par les reconnoissances de Tiberio Fiorelli dans ses interrogatoires.

2.° Par l'extrait mortuaire, sur lequel il faut faire deux observations:

L'une, qu'il a été trouvé parmi les papiers de Tiberio Fiorelli, sous son scellé. Sa fille, qui se dit aujourd'hui son héritière, ne peut point le désavouer.

L'autre, qu'il est revêtu d'une forme très-authentique; le registre représenté par le curé; l'extrait fait par un notaire, légalisé par le vicaire-général du diocèse.

Donc la première femme étoit vivante en 1681. Il ne reste qu'à examiner si elle étoit femme légitime.

Ce qui fait toute la difficulté à cet égard, c'est qu'il est certain qu'on ne rapporte point l'acte de célébration de son mariage.

Ainsi, il semble qu'il seroit préalable d'ordonner, avant faire droit, qu'il seroit rapporté, n'y ayant que cette pièce qui fasse une preuve pleine et parfaite de la vérité d'un mariage.

Cependant les motifs sur lesquels les premiers juges se sont déterminés, nous paroissent si puissans, qu'il semble que l'on peut, dès à présent, confirmer leur sentence.

Il y avoit une première preuve de l'existence d'un premier mariage, dans la possession d'état, et cette possession étoit prouvée,

1.° Par le contrat de l'année 1659, où Tiberio Fiorelli et Laurence-Isabelle del Campo sont acheteurs en qualité de mari et de femme.

2.° Par un second acte encore plus fort, c'est le contrat de mariage de Silvio Fiorelli, leur fils, où Tiberio parle et stipule, tant en son nom que comme ayant charge de Laurence-Isabelle, sa femme, par une lettre missive, par laquelle elle donne son consentement.

Que de réflexions sur cet acte !

1.° La qualité de femme, qui prouve qu'elle étoit en possession de l'état de femme légitime;

2.° Le consentement demandé, comme à une mère légitime;

3.° Le consentement accordé. Pourquoi cela, si on la regardoit comme une simple concubine, et surtout une concubine qui avoit abandonné Tiberio depuis sept ans pour retourner dans sa patrie ?

4.° L'extrait mortuaire de Laurence-Isabelle del Campo, où elle est qualifiée femme de Tiberio Fiorelli.

La seconde preuve de l'existence de ce mariage résulte des déclarations de Fiorelli.

Rien de plus fort, si l'on considère toutes les circonstances de ces déclarations.

Première preuve. Il a varié sur tous les autres faits ; il n'a jamais varié sur celui-là. Dans tous les temps il a toujours dit qu'il avoit été marié une première fois.

Seconde preuve. Dans quels actes déclare-t-il ce fait ? Est-ce seulement dans les interrogatoires subis à la requête de Marie-Madeleine Duval ? C'est dans le même interrogatoire dont l'appelante se sert pour prouver qu'elle est sa fille. Cet interrogatoire frauduleux, fait de concert pour rétracter le premier, contient encore ce même fait de l'existence du premier mariage. La déclaration par-devant notaires, dont on vous a parlé, fournit une semblable réflexion.

L'appelante, qui le représente, ne pourroit diviser les faits, et les séparer l'un de l'autre. Dans tous les actes où Tiberio Fiorelli la reconnoît pour sa fille, il dit toujours qu'il a été marié une première fois.

Troisième preuve. Sentence préparatoire du châtelet.

On ne demande que l'extrait mortuaire, parce que tout le reste étoit certain. On est revenu plaider, et on n'a interjeté appel de la première sentence que depuis la seconde.

Quatrième preuve. Si ce mariage n'étoit pas véritable, pourquoi l'appelante ne contesteroit-elle pas la donation faite à Silvio Fiorelli ? Cependant elle acquiesce au chef de la sentence qui la confirme.

Cinquième preuve. L'acte de célébration de mariage de Marie-Robert Duval porte expressément que Tiberio Fiorelli étoit veuf. Or, c'est le seul titre sur lequel Anne-Elisabeth Fiorelli puisse demander la qualité de fille légitime; son propre titre s'élève donc contre sa prétention.

Enfin, dans la distance des temps et des lieux, il est impossible d'avoir d'autres preuves que celles qu'on rapporte aujourd'hui.

A l'égard de l'appel de Marie-Madeleine Duval, si l'on considère l'état du bien, il est certain que les alimens accordés par la sentence paroissent un peu trop forts; mais cela dépend de la prudence de la cour.

Arrêt prononcé par M. le premier président de Harlay, le 4 juin 1697.

ENTRE Jean Clermont et Anne-Élisabeth Fiorelli, sa femme, appelante de deux sentences rendues au châtelet de Paris les vingt-cinq juin mil six cent quatre-vingt-quatorze, et vingt-trois mars mil six cent quatre-vingt-quinze, d'une part, et Marie Duval, veuve de Jean Rémond, seule et unique héritière de défunte Marie Duval, lors de son décès, femme de Tiberio Fiorelli, intimée, d'autre, et appelante des sentences du châtelet, des vingt-trois mars, quatorze décembre mil six cent quatre-vingt-quinze, et dix-sept février mil six cent quatre-vingt-seize, d'une autre part, et ledit Jean Clermont et Anne-Élisabeth Fiorelli, intimés, d'autre; et Aymée et Marie Duval, demanderesses en requête du dix décembre mil six cent quatre-vingt-seize, tendante à ce qu'il plût à la cour les recevoir parties intervenantes en la cause d'entre ladite Marie Duval et Anne-Elisabeth Fiorelli, sur l'appel des sentences ci-dessus datées; y faisant droit, mettre les appellations et ce au néant; émendant, déclarer la succession de ladite défunte Marie Duval ouverte à leur profit, comme plus proches et habiles à lui succéder, à l'exclusion des défendeurs; en conséquence, qu'elles demeureront saisies de tous les effets délaissés par ladite Duval; ce faisant, que les dépositaires seront contraints de leur en faire délivrance; cependant, qu'ils demeureront saisis entre les mains desdits dépositaires, avec défenses à toutes personnes de s'en saisir, à peine d'en répondre en leurs noms, et de toutes pertes, dépens, dommages et intérêts, d'une part, et ladite Marie Duval, veuve de Jean Rémond, et lesdits Clermont et sa femme, défendeurs, d'autre; et ladite Marie Duval, demanderesse en requête du quatre juin présent mois, à ce qu'en mettant l'appellation interjetée par les défendeurs des sentences du châtelet, ci-dessus datées, au néant, avec amende et dépens sur celles interjetées par la demanderesse des sentences des vingt-trois mars, quatorze décembre mil six cent quatre-vingt-quinze, et dix-sept février mil six cent quatre-vingt-seize, mettre l'appellation et ce au néant; émendant, attendu que les effets composant les successions desdits feu Fiorelli et sa femme, se trouvent absorbés par les condamnations excessives portées par ladite sentence dudit jour vingt-trois mars, ordonner qu'elles demeureront réduites à la somme de cent livres de pension alimentaire par chacun an; ce faisant, décharger le surplus des biens desdites successions, desdites condamnations, et les défendeurs condamnés aux dépens, encore d'autre, et Jean Clermont et Anne-Elisabeth Fiorelli, sa femme, défendeurs, aussi d'autre. Après que Issaly, avocat pour Rémond et sa femme, et Richebourg, avocat pour Marie Duval, ont été ouïs pendant deux audiences, ensemble d'Aguesseau, pour le procureur-général du roi, et que l'huissier Aumont a rapporté avoir appelé les défaillans et leur procureur :

LA COUR a mis et met les appellations au néant, ordonne que ce dont a été appelé sortira effet, condamne l'appelante en l'amende de douze livres, dépens compensés; a donné défaut, et, pour le profit, déclare l'arrêt commun avec les défaillans.

EXTRAIT

DES TEXTES DU DROIT ET DES INTERPRÈTES,

CONCERNANT

LA LÉGITIMATION PAR MARIAGE SUBSÉQUENT,

Si elle peut avoir lieu pour des enfans nés ex conjugato et solutâ, aut vice versâ, *lorsque l'un des deux a été dans la bonne foi, et a cru l'autre libre.*

Comme il n'y a rien dans le droit du digeste qui regarde cette espèce de légitimation, il ne faut pas non plus y chercher des autorités qui puissent servir à décider la question présente.

La seule loi qui pourroit y avoir un rapport éloigné, est la fameuse loi 57, §. 1, ff. *De ritu nuptiarum*, où l'état des enfans nés du mariage d'un oncle avec sa nièce est confirmé, quoiqu'il n'y eût dans cette espèce qu'une ignorance de droit plus suspecte et moins excusable que l'ignorance du fait.

Movemur et temporis diuturnitate, quo ignara juris in matrimonio avunculi tui fuisti; et quòd ab aviâ tuâ collocata es, et numero liberorum vestrorum. Idcircò cùm hæc omnia in unum concurrunt, confirmamus statum liberorum vestrorum in eo matrimonio quæsitorum, quod antè annos quadraginta contractum est, perindè atque si legitimè concepti fuissent.

Cette loi a peut-être servi de modèle à la disposition canonique du chapitre *Ex tenore* x. *Qui filii sint legitimi*, qui veut que la bonne foi des conjoints assure l'état des enfans.

Cependant, remarquez combien de circonstances les empereurs (*D. D. F. Marcus et Lucius*) relèvent, et ils ne sont frappés que de leur réunion, *Cùm hæc omnia in unum concurrunt.*

1.° Le long temps, l'espace de quarante années.

2.° L'ignorance du droit, qui s'excuse dans une femme, suivant la loi 8, ff. *De juris et facti ignorantiâ.*

3.° L'autorité d'une aïeule qui avoit marié celle dont il s'agissoit, et à laquelle seule on devoit imputer la faute.

4.° Le nombre des enfans.

Mais il faut avouer que, dans cette loi, il s'agit d'une erreur de droit, au lieu que, dans le chapitre d'Innocent III, il n'est question que d'une erreur de fait.

On pourroit encore trouver quelques vestiges, mais très-imparfaits, de la faveur de la bonne foi en ces matières, dans la loi 11, §. 12. ff. *Ad legem Juliam de Adulteriis.*

Mulier cùm absentem virum audisset vitâ functum esse, alii se junxit; mox maritus reversus est. Quæro quid adversùs eam mulierem statuendum sit. Respondit, tam juris quam facti quæstionem moveri. Nam si longo tempore trânsacto sine ullius stupri probatione, falsis rumoribus inducta, quasi soluta priore vinculo, legitimis nuptiis secundis juncta est: quod verisimile est deceptam eam fuisse, nihil vindictâ dignum videri potest. Quod si ficta mariti mors argumentum faciendis nuptiis probabitur præstitisse, cùm hoc facto pudicitia laboretur, vindicare debet pro admissi criminis qualitate.

Papinien ne répond, dans cette loi, que sur le crime de la mère ou son innocence, mais il n'examine pas l'état des enfans.

C'est donc uniquement dans le Code et dans les Novelles qu'il faut chercher les textes par lesquels cette question peut être décidée.

1.° Constantin fut le premier des empereurs qui introduisit cette espèce de légitimation qui se fait par mariage subséquent.

Nous n'avons point aujourd'hui sa constitution, mais le fait est certain.

On voit dans la loi première du code de Théodose, *De naturalibus filiis*, que Constantin avoit fait plusieurs lois touchant les bâtards.

Manentibus cunctis quæ de naturalibus liberis Constantinianis legibus cauta sunt.

2.° L'empereur Zenon, loi 5, cod. *De Naturalibus liberis*, cite nommément une constitution de Constantin, et dit qu'il la renouvelle, *Super ingenuis concubinis ducendis uxoribus, filiis quin etiam ex iisdem vel ante matrimonium vel posteà progenitis, suis ac legitimis habendis.*

3.° On peut joindre encore le commencement de la Novelle 89, où Justinien dit qu'avant Constantin la jurisprudence négligeoit entièrement les bâtards; mais que, depuis ce temps, les empereurs se sont appliqués à trouver les moyens de leur assurer des alimens, et de les faire passer à la qualité de légitimes.

On peut aisément conjecturer quelle fut la disposition de la loi de Constantin touchant la légitimation *per subsequens Matrimonium.*

L'empereur Zenon déclare qu'il la renouvelle. Il n'y a donc qu'à lire sa constitution; on y trouvera en même temps et la loi de Constantin et la sienne.

Trois conditions essentielles exigées par cette loi, pour la légitimation des enfans.

La première, qu'elle ne s'accorde qu'à ceux *quibus nulla ex justo Matrimonio legitima proles suscepta.*

La seconde, que *Nuptiæ cum matribus eorum fuerint celebratæ*; c'est-à-dire, qu'il y ait un véritable mariage avec celle qui n'étoit auparavant que concubine.

La troisième, que ce privilége est restreint à ceux qui *tempore hujus sacratissimæ Jussionis prolem aliquam ex ingenuarum concubinarum consortio meruerint.* Tous ceux qui n'ont point encore d'enfans de leurs concubines sont indignes de profiter du bienfait de l'empereur, parce qu'il ne dépend que d'eux d'épouser leurs concubines, et de se donner des enfans légitimes par un mariage solennel, sans le secours d'aucune fiction ; ce qui marque que cette constitution n'étoit qu'une grâce passagère que l'on accordoit à ceux qui avoient déjà des enfans, parce qu'ils n'avoient point d'autre voie pour les rendre *plenè legitimos ac suos.*

L'empereur Anastase semble (quoique assez obscurément) faire, de la constitution particulière de Zenon, une loi générale qui doit avoir lieu aussi bien pour l'avenir que pour le passé. L. 6, Cod. *De Naturalibus liberis.*

Mais Justinien le décide manifestement dans les lois 10 et 11 du même titre du code : en sorte qu'il ne reste plus, dans le dernier droit du code, que deux des conditions prescrites par Zenon ; l'une qu'il n'y eût point d'enfans légitimes d'un mariage précédent ; l'autre, que le mariage ait été valablement contracté avec la mère de ceux qui sont légitimes.

La première de ces conditions, n'est point, à la vérité, marquée dans les lois de Justinien ; mais, outre que la loi de Zenon la demande expressément, et qu'on ne voit point que cette loi ait été abrogée en ce chef, il paroît encore, par les lois de Justinien, que cette condition étoit alors regardée comme nécessaire.

On voit dans la loi 10, Cod. *Eod.* que lorsqu'un homme ayant des enfans naturels d'une concubine, l'épousoit ensuite et en avoit des enfans, ces derniers prétendoient exclure les premiers, disant que les légitimés ne pouvoient jamais concourir avec les légitimes. Il fallut une décision de Justinien pour terminer ce différend. Et lors même qu'il eut décidé qu'en ce cas la condition des enfans nés avant et après le mariage devoit être égale, on forma encore une autre difficulté toute contraire sur l'interprétation de cette loi. On soutint que les enfans, nés avant le mariage, ne pouvoient être admis à la succession de leur père, qu'à la faveur des enfans nés après le mariage. Justinien décide le contraire dans la loi 11, Cod. *De Naturalibus liberis.* Mais toutes ces difficultés marquent suffisamment qu'on avoit de la peine à s'accoutumer à cette légitimation; et puisqu'il a fallu une loi pour empêcher que les enfans nés après le mariage n'excluent ceux qui étoient nés auparavant le mariage du même père et de la même mère, quoique les seconds fussent redevables de l'avantage d'une naissance légitime à l'affection qui avoit fait naître les premiers dans la bâtardise, il est certain qu'elle auroit été beaucoup plus nécessaire pour empêcher que les légitimés nés d'une mère différente, et d'un mariage précédent, ne pussent exclure les légitimes par un mariage suivant. Or, cette loi n'a pas été faite, au moins avant le code. Donc cet usage subsistoit dans le droit du code.

Mais enfin, cet usage a été établi, et Justinien, toujours favorable aux bâtards, a décidé dans la Novelle 22, chap. 4, que, soit que le père eût des enfans légitimes, soit qu'il n'en eût point, le mariage subséquent légitimoit les enfans nés d'une concubine.

La seconde condition est toujours demeurée et a été regardée par tous les législateurs, comme absolument essentielle pour la légitimation; c'est la validité du mariage subséquent.

Mais Justinien y en ajoute une troisième, ou plutôt il a marqué plus expressément ce qui étoit sous-entendu dans les lois précédentes. Il veut que, dans le temps de la naissance des enfans, il n'y ait eu, entre leur père et leur mère, aucun empêchement capable de rompre le mariage, s'ils en avoient contracté un.

Cùm quis à muliere liberâ et cujus matrimonium non est legibus interdictum...... aliquos liberos habuerit. L. 10, Cod. *De Naturalibus liberis.*

Eam tamen cum quâ poterat habere connubium. L. 11, Cod. *Eod.*

Cujus matrimonium minimè legibus interdictum fuerat. Inst. *De Nuptiis.* §. *ultimo.*

Quam licebat etiam legitimè ducere uxorem. Novelle 12, cap. 4.

Cui omninò licet copulari. Novelle 89, cap. 8.

Après cette discussion des lois, du code et des Novelles, il est aisé de conclure que l'on ne trouve rien dans le droit civil qui favorise l'opinion de ceux qui tiennent que, quoique le mariage ne fût pas permis avec la concubine dont on a eu des enfans, cependant la bonne foi de l'un ou de l'autre suffit pour rendre les enfans légitimes, *modò matrimonium subsequatur.*

Il faut faire deux réflexions sur ces lois.

1.° Elles ne distinguent point, et demandent toutes également que la concubine ait pu être femme légitime, *cujus matrimonium minimè legibus interdictum fuerat.* Inst. *De nuptiis.*

2.° La présomption que Justinien allègue comme le fondement de cette espèce de légitimation, paroît absolument contraire à cette opinion.

Neque enim verisimile est eum qui posteà vel donationem, vel dotem conscripserit, ab initio talem affectionem circà mulierem non habuisse, quæ eam dignam esse uxoris nomine faciebat. L. 10, Cod. *De Natural. liberis.*

On présume donc, *etiam ab initio, affectionem maritalem ;* on feint que le mariage a toujours subsisté, même avant la naissance des enfans. C'est un mariage de vœu et de désir. Lorsqu'il est une fois accompli, sa date se compte du jour que le vœu a été formé.

Mais la présomption et la fiction cessent lorsque le mariage étoit défendu, quoique l'un des deux l'ignorât. Présumera-t-on que celui qui étoit dans l'erreur, eût eu pour l'autre *affectionem maritalem,* s'il avoit su ses engagemens, ou les autres obstacles qui l'empêchoient de contracter un mariage ? Et comment feindra-t-on que ce mariage étoit contracté dans un temps où il étoit absolument impossible? La fiction respecte la vérité; elle est semblable à l'art, qui ajoute à la nature et qui la perfectionne, mais qui ne la détruit jamais; elle est faite pour l'aider, et non pas pour la renverser et l'anéantir.

Si l'on consulte le droit canonique sur cette question, il faut y distinguer deux cas qui donnent lieu à deux dispositions différentes.

L'un regarde la légitimité; l'autre la légitimation des enfans.

Dans l'un, la bonne foi soutenue du voile et de l'apparence du mariage, rend les enfans légitimes.

Dans l'autre, on prétend que la bonne foi d'une concubine, séparée du mariage et jointe avec le crime, peut légitimer les enfans avec le secours d'un mariage subséquent.

Première espèce marquée dans le chapitre *ex tenore* x. *Qui filii sint legitimi.*

Dans ce chapitre la bonne foi de la mère, qui avoit épousé publiquement un homme marié, sans savoir qu'il l'étoit, suffit pour rendre les enfans légitimes; *In favorem prolis potiùs declinamus* dit le pape Innocent III.

La glose sur le canon *cùm in captivitate. Causâ* 34, *quæst.* 1, et sur le chapitre 3, x. *De clandestinâ desponsatione*, rapporte et réfute l'opinion de deux anciens glossateurs qui divisoient l'état des enfans, et vouloient qu'ils fussent légitimes *quoad inscientem*, et illégitimes *quoad scientem*. Il étoit absurde de vouloir que le même enfant fût *partim legitimus, partim illegitimus*, et il n'y avoit pas plus de raison de les déclarer entièrement légitimes par la bonne foi d'un des conjoints, que de les déclarer entièrement bâtards par la mauvaise foi de l'autre.

Seconde espèce, traitée par la glose, sur le chapitre *tanta vis* x. *Qui filii sint legitimi.*

Titius vivente uxore aliam cognovit, et ex eâ prolem suscepit. Mortuâ uxore, eamdem uxorem duxit. Quæritur an filius ex concubinâ, vivente uxore susceptus, legitimatus fuerit per subsequens matrimonium.

Le pape Alexandre III commence d'abord par établir le principe général par une espèce d'exclamation : *Tanta vis est matrimonii, ut qui anteà sunt geniti, post contractum matrimonium legitimi habeantur.*

Mais il établit ensuite l'exception, et décide que *si vir vivente uxore suâ ex aliâ prolem susceperit, licèt post mortem uxoris eamdem duxerit, nihilominus spurius erit filius, et ab hereditate repellendus, præsertim si in mortem prioris uxoris alteruter eorum aliquid machinatus fuerit, QUONIAM MATRIMONIUM LEGITIMUM INTER SE CONTRAHERE NON POTUERUNT.*

Ces dernières paroles ne se trouvent point dans la compilation de Grégoire IX, et cependant ce sont celles qui marquent l'esprit et la raison du décret, et qui auroient pu trancher bien des difficultés, si les interprètes les avoient vues.

Si l'on s'arrête à la lettre de cette décision, elle est contraire à l'opinion de ceux qui soutiennent que, même en ce cas, la bonne foi suffit pour légitimer les enfans, pourvu qu'il y ait eu ensuite un mariage.

Le pape ne distingue point. Sa décision est générale. Elle comprend tous les cas. Il faudroit une loi pour autoriser l'exception du cas de la bonne foi de l'un de ceux qui ne pouvoient alors se marier. Il n'y en a point, et par conséquent ce cas demeure compris et renfermé dans la règle générale.

Cependant la glose semble tenter de suppléer à ce défaut de la loi, et d'étendre la décision du chapitre *ex tenore*, dans le cas des enfans nés à l'ombre d'un mariage illégitime, mais soutenu par la bonne foi, à l'espèce des enfans nés dans un concubinage de bonne foi, et suivi d'un mariage.

Sur ces mots *Etiam uxore vivente cognoverit*, la glose dit, *consciam adulterii, argumento capitis* ex tenore *aliorumque. Contrarium videtur, scilicet quod talis non sit legitimus, quia hic non distinguitur. Sed primum veriùs est.*

L'auteur de cette glose est Bernard *de Compostelle*; elle a été suivie par plusieurs auteurs, et combattue par d'autres.

Commençons par examiner ceux qui la suivent.

On a coutume de citer sur cette question le cardinal d'*Ostie* (Henri *de Segusia*), qui dit, dans sa somme, que *suscepti ex matrimonio clandestino, si nascantur antequàm matrimonium ab ecclesiâ approbetur, spurii esse videntur, quia ex damnato coitu geniti*: et ensuite il ajoute, *alii tamen hoc largiùs intelligunt, dicentes quòd etiam nati ante approbationem, legitimi censentur post approbationem, et facit pro eis amor prolis* (1).

Mais ce n'est qu'une opinion, et une raison de douter qu'il réfute; car il ajoute aussitôt après, *sed contrà eos, est odium parentum, et mens et verba concilii generalis* (*Lateranensis IV*).

Il se propose ensuite une objection considérable : Pourquoi ceux qui sont nés *ex concubinâ, legitimantur per subsequens matrimonium, nati verò ex matrimonio clandestino, non legitimantur subsecutâ ecclesiæ approbatione?*

Il répond que, dans le premier cas, on regarde seulement la faveur des enfans, au lieu que, dans le second, on envisage le crime des pères. Dans l'un, on récompense les pères; dans l'autre, on les punit dans la personne de leurs enfans; et pourquoi cela? C'est que le mariage clandestin est un plus grand crime que le concubinage, *et licèt uterque peccent mortaliter, tamen magis scandalisatur et magis contemni videtur ecclesia in casu ultimo quàm in primo.*

Ainsi, cet auteur est plus contraire que favorable à l'opinion de la glose sur le chap. *Tanta vis.*

Cependant, il faut au moins reconnoître que ce docteur, dans son commentaire sur le même cha-

(1) *Lib. 4. n. 3.*

pitre, suit la distinction de la glose entre la bonne et la mauvaise foi. Il semble vouloir dire que la bonne foi, même dans le concubinage, suffit pour légitimer les enfans, *si Matrimonium posteà sequatur.*

Jean *André*, sur le chapitre *Quod nobis*, x. *Qui filii sint legitimi*, tient, contre le sentiment du cardinal d'Ostie, que les enfans nés d'un mariage clandestin, même avant l'approbation de l'église, sont légitimés *secutâ approbatione, quasi præcedens turpitudo purgetur;* et il argumente par l'exemple du concubinage.

Le même, sur le chap. *Tanta vis*, ajoute ces mots de la glose, *SED PRIMUM VERIUS EST, hoc intelligas quandò cum secundo ignorante matrimonium contraxerit.*

Ces termes sont obscurs. Il semble que le sens de Jean André soit de limiter ce qui est dit dans la glose, et de le restreindre au cas où tous les deux sont dans la bonne foi; et assurément cette circonstance rendroit le cas bien plus difficile.

Panorme donne un assez bon sens à ces termes de Jean André. Il prétend que cet auteur a voulu dire que le simple concubinage ne suffisoit pas, et qu'il falloit qu'il y eût eu un mariage de bonne foi qui eût précédé la naissance des enfans; mais cela ne s'accorde guère avec la glose que Jean André ne fait que commenter.

Molina les entend de même que Panorme.

Antoine *de Butrio* approuve et suit d'abord la glose (1) *dicunt doctores primum esse verum.* Ce sont les termes de la glose, *Quod nota quia extendit illud Capitulum* ex tenore, *ut sicut matrimonium de facto legitimat prolem propter ignorantiam, ita propter ignorantiam proles prodita ex adulterio, superveniente matrimonio convalidetur.*

Mais il semble condamner ensuite cette opinion, quand il ajoute: *Verùm quandò mulier, tempore quo produxit prolem, ignoranter contraxerat, et*

(1) *Ad capit.* Tanta vis.

prolem prodiderat; aliàs si non contraxisset, licet fornicario coitu cognosceretur quoad ejus scientiam, cùm tamen in veritate adulterio, undè puto quoad illegitimitatem prolis, illa non legitimaretur potiùs inspectâ veritate, et quòd mater non fuisset sine culpâ, dando operam rei illicitæ.

Cependant le même auteur semble oublier ses principes, car il dit un peu plus bas : *Adverte ad unum quod dicit glosa, quòd sicut matrimonium legitimat prolem veram subsecuto matrimonio vero, ità et putativum, et ex hoc sequitur quòd si ego cognosco consanguineam et conjunctam, putans ipsam solutam, posteà contraxi matrimonium cum eâ credens posse contrahere, et ignorans consanguinitatem vel quòd illa habuerit virum, quòd illud putativum matrimonium legitimet prolem sicut et legitimum: hæc vera credo, si uterque ignorabat vel alter tantùm legitimè.*

Rien n'est plus contraire que ces deux passages.

Antoine *Gabriel* dit que le véritable sentiment de Butrio est le premier, et que ce qu'il dit dans le second passage n'est qu'une explication de la glose et de ses conséquences : *Hæc vera credo, si uterque ignorabat, vel alter tantùm legitimè* (1). Cette décision doit se référer au premier passage, où il la limite au seul cas, *in quo conjunctio facta in figurâ matrimonii, dedit causam susceptioni prolis.*

Antoine *de Rosselis*, disciple d'Antoine de Butrio, suit sa dernière opinion dans le Traité singulier qu'il a fait de la légitimation, sous le titre *de Matrimonio putativo* (2), et qui se trouve dans le Recueil, intitulé: *Tractatus Tractatuum*, tome 8, *sicut enim defectus in matrimonio putativo non reddit filios non legitimos, ita etiam defectus in concubinatu, non impedit, etiam si sit in matrimonio posteà deductum;* et ensuite il dit qu'il se détermine par l'autorité de la glose et de son maître *Antonius de Butrio.*

(1) *Conclus. commun. lib.* 6, *tit.* de Legitimat. *Concl.* 2.

(2) *Lib.* 1, *cap. penultim.*

Jean-Antoine *de Saint-Georges*, appelé communément *Præpositus*, est encore de ce sentiment, et par les mêmes raisons (1).

Silvestre *Pierata*, dans son livre, intitulé : *Sommes des sommes*, décide que les enfans nés *ex clandestino matrimonio, etiam ante approbationem Ecclesiæ*, sont légitimés, *licet posteà detegatur impedimentum;* et il se détermine, par l'autorité de Jean André, sur le chapitre *quod nobis*, x. *Qui filii sint legitimi* (2).

Louis *de Surdis*, dans son traité singulier *de Naturalibus liberis, ac successione eorum* (3), décide comme la plupart de ceux qui ont été déjà cités, que l'ignorance des parens peut excuser le concubinage par rapport à la naissance des enfans, comme le mariage. Mais il tient pourtant (ce qui paroît contre ses principes) que, dans un mariage clandestin, confirmé depuis par l'église, et détruit ensuite par un empêchement nouvellement découvert, les enfans naissent illégitimes. C'est dans le chapitre qui a pour titre : *De legitimatione per putativum matrimonium.*

Guillaume *Castadero* suit la même opinion dans ses décisions, et rapporte assez exactement les sentimens des docteurs pour et contre; et il ajoute qu'il a jugé ainsi en qualité d'auditeur de Rote (4).

Frédéric *Surdus* est du même avis (5).

Basile *Ponce* (6) est celui de tous les docteurs que j'ai vus, qui soutient cette opinion par des raisons plus spécieuses. Il dit d'abord, qu'à la vérité la légitimation *per subsequens matrimonium* est une fiction *quâ retrotrahitur matrimonium*, et, par cette raison, il convient qu'il faut que *extrema sint habilia;* mais il dit qu'ils le sont *ratione bonæ fidei*, et qu'il faut

(1) *Ad cap.* Quod nobis *x.* Qui filii sint legitimi, *n.* 7.

(2) *Voc.* filii. *Quæst.* 8.

(3) *Tractat. Tractatuum.* Quæst. 8.

(4) *Tit. de Spons. et Matrim. decis. unic. p.* 364.

(5) *Concil.* 303. *n.* 20.

(6) *De Matrim. L.* 11, *cap.* 2, §. *unic.*

regarder le mariage comme fait dans le temps de la naissance des enfans. C'est en effet ce qu'opère la fiction. Or, dit-il, s'il étoit fait dans ce temps-là, *nulli dubium quin filii legitimi essent.*

Si on lui oppose que *matrimonium non potuit contrahi inter parentes*, dans le temps de la naissance des enfans, il répond que cela est vrai, *reipsâ*, mais non pas *secundùm opinionem populi. Atqui sola opinio populi sufficiens est, ut qui reipsâ sunt inhabiles, judicentur habiles.* Si le mariage étoit contracté suivant cette opinion, *filii nascerentur legitimi; quare aliud si*, suivant la même opinion, *matrimonium retrotrahatur?*

Si on lui objecte que, *qui dat operam rei illicitæ, tenetur etiam de eo quod sequitur præter voluntatem suam*, il répond :

1.° Que la maxime n'est pas véritable; *si cum opere illicito adest invincibilis ignorantia.*

2.° Que par la fiction qui fait remonter le mariage jusqu'au temps de la naissance des enfans, l'acte cesse d'être illicite; *fingitur enim matrimonium præcessisse.*

Les auteurs, contraires à la glose du chap. *Tanta vis*, sont en aussi grand nombre.

On y peut déjà mettre avec autant de raison que de l'autre parti, Antoine *de Butrio*, dont les paroles ont été rapportées; et, en effet, *Castadero*, dans l'endroit cité ci-dessus, le met au nombre des auteurs qui sont contraires à son opinion.

Le cardinal de *Palerme*, qu'on appelle *Abbas Siculus*, ou *Panorme*, est précisément d'une opinion contraire à celle de la glose; il semble même qu'il ne l'ait pas lue telle que les autres interprètes, et que les mots, qui font toute la difficulté, *sed primum verius est*, ne fussent pas dans son exemplaire.

Voici comment il s'explique sur la glose 2, à la fin : *nota singularis.*

Il soutient que cette glose a voulu conclure que l'enfant *susceptus in adulterio, non legitimatur etiam post sequens matrimonium, licet alter ignoret quod committeret adulterium; et in hâc opinione residet glossa.*

Cependant la glose, telle que nous l'avons, et telle que Butrio, Jean André et le cardinal d'Ostie l'avoient, ne s'arrête pas à cette dernière opinion; mais elle ajoute: *sed primum verius est.*

Le cardinal de Palerme dit ensuite: *Joannes Andreas dicit hoc procedere ubi non intervenit matrimonium cum concubinâ, filii inde geniti sunt legitimi, ut in cap.* Ex tenore. *Secùs, ubi non intervenit contractus matrimonii; et hæc potest esse diversitatis ratio.*

Ce principe de Panorme est tiré de Papinien, loi *si adulterium* 38, §. 1. ff. *ad legem Juliam de Adulteriis*, et de Barthole sur cette loi.

Papinien compare un mariage incestueux avec un concubinage incestueux, et il dit que dans le dernier, *Duplex admissum est, quia multùm interest errore matrimonium illicitè contrahatur, an contumacia Juris et sanguinis contumelia concurrant.*

Et Barthole établit cet excellent principe sur cette loi: *Quandocumque coitus fit sine colore matrimonii, tunc isto casu punitur indistinctè talis coitus, et puto quod punitur secundùm illud quod est in veritate, non secundùm illud quod putabat. Si erat consanguinea, punitur de incestu; si nupta, punitur de adulterio, quoniam dabat ab initio operam rei illicitæ, et erat in dolo, quia contrahens matrimonium, dat operam rei licitæ: ideò ignorantiâ suâ excusatur; sed admittens virum sine matrimonio, dat operam rei illicitæ; ideò ignorantia sua non est probabilis, nec debet indè consequi præmium. Et hæc opinio videtur etiam placere domino Andreæ, et eam puto verissimam, quia danti operam rei illicitæ imputantur omnia quæ sequuntur contrà voluntatem suam.* Ces paroles sont très-dignes d'un grand jurisconsulte.

Le même cardinal de Palerme agite aussi la question, dont il est parlé ci-dessus, d'un mariage clandestin approuvé ensuite par l'église, et annullé enfin, *propter impedimentum de novo detectum* (1); et il décide, contre l'opinion de Jean André, que les enfans ne sont point légitimes. Il avoue qu'il avoit autrefois suivi son sentiment; mais il dit que la force des raisons contraires l'a obligé de changer d'avis, et qu'on ne peut point lui opposer la décision du chap. *quod nobis*, qui veut que les enfans nés d'un mariage clandestin soient réputés légitimes lorsque l'église l'a approuvé; parce que *potest responderi quod fingitur ab initio contractum, quandò non apparet postmodum de impedimento; nam contrahendo sic in occulto, videntur affectatores ignorantiæ, et sic præsumuntur scivisse impedimentum, et hanc opinionem puto veriorem de rigore juris.*

Calderinus, cité au même endroit par le cardinal de Palerme, est aussi de ce sentiment.

Henri *Bouhic*, que Panorme ne cite point en cet endroit, est aussi de même avis (2). Il rapporte et condamne l'opinion de Bernard et du cardinal d'Ostie. *Et hoc verum*, dit-il, (*nimirùm filios nòn legitimari*) *secundùm Bernardum et Ostiensem in cap.* Tanta vis, glos. 2, *Quando uterque parentum est sciens impedimenti; secùs, si alter sit ignorans per istud cap.* Ex tenore. Mais il ajoute aussitôt: *Fortè contrarium est verum, quia licèt sit ignorans impedimenti matrimonii futuri (puta quod alter sit uxoratus) non tamen est ignorans fornicationis damnatæ quam committit; et sic habet nulli dubium, malam fidem inesse quæ contrà legem divinam et canonicam: Et istud capitulum, et cap.* Cum inter, *loquuntur de prole susceptâ seu conceptâ ex matrimonio, et durante matrimonio per ecclesiam approbato, in casu tamen prohibito, altero conjugum ignorante impedimentum, et sic bonam fidem habente.*

Jean *Guttierez*, Espagnol, est du même sentiment (3), quoiqu'il convienne que l'opinion de la

(1) *Ad cap.* Quod nobis *x.* Qui filii sint legitimi.

(2) *Ad cap.* Ex tenore *x.* Qui filii sint legitimi.

(3) *Pract. Quæst. Civil. lib.* 2. *Quæst.* 105, §. 9.

glose peut être suivie dans la pratique comme favorable à la légitimation.

Covarruvias agite cette question *ex professo* (1); et, après avoir rapporté fidèlement les raisons et les autorités de ceux qui suivent la glose; après avoir même ajouté à tous leurs argumens une pensée très-ingénieuse, qui est que *Ignorantia alterutriùs in concubinatu reddit prolem naturalem, sicùt in matrimonio reddit legitimam*, il se déclare néanmoins pour l'opinion contraire; il tâche même d'insinuer que ces mots de la glose, *Sed primùm veriùs est*, sont ajoutés après coup.

Andreas Vallensis emploie les termes mêmes de Panorme.

Faiardo, auteur espagnol, dans son Traité singulier *De Legitimatione per subsequens matrimonium* (2), traite aussi la question *ex professo*: *An filius putativè naturalis, hoc est natus ex conjugato et solutâ quæ Amasii conjugium ignorabat, legitimus subsecuto posteà inter parentes matrimonio efficiatur, licèt illi primo tempore nec fuerunt soluti, nec ad contrahendum idonei.* Il rapporte les argumens pour l'affirmative, et il se détermine ensuite pour la négative, *in contrarium et veriùs stant, etc.* et cela par deux raisons; l'une, que le chap. *Tanta vis* ne distingue point; l'autre, que le chap. *Ex tenore* ne peut être opposé, parce que ceux qui sont engagés sous le voile du sacrement, *Dant operam rei licitæ*; *secùs* de ceux qui vivent *in concubinatu*: c'est la raison de Panorme. Il tire même une autorité du chap. *Cum inhibitio* §. *si quis vero* x. *De clandestinâ desponsat.*, où le concile IV de Latran veut que l'ignorance des pères et mères qui se sont mariés clandestinement *in gradu prohibito*, ne puisse servir aux enfans *Cum illi taliter contrahendo, non expertes scientiæ, vel saltem affectatores ignorantiæ esse videantur.*

(1) *De Matrim. part.* 2, *cap.* 8, §. 2, *n.* 19.

(2) *Paratitl. ad tit.* Qui filii sint legitimi, *n.* 63, *p.* 27.

Marc-Antoine *Pérégrini* décide cette question de la même manière, et par les mêmes principes que Panorme, et cite la glose comme favorable à son opinion (1); apparemment il ne l'avoit lue que dans le cardinal de Palerme.

Louis *Molina*, jurisconsulte espagnol, après avoir expliqué les avantages de la légitimation *per subsequens matrimonium*, ajoute : *Hæc omnia intelligenda sunt in filio verè naturali atque ex subsequente matrimonio legitimato; nec in filio naturali putativo, qui ex concubinatu ab ignorantibus impedimentum natus fuit, procedant. Quamvis enim in matrimonio putativo ab ignorantibus impedimentum bonâ fide contracto, aliter dicendum sit; in concubinatu ignorantia etiam probabilis impedimenti filium naturalem non efficit, cum in eo casu detur opera rei illicitæ, nec sit ille actus dignus tali favore* (2).

Marianus Socinus Junior semble incliner aussi, quoiqu'en doutant, *propter autoritatem glossæ*, au même sentiment, et en rapporte une raison très-solide (3). *Legitimatio quæ fit per subsequens matrimonium, procedit per fictionem translativam, quia scilicet matrimonium quod sequitur, retrotrahitur ad tempus conceptionis filiorum; ista autem fictio requirit duo extrema, et sic duo tempora habilia, extremum à quo, et extremum ad quod*, et il marque ensuite que, si l'un des deux extrêmes n'est pas habile, la légitimation ne peut jamais suivre.

Dominique *di San - Geminiano* (4), et Gilles *Bellemera* (5) ajoutent, au sentiment des auteurs

(1) *De fideicommissis. Article* 24, *n.* 52.

(2) *De Hispan. primogenitorum. orig. et nat. Lib.* 3. *cap.* 1, *n.* 11.

(3) *Consil.* 31, *n.* 40, *tom.* 2.

(4) *Consil.* 66.

(5) *Ad. cap.* Tanta vis.

précédens, une observation sur la glose. Ils prétendent que ces dernières paroles, *sed primum verius est*, sont une addition de Jean André, et n'étoient pas dans l'ancienne glose.

Antoine *Gabriel*, dans ses décisions, qui font le troisième volume du livre appelé : *Communes opiniones*, agite la question *in utramque partem*, sans se déterminer (1); il semble pourtant pencher à croire que ces mots, *sed primum verius est*, sont une addition de Jean André.

Barry suit le même sentiment et l'autorité de *Pérégrini* (2).

La coutume de Troyes exige précisément dans les deux conjoints la liberté et la capacité de s'engager. « Les enfans nés hors le mariage, *de soluto cum* « *solutâ*, puisque le père et la mère épousent l'un « l'autre, succèdent et viennent à partage avec les « autres enfans, si aucuns y a (3) ».

Pierre *Pithou*, sur cet article, cite l'arrêt de Gouy, qui débouta deux enfans d'un legs de 4000 livres de rente, et leur donna seulement cent livres pour alimens, parce qu'il fut vérifié que leur mère, lorsqu'elle les avoit eus, étoit mariée avec un autre, et d'ailleurs Gouy étoit prêtre. Il cite encore l'arrêt de Fesdel *qui est*, dit-il, *à même fin;* et il ajoute que ces deux arrêts sont allégués en celui du 5 juillet 1567, entre Catherine de West et Germaine d'Espagne, fille naturelle de Roger, sieur de Montespan, qui fut réduite à des alimens.

La coutume de Sens contient une disposition semblable sur les enfans nés *de soluto et solutâ* (4).

(1) *Lib.* 6, *tit.* de legitimat. *Conclus.* 2.

(2) *De success. tom.* 2, *lib.* 8, *tit.* 1, *n.* 21.

(3) *Art.* 108.

(4) *Art.* 92.

QUARANTE-HUITIÈME PLAIDOYER.

DU 18 JUIN 1697.

Dans la cause de M. le duc DE CHEVREUSE, tuteur des enfans du comte DE MORSTEIN, seigneurs de Château-Vilain; le sieur SIMONOT, par lui pourvu d'un canonicat de Château-Vilain, et le sieur GALYOT, pourvu en cour de Rome par dévolu du même canonicat.

Si les bénéfices, dont la collation appartient à des laïcs, peuvent être impétrés par dévolu, comme les bénéfices ecclésiastiques, ou s'ils n'y sont pas sujets?

L'APPEL comme d'abus et l'intervention ne forment qu'une seule question importante dans cette cause. Elle consiste à savoir si les bénéfices, qui dépendent absolument des seigneurs temporels, et dont non-seulement le patronage, mais la collation leur appartient, sont sujets au droit de dévolu et à celui de dévolution; s'ils sont soumis à la puissance ecclésiastique, ou si, au contraire, leur collation est absolument indépendante des constitutions du droit canonique (1).

Quoique cette question semble en quelque manière

(1) Quand on se fait pourvoir d'un bénéfice sur l'incapacité du titulaire actuel, c'est le cas du *dévolu*. Il y a *dévolution* lorsque le collateur ordinaire, n'ayant pas conféré dans le temps qui lui est fixé par les lois canoniques, son droit de conférer passe à son supérieur immédiat dans l'ordre de la hiérarchie.

préjugée par l'arrêt célèbre de l'année 1675, rendu pour la chantrerie du chapitre de Laval, on prétend néanmoins què les différences essentielles qui se trouvent entre l'espèce de cet arrêt et celle de cette cause, peuvent mériter une nouvelle attention de la cour, et faire espérer à l'intimé une décision différente.

Le fait est très-sommaire : il se renferme dans deux points également essentiels.

Le premier concerne la fondation et les statuts du chapitre de Château-Vilain.

Le second, les titres et les provisions des parties qui paroissent devant vous.

L'un regarde la qualité des bénéfices, l'autre celle des contendans.

Fondation des statuts.

Les seigneurs de Château-Vilain sont constamment fondateurs d'un chapitre entier, qui est établi depuis plus de quatre cents ans, et, dès l'année 1260, dans la chapelle de leur château.

Jean de Château-Vilain avoit fondé d'abord six places de chanoines. Il en ajouta ensuite quatre, et peu après trois; en sorte qu'en l'année 1269 le chapitre se trouva composé de treize chanoines.

La forme de cette fondation, si on la considère de la part du seigneur, est très-simple C'est un acte par lequel il déclare qu'il institue un certain nombre de chanoines dans sa chapelle. On ne prouve point qu'il ait requis le consentement de l'évêque de Langres; on ne peut le conjecturer que par une énonciation faite par le chapitre dans quelques actes que nous allons expliquer.

De la part du chapitre, il paroît qu'il a cherché à rendre son institution encore plus authentique.

Il obtint pour cela des confirmations du pape Clément IV, en 1268; et c'est dans ces bulles que l'on énonce l'approbation et le consentement de l'évêque diocésain.

Telle est la forme. Les conditions et les charges imposées par le fondateur sont très-faciles à expliquer. Il n'exige point la qualité de prêtre dans les chanoines qu'il établit; il se contente qu'ils chantent le service divin dans sa chapelle : il leur impose la nécessité de résider pendant huit mois, et d'assister, pendant ce temps, à trois heures de l'office. C'étoit l'unique obligation imposée par le fondateur dans l'origine de la fondation.

Mais, en l'année 1263, on en ajouta de nouvelles par un statut fait dans le chapitre, et approuvé par le fondateur.

Ce statut porte, entr'autres choses, que des dix prébendes qui composoient alors le chapitre, six seroient presbytérales, deux diaconales et deux subdiaconales.

Lorsqu'en l'année 1269, Jean de Château-Vilain fonda encore trois nouvelles prébendes, il se contenta de marquer en général qu'il les érigeoit et les instituoit à l'instar des autres, sans ajouter quelle seroit la qualité de ces bénéfices, et s'ils seroient affectés à des prêtres, à des diacres ou à des sous-diacres.

Ainsi, de treize prébendes, il y en a six sacerdotales, deux diaconales, deux subdiaconales, et trois dont l'état est incertain, et qui, à la rigueur, ne peuvent être considérées que comme des bénéfices dont les simples clercs sont capables.

Voilà quel fut le premier changement arrivé dans ce chapitre.

Il en survint un autre en 1265. On unit la cure de Château-Vilain à ce chapitre, qui avoit déjà le droit d'y présenter, et on lui permit de nommer toujours un chanoine pour être pourvu de la cure.

Cette union fut faite par l'évêque, et approuvée par le pape.

Enfin, un dernier changement est arrivé dans ce chapitre, par un statut de 1660, qui porte que le dernier chanoine fera toujours les fonctions de curé dans la paroisse de Marmesse, qui étoit aussi unie à ce chapitre.

Ce dernier réglement ne paroît approuvé des seigneurs que parce que l'on a mis dans le titre qu'il avoit été fait de l'autorité des fondateurs ; mais ils n'y assistèrent point.

Telle est la nature de ce chapitre ; telles sont les qualités des prébendes et des cures qui ont été unies.

Ajoutons un dernier acte capitulaire du 1.er septembre 1695, dans lequel nous voyons que le chapitre a voulu réformer plusieurs abus, et a dit qu'une des causes principales de ces abus étoit la liberté que les seigneurs avoient prise de conférer les prébendes à des enfans qui n'étoient pas en âge de les desservir.

Titres des contendans, et procédure.

La terre de Château-Vilain a été acquise par le sieur comte de Morstein. Il pourvut le nommé Michel le Grand de Sainte-Colombe, d'une prébende de son chapitre. La prébende étoit vacante par le décès de François Foissey. On prétend qu'il n'avoit que quinze ans, et l'on soutient qu'il étoit incapable de desservir ce canonicat.

C'est sur ce fondement que Claude-Auguste Galyot a obtenu des provisions de cour de Rome, dans lesquelles il ne marque point la qualité de bénéfice en collation laïque. Il expose qu'il est vacant par la mort de Foissey, et que le Grand, qui en est pourvu, est incapable.

Ses provisions sont du 25 novembre 1695. Il prend possession le 27 janvier 1696.

M. le duc de Chevreuse, comme tuteur des enfans du sieur comte de Morstein, s'oppose à sa prise de possession, comme contraire aux droits des fondateurs. Il fait renvoyer la contestation aux requêtes du palais.

Galyot y fait assigner le Grand. Sentence par défaut ; le Grand s'y oppose. Enfin, dans le cours de la procédure, le Grand donne une démission pure et simple.

Elle est faite dès le 27 janvier 1696; mais elle n'a été suivie de provisions qu'au mois de juillet de la même année.

Alors M. de Chevreuse a conféré le bénéfice à Philibert Simonot, qui a repris l'instance au lieu de le Grand.

En cet état, M. de Chevreuse a interjeté appel comme d'abus des provisions de Galyot.

Simonot intervient, demande d'être maintenu.

MOYENS COMMUNS DE L'APPELANT ET DE L'INTERVENANT.

Après l'arrêt de la chantrerie du chapitre de Saint-Jugal de Laval, on ne devoit pas renouveler une question décidée si solennellement. Mais, puisqu'on veut y entrer encore une fois, il est facile de détruire le titre de Galyot.

Deux moyens d'abus ou de nullité se réunissent contre ce titre.

Premier moyen. La subreption. On a dissimulé au pape la véritable qualité du bénéfice : on n'a point exprimé qu'il étoit en collation laïque. Jamais le pape ne l'auroit accordée s'il l'avoit su.

La règle de chancellerie, qui veut qu'on exprime que le patron laïc n'a pas usé de son droit dans le temps, ou qu'il en a abusé, doit être reçue parmi nous, parce qu'elle est conforme au droit commun.

Second moyen. Un bénéfice en collation laïque ne tombe point en dévolu. Ce point a été jugé par un arrêt. Après cela, il est inutile d'en rendre raison; mais ses motifs sont les dispositions des coutumes, et les libertés de l'église gallicane. Des bénéfices de cette qualité, sont censés faire partie de la temporalité; le roi est souverain seigneur des fiefs, et les magistrats en sont les uniques protecteurs.

On vous a cité la Pragmatique-Sanction; et le

sentiment même d'un canoniste étranger, *Joannes Monachi.*

On ajoute encore à ces deux moyens, qu'un dévolutaire est odieux; que l'église est remplie actuellement par un titulaire capable : toute couleur de dévolu cesse dans le temps où il s'agit de prononcer sur la demande du dévolutaire.

MOYENS DE L'INTIMÉ.

Premier moyen. La règle de chancellerie, dont on veut tirer avantage, n'est pas observée en France. Il est inutile d'expliquer au pape ce qui ne l'auroit pas empêché de conférer. Or, quand il auroit su que le bénéfice étoit en collation laïque, il l'auroit donné par dévolu.

Second moyen. Un bénéfice, quoique dépendant d'un collateur laïc, est sujet au dévolu.

On soutient d'abord, que l'arrêt que l'on oppose ne préjuge rien, et qu'il y avoit plusieurs différences entre l'espèce de cet arrêt et celle de la contestation que vous avez à décider.

Première différence. Le collateur ignoroit l'incapacité, et pouvoit l'ignorer légitimement. Il ne la savoit pas, ou certainement il ne devoit pas la savoir.

Seconde différence. Les prébendes de Laval sont de simples bénéfices. Celles de Château-Vilain ont des titres sacerdotaux : cure annexée à ces bénéfices.

Après cela, si l'on examine la question en elle-même, l'intimé soutient que c'est un principe général, que les laïcs sont incapables de collation; un privilége est le seul fondement de leur droit.

Or l'église est juge de ce privilége; et, pour appuyer ce principe, on vous a fait la comparaison du patron laïc et du collateur. Or, dans le premier cas, le dévolu a lieu; donc il a lieu aussi dans le second.

Les seigneurs se sont soumis à l'église, en faisant les fondations ; donc ils sont assujettis à ses lois donc ils le sont au droit de dévolu.

Sans cela, on verroit la discipline renversée, les fondations détruites, abolies. Nul remède au cas de négligence des patrons ou collateurs. Ils pourront remplir impunément les places de sujets indignes.

Enfin, Dumoulin est seul de l'avis favorable aux seigneurs; mais il est corrigé par M. Louet. Probus décide pour l'avis contraire.

Troisième moyen. Il est inutile de répondre au lieu commun de la haine des dévolutaires. Ici, tout est favorable. Il faut que la fondation soit exécutée.

M. de Chevreuse n'a conféré à un autre sujet qu'après le dévolu intervenu, et la prise de possession de l'intimé.

QUANT A NOUS, avant que d'entrer dans l'examen de la question qui fait le sujet de cette cause, nous croyons devoir vous proposer deux observations préliminaires.

La première, sur la qualité des contendans : l'un, pourvu par le collateur ordinaire, laïc ; l'autre, dévolutaire. Si le collateur s'attachoit à soutenir un premier choix indigne, il auroit moins de faveur ; mais il l'abandonne : il a fait un nouveau choix. Rien de favorable de la part d'un dévolutaire, surtout lorsque l'église est satisfaite. Il est vrai que l'on n'a conféré le bénéfice à un sujet capable que depuis le dévolu. Mais ici nous sommes en matière favorable, dans laquelle on ne peut appliquer à la rigueur les formalités du droit canonique.

La seconde, sur le fait allégué par le dévolutaire, que le Grand de Sainte-Colombe étoit incapable, il n'en rapporte aucune preuve : cependant un dévolutaire doit être parfaitement instruit. Il dit que Sainte-Colombe n'avoit pas l'âge pour être prêtre. Rien de plus facile à prouver que ce défaut ; cependant il ne vous en présente aucune preuve.

Après cela, examinons la question proposée.

Pour la mettre dans son jour, distinguons d'abord deux choses qui ont quelque rapport, mais qu'il ne faut pas confondre, parce qu'elles sont essentiellement différentes ; le patronage laïc et la collation laïque.

Dans l'un comme dans l'autre, il semble que le choix du titulaire soit également confié à des laïcs.

Mais la différence essentielle entre l'un et l'autre ; c'est que dans l'un le choix n'est qu'une présentation qui dépend ensuite du jugement du collateur ecclésiastique ; dans l'autre, c'est un choix absolu qui n'est soumis à la censure de personne : dans l'un, le patron ne donne qu'une disposition à être pourvu ; dans l'autre, le collateur laïc donne le titre et les provisions mêmes. Dans l'un, sans difficulté, le bénéfice est *verè et merè ecclesiasticum*, et tout ce que le patronage y ajoute, c'est une espèce de servitude que l'église reconnoît, mais qui ne change point la nature du bénéfice : elle ajoute sans détruire ; ainsi le bénéfice demeure toujours soumis à la puissance ecclésiastique : dans l'autre, le bénéfice est plus laïc qu'ecclésiastique, parce que la collation appartient au laïc, et la qualité du collateur influe sur le bénéfice. L'église ne donne rien au titulaire ; il reçoit tout de la main d'un seigneur temporel.

Après avoir observé ces différences, pour marquer le véritable état de la question, entrons dans l'examen de cette difficulté, et voyons si le droit de dévolution peut jamais avoir lieu dans un bénéfice dont la collation appartient à des laïcs.

De ce point unique dépend la décision des moyens d'abus. Si le droit de dévolution ne peut avoir lieu, les provisions sont données *à non habente potestatem*, et elles sont d'ailleurs absolument nulles par une subreption manifeste, puisque l'on a caché au pape ce qui l'auroit empêché d'accorder la grâce, c'est-à-dire, la qualité du bénéfice.

Mais tous ces moyens cessent, si la dévolution a lieu. Le pape en ce cas a eu un pouvoir légitime. Il n'y a point d'obreption, puisque, quand même on auroit exprimé la qualité du bénéfice, le pape auroit pu accorder la grâce.

Attachons-nous donc à cette seule question qui fait tout le nœud de cette cause.

Pour la décider, il suffit d'établir la véritable nature des bénéfices qui sont conférés par les seigneurs; et c'est ce qui ne peut se découvrir qu'en les considérant ou en eux-mêmes, ou dans les sentimens de nos plus grands docteurs, ou enfin dans la jurisprudence de vos arrêts.

Si nous les envisageons d'abord en eux-mêmes, ces sortes de bénéfices, qui doivent leur être et leur conservation à la piété des seigneurs, sont assez communs en France. Nous nous contenterons de vous citer en passant, les principaux. Le chapitre de Saint-Jugal à Laval, le chapitre de Luzarches, celui de Chalais, plusieurs cures même, en Normandie, et le chapitre de Château-Vilain dont il s'agit; sans parler de toutes les saintes chapelles qui sont encore de ce nombre, quoique dans un ordre encore plus élevé, puisqu'elles dépendent du roi.

Si l'on en croit les ultramontains, les collations laïques sont des abus que l'on tolère plus qu'on ne les approuve; ou, en tout cas, elles ne peuvent être considérées que comme des priviléges accordés par l'église, dans lesquels ceux qui en jouissent, sont censés conférer *loco episcopi aut ordinarii collatoris*.

Si ces maximes avoient lieu parmi nous, le droit de dévolution seroit incontestable. L'église, toujours juge naturel de l'extension ou de l'interprétation des priviléges qu'elle auroit accordés, pourroit corriger les abus, ou suppléer à la négligence des collateurs, auxquels elle n'auroit confié qu'une puissance empruntée et conditionnelle.

Coquille remarque fort judicieusement, sur l'art. 58 du titre des fiefs de la coutume de Nivernois, que nous n'avons point reçu en France ces maximes du droit canonique moderne, et que les seigneurs peuvent jouir librement de ce droit de collation sans avoir aucune concession de l'église.

Il ne faut donc point avoir recours à aucun privilége pour établir ce droit, et l'on peut faire plusieurs réflexions pour découvrir sa nature.

Première réflexion. Supposons qu'un seigneur se choisisse un chapelain pour célébrer l'office divin dans sa chapelle; supposons même, si l'on veut, qu'il en choisisse plusieurs (c'est ainsi que la plupart de ces titres de bénéfices se sont formés), qu'il leur donne un certain revenu, dira-t-on pour lors que ce soient de véritables titulaires de bénéfices?

Ajoutons ensuite qu'il s'engage envers eux de ne les priver jamais de leurs places: c'est une condition qu'il ajoute à son choix; mais cela ne change rien à la nature de ces titres.

Or, qu'est-ce qu'une fondation perpétuelle de ces bénéfices, si ce n'est une obligation imposée à tous ses successeurs de choisir un certain nombre de chapelains, et de leur attribuer le même revenu?

C'est un choix qui se renouvelle à chaque mutation; un choix nécessaire à la vérité, c'est-à-dire, que les successeurs ne peuvent se dispenser de remplir les places de chapelains; mais le droit demeure toujours le même que dans la personne du premier fondateur.

Il en est de même que dans certaines fondations de messes, qu'on doit célébrer dans certaines chapelles, et où le choix du prêtre est laissé à la famille. Est-ce là un véritable office ecclésiastique? L'église y donne-t-elle quelque droit?

En un mot, qu'un homme institue un chapelain pour sa vie, on ne prétendra point que sa place soit un bénéfice ecclésiastique.

Que survient-il après sa mort, lorsqu'il charge ses successeurs de l'instituer?

1.° Que ce chapelain est titulaire perpétuel.

2.° Que le successeur doit nécessairement remplir la place, toutes les fois qu'elle est vacante.

Mais qu'en peut-on conclure ? Les héritiers ne sont-ils pas toujours libres collateurs ? L'église doit-elle être plus appelée par eux, que pour le choix du premier chapelain établi par le fondateur même ?

Seconde réflexion. Ce raisonnement n'est pas une fiction, une couleur accommodée au sujet ; c'est une maxime prouvée par trois ou quatre argumens, qui montrent quel est le véritable caractère de ces bénéfices, outre celui que l'on vous a proposé et que l'on a emprunté de la Pragmatique, titre *de Annatis*.

Premier argument. La collation de ces bénéfices ne se défère point dans aucun ordre qui approche de la hiérarchie, ou même des dernières règles canoniques.

La possession seule de la terre suffit pour attribuer le droit de conférer. Est-ce donc là un véritable titre ecclésiastique ?

Second argument. Les coutumes disposent de ce droit, comme d'un droit patrimonial. La coutume de Lorraine, *titre des successions, article* 4, le donne à l'aîné sans récompense, par préciput. Celle de Nivernois, *titre des fiefs, article* 58, le donne au seigneur pendant la saisie féodale.

Dumoulin étend ce droit à toutes les coutumes du royaume, sur l'article 37 de l'ancienne coutume de Paris.

Troisième argument. Ce qui décide, c'est que le droit de dévolution est un acte de juridiction. Ce n'est point une collation ordinaire ; au contraire, c'est un remède nouveau, par lequel celui qui n'est point régulièrement collateur, le devient pour réparer les fautes de l'inférieur : or, nous n'avons point reconnu la juridiction ecclésiastique pour ce qui concerne le titre de ces sortes de bénéfices. Non-seulement les juges royaux connoissent du possessoire, mais du pétitoire même de ces bénéfices. Il y a eu un temps où, pour les autres bénéfices, après le possessoire jugé, on retournoit devant le juge d'église pour régler le pétitoire ; mais jamais, en ce temps, les ecclésiastiques n'ont demandé à être juges des bénéfices qui dépendoient des laïcs (1).

L'ordonnance de Louis XI, de 1464, attribue toute connoissance des bénéfices que le roi confère, non-seulement en régale, mais comme fondateur, ou comme étant aux droits des fondateurs, à ses juges.

Dumoulin, sur la règle *De Infirmis* (2), marque que les juges mêmes des seigneurs pouvoient connoître du pétitoire des bénéfices qui dépendoient d'eux, et cela n'a été changé que par l'ordonnance de 1667, qui répute cas royal tout ce qui regarde les bénéfices. Ainsi, nulle juridiction ecclésiastique sur le titre de ces bénéfices.

Nouvelle preuve de cet usage dans l'arrêt de 1675, après la prononciation duquel M. le premier président dit aux avocats, que la cour auroit prononcé sur le pétitoire, s'ils y avoient conclu.

Quatrième argument. Les ultramontains mêmes ont reconnu cet usage. La glose du chapitre 34 x. *de Præbendis*, et *Joannes Monachi*, en conviennent également (3). La glose dit que si la collation de ces bénéfices commence à appartenir, *incipit pertinere* à une personne ecclésiastique, dès ce moment *sortitur naturam aliorum beneficiorum, nec debet res ecclesiastica duplici jure censeri*. C'est reconnoître que ces bénéfices en eux-mêmes ont une autre nature, *et alio jure censentur*. *Monachi* décide que la réserve *in curiâ* n'y a pas lieu.

Troisième réflexion. L'intérêt du roi est trop joint en cette occasion à celui des seigneurs pour pouvoir les séparer.

Nous savons les prérogatives et les priviléges des collations faites par le roi.

Mais il faut distinguer. Ou il confère *jure coronæ*, et alors c'est le cas de parler de la qualité de roi,

(1) *Gloss.* 10. *n.* 17.

(2) *N.* 418. *et seq.*

(3) *Ad cap.* Licet de Præbendis, in 6.°

qui est le principe de ces prérogatives ; ou il confère comme étant aux droits des seigneurs particuliers, auxquels il a succédé, comme dans plusieurs saintes chapelles en Bourgogne, en Berry, à Bourbon, à Saint-Quentin, etc., et alors on pourroit prétendre que tout ce que l'on décideroit pour les seigneurs particuliers, devroit avoir lieu contre le roi. Or, qui a jamais ouï dire que le roi reconnût le droit de dévolution ? Probus seul, docteur peu Français de sentiment, a osé l'avancer ; tous les autres l'ont abandonné.

Mais d'ailleurs, indépendamment de cette considération, le roi n'a-t-il pas droit de soutenir les priviléges temporels de ses sujets ? Dès le moment que cela sera considéré comme *faisant partie de la temporalité*, ainsi que s'explique l'ordonnance de Louis XI, peuvent-ils reconnoître un autre supérieur que le roi ? Tous les droits ne se réunissent-ils pas dans la personne du souverain, auquel ils remontent ? Le roi même peut en jouir souvent dans le cas de commise, etc. Or, sera-t-il sujet, soit au dévolu, soit à la dévolution, dans un temps et non dans l'autre ?

C'est ce qui est arrivé, quand le roi jouissoit du duché de Bar, pour la chapelle de Sainte-Colombe, dépendante des ducs de Bar. L'évêque y avoit pourvu pour cause d'incapacité. Le roi y pourvut ensuite. Cette affaire fut portée au grand conseil, et, par un arrêt du 11 janvier 1677, le pourvu par le roi fut maintenu.

Que peut-on opposer à ces réflexions ? Une seule objection. Il en résultera, dit-on, un inconvénient. Un collateur indépendant pourra ne point conférer, il pourra choisir un sujet indigne. Mais il est facile de répondre à cette objection par une distinction entre la collation qui appartient aux laïcs, et la police des mœurs et de la discipline, que l'église conserve toujours.

Si le sujet choisi par le seigneur est indigne, l'évêque pourra l'interdire, le suspendre, et obliger par là le collateur à en nommer un autre. Si le collateur est négligent de pourvoir, alors l'évêque peut lui faire des sommations, peut avertir les officiers du roi, peut exciter le ministère public; en un mot, peut tout, hors conférer le bénéfice.

Après cela, si l'on cherche ce que les docteurs en ont pensé, les plus considérables sont de cette opinion.

Dumoulin dit d'abord, pour ceux de ces bénéfices qui dépendent du roi : *Rex ordinarius imò unicus collator est. Non spectat ad papam de talibus disponere; nunquam fit ulla devolutio. Rex in istis non habet superiorem.* Il en rend cette raison, qui atteste l'usage de son temps : *Similia beneficia magis sæcularia sunt et profana, quàm ecclesiastica*, et il ajoute ensuite : *Idem est de beneficiis spectantibus ad liberam collationem dominorum temporalium hujus regni.*

M. Louet est du même avis : *In iis nihil prorsùs potest summus pontifex.*

Consultons enfin la jurisprudence des arrêts. La question est jugée par l'arrêt du chapitre de Saint-Jugal de Laval. Foible réponse à cette autorité, que de dire qu'il n'est pas dans l'espèce dont il s'agit ici, parce que le collateur ignoroit l'incapacité. Ce n'étoit point une incapacité survenue de nouveau; elle avoit précédé les provisions qu'il avoit données.

Il ne faut point opposer ici que le dernier chanoine est chargé de faire les fonctions curiales à Marmesse, parce que cela ne regarde point le titre du bénéfice, qui est le canonicat. La fonction de curé, qui s'exerce par un des chanoines, sous l'autorité de l'évêque, est une qualité ajoutée, extrinsèque, qui ne change point la qualité du bénéfice, et ne peut le rendre sujet à dévolu, ni à dévolution.

Finissons le moyen tiré de la subreption.

Elle est évidente, après tout ce que nous avons dit, puisque le dévolu ne pouvant avoir lieu pour un bénéfice de cette nature, on doit présumer que si l'on n'avoit pas caché la qualité du bénéfice, les provisions n'auroient pas été accordées; et ce dernier vice se joint aux autres moyens pour faire regarder comme nulles et abusives, les provisions de la partie de M.e Chevalier.

Arrêt du 18 juin 1697.

Entre messire Charles-Honoré d'Albert, duc de Luynes et de Chevreuse, pair de France, commandeur des ordres du roi, tuteur honoraire des enfans mineurs de feu messire Michel d'Albert, comte de Morstein et de Château-Vilain, et de dame Marie-Thérèse d'Albert de Chevreuse, sa fille, demandeur aux fins de l'exploit du mil six cent quatre-vingt-seize, à ce qu'il fût reçu opposant à la prise de possession faite par messire Auguste Galyot, prêtre, se disant pourvu en cour de Rome, par dévolu, d'une prébende et chanoinie de l'église collégiale de Saint-Jean-l'Evangéliste dudit Château-Vilain, et défendeur; et encore entre ledit sieur de Chevreuse, ès noms, appelant comme d'abus, de l'obtention des provisions obtenues en cour de Rome, le vingt-cinq novembre mil six cent quatre-vingt-quinze, dudit canonicat, et encore demandeur en requête du quinze juin mil six cent quatre-vingt-dix-sept, à ce qu'il plût à la cour évoquer le principal des contestations pendantes aux requêtes du palais; y faisant droit, maintenir et garder maître Philibert Simonot, prêtre, pourvu dudit canonicat de Saint-Jean-l'Evangéliste dudit Château-Vilain, en la possession et jouissance dudit canonicat, avec défenses de l'y troubler; condamner ledit Galyot à lui restituer les fruits, si aucuns il a perçu, le condamner en tous les dépens, et ledit Galyot, défendeur et intimé, d'autre; et encore entre ledit Simonot, prêtre, pourvu de ladite prébende par ledit sieur de Chevreuse, esdits noms, en conséquence de la démission faite entre ses mains par messire Michel le Grand de Sainte-Colombe, qui avoit été auparavant pourvu d'icelle par feu messire Jean-André, comte de Morstein, et dudit Château-Vilain, demandeur en requête présentée aux requêtes du palais le vingt-neuf janvier dernier, à ce qu'il fût reçu partie intervenante en l'instance pendante auxdites requêtes du palais entre ledit sieur de Chevreuse, esdits noms, et ledit Galyot; faisant droit sur son intervention, qu'il seroit maintenu et gardé en la possession de ladite prébende et chanoinie de l'église de Saint-Jean-l'Evangéliste dudit Château-Vilain, avec la restitution des fruits, et encore demandeur aux fins de la requête présentée en la cour le quinze juin dernier, à ce qu'en venant plaider sur l'appel, comme d'abus, qui étoit au Rolle de Champagne, il fût reçu, en tant que besoin seroit, partie intervenante en la cause d'entre ledit sieur de Chevreuse, esdits noms, et ledit Galyot; et, ayant égard à son intervention, évoquer le principal des contestations pendantes aux requêtes du palais; y faisant droit, qu'il seroit maintenu en la possession et jouissance dudit canonicat, avec restitution de fruits et dépens; et défenses de l'y troubler, d'autre part, et ledit Galyot, défendeur, d'autre. Après que Vaillant, avocat du duc de Luynes et de Chevreuse et de Simonot; et Chevalier, avocat de Galyot, ont été ouïs pendant deux audiences, ensemble d'Aguesseau, pour le procureur-général du roi :

LA COUR, en tant que touche l'appel, comme d'abus, dit qu'il y a abus, reçoit Simonot intervenant, met l'appellation et ce dont a été appelé au néant; émendant, évoquant le principal, et y faisant droit, adjuge audit Simonot la prébende dont est question, condamne la partie de Chevalier aux dépens.

QUARANTE-NEUVIÈME PLAIDOYER.

DU 21 AOUT 1697.

Dans la cause de M. DE BOUILLON, duc D'ALBRET, le duc DE LAUZUN, le duc DE ROQUELAURE, et autres créanciers de la maison DE LAUZUN.

Il s'agissoit, 1.° de la vérité et de la certitude d'un acte de 1460, par lequel Charles d'Albret avoit concédé à la maison de Lauzun la terre de Verteuil.

2.° De la nature et de la qualité de cet acte, si c'étoit une donation ou une inféodation, si les clauses qu'il contenoit avoient formé un fief masculin et substitutionnel, et si ces sortes de fiefs sont inaliénables et non sujets aux dettes de chaque possesseur.

3.° De l'effet de cet acte, et s'il pouvoit nuire aux créanciers, n'ayant point été reconnu par aucune publication ou confirmation, les clauses de cet acte ayant été long-temps ignorées, et le seigneur, aussi bien que le vassal, ayant formé des demandes qui supposoient que cette terre avoit pu être saisie et adjugée.

QUELQUE éclat que le nom des parties ait donné à cette contestation, nous ne craindrons point de vous dire qu'elle est encore plus illustre par la nouveauté de son espèce, par la singularité de ses circonstances, et par la difficulté des questions que vous avez à décider.

Vous avez vu se former, devant vous, un combat plein de doute et d'incertitude, capable de suspendre et de partager les suffrages des juges les plus éclairés, entre la justice et l'équité, la loi de la coutume et la loi de l'investiture, la force du droit commun et l'autorité d'un titre particulier, la faveur de l'héritier d'une famille illustre qui cherche à sauver des débris de sa maison, une portion sacrée du patrimoine de ses pères, et celle d'un grand nombre de créanciers légitimes qui se plaignent de ce qu'on veut leur enlever l'unique ressource qui leur reste, à la faveur d'un titre suspect, oublié, inconnu pendant long-temps, aboli par les lois générales du royaume, et condamné par les maximes les plus inviolables de la société civile.

Pour vous retracer d'abord le plan et l'abrégé des faits qui donnent lieu à ces différentes questions, nous distinguerons deux sortes de circonstances, toutes deux également essentielles au jugement que vous avez à prononcer.

Les premières regardent le fond de la contestation, et elles se réduisent à l'explication du titre de concession de la terre de Verteuil, dont on a voulu rendre le nom même douteux, puisque les uns lui donnent le nom de donation, et les autres celui d'inféodation et d'investiture.

Les autres circonstances ne regardent que la forme, qui n'est pas moins importante que le fond dans cette cause, puisque l'on prétend en tirer des fins de non-recevoir, et des obstacles invincibles contre la prétention des parties de Me Robethon et de Me Tartarin.

Commençons par examiner le titre primordial de donation de la terre de Verteuil. Souffrez, MESSIEURS, que nous l'expliquions dans toutes ses parties avec une exactitude qui approche du scrupule. C'est à ce titre unique que se réduit toute la difficulté de cette cause.

Ce fut en l'année 1460 que la terre de Verteuil passa de la maison d'Albret dans celle de Lauzun.

Nous distinguons, dans le titre de concession, quatre circonstances principales, auxquelles on peut rapporter tout ce qu'il contient :

La qualité des parties;

La forme de l'acte;

La terre qui y est donnée;

Les clauses de la donation.

La qualité des parties peut d'abord mériter quelque attention.

D'un côté, Charles d'Albret, qui prend la qualité de prince, issu de l'ancienne maison des sires d'Albret, unie plus d'une fois avec le sang auguste de nos princes, et qui a eu l'avantage de donner Henri IV à la France, et d'unir en sa personne le royaume de Navarre à la couronne de nos rois.

De l'autre côté, Aimeric de Caumont, que sa noblesse rendoit illustre, et qui joignoit à cet avantage celui d'être neveu de Charles d'Albret, donateur.

Telles sont les parties qui paroissent dans cet acte. Voyons maintenant quelle en est la *forme*.

C'est un acte passé à Nérac, par-devant notaire, dans la maison d'un des officiers de Charles d'Albret, en présence de plusieurs témoins, au nombre desquels on a mis Jean d'Albret, fils du donateur. Il n'est signé par aucune des parties. L'usage ni la loi n'avoient pas encore rendu la signature des parties nécessaire; il n'a été signé que par le notaire qui l'a reçu.

On rapporte aujourd'hui deux expéditions de cet acte; l'une n'est qu'une simple copie collationnée, sans appeler aucune des parties; l'autre a été compulsée en présence de toutes les parties intéressées : la première, non signée; la seconde, signée du nommé *Venatoris*, à cause de l'infirmité de *Monoratelli*.

Nous expliquerons plus en détail, dans la suite, les différences qui se trouvent entre ces deux expéditions, différences par lesquelles on prétend détruire la foi de l'acte, et en attaquer la vérité.

Mais, pour ne point obscurcir le récit du fait par des observations douteuses et incertaines, contentons-nous, quant à présent, d'avoir marqué la forme de cet acte, et des expéditions qu'on en rapporte, et arrêtons-nous à ce qui est beaucoup plus essentiel, c'est-à-dire, à la qualité de la *terre* qui a été donnée, et aux *conditions* sous lesquelles cette donation a été faite.

La terre que Charles d'Albret donne à Aimeric de Caumont, est la châtellenie de Verteuil, avec tout droit de haute, moyenne et basse justice.

Cette terre étoit un ancien fief de la maison d'Albret, qui ne reconnoissoit point d'autre seigneur que le roi.

La donation, qui en est faite par Charles d'Albret, contient quatre clauses principales qui comprennent toutes les charges imposées à sa libéralité, et qui déterminent la nature du bienfait qu'il accorde à la maison de Lauzun.

La première cause regarde les personnes que le donateur s'est proposées pour objet de sa libéralité, et les différens degrés de substitution (si l'on peut se servir de ce terme dans cette cause), qu'il a lui-même distingués.

La seconde explique le pouvoir et les droits qu'il cède et transporte au donataire.

La troisième marque quelles sont les charges de la donation.

La dernière enfin a pour but l'utilité commune du donateur et du donataire, et tend à assurer la validité de l'acte par le moyen de l'insinuation.

Attachons-nous à chacune de ces clauses, et voyons ce qu'elles contiennent en particulier.

La première, qui regarde les différentes personnes que Charles d'Albret, donateur, a appelées à la possession du fief de Verteuil, est la plus importante de toutes pour la décision de cette cause.

Le donateur se propose, pour objet de sa libéralité, non-seulement Aimeric de Caumont, premier donataire, non-seulement Jean de Caumont, neveu et héritier présomptif de ce donataire, mais les enfans mâles de Jean de Caumont, mais toute sa postérité masculine; et, quoiqu'il y ait quelque différence en cet endroit, entre les deux copies de cet acte, quoique dans l'une les mâles y soient expressément marqués, et dans l'autre les descendans en général, il paroît néanmoins assez constant que l'intention du donateur et du donataire, a été de n'appeler que les mâles à cette espèce de fidéicommis, ou si l'on veut, de fief substitutionnel. La preuve en est écrite dans deux ou trois endroits du même acte, où l'on marque précisément que la propriété de la terre de Verteuil appartiendra aux descendans mâles de Jean de Caumont.

On ajoute à cette clause, qui défère la possession de Verteuil aux descendans mâles à l'infini, une prohibition d'aliéner, qui confirme et qui établit encore plus parfaitement cette substitution graduelle que les contractans ont faite dans la donation.

Après vous avoir expliqué la substance de cette disposition principale, qui sert aujourd'hui de matière aux longues dissertations des parties, il est nécessaire de vous en rapporter les termes mêmes, dont les uns et les autres prétendent tirer un égal avantage.

Pour les proposer plus clairement, nous les dégagerons de cette multitude d'expressions presque synonymes que les praticiens des derniers siècles avoient introduites, et dans lesquelles le sens des actes qu'ils passoient se trouvoit, pour ainsi dire, enveloppé, confondu, et presque effacé. Nous ne vous rapporterons que les termes décisifs, et qui contiennent une véritable disposition.

La clause porte donc que Charles d'Albret, donateur, *Dedit, donavit titulo vero perfectæ donationis et translationis inter vivos factæ, semper valituræ, eidem domino Aimerico de Cavomonte domino de Lauzuno, quamvis absenti; nobili viro Joanne de Cavomonte, ipsius domini Aimerici nepote unà mecum notario publico, pro ipso domino de Lauzuno, et dicto ejus nepote herede suo futuro, et filio seu filiis masculis ipsius Joannis, et ab ipso descendentibus, legitimis et naturalibus eorumque heredibus ab illis masculis per lineam masculinam legitimis et naturalibus futuris successoribus, dummodò in nullam personam transferatur, stipulantibus et legitimè recipientibus totum suum castrum vocatum* Verteuil.

Vous voyez, MESSIEURS, quels sont les degrés marqués par le donateur ou par le donataire.

D'abord Aimeric de Caumont, ensuite Jean de Caumont, son neveu et son héritier présomptif. Il appelle après, les enfans mâles de Jean de Caumont, et enfin les descendans mâles à l'infini du même Jean de Caumont, et tous ces possesseurs ne doivent recevoir la terre de Verteuil qu'à condition qu'elle ne pourra jamais passer dans une maison étrangère : *Dummodò in nullam personam extraneam transferatur.*

Quel est celui que l'on doit considérer comme l'auteur de cette clause, qui paroît aujourd'hui si singulière? Est-ce Charles d'Albret, donateur? Est-ce Aimeric et Jean de Caumont, donataires? La considérera-t-on comme une condition que le seigneur a voulu apposer à l'inféodation de la terre de Verteuil; ou comme une loi particulière que le vassal a imposée à toute sa postérité; en un mot, comme un fief affecté à une certaine famille, ou comme une véritable substitution? C'est, MESSIEURS, ce que vous avez à décider; nous nous contentons de vous proposer maintenant la difficulté, et nous vous expliquerons ensuite les principes par lesquels nous croyons qu'elle peut être résolue.

Telle est la première et la plus importante des clauses qui renferment les conditions de la donation faite par la maison d'Albret à celle de Caumont.

La seconde regarde, comme nous l'avons déjà dit, le pouvoir et les droits qui sont acquis au donataire en vertu de la donation.

Le donateur lui cède et transporte tout ce qui pouvoit lui appartenir dans la châtellenie de Verteuil;

il se dépouille absolument en sa faveur. Si l'on s'attache à la lettre de la donation, il lui permet de jouir, de disposer de la terre de Verteuil en pleine propriété; il explique même, par les expressions et par les exemples les plus forts, quel étoit ce droit qu'il accordoit au donataire; et, pour lui montrer le pouvoir qu'il lui abandonnoit sur les biens compris dans la donation, il déclare qu'il pourra en user comme de ses autres biens propres, et comme le donateur en usoit lui-même avant la donation. Servons-nous des termes mêmes de l'acte, pour ne les point affoiblir en voulant les expliquer : *Tanquàm de bonis aliis et rebus suis propriis, tanquàm de re merè et purè propriâ, prout et quemadmodùm ipse dominus donator faciebat et facere poterat ante præsentem donationem.*

Quelque générales que soient toutes ces expressions, elles paroissent néanmoins restreintes et limitées par ces mots, qui les suivent presque toujours immédiatement : *Stipulatione quæ suprà repetitâ, aliis causis superiùs factis in omnibus et per omnia ipsi domino donatori et suis reservatis;* termes par lesquels on prétend que le donateur a toujours rappelé l'affectation aux mâles, et la prohibition d'aliéner, qu'il avoit suffisamment exprimée dans le commencement de la donation.

Après avoir marqué, dans la première clause, les différens degrés des personnes comprises dans la donation; après avoir marqué, dans la seconde, le pouvoir qu'on leur cède sur les biens donnés, on explique, dans la troisième, les charges de la donation.

On impose aux donataires la nécessité de rendre l'hommage au seigneur d'Albret à Nérac; et comme l'honneur avoit plus de part que l'intérêt à cette inféodation, le donateur n'exige, à chaque mutation de seigneur et de vassal, pour tous droits seigneuriaux, qu'un épervier, autrement un autour.

Le donateur se réserve encore le droit de ressort et de supériorité sur la justice de Verteuil; et, pour unique preuve de la reconnoissance et de la gratitude de ses donataires, il ne leur demande que de le regarder comme leur seigneur, et pour le fief et pour la justice.

Une dernière clause achève de mettre le sceau aux conditions de la donation. C'est celle qui regarde l'insinuation qui devoit en être faite.

Pour prévenir toutes les nullités par lesquelles on pourroit un jour combattre cette insinuation, Charles d'Albret déclare qu'il fait autant de donations différentes, ou plutôt qu'il partage sa donation en autant de parties différentes qu'elle contient de fois la valeur de cinq cents pièces d'or, afin que chacune de ces donations multipliées, n'ayant pas besoin d'insinuation, la donation totale fût aussi hors d'atteinte par rapport aux défauts de l'insinuation.

Tel est le tempérament (si l'on peut donner ce nom à ce qui n'est qu'une fraude recherchée pour éluder la loi) par lequel le donateur et le donataire ont cru pouvoir assurer l'exécution de l'acte qu'ils venoient de passer.

Et voilà, Messieurs, à quoi se réduit l'explication du titre singulier de cette concession célèbre, qui fait le sujet de la cause que vous avez à décider.

Reprenons-en tout l'esprit et toute la substance en un mot. Nous y avons distingué quatre circonstances principales.

Les personnes qui y parlent, et qui y disposent : d'un côté, Charles d'Albret, donateur ; de l'autre, Aimeric de Caumont, donataire.

La forme. C'est un acte authentique, passé pardevant notaire, dont les copies ont quelques différences remarquables.

La terre. C'est une châtellenie relevant du roi.

Les clauses principales. Dans la première, on affecte la terre aux seuls mâles, et l'on en défend l'aliénation ; dans la seconde, on accorde au donataire une pleine propriété utile, que l'on prétend néanmoins limitée par des réserves expresses; dans la troisième, on charge ce fief d'un hommage et d'un droit de ressort; et enfin, la dernière marque l'intention que les parties ont eue de faire insinuer cette concession, et les précautions qu'ils ont prises pour prévenir les défauts et les nullités de l'insinuation.

Après vous avoir donné cette idée générale du titre, voyons maintenant quelle en a été l'exécution.

L'insinuation que les parties avoient désirée, pour rendre leur convention plus solennelle, ne paroît point avoir jamais été faite.

Cependant l'acte a été exécuté. Le donataire a joui de la terre de Verteuil; il l'a transmise à sa postérité. Elle n'est point sortie de la maison de Lauzun depuis l'année 1460.

Mais, quoiqu'il soit arrivé plusieurs mutations, soit de la part du seigneur, soit de la part du vassal, on ne rapporte, dans tout le cours de plus de deux siècles, que trois actes seulement qui aient été passés entre les seigneurs d'Albret et les seigneurs de Verteuil de la maison de Caumont.

Le premier, est un acte de foi et hommage de l'année 1468, rendu à Charles d'Albret par Jean de Caumont; et, dans cet acte, on rappelle en général les clauses et les conditions qui sont expliquées dans le titre de concession. Cet acte n'est point signé.

Le second, est un aveu rendu, en 1540, au roi de Navarre, par un seigneur de Lauzun. L'on y déclare quels sont la valeur et le revenu annuel du fief: l'on y exprime aussi un arrière-fief et une rente foncière qui en dépendoient; l'on y marque l'obligation imposée au vassal de présenter un autour au seigneur d'Albret à chaque mutation; mais on ne fait aucune mention de cette qualité, que l'on prétend avoir été imprimée au fief par la loi de l'investiture, d'être perpétuellement affecté aux mâles, et de ne pouvoir jamais être possédé par une personne étrangère.

On prétend que cette omission doit être suppléée par le titre de la concession primordiale, avec lequel tous les aveux et dénombremens ont une relation et une dépendance nécessaires.

Quoiqu'il en soit, il est certain que cet aveu n'a jamais été reçu ni blâmé, mais il s'est trouvé dans les archives du duché d'Albret, parmi les titres du seigneur.

La troisième pièce que l'on a rapportée, est une copie informe d'un acte de foi et hommage de 1606, dans lequel la clause qui fait le sujet de cette contestation est rappelée.

On ne voit point d'autres actes où il ait été fait mention du fief de Verteuil, ni dans la maison d'Albret, ni dans celle de Lauzun. Le seigneur n'a point veillé pour le vassal, ni le vassal pour le seigneur; tous deux ont également négligé leur intérêt, et ce long silence n'a été enfin interrompu que par M. le duc de Bouillon, en 1689, et par la partie de M.e Robethon, en 1695.

C'est par rapport à cette interruption et aux demandes qui l'ont suivie, qu'il faut entrer dans la seconde partie du fait, et vous expliquer très-sommairement la qualité de la procédure qui a été faite par les deux principales parties, le seigneur et le vassal.

Après la mort de Gabriel de Caumont, comte de Lauzun, père du sieur duc de Lauzun (1), l'on fit un inventaire de ses biens, dans lequel l'on trouve la donation de Verteuil inventoriée, avec plusieurs actes de foi et hommages rendus par les seigneurs de Lauzun.

Le sieur duc de Lauzun étoit alors le puîné; il renonça à la succession de son père. Elle fut acceptée sous bénéfice d'inventaire par son frère aîné, qui mourut en 1673. Depuis ce temps, la qualité d'aîné

(1) Il fut appelé d'abord le marquis de Péguillin, ensuite le comte de Lauzun. Il fut érigé en sa faveur, l'an 1692, un duché qui n'étoit point pairie; c'est ce qui fait qu'il est appelé ici le sieur duc de Lauzun, au lieu qu'il est parlé ensuite de M. le duc de Bouillon, comme étant pair, et membre du parlement en cette qualité.

n'a point invité le sieur duc de Lauzun à y joindre celle d'héritier de sa maison, et cette dernière qualité a été prise par le sieur chevalier de Lauzun, qui soutient encore aujourd'hui.

Toutes les terres de la maison de Lauzun, et Verteuil entr'autres, ont été saisies réellement. Il a paru un très-grand nombre de créanciers opposans, au nombre desquels on trouve M. le duc de Bouillon et la partie de M.e Robethon.

L'opposition de M. le duc de Bouillon ne regardoit précisément que la terre de Verteuil; il l'avoit fait saisir féodalement. Les créanciers et les héritiers bénéficiaires avoient interjeté appel de ces saisies; et, pour soutenir cet appel, M. le duc de Bouillon y avoit ajouté une opposition au décret de la terre de Verteuil, et il demandoit à être colloqué sur le prix de cette terre, jusqu'à concurrence des fruits qu'il prétendoit en conséquence des saisies féodales.

Le sieur duc de Lauzun paroissoit au nombre des créanciers de sa maison, comme exerçant les droits et les actions de la dame sa mère. Il avoit même demandé d'être colloqué sur le prix de la terre de Verteuil, qu'il avoit nommément comprise dans sa requête.

Pendant le cours de ces poursuites, il fut rendu un arrêt, le 24 novembre 1689, contradictoire avec M. le duc de Bouillon et le procureur le plus ancien des opposans, par lequel il fut ordonné que l'arrêt qui interviendroit sur la distribution du prix des terres de Lauzun, Tombebeuf et autres, serviroit aussi pour celle du prix qui proviendroit de l'adjudication de Verteuil.

Cet arrêt a été exécuté. On a fait l'ordre; et, dans l'arrêt qui le contient, on a observé deux dispositions importantes, dont on prétend tirer les fins de non-recevoir que l'on oppose aux parties de M.e Robethon et de M.e Tartarin.

La première de ces dispositions regarde le sieur duc de Lauzun. Il est colloqué par avance, tant sur le prix de la terre de Verteuil, que sur celui des autres terres, pour la dot et les reprises de la dame sa mère.

La seconde disposition regarde M. le duc de Bouillon. Toutes ses saisies féodales sont infirmées, à la réserve d'une seule; et, parce que les créanciers lui contestoient sa mouvance, on ordonne que les parties contesteront plus amplement sur ce point.

C'est l'exécution de cet arrêt qui a fait naître les demandes sur lesquelles vous avez à prononcer.

M. le duc de Bouillon, pour établir sa mouvance, a produit trois pièces que nous vous avons déjà expliquées; le titre primitif de concession de la terre de Verteuil en 1460, l'acte de foi et hommage de 1468, et le dénombrement de 1540.

En produisant ces pièces, il a fait la déclaration que l'on a lue plusieurs fois en votre audience, et qui paroît directement contraire à la prétention qu'il soutient aujourd'hui.

Il déclare qu'il pourroit s'opposer à la vente et adjudication de la terre de Verteuil au profit d'une personne étrangère, et prétendre la réversion et la réunion de cette terre à la seigneurie d'Albret; mais que, pour ne point incidenter, ni faire aucune nouvelle contestation, il veut bien s'en tenir à l'opposition qu'il a formée pour les droits seigneuriaux, et pour les fruits qu'il prétend lui être acquis en vertu des saisies féodales.

Il prend ensuite des conclusions, par lesquelles il persiste dans la demande qu'il avoit déjà faite pour être colloqué sur le prix de la terre de Verteuil.

A peine ces titres eurent-ils été produits, que le sieur duc de Lauzun a demandé qu'il fût sursis à l'adjudication de la terre de Verteuil. Il a formé ensuite une demande précise pour être maintenu et gardé en qualité d'aîné mâle de la maison de Lauzun, dans la possession de la terre de Verteuil, sans aucune charge de dettes.

Pour assurer la foi des titres que M. le duc de

Bouillon avoit produits par de simples copies collationnées, le sieur duc de Lauzun les a fait compulser en présence des parties intéressées. Et, pour lever les fins de non-recevoir qu'on pouvoit lui proposer, il a pris des lettres en forme de requête civile contre l'arrêt d'ordre du 20 août 1693; il a interjeté appel de la saisie réelle de la terre de Verteuil, et il a formé opposition à l'arrêt de congé d'adjuger. Il demande qu'il lui soit fait pleine et entière mainlevée de la saisie réelle, et que la terre de Verteuil soit déclarée lui appartenir en vertu du titre d'investiture, comme aîné, comme chef de la maison de Lauzun, comme seul appelé à la possession de cette terre par cette espèce de fidéicommis féodal, dont il vous a demandé l'exécution.

M. le duc de Bouillon, comme exerçant les droits des seigneurs d'Albret, en vertu du contrat d'échange de la seigneurie de Sedan, a demandé d'être reçu partie intervenante. D'abord il a conclu à la réunion purement et simplement; ensuite, il l'a demandée conditionnellement, en cas que la terre sorte de la maison de Lauzun.

On avoit voulu d'abord faire appointer. Arrêt par défaut qui appointe; mais depuis, après une plaidoirie contradictoire, la cour a reçu le sieur duc de Lauzun opposant, et, au principal, elle a ordonné que les parties viendroient plaider avec nous.

Voilà, Messieurs, ce qui a achevé de former la contestation présente, et ce qui nous oblige à vous expliquer nos sentimens sur une affaire aussi étendue dans son explication, qu'elle est difficile dans la décision.

Les moyens des parties vous ont été expliqués avec tant d'exactitude et de netteté, que nous croyons pouvoir nous dispenser de les reprendre ici dans toute leur étendue.

Nous nous contenterons de vous remettre devant les yeux les propositions principales que l'on vous a établies de part et d'autre, et nous en examinerons les preuves dans un plus grand détail, lorsque nous vous proposerons nos réflexions sur les questions que vous avez à décider.

De la part du sieur duc de Lauzun, l'on vous a dit que, quoique le plus grand obstacle qu'il eût à combattre dans cette affaire fût la rigueur de la forme et la fatalité de la procédure, il lui étoit facile de dissiper d'abord les prétendues fins de non-recevoir qu'on lui oppose, et de vous montrer que la cause est toute entière à son égard.

C'est en vain qu'on lui objecte l'arrêt d'ordre, qui l'a colloqué sur le prix de la terre de Verteuil.

Cet arrêt ne peut lui faire aucun préjudice : il ne s'est opposé à la saisie réelle que comme créancier; sa qualité a changé depuis ce temps-là. Il agit aujourd'hui comme propriétaire. Il n'avoit alors aucune connoissance des titres qu'il a découverts depuis; c'est une erreur de fait, pour laquelle les lois sont toujours indulgentes. Peuvent-elles refuser de l'être pour un homme dont la vie a été exposée à tant de traverses différentes (1)? Il doit au moins tirer ce fruit de ses malheurs, qu'on ne puisse lui imputer ce qui s'est passé dans un temps où il n'avoit ni la liberté d'attaquer, ni celle de se défendre.

Mais, quand même cet arrêt pourroit être considéré comme une fin de non-recevoir, la partie de M.e Robethon soutient qu'il lui seroit aisé de surmonter cet obstacle, et de détruire l'autorité de cet arrêt.

Non-seulement il n'a rien jugé sur la question présente; et comment auroit-il pu le faire, puisque les titres sur lesquels elle est fondée, n'ont été

(1) Il fut arrêté le 25 novembre 1671, et conduit à Pignerol, où il resta long-temps. *Mémoire de Mademoiselle de Montpensier, seconde édition, à Amsterdam*, 1735, *tome VI*, *page* 226 *et suivantes*.

représentés qu'en 1693 ? Il y a plus : cet arrêt contient des nullités essentielles, qui forment autant d'ouvertures de requête civile.

Première ouverture. La saisie réelle, qui est le fondement de l'arrêt, est nulle, comme faite sur celui qui n'étoit point propriétaire. On a supposé faussement que la terre de Verteuil appartenoit à l'héritier de la maison de Lauzun, au lieu qu'elle se défère, non pas suivant l'ordre de la succession, mais suivant l'ordre de primogéniture, et qu'elle est affectée aux mâles, et non pas aux héritiers de la famille à laquelle elle a été donnée.

Seconde ouverture. Si la saisie réelle est nulle, comme faite *super non domino*, elle ne l'est pas moins, parce qu'elle a été faite pour des dettes dont la terre n'étoit point chargée.

Telle est la nature et la qualité du fief de Verteuil, qu'il doit passer de mâles en mâles, sans être jamais chargé d'aucune hypothèque. Telle est la loi de l'investiture, loi qui a été violée par la saisie réelle, mais qui rend, à son tour, la saisie réelle nulle, et produit une seconde et dernière ouverture de requête civile.

Les mêmes moyens qui établissent la justice de la requête civile, servent à justifier et à soutenir l'appel de la saisie réelle, et l'opposition au congé d'adjuger. Si la terre appartient au sieur duc de Lauzun; si elle lui appartient, libre de toutes dettes, on n'a pu la saisir réellement, encore moins obtenir un congé d'adjuger.

Toute la question se réduit donc uniquement à savoir s'il est vrai que, par la nature du fief, il soit tellement affecté aux descendans mâles, et qu'il n'a jamais pu être engagé, hypothéqué, aliéné à leur préjudice.

C'est cette proposition qu'on a voulu établir par le progrès de droit sur les différens changemens qui sont arrivés dans les fiefs; progrès qui nous apprend qu'autrefois tous les fiefs étoient inaliénables : que s'ils sont devenus patrimoniaux, ce changement a été l'effet du consentement des seigneurs, et que, malgré le droit commun qui les rend héréditaires en France, on y trouve encore des fiefs qui conservent leur ancienne nature, c'est-à-dire, qui sont hors du commerce, hors du patrimoine, hors de la succession, et que ce qui constitue un fief de cette qualité, c'est uniquement le titre primitif de l'inféodation.

C'est encore cette même proposition, que l'on a voulu expliquer et prouver avec plus d'étendue, en établissant trois autres propositions particulières, qui sont autant de preuves de la proposition générale.

Dans la *première*, on vous a dit que ce qui devoit décider cette contestation, étoit la qualité du titre et la qualité du fief; que le titre étoit une véritable inféodation distinguée d'une donation ordinaire par des caractères essentiels; que le fief étoit un fief substitutionnel, un fief familier, pour se servir des expressions des docteurs, un fief appelé *ex pacto et providentiâ*, qui ne se règle pas par le droit commun, mais par la loi de l'investiture, qui n'est point soumis à la coutume, mais à la convention, qui suit l'ordre de la vocation qui y est portée, et non l'ordre de la succession établi par les lois.

Jamais il n'y eut des maximes plus assurées par le consentement unanime de tous les docteurs; et quels docteurs? Ceux que nous respectons comme les oracles de notre jurisprudence : Pontanus, Henri Bouhic, Tiraqueau, Dumoulin, M. d'Argentré, Chopin (1). Tous ces auteurs établissent comme un

(1) Pontanus sur la coutume de Blois, tit. 5, *de Feudis.* Henri Bouhic, *ad cap. cum dilectus* x. *de Donation.* Tiraqueau *de jure primigenitorum*, quest. 61. Dumoulin, sur l'ancienne coutume de Paris, *Præfat. ad tit.* des Fiefs, *num.* 104, 111, 116, et *ad art.* 3, *num.* 93. Le même, *Consil.* 50, *num.* 37, 38, 39, 48. D'Argentré, sur les articles 456, 511 de la coutume de Bretagne. Chopin, *de Communibus Gallic. Consuetud. præceptis. Part.* 1, *quest.* 3.

premier principe, que la concession du fief déroge à toutes les coutumes, à tous les usages, à toutes les ordonnances ; que c'est elle qui est l'unique loi par laquelle tous les différends qui surviennent à l'occasion d'un fief, doivent être décidés.

Qu'y a-t-il d'ailleurs de plus naturel, que d'autoriser un contrat formé par le consentement des parties ; que de faire exécuter les conditions qu'un donateur a imposées au donataire, et de suivre la loi qu'il a pu et qu'il a voulu prescrire à un bien qui sortoit de ses mains.

On a passé ensuite à une *seconde proposition*, et l'on vous a dit, que ces sortes de fiefs, dont l'investiture est rapportée, et que les conditions de l'inféodation rendent inaliénables, ne sont sujets à aucunes dettes ; que le fils n'y succède point à son père, que le nouveau vassal ne les reçoit point des mains de son prédécesseur, mais que tous tirent également leur droit de la personne du donateur : c'est à lui seul qu'ils succèdent, et l'ordre qui est réglé entr'eux, ne fait que différer leur jouissance et leur possession, sans les assujettir au paiement des dettes des possesseurs.

Les mêmes docteurs, qui établissent la première proposition, soutiennent également la seconde ; les docteurs étrangers s'accordent sur ce point avec les nôtres (1).

Les exemples autorisent cette maxime encore plus que le sentiment des docteurs. C'est ainsi que, dans l'emphytéose, dans les apanages, dans les majorats en Espagne (2), dans les inféodations en Flandres (3), les biens passent sans charges de dettes ; et, sans aller chercher des exemples éloignés, c'est ainsi que

(1) *Voyez* Pontanus, Tiraqueau, cités ci-dessus. Dumoulin. *Consil.* 50. André Gail, *Observat. lib.* 2. *Observat.* 154.

(2) Molina, *de Hispan. primigen. lib.* 4, *cap.* 4, *n.* 30.

(3) Christineus, *lib.* 5, *décis.* 2, *n.* 7.

la cour, en 1661, a adjugé le comté de Clermont, en vertu de l'ancienne loi de l'investiture, à l'aîné mâle de la maison de Clermont-Tonnerre. C'est ce qui a encore été accordé par l'arrêt de Pierrefort, rendu au parlement de Metz en 1672.

Mais enfin (et c'est la *troisième proposition* qu'on a établie), quand la maxime pourroit paroître douteuse en général, sera-t-elle susceptible de difficulté dans l'espèce particulière du titre dont il s'agit, dans lequel on voit une affectation précise aux descendans mâles, une prohibition expresse d'aliéner, et par conséquent un droit de retour au profit du seigneur? Et qui oseroit soutenir que, dans tous les cas où le droit de retour a lieu (1), il se fasse avec la charge des dettes? Tous les exemples, tous les docteurs condamnent encore cette maxime, et tous au contraire se joignent au sieur duc de Lauzun pour demander la confirmation d'un titre qui lui donne le seul bien qu'il ait pu recueillir de sa maison, et qu'on ne veut lui ôter que par de vaines subtilités, en confondant les inféodations avec les substitutions, en attaquant, par un détail ennuyeux d'observations frivoles, un titre qu'on n'oseroit combattre par l'inscription en faux, et en alléguant des prétextes spécieux de droit commun et d'intérêt public, qui ne peuvent jamais prévaloir sur la loi précise, solennelle et inviolable de l'investiture.

M. LE DUC DE BOUILLON se joint au sieur duc de Lauzun. C'est le seigneur qui prête son secours à son vassal, pour soutenir le titre d'inféodation auquel ils sont tous deux également intéressés. Il se sert des mêmes raisons, il emploie les mêmes moyens; il s'est principalement appliqué à vous faire voir quels étoient les effets de la prohibition d'aliéner, et à vous prouver, par une foule d'autorités, que tout ce que nos docteurs ont écrit des droits affectés à une certaine famille ne doit point être

(1) *Ricard*, des donations, *part.* 3, *cap.* 7, *n.* 798.

regardé comme des dissertations superflues, des recherches curieuses, des spéculations plus utiles aux étrangers qu'aux Français; que tous ces auteurs reconnoissent qu'il y a en France des fiefs de cette nature, qui ont leurs règles, leurs maximes, leur droit commun, distinct et séparé des autres fiefs.

Au surplus, on ne peut opposer à M. le duc de Bouillon aucune fin de non-recevoir. S'il a demandé d'être colloqué sur le prix de la terre de Verteuil, et s'il demande aujourd'hui que cette terre ne puisse passer en des mains étrangères, ce ne sont point deux demandes absolument incompatibles, ce sont deux demandes subordonnées. S'il réussit dans l'une, il ne peut plus persister dans l'autre; c'est à la cour à décider laquelle est la mieux fondée; mais, jusqu'à ce que la cour ait prononcé, il a droit de soutenir l'une et l'autre. S'il a dit dans une requête qu'il ne vouloit point empêcher l'adjudication de la terre de Verteuil, cette déclaration, qu'un procureur n'auroit pu faire sans un pouvoir spécial, n'a point été acceptée; il est encore en état de la révoquer, et il la révoque formellement.

Quelle apparence, enfin, qu'une cause aussi importante pût être décidée par une pure formalité, et par une fin de non-recevoir qui est équivoque?

Quelque forts que paroissent tous ces moyens, on les combat par des raisons qui ne semblent pas moins considérables.

Les créanciers de la maison de Lauzun allèguent, en leur faveur, l'autorité du droit commun, le changement de la jurisprudence à l'égard des fiefs, enfin, l'intérêt public qui ne souffre pas que la bonne foi des créanciers soit trompée par un titre douteux, suspect, inconnu à ceux mêmes qui avoient le plus d'intérêt de le connoître et qui demandent à profiter de leur ignorance dans le temps qu'ils imputent cette même ignorance à des créanciers légitimes.

Jamais il n'y eut demande plus téméraire dans la forme, ni plus insoutenable dans le fond.

Dans la forme, outre qu'elle est prématurée

puisqu'elle ne pouvoit être formée qu'après l'adjudication de la terre de Verteuil, il suffit, pour la détruire, d'opposer M. de Bouillon et le sieur duc de Lauzun à eux-mêmes, et de les combattre par leurs propres armes.

Tous deux ont formellement renoncé à leur droit prétendu; tous deux ont reconnu, par avance, l'injustice de leur demande.

Le sieur duc de Lauzun a formé opposition au décret de la terre de Verteuil; il a demandé d'être colloqué sur le prix: il l'a été; donc il a reconnu qu'elle pouvoit et qu'elle devoit s'aliéner. Quand même il n'y auroit point d'arrêt, sa seule opposition seroit un consentement formel à la vente de cette terre, auquel il ne pourroit donner atteinte que par des lettres de rescision. Mais des arrêts en grand nombre ont confirmé ce consentement, et l'ont rendu irrévocable

C'est inutilement qu'il prétend détruire et son consentement et les arrêts, par la vaine allégation d'une erreur de fait, d'une ignorance qui est affectée. Le titre qu'il soutient aujourd'hui a été inventorié dès 1660, après la mort de son père; il l'a même trouvé dans les papiers de sa famille. Ce n'est donc point ici une ignorance de fait, que les lois excusent; c'est une erreur de droit, que la justice condamne toujours.

Les moyens de requête civile, par lesquels il n'attaque qu'une partie des arrêts, sont tous tirés du fond, et par conséquent ne peuvent être écoutés. La saisie réelle n'est point faite, comme il le prétend, *super non domino, et pro non debito*. Il a reconnu lui-même, et que le sieur chevalier de Lauzun étoit le véritable propriétaire, et que la terre étoit chargée des dettes de sa maison, puisqu'il a formé opposition, puisqu'il s'est fait colloquer. La question de la propriété de cette terre n'est donc pas seulement une question jugée avec lui, mais jugée et décidée par lui-même.

M. le duc de Bouillon est encore moins recevable.

Non-seulement il a demandé d'être colloqué sur le prix de la terre de Verteuil; il a fait plus en pleine connoissance de cause : il a déclaré, dans le temps même qu'il produisoit le titre de concession, qu'il ne prétendoit point empêcher l'adjudication de cette terre à une personne étrangère.

Comment pourroit-on, après des fins de non-recevoir si invincibles, écouter favorablement les moyens qu'ils vous proposent?

Mais ces moyens ne sont pas moins foibles en eux-mêmes, que par rapport à ceux qui les expliquent.

On a établi trois propositions différentes, par lesquelles on prétend les détruire.

Première proposition. Le titre dont on demande l'exécution, est un titre très-suspect, pour ne pas dire déjà convaincu de fausseté.

Seconde proposition. Ce titre, quand il seroit véritable, est absolument nul.

Troisième proposition. Ce titre, enfin, ne contient aucune véritable prohibition d'aliéner, aucune clause expresse de retour.

Le titre est suspect, la foi en est douteuse, la vérité très-incertaine (c'est la première proposition); soit parce que les deux copies qu'on en rapporte contiennent non-seulement des différences essentielles, mais de véritables contrariétés; soit parce qu'il est prouvé que les seigneurs de Lauzun possédoient la terre de Verteuil, avant la prétendue donation de 1460, et que les seigneurs d'Albret l'ont possédée depuis ce titre; que par conséquent, et ce qui a précédé et ce qui a suivi s'élèvent également contre l'existence de cet acte; soit enfin parce qu'on a mis au nombre des témoins, Jean d'Albret, qui étoit mort quatre ans auparavant, sans parler ici d'un grand nombre de phrases obscures, inintelligibles, qui portent avec elles un caractère certain de fausseté et de supposition.

Le titre est nul. Il n'en faut point d'autre preuve

que le défaut d'insinuation qui s'y découvre; insinuation nécessaire dans le droit, nécessaire dans l'esprit des contractans; insinuation qui n'est pas seulement requise pour l'intérêt des créanciers ou des héritiers du donateur, mais pour l'utilité de tous ceux qui peuvent traiter dans la suite avec le donataire; insinuation, enfin, qui assureroit la vérité de l'acte, qui l'auroit rendu certain, public, solennel, et qui auroit averti les créanciers de la qualité prétendue du fief de Verteuil et des charges de la donation.

Quand même ce titre seroit d'une foi non suspecte, quand il ne seroit pas absolument nul, il seroit très-inutile aux parties qui s'en servent, puisqu'il ne contient point les clauses qu'ils s'efforcent en vain d'y découvrir.

C'est un principe certain, que le contrat d'inféodation est une convention de droit étroit; qu'on ne peut y suppléer aucune clause; et que, quand même on pourroit se donner cette liberté, il faudroit toujours tirer cette interprétation de l'autorité du droit commun; et le droit commun rendoit tous les fiefs patrimoniaux long-temps avec l'acte de concession dont il s'agit.

De ce principe résulte une conséquence infaillible, que si les clauses de prohibition d'aliéner, de réversion, de réunion au profit du seigneur, ne sont point dans ce titre, on ne doit pas les y suppléer.

Or ces clauses ne s'y trouvent point. 1.° L'affectation aux mâles ne se trouve pas dans une des deux copies. 2.° Les termes tant de fois cités, *dummodò in nullam personam extraneam transferatur*, ne veulent dire autre chose, si ce n'est que la clause qui précède aura lieu, tandis que la terre ne passera point dans des mains étrangères. Il y a plus, cette clause toute entière n'est point apposée par le donateur, mais par le donataire, qui a voulu faire une simple substitution dans sa famille; substitution soumise, comme toutes les autres, aux ordonnances qui l'ont suivie.

Ce n'est pas tout encore ; non-seulement ces clauses d'affectation aux mâles et de prohibition d'aliéner, ne sont point expresses et ne sont point l'ouvrage du donateur : on va plus loin, et l'on soutient que le titre de concession renferme des clauses directement opposées, par lesquelles le donateur marque que le fief sera héréditaire, que le donataire aura la même liberté d'en disposer que le donateur avoit avant la donation, qu'il en disposera *tanquàm de re suâ merè et purè propriâ.* Qui pourra concilier toutes ces clauses avec cette prétendue prohibition d'aliéner, ce droit de retour imaginaire que l'on veut découvrir dans ce titre, quoique tous ses termes y résistent également ?

Après cela, c'est sans aucune application que l'on se sert ici de la distinction des fiefs patrimoniaux, et des fiefs substitutionels, appelés *ex pacto et providentiâ.*

On convient de cette distinction ; mais premièrement, il est si difficile de distinguer les véritables caractères de ces deux sortes de fiefs, les opinions des feudistes sont tellement partagées sur ce point, que les plus sages et les plus éclairés de ces docteurs ont cru qu'il étoit plus sûr de revenir toujours au droit commun.

2.° Tous les fiefs étoient anciennement des fiefs *ex pacto et providentiâ*, tous également inaliénables, affectés à de certaines familles ; on n'a pas laissé d'établir la maxime qui les rend tous patrimoniaux ; et cette maxime n'est pas fondée sur les titres des anciennes investitures, au contraire, elle y résiste et les détruit absolument ; mais sur l'intérêt, sur l'utilité publique, qui ne souffre pas que les biens du royaume qui sont presque tous tenus en fiefs, soient hors du commerce et chargés d'une substitution perpétuelle.

Pourquoi le fief de Verteuil seroit-il exempt de cette loi générale ?

Que l'on n'oppose point l'exemple du comté de Clermont : on convient de l'arrêt ; mais quelle en étoit l'espèce? Un fief situé en Dauphiné, où l'on suivoit les anciens usages des fiefs d'Italie, qui les rendoient inaliénables; un titre authentique rappelé expressément dans tous les hommages, dans tous les aveux et dénombremens; un titre confirmé par des lettres patentes enregistrées au parlement de la province; un titre, en un mot, revêtu de tous les caractères et de toutes les solennités d'une loi.

Ici, tout au contraire, le titre est douteux, le titre est nul. On ne rapporte aucun acte de foi et hommage, aucuns aveux et dénombremens qui aient rappelé, renouvelé, confirmé les conditions de l'investiture; nulles lettres patentes, nulle loi, nul usage de la province qui l'aient autorisé. Le seigneur et le vassal y ont également renoncé. L'ordonnance des substitutions le condamne, l'usage général du royaume le rejette, l'équité, l'utilité publique, la faveur de la bonne foi, c'est-à-dire les premières et les plus inviolables de toutes les lois, se joignent aux créanciers pour vous demander la nullité d'un titre, aussi vicieux dans son principe, qu'il est peu favorable dans l'étendue qu'on prétend lui donner.

Quant a nous, vous voyez, Messieurs, par le récit que nous venons de vous faire et des circonstances du fait et des principaux moyens des parties, que cette cause se divise naturellement en deux parties générales, dont l'une regarde la forme, l'autre concerne le fond.

La première, consiste à examiner la qualité des parties; si les demandeurs sont recevables à intenter l'action qui fait le sujet de cette contestation célèbre, ou si au contraire ils ont eux-mêmes condamné par avance leurs propres prétentions, et approuvé celles de leurs adversaires.

La seconde, se réduit à chercher, à découvrir la nature, la qualité, les effets du titre, ou de donation ou d'inféodation et d'investiture, qui renferme toute la difficulté de cette cause.

Ce partage, quelque juste et quelque naturel qu'il puisse être, n'est pourtant pas égal.

La première partie, dans laquelle nous devons vous proposer nos réflexions sur les fins de non-recevoir, sera très-courte et très-sommaire; et la seconde, dans laquelle nous devons examiner le titre, sera beaucoup plus étendue que nous ne le désirerions; mais elle ne le sera pas plus que l'importance et la difficulté des questions le méritent et l'exigent nécessairement de notre ministère.

PREMIÈRE PARTIE.

Forme, et fins de non-recevoir.

C'est inutilement que le sieur duc de Lauzun obtient des lettres en forme de requête civile, qu'il interjette des appellations, qu'il forme des demandes pour être maintenu dans la propriété de la terre de Verteuil; c'est en vain que M. le duc de Bouillon se joint à lui, et qu'il ajoute la faveur du seigneur à celle de vassal, s'il est vrai que l'un et l'autre se soient privés eux-mêmes du droit de former toutes ces demandes, et si leurs premières démarches sont autant d'obstacles invincibles qui rendent les dernières absolument inutiles.

Attachons-nous donc d'abord à ces fins de non-recevoir, et commençons cet examen par celles qui regardent le sieur duc de Lauzun.

Mais auparavant il est nécessaire d'observer, en général, que ces fins de non-recevoir peuvent être considérées en deux manières; ou comme des obstacles dans la forme, qui arrêtent, qui éteignent, pour ainsi dire, l'action dans son principe; ou comme des preuves du changement que l'usage a introduit dans les fiefs mêmes par rapport à l'opinion du seigneur et du vassal, qui tous deux semblent avoir reconnu la justice de cet usage. Nous ne les examinerons dans ce moment, que dans la première de ces deux vues, comme moyens de forme, et non comme moyens du fond ; et nous les discuterons dans la suite sous cette seconde face, c'est-à-dire, comme des preuves de la prétendue reconnoissance que le seigneur et le vassal ont fait du droit commun.

Nous ne nous arrêtons point ici à répondre à une première fin de non-recevoir qui pourroit être commune aux deux parties, parce que la simple proposition suffit pour la réfuter.

L'on vous a dit que l'action que l'un et l'autre intentent, est prématurée, et que leur droit ne peut être ouvert que par l'adjudication de la terre de Verteuil.

C'est peut-être la première fois que l'on s'est avisé de reprocher à un substitué, qu'il a été trop diligent, et qu'il devoit attendre, pour paroître, qu'un corps entier de créanciers, qu'un adjudicataire de bonne foi eussent été trompés par une vente nulle et inutile.

Il est vrai que l'adjudication consommée n'empêcheroit point le sieur duc de Lauzun, ni M. de Bouillon, d'intenter leur action pour rentrer dans la propriété de la terre, supposé que cette action eût un fondement légitime.

Tous les jours, il arrive qu'un douairier, qu'un substitué, évince un acquéreur long-temps après une possession paisible, et jusqu'à ce que la prescription soit acquise.

Mais on n'avoit pas encore osé soutenir que le substitué et le douairier, ou toute autre personne qui avoit un droit de propriété, ne pouvoient pas empêcher une adjudication ; comme s'il falloit attendre nécessairement que le mal fût consommé, pour y appliquer le remède, au lieu de le prévenir par des précautions salutaires ; et comme s'il n'étoit point beaucoup plus sage de suivre en ce point la juste décision de l'empereur Justinien, qui répondra pour nous à cette première difficulté : *Meliùs etenim intacta eorum jura servari, quàm post causam vulneratam, remedium quærere* (1).

Passons donc à la seconde, ou plutôt à la seule fin de non-recevoir qui mérite quelque attention.

Reprenons le fait sur lequel elle est fondée, et examinons ensuite l'induction que l'on en tire.

Opposition formée par la dame comtesse de Lauzun, au décret des terres de la maison de Lauzun, mais avant la saisie réelle de celle de Verteuil.

Cette opposition reprise par le sieur duc de Lauzun. Requête contenant une demande précise pour être colloqué sur le prix de la terre de Verteuil.

Arrêt en 1689, qui porte que l'ordre de la terre de Verteuil sera fait avant l'adjudication, conjointement avec celui des autres terres déjà vendues; cet arrêt rendu contradictoirement avec le procureur le plus ancien des opposans, au nombre desquels étoit le sieur duc de Lauzun.

Arrêt d'ordre en 1693, où il est colloqué.

De là, plusieurs conséquences tirées par les créanciers, qui sont le fondement des fins de non-recevoir.

Il en résulte, selon eux, une reconnoissance formelle, que la terre devroit être vendue, un consentement exprès à la vente, consentement qui n'a jamais été rétracté, qui ne pourroit l'être, et qui fait un obstacle insurmontable à la demande du sieur duc de Lauzun.

L'ignorance par laquelle on veut excuser cette demande, est une ignorance affectée, puisque le titre étoit inventorié parmi les papiers de sa maison, après le décès du sieur comte de Lauzun, son père; c'est plutôt une ignorance de droit, qu'une erreur de fait.

De l'autre côté, le sieur duc de Lauzun répond qu'il n'est point héritier de son père, que ce n'est point à sa requête que l'inventaire a été fait; qu'il a

(1) Loi *Sancimus* 5. Cod. *In quib. causis in integr. restitutio necess. non est.*

mené une vie si agitée, qu'il n'est pas difficile de croire qu'il a ignoré une partie de ses droits, qu'il n'a connu le titre d'inféodation qu'en 1693, par la production de M. de Bouillon; que tout ce qui s'est fait jusqu'alors ne peut lui être opposé; que c'étoit pour lui un temps de ténèbres et d'ignorance de ses droits.

Cette première difficulté semble se réduire à deux points.

L'un, s'il y a ignorance, et quelle ignorance; si elle est ou de fait ou de droit.

L'autre, s'il est vrai que quand même il n'y auroit point d'ignorance, la première demande du sieur duc de Lauzun l'auroit privé du droit d'intenter la seconde.

Le premier point paroît assez douteux. Il est certain que l'acte a été inventorié; il est difficile de croire que le sieur duc de Lauzun n'ait pris aucune connoissance de l'inventaire avant que de renoncer à la succession; rien de plus facile à prouver que cet acte, puisque vous voyez que depuis la plaidoirie de la cause, dès la première perquisition, on en a trouvé une copie.

Toutes ces raisons sembleroient prouver que l'on doit supposer que le sieur duc de Lauzun a eu connoissance du titre; et si cela est, son ignorance devient une pure erreur de droit, qui ne peut servir d'excuse à personne, suivant les principes établis par les lois.

Cependant, quoique cette vraisemblance générale, que l'on peut appeler une présomption légale, tirée de la connoissance que l'on présume que chacun doit avoir de ses intérêts, puisse être opposée au sieur duc de Lauzun; il y a ici plusieurs circonstances qui la combattent.

Premièrement, il n'étoit point l'aîné de sa famille, et c'étoit l'aîné que ce droit regardoit. Ainsi, il est aisé de concevoir qu'il a négligé de s'en instruire.

Secondement, tous les changemens de sa fortune,

les agitations de sa vie, ses prospérités et ses disgrâces, la longueur de sa détention, les différens voyages qui l'ont suivie, une foule de circonstances et de conjonctures différentes, dont il est inutile de retracer le détail, puisque chacun se le dit à soi-même, favorisent extrêmement cette excuse d'ignorance et d'erreur de fait, que l'on a employée pour répondre aux fins de non-recevoir.

Mais, sans nous arrêter ici à comparer ces différentes présomptions, il est toujours certain que ni la connoissance ni l'ignorance n'est point prouvée, et la question se réduiroit à savoir si, dans le doute, on doit présumer pour l'une ou pour l'autre. Le jurisconsulte présumera d'abord pour la connoissance, et celui qui aura quelque expérience des affaires du monde, présumera au contraire pour l'ignorance.

Encore une fois, nous croyons que toutes ces questions sont absolument inutiles; et, afin d'expliquer en un mot, nos sentimens sur cette fin de non-recevoir, nous ne croyons pas que, quand même le sieur duc de Lauzun auroit pris la qualité de créancier en connoissance de cause, il fût exclu, pour cela, de prendre celle de propriétaire appelé par la substitution féodale, qu'il prétend trouver dans l'acte d'investiture.

Il avoit deux droits et deux qualités. Il étoit créancier de la maison de Lauzun : il prétend avoir la propriété d'une des terres de cette maison. Il se fait, en sa personne, un combat entre ces deux qualités incompatibles de créancier et de propriétaire; et il se fera, si vous jugez qu'il les ait véritablement, une confusion par laquelle l'une des deux sera éteinte.

Mais pourquoi prétendre que celle de propriétaire sera détruite plutôt que celle de créancier? Lequel des deux doit l'emporter? Sera-ce le créancier? Sera-ce le propriétaire? On n'a jamais douté, en matière de confusion, que le droit le plus éminent ne soit le seul qui reste après la confusion. C'est ce qu'il est aisé de prouver par l'exemple de l'héritier.

Lorsque le créancier succède à son débiteur, il se fait une confusion ; mais quel en est l'effet? La qualité de créancier est éteinte, la seule qualité d'héritier subsiste. Or, qui peut douter que dans le concours de ces deux droits de créancier et de propriétaire, le dernier ne soit en même temps le plus noble, le plus fort et le plus éminent, et, par conséquent, celui auquel le droit de créance doit céder? Tout ce que l'on peut donc conclure des procédures que le sieur duc de Lauzun a faites comme créancier, c'est que, s'il devient propriétaire, sa créance s'évanouira par rapport à la terre de Verteuil.

Et, pour expliquer encore plus cette réflexion par des exemples sensibles, supposons qu'un homme, qui seroit en même temps héritier présomptif et créancier d'un autre, veuille, pendant long-temps, n'agir qu'en qualité de créancier, soit parce qu'il attend que d'autres héritiers se déclarent, soit parce qu'il ne connoît pas suffisamment les forces de la succession, soit enfin parce qu'il doute de son droit, et qu'il ne veut point le soutenir sans être assuré d'un succès favorable, pourra-t-on lui opposer, lorsqu'il prendra le nom et la qualité d'héritier, qu'il a agi, pendant long-temps, en qualité de créancier?

Approchons encore davantage de l'espèce de cette cause, et supposons un homme qui soit, en même temps, et créancier d'une maison, et substitué par rapport à une des terres de cette maison.

S'il a agi comme créancier, ne pourra-t-il plus agir comme substitué? A la vérité, si, après avoir touché le prix des biens substitués, il venoit demander l'ouverture de la substitution, on pourroit se plaindre et de sa négligence et de sa mauvaise foi; mais, lorsque les choses sont encore entières, lorsqu'on ne peut lui rien reprocher que d'avoir voulu assurer sa créance, comment pourroit-on l'exclure de la propriété d'un bien, parce que, jusqu'alors, il n'a prétendu avoir qu'une simple hypothèque?

En un mot, il faut distinguer entre les actions mêmes et l'effet des actions. Les effets, à la vérité, sont incompatibles : on ne peut point concilier et unir, dans l'événement, dans l'exécution, le droit de propriétaire avec celui de créancier. L'un ou l'autre cessera de paroître et se trouvera confondu; mais les actions subsisteront toujours en leur entier jusqu'à cet événement; on pourra agir et comme créancier et comme propriétaire, jusqu'à ce que la justice ait prononcé.

Mais, dit-on, il a acquiescé à la vente par son opposition et par sa collocation dans l'arrêt d'ordre. Il faut dire plutôt, il a demandé la vente; mais il l'a demandée comme créancier, non comme propriétaire.

Ajoutons une dernière considération, c'est que les créanciers n'ont aucun intérêt à proposer cette fin de non-recevoir. Quand même elle pourroit exclure le sieur duc de Lauzun personnellement, elle n'auroit aucun effet contre les autres héritiers du nom et du sang de Lauzun; ainsi, ils ne feroient que changer d'ennemi, sans terminer le combat.

Les fins de non-recevoir que l'on oppose à M. le duc de Bouillon, paroissent beaucoup plus considérables.

Non-seulement il a formé des demandes qui paroissent résister à ses prétentions présentes; non-seulement il a demandé d'être colloqué sur le prix de la terre de Verteuil, pour les fruits qu'il prétendoit lui être acquis (s'il s'étoit renfermé dans ces bornes, on pourroit l'excuser, en quelque manière, quoique le seigneur soit toujours présumé instruit de la nature et de la qualité du fief qui est dans sa dépendance, et qui relève de lui); mais il a été beaucoup plus loin. Pleinement informé de la condition de la loi de l'investiture, dans le temps même qu'il produit ce titre, il déclare formellement qu'il ne veut point incidenter sur les clauses de l'inféodation; qu'il pourroit, à la vérité, empêcher que la terre de Verteuil ne passât en des mains étrangères, mais qu'il aime mieux s'en tenir à son opposition : nul acquiescement, nul désistement plus formel.

On répond qu'il est donné *per media causæ*, sans

conclusions précises, sans acceptation de la part des créanciers, et qu'ainsi M. le duc de Bouillon est encore en état de le révoquer.

Cette réponse seroit peut-être solide, si les conclusions que M. le duc de Bouillon a prises, après cette déclaration, ne la supposoient nécessairement, et n'étoient absolument incompatibles avec ce qu'il demande aujourd'hui.

Il conclut à être colloqué, etc. Ces conclusions, prises après l'explication du titre, ne supposent-elles pas qu'il se désiste de la prétention qu'il pourroit former en conséquence de ce titre? Ces conclusions peuvent-elles jamais subsister avec la demande que l'on forme aujourd'hui pour la réunion de la terre?

Que peut-on répondre à une objection si forte? L'unique solution de cette difficulté, c'est que le titre d'investiture, dont il s'agit, intéresse également et le donateur et le donataire. Les déclarations de l'un ne peuvent faire de préjudice à l'autre. Ainsi, dès le moment que l'on jugera qu'il n'y a point de fin de non-recevoir contre le sieur duc de Lauzun, il faut décider, par une conséquence nécessaire, que l'on doit écouter la prétention de M. de Bouillon. L'acte est indivisible; on ne peut séparer l'intérêt du seigneur de celui du vassal; si le seigneur est recevable, le vassal l'est aussi; et réciproquement, si l'on peut écouter le vassal, on peut aussi écouter le seigneur.

Rien ne nous empêche donc d'entrer dans l'examen du fond.

Mais, auparavant, il est nécessaire de faire quelques réflexions sur les différens chefs qui forment la contestation.

Vous avez à prononcer, sur une requête civile, un appel de la saisie réelle, une opposition au congé d'adjuger, et sur une demande principale.

Il semble qu'il faudroit s'arrêter d'abord à examiner et les moyens de requête civile, et les moyens d'appel de la saisie réelle, et ceux de l'opposition au congé d'adjuger, avant que d'entrer dans l'examen de la demande principale.

Cependant il faut remarquer, 1.° que la requête civile n'étoit point absolument nécessaire. Les arrêts n'ont rien décidé touchant la question de la propriété. Elle n'avoit pas même été formée dans le temps de ces arrêts. Ils n'ont décidé que des titres de créance, et ce n'est que pour lever les moindres fins de non-recevoir, qu'on a cru avoir besoin de lettres en forme de requête civile, parce que ces arrêts supposoient la nécessité de la vente de la terre de Verteuil.

2.° Que la requête civile, l'appel et l'opposition ne sont établis que sur la demande principale, et sur les moyens du fond. Les moyens qu'on propose contre les arrêts, contre la saisie réelle, contre le congé d'adjuger, se réduisent uniquement à la nullité de la procédure. Et en quoi consiste cette nullité? En ce que la saisie réelle a été faite *super non domino et pro non debito*, c'est-à-dire, que la requête civile n'est prise que sur cette proposition, qui est le fondement de la demande principale du sieur duc de Lauzun, que la terre de Verteuil lui appartient franche et quitte de toutes dettes.

Ainsi, les moyens de la requête civile, de l'appel et de l'opposition, sont les mêmes que ceux de la demande principale, à laquelle nous devons désormais nous attacher uniquement.

SECONDE PARTIE.

Fond et demande principale pour la propriété de la terre de Verteuil.

Toute la difficulté de cette seconde partie de la cause, se réduit presqu'à l'examen d'un seul titre; car, quoiqu'elle paroisse et soit en effet fort étendue, nous y avons néanmoins cet avantage, que ce n'est point dans une grande multitude de pièces différentes que nous devons chercher sa décision ; c'est dans un seul acte, ou pour mieux dire, dans une seule clause qu'elle se trouve renfermée.

Pour examiner, avec exactitude, cette clause importante, et le titre qui la contient ; et pour renfermer, dans un ordre simple et naturel, tout ce que nous avons à vous proposer dans cette dernière partie de la cause, nous distinguerons trois vues et trois faces différentes, sous lesquelles on peut envisager le titre de concession de la terre de Verteuil.

Nous examinerons d'abord les différentes observations critiques par lesquelles on a voulu rendre la foi de cet acte suspecte.

Nous tâcherons ensuite de pénétrer dans l'esprit des contractans, et de découvrir, au milieu de l'obscurité des expressions et des ténèbres que l'on a voulu répandre sur ce titre, quelle est la véritable nature de l'acte, et la qualité de la donation qu'il renferme.

Enfin, nous vous expliquerons les maximes par lesquelles nous croyons que l'on doit décider de la validité de ce titre, de l'exécution de ses clauses, et de l'autorité qu'il doit avoir dans la jurisprudence présente.

En un mot, la certitude et la vérité du titre ; la nature et la qualité du titre ; la validité et l'exécution du titre ; ce sont les trois questions que nous nous proposons d'examiner, et les trois objets qui font toute la difficulté de cette cause.

PREMIÈRE QUESTION.

Certitude et vérité du titre.

Avant que de discuter les soupçons de fausseté et de supposition que l'on a voulu faire naître contre le titre dont il s'agit, nous ne pouvons nous dispenser de faire deux réflexions générales, qui, en marquant quel est l'état de la question, semblent là décider presqu'entièrement.

Premièrement, on prétend, à la vérité, rendre ce titre suspect de fausseté; mais où est l'inscription en faux? Ecoutera-t-on des soupçons, quelque violens qu'ils puissent être, s'ils ne paroissent pas aux yeux de la justice dans la forme légitime, qui seule peut les autoriser?

Quel est donc l'état de cette première question? Elle se réduit à savoir si l'on peut rejeter une pièce comme fausse, sur de simples soupçons, et si des présomptions pourront détruire un acte que l'on n'attaque point par la voie que l'ordonnance a tracée.

La simple proposition résout suffisamment une semblable question.

Secondement, sur quoi sont fondées la plupart de ces suspicions? Sur des différences qui se trouvent entre deux copies du même acte. Mais, outre que ces différences ne sont pas fort essentielles, comme nous le dirons dans un moment, il n'est pas vrai, à proprement parler, qu'il y ait ici deux copies de la même pièce; il n'y a qu'une seule copie à laquelle nous devions et nous puissions nous arrêter.

C'est celle qui a été compulsée en présence de toutes les parties : c'est la seule qui paroît aux yeux de la justice dans une forme authentique et irréprochable. L'autre, est une copie collationnée sans aucune formalité, copie dont on ne veut se servir ici que pour obscurcir cette cause par une comparaison irrégulière et superflue.

Après ces premières réflexions, qui pourroient nous dispenser d'un plus grand détail, parcourons néanmoins, en très-peu de paroles, les principales observations que l'on vous a faites avec tant d'étendue sur le titre que nous examinons, et voyons si elles sont capables de faire concevoir le moindre soupçon de fausseté.

Ce seroit abuser du temps précieux de la justice, que de relever ici un grand nombre de remarques peu importantes, auxquelles on s'est attaché avec beaucoup plus d'exactitude que d'utilité.

Telles sont, par exemple, les observations sur la mauvaise latinité, sur les expressions impropres, sur les termes barbares qui se trouvent dans cet acte; comme s'il falloit chercher la pureté, la justesse, la netteté de l'élocution, dans des actes latins du quinzième siècle. Bien loin que la grossièreté du langage soit une preuve de la fausseté de l'acte, il y auroit au contraire un juste sujet de douter de sa sincérité, si les expressions en étoient plus correctes; et la foi de l'acte diminueroit à proportion que l'élégance des termes augmenteroit. S'il a été composé dans le style de son temps, il a dû être tel qu'il est, c'est-à-dire dans un style plein de barbarie, qui rend un témoignage fidèle de sa vérité, ou du moins qui la prouve beaucoup plus qu'elle ne la détruit.

Tel est encore tout ce que l'on vous a dit touchant le lieu où l'acte a été passé : circonstance très-inutile; comme s'il avoit été défendu aux seigneurs d'Albret de faire des donations ailleurs que dans le château d'Albret et dans la maison seigneuriale.

Nous mettrons encore dans le nombre des observations inutiles, ce qui vous a été dit que l'on n'a point fait mention dans cet acte de la parenté qui étoit entre le donateur et le donataire, quoiqu'elle dût être le principal motif de la donation. Cette omission, à la vérité, peut paroître singulière; mais, sans en chercher les raisons, il est certain qu'elle n'est pas capable de balancer la foi d'un acte auquel on ne pourroit opposer aucun autre défaut.

Attachons-nous donc aux observations qui peuvent mériter une attention plus sérieuse, parce qu'elles sont si apparentes, qu'elles font naître d'abord des doutes dans l'esprit.

Nous les réduisons à trois.

La première consiste à faire voir que la terre de Verteuil a été dans la maison de Lauzun, avant la donation dont il s'agit, et qu'au contraire, après la donation, elle étoit dans la maison d'Albret, d'où l'on conclut que ce titre est faux par un double argument.

La terre de Verteuil n'a point été donnée à la maison de Lauzun en 1460, si la maison de Lauzun la possédoit avant ce temps-là. Or elle la possédoit avant 1460; la preuve en est écrite dans la généalogie du sieur duc de Lauzun. Premier argument.

La terre de Verteuil n'a point été donnée à la maison de Lauzun en 1460, s'il est vrai que les seigneurs d'Albret aient continué immédiatement avant ce temps-là, et long-temps après, d'en porter la foi et hommage au roi. Or, il est prouvé, par des actes d'hommages, tirés de la chambre des comptes, que les seigneurs d'Albret ont compris la terre de Verteuil dans les actes de foi et hommage qu'ils ont rendus au roi. Donc ils ne l'avoient point donnée. Second argument.

Ceux qui ont défendu les intérêts du sieur duc de Lauzun et de M. de Bouillon, ont si solidement combattu ces deux argumens, que, comme ils n'ont laissé presque aucun doute dans les esprits, il ne nous reste presque rien aussi à ajouter à leurs réponses.

Ils vous ont observé d'abord, et avec raison, que ces deux argumens se combattoient et se détruisoient mutuellement.

On veut prouver, dans le premier, que la maison de Lauzun possédoit la terre de Verteuil, même avant la concession qui est rapportée; et l'on soutient, au contraire, dans le second, qu'elle ne possédoit point cette terre, même depuis la donation. Dans l'un, on est trop libéral envers la maison de Lauzun, puisqu'on lui donne ce qu'elle ne prétend point avoir; et, dans l'autre, on est injuste, puisqu'on lui ôte ce qu'elle a. Mais il est aisé de faire une juste compensation de ces deux argumens, en rendant, d'un côté, à la maison de Lauzun ce qu'on lui ôte de l'autre, et en lui retranchant ce qu'on veut lui donner malgré elle; c'est-à-dire, en faisant voir que la maison de Lauzun ne possédoit point la terre avant 1460, et qu'elle l'a possédée depuis ce temps-là.

Quelle preuve allègue-t-on pour montrer que la maison de Lauzun jouissoit de la terre de Verteuil en 1460 ? L'autorité d'un généalogiste. Nul acte, nul titre qui soutienne son témoignage. Il n'en faudroit pas davantage pour le réfuter.

Mais, pour lever toute équivoque, on vous a observé qu'Annixant, second aïeul du donataire, avoit épousé Jeanne d'Albret, qui lui avoit apporté en dot la terre de Verteuil, ou du moins la jouissance de cette terre, et que, pendant la vie de Jeanne d'Albret, les seigneurs de Lauzun avoient pris la qualité de seigneurs de Verteuil; mais depuis sa mort, en 1400, jusqu'en 1460, temps de la donation, on ne rapporte aucun acte dans lequel on leur ait donné ce titre, et il ne paroît point dans tous ceux qu'ils ont passés.

Après cela, quelle peut être l'autorité d'une généalogie, titre en général très-douteux, souvent l'ouvrage de la vanité, que la fausseté veut soutenir quelquefois, et que l'erreur accompagne presque toujours ? Il seroit inutile de s'arrêter plus longtemps à ce moyen, qui a même été abandonné dans la dernière audience.

Le second argument par lequel on veut prouver au contraire que les seigneurs d'Albret ont possédé la terre de Verteuil depuis la donation de 1460, est plus spécieux, mais il ne nous paroît pas plus solide.

On rapporte des actes de foi et hommage de 1461, 1469, 1472, dans lesquels les seigneurs d'Albret mettent au nombre des terres dont ils rendent hommage au roi, celle de Verteuil.

Trois réponses à cet argument.

1.° Ils comprennent, dans cet aveu, un si grand nombre de terres (il y en a plus de quatre-vingts), qu'il est impossible de concevoir qu'une seule maison ait pu les posséder; et l'on ne peut répondre à cette impossibilité, qu'en supposant que les seigneurs d'Albret ont compris les arrière-fiefs comme les fiefs dans leurs hommages, et c'est peut-être par cette raison qu'ils y ont mis Verteuil, non comme fief, mais comme arrière-fief.

2.° Ils y comprennent des terres, que constamment ils n'avoient point lors de ces actes. Tel est le Captal de Busch, qu'il paroît que la maison de Foix possédoit près de cent ans auparavant : telles sont les terres de Saint-Bazile et autres terres, que l'on avoit données en partage à un des enfans de Charles d'Albret. On ne peut donc point conclure de cette énonciation, que Verteuil leur appartînt encore, mais seulement qu'il leur avoit appartenu.

3.° On répond (et c'est à cette dernière réponse que nous nous arrêtons, parce qu'elle découvre sensiblement la raison qui a déterminé les seigneurs d'Albret à rendre au roi l'hommage de la terre de Verteuil) qu'il étoit de leur intérêt et de celui des seigneurs de Lauzun de la comprendre dans leurs actes de foi et hommage.

Pour pénétrer dans ces motifs, il faut observer que Verteuil étoit un fief mouvant originairement du roi. Le seigneur d'Albret l'avoit sous-inféodé par la donation que nous examinons, en faveur de la maison de Lauzun. Il n'est pas nécessaire de discuter ici, si cette sous-inféodation pouvoit être regardée comme permise, ou si elle étoit défendue; il est toujours certain que le roi n'y avoit point donné son consentement. Il n'étoit donc pas obligé de reconnoître pour son vassal le seigneur de Lauzun; au contraire, le roi ne devoit connoître aucun autre vassal que le seigneur d'Albret, l'ancien possesseur de la terre; et voilà pourquoi Charles d'Albret rend hommage de ce fief; parce que, par rapport au roi, il étoit toujours considéré comme le seul et le véritable vassal.

Mais, comme la vassalité peut souvent n'avoir rien de commun avec la propriété (ce qu'il seroit facile de prouver par plusieurs exemples de notre droit français), on ne peut tirer aucun argument de ces hommages, pour prouver que la propriété du fief n'appartenoit point à la maison de Lauzun.

Rien donc de plus foible que cet argument négatif; mais rien de plus fort que ce qu'on lui oppose. Un titre en bonne forme, hors de tout soupçon de faux; un titre translatif de propriété, suivi, huit ans après, d'un acte de foi et hommage qui le rappelle, qui le confirme, qui le ratifie.

Voilà cependant l'observation la plus importante et la plus spécieuse que l'on ait faite contre cet acte; car, pour ce qui regarde les deux dernières, elles sont très-aisées à réfuter.

L'une paroissoit d'abord invincible, une antidate; un anachronisme manifeste. On met au nombre des témoins, Jean d'Albret, fils du donateur. L'acte est de 1460; Jean d'Albret est mort en 1456. Après cela, on a raison de se récrier sur la fausseté de la pièce. Quel témoin! Un homme mort quatre ans auparavant.

Mais, si la conséquence du fait est indubitable, où est la preuve de ce fait important?

On prétend la trouver dans le *Traité des droits du roi* (1), composé par les sieurs Dupuy, où l'on voit une généalogie de la maison d'Albret, dans laquelle est Jean d'Albret, mort en 1456.

Quelque respect que l'on doive à la mémoire de ces savans illustres, auxquels l'état (2) et la république des lettres ont une égale obligation, il ne nous est pas permis de déférer à leur autorité, lorsqu'elle n'est soutenue par aucune preuve. Ils ne citent ni historiens contemporains, ni titres, ni mémoires anciens.

(1) *Page* 687.

(2) Ils ont rendu principalement service à l'état, par le *Recueil des preuves des libertés de l'église gallicane*, qui est leur plus grand ouvrage, et qui contient les pièces mêmes qui forment ces preuves. Il y a aussi un grand nombre de pièces, de mémoires, et de recherches historiques, dans leur Traité sur les droits du roi, dont il s'agit ici.

Les autres auteurs qui ont parlé de la maison d'Albret, tels que Sainte-Marthe, historien de la maison de France; Blondel, dans sa *Généalogie* de nos rois; M. de Marca, *Histoire de Béarn; Olhageray, Histoire des comtes de Foix et rois de Navarre;* Justel, *Histoire de la maison d'Auvergne;* M. du Belloy, avocat-général au parlement de Toulouse, dans le petit Traité qu'il a fait de la maison de Foix, ne font aucune mention de la mort de Jean d'Albret en 1456.

Mais, en un mot, sans s'arrêter à ces argumens négatifs, ce n'est point par le témoignage d'un auteur moderne, et qui écrit deux cents ans après que les choses se sont passées, qu'il faut rectifier les actes; c'est au contraire par les actes qu'il faut rétablir la vérité, lorsqu'elle a échappé à un historien.

Ici nous avons un acte authentique qui se défend, qui se soutient par lui-même contre l'autorité des sieurs Dupuy, et qui, bien loin d'être condamné par eux, les auroit portés au contraire à changer de sentiment, s'ils l'avoient vu.

On a même été encore plus loin de la part du sieur duc de Lauzun, et l'on a rapporté un testament de Charles d'Albret, que l'on a trouvé dans la bibliothèque, également nombreuse et choisie, de feu M. Colbert, par lequel il institue, en 1461, Jean d'Albret, son héritier universel. Donc il n'étoit pas mort en 1456.

Cette pièce ne peut être suspecte, elle a été collationnée par un magistrat, elle porte le caractère de l'autorité publique, et elle répond plus que suffisamment au passage des sieurs Dupuy, dans lequel il n'y a peut-être qu'une faute d'impression (1), et qui ne méritoit pas d'occuper une place aussi considérable dans cette cause.

(1) Peut-être que, dans l'impression, on aura transposé les deux derniers chiffres, et qu'il faut lire, dans le *Traité des droits du roi* de MM. Dupuy, 1465, au lieu de 1456.

La dernière observation n'est pas plus importante, et ne consiste que dans une pure subtilité.

On rapporte deux copies du même acte : dans l'une, il est dit que Monoratelli, notaire qui l'a reçu, en a fait une expédition pour le seigneur d'Albret ; et dans l'autre, au contraire, il est dit qu'il n'a pu faire cette expédition pour le seigneur d'Albret, à cause de son grand âge et de la foiblesse de sa vue.

Quelle contrariété, vous a-t-on dit, et quelle preuve plus grande peut-on désirer pour une conviction parfaite de la fausseté ?

On ajoute, qu'il est si peu vrai que Monoratelli ne fût pas en état de signer en 1460, que l'on rapporte un acte de foi et hommage qu'il a passé en 1468, et qu'ainsi tout concourt à établir la preuve de la supposition.

Trois réponses par lesquelles on peut aisément concilier ces contrariétés apparentes.

Première réponse. On peut justement rejeter une des copies qui n'a point été compulsée juridiquement. Peut-être y a-t-il une erreur de nom qui cause toute l'équivoque ? Il n'y a ici, encore une fois, de pièce probante, que la dernière copie compulsée avec toutes les parties.

Seconde réponse. La copie dans laquelle Monoratelli dit qu'il a fait cette expédition pour le seigneur d'Albret, n'est signée, ni de lui, ni d'aucun notaire ; et c'est peut-être parce qu'il n'a pu la signer, qu'on en a fait une autre qui a été signée de Vénatoris. Ainsi, point de contrariété ; une des copies dit que Monoratelli l'a faite ; une autre, qu'il ne l'a point faite. La réponse à cette observation est très-solide ; c'est que la copie dans laquelle il est dit qu'il l'a faite, n'est point signée de lui ; et parce qu'il n'a pu la signer, on en a fait une autre, qu'un autre notaire a signée.

Troisième réponse. On ne peut tirer aucun argument de ce que Monoratelli a fait un acte en 1468, pour montrer qu'il étoit en état de signer en 1460.

1.° Il pouvoit se faire que son incommodité se fût dissipée pendant cet intervalle.

2.° L'on suppose, sans fondement, que l'expédition de Vénatoris a été faite en 1460 ; elle a pu n'être faite que long-temps après ; la date n'en est point marquée.

Vous voyez donc, MESSIEURS, à quoi se réduisent ces preuves de fausseté.

On dit que la terre de Verteuil étoit dans la maison de Lauzun avant la donation ; mais on ne le prouve point.

On prétend que la même terre étoit dans la maison d'Albret lors de la donation.

Mais, outre que ces deux faits se contredisent, le dernier n'est pas mieux prouvé que le premier, et les actes d'hommages que l'on rapporte ne prouvent rien moins que ce que l'on veut en conclure. Jean d'Albret étoit vivant en 1461 ; donc il a pu être témoin en 1460.

Enfin, la prétendue contrariété des deux copies est une pure illusion. 1.° Ces deux copies ne sont point comparables. 2.° La réponse est dans l'acte même, et la raison pour laquelle Vénatoris a signé une des expéditions, c'est parce que Monoratelli n'a pu signer l'autre.

Il est donc vrai, comme nous l'avons dit d'abord, que, non-seulement il n'y a aucune preuve de la prétendue fausseté, mais qu'il est presque impossible de concevoir le moindre soupçon contre la sincérité de la copie seule admissible, et qu'on auroit pu retrancher absolument toute cette partie de la cause.

Mais ce seroit inutilement que nous l'aurions examinée, et que, par l'examen que nous venons de faire du titre, nous aurions tâché d'en assurer la vérité, si nous ne nous attachions pas à découvrir son esprit, et à pénétrer dans l'intention des contractans. C'est ce que nous devons faire dans la seconde partie de cette cause, dans laquelle il faut essayer de fixer la véritable nature du titre dont il s'agit.

SECONDE QUESTION.

Nature et qualité du titre.

Nous commençons à entrer ici dans la véritable difficulté de cette cause. Jusqu'à présent nous n'avons présenté, à proprement parler, que les réflexions et non pas la cause des parties ; maintenant il s'agit d'entamer ce qui forme leur véritable contestation, et d'examiner quelle est la nature et la qualité du titre, non point pour décider encore quel doit être son effet et son exécution (c'est ce que nous réservons à la troisième partie), mais pour exposer simplement quelle a été l'intention des contractans, quelle est la nature de la donation, et quelle doit être son interprétation légitime.

Nous avons déjà observé que cet acte étoit différemment considéré par les parties ; que les uns le regardoient plutôt comme une donation que comme une inféodation ; les autres, au contraire, plutôt comme une inféodation que comme une donation.

Mais ce n'est pas la seule difficulté qui les partage. Quand même on auroit reconnu, dans ce titre, tous les caractères d'une véritable concession de fief, il faut encore connoître quelles en sont les conditions ; si le seigneur a voulu lui imprimer une qualité particulière, ou si, au contraire, il l'a laissé dans le droit commun de tous les fiefs de ce royaume.

Ainsi, la question que nous examinons, touchant la nature et la qualité du titre, renferme deux parties.

La première, consiste à approfondir la qualité de l'acte. Est-ce une donation ? est-ce une véritable inféodation ?

La seconde, se réduit à chercher quelle est la loi de l'investiture.

Dans l'une, nous devons tâcher de découvrir la

nature du titre, et dans l'autre, la loi et la condition du fief.

La première, ne mérite presque pas le nom de question : la seule lecture de l'acte établit suffisamment sa qualité ; elle y est si clairement marquée, que ce seroit s'aveugler volontairement que de n'y pas reconnoître les caractères d'une inféodation.

Qu'est-ce qui distingue une donation d'une inféodation ? Nous ne vous dirons point ici ce que l'on vous a observé comme une différence essentielle, que l'une est perpétuelle et irrévocable, au lieu que l'autre est limitée et par le temps et par les conditions.

Ce ne seroit pas entrer dans la nature des donations, que de soutenir que l'irrévocabilité constitue absolument l'essence de la donation. Il est vrai que, dans la plus grande rigueur des expressions, la donation porte avec soi un caractère de perpétuité, et que, dans la loi 1, ff *de Donat.* le jurisconsulte Julien dit que la clause de retour, en certains cas, empêche que la donation ne soit appelée donation proprement dite ; mais cependant, suivant ce jurisconsulte même, c'est *donatio quæ sub conditione solvatur* ; ainsi c'est toujours un genre de donation. Combien d'exemples en droit, de la révocation des donations, soit par la survenance des enfans, soit par l'ingratitude du donataire, soit par l'inofficiosité de la donation, soit enfin par une condition de retour apposée expressément par le donateur ou suppléée en faveur de certaines personnes par l'autorité du droit ; et, s'il étoit vrai que toute donation fût, par sa nature, irrévocable et perpétuelle, pourquoi trouverions-nous dans le code un titre entier dont la rubrique est conçue en ces termes : *De donationibus quæ sub modo, vel conditione, vel certo tempore conficiuntur* (1) ?

Mais cette observation, que nous ne faisons que

(1) *Lib. VIII, tit.* 55.

pour rétablir les principes, est assez indifférente à la décision de cette cause, parce que, sans emprunter ici des secours étrangers, nous trouvons, dans l'acte même, la véritable marque qui distingue l'inféodation de la donation ordinaire.

Et quelle est cette marque? On vous l'a déjà expliquée.

Régulièrement, la donation est un titre translatif de propriété, mais d'une propriété pleine et absolue du véritable domaine, qui comprend et la seigneurie directe et la seigneurie utile, au lieu que l'inféodation divise et partage le domaine entre le donateur et le donataire. Le donataire acquiert le domaine utile; mais le donateur retient ce qu'il y a de plus noble et de plus éminent, la seigneurie directe.

Cette maxime est tellement de l'essence du fief, que, sans cette règle, il ne peut exister de fief. Quelle notion pourroit-on se former d'un fief sur lequel le seigneur n'auroit point conservé de directe et de supériorité? Maxime également prouvée, et par la définition du fief, qui est celle de M. Cujas, et par celle que l'on a tirée de Charondas; maxime enfin qui ne peut être contestée que par ceux qui ignorent jusqu'au nom et à la première idée du fief.

L'application de cette maxime est ici toute entière, l'hommage est réservé par l'acte. Où a-t-on trouvé de semblables clauses dans une donation? Où a-t-on lu un ressort, une supériorité réservée par celui qui donne une seigneurie directe qu'il conserve?

Mais, dit-on, l'acte contient des termes de donation: *Donavit titulo.... Donationis et translationis inter vivos factæ.* Partout, celui qui accepte est appelé donataire, et jamais vassal. L'insinuation est requise par les parties.

La réponse est bien facile; c'est que l'inféodation est effectivement une espèce de donation impropre, anomale. M. Cujas l'appelle donation d'un usufruit perpétuel; d'autres docteurs, une donation du domaine utile. Le seul terme de *beneficium*, que l'on a donné pendant si long-temps à ce qui est devenu fief dans la suite, marque assez qu'un fief est une concession gratuite, une grâce, un bienfait, une libéralité, par conséquent une espèce de donation.

La qualité de l'inféodation, la loi de l'investiture, les conditions imposées au vassal sont plus longues dans leur explication, mais ne nous paroissent pas plus difficiles à établir que la nature de la donation.

C'est en cet endroit que nous sommes obligés de vous rapporter encore une fois, et de vous lire même les propres termes dans lesquels la clause est conçue : l'interprétation ne demande presque que la lecture.

Dedit, donavit titulo veræ, puræ, perfectæ donationis et translationis inter vivos factæ, semper valituræ eidem domino Aimerico de Cavomonte domino de Lauzuno quamvis absenti, Nobili viro Joanne de Cavomonte ipsius domini Aimerici nepote unà mecum notario publico pro ipso domino de Lauzuno et dicto ejus nepote herede suo futuro, et filio seu filiis masculis ipsius Joannis, et ab ipso descendentibus legitimis et naturalibus, eorumque heredibus, ab illis masculis per lineam masculinam legitimis et naturalibus futuris successoribus, dummodò in nullam personam extraneam transferatur, stipulantibus et legitimè recipientibus, totum suum castrum vocatum Verteuil.

Telles sont les expressions de la clause. On lui donne trois interprétations différentes.

Les deux premières, sont des créanciers ; la troisième, du sieur duc de Lauzun.

On dit, en premier lieu, que les termes *dummodò* ne contiennent aucune condition ; et, réduisant une question de droit à une question de grammaire, on prétend que ce terme veut dire simplement : *Tandis que la terre ne passera point à une personne étrangère.*

On ajoute ensuite (et c'est la seconde interprétation) que le donateur n'a jamais eu en vue de faire, dans son fief, une espèce de substitution masculine, parce qu'il a joint le terme *d'héritiers* à celui *d'enfans ;* preuve sensible qu'il a prétendu faire un fief héréditaire et patrimonial, et que toute cette clause est l'ouvrage du donataire, qui a eu intention de charger le fief qu'il recevoit du donateur d'une substitution perpétuelle dans sa famille. Cette interprétation est prouvée par le terme *stipulanti*, qui suit immédiatement la clause ; terme qui ne convient et qui ne se rapporte qu'au donataire, et qui marque que c'est lui qui stipule cette condition.

Enfin, la dernière interprétation est celle du sieur duc de Lauzun, qui prétend que cette clause est uniquement l'ouvrage du donateur, qui n'a accordé, concédé le fief qu'à condition qu'il seroit toujours affecté aux mâles, suivant la loi de famille qui s'observoit dans la maison d'Albret, et qu'il ne pourroit jamais sortir de la maison de Lauzun pour passer à un possesseur étranger.

Examinons maintenant quelle est la plus naturelle et la plus juste de ces trois interprétations.

Rejetons d'abord la première ; elle est si forcée, que nous pouvons dire que si elle s'accordoit par hasard avec les règles de la grammaire, elle résisteroit fort à celles du bon sens ; autrement, que l'on fasse entendre le sens d'une clause qui diroit : *Je donne à tous les descendans, tandis que la terre ne sortira point de leurs mains.*

Cette interprétation, si peu vraisemblable, n'est fondée que sur une équivoque et une confusion affectée des termes *dùm* et *dummodò*.

Il étoit inutile d'épuiser les grammaires et les dictionnaires, pour prouver que *dùm* veut dire *tandis, pendant que, jusqu'à ce que ;* nous ne croyons pas que personne en ait jamais douté. Mais parce que *dùm* veut dire *tandis*, s'ensuit-il que *dummodò* veuille dire la même chose ? Qui a jamais douté que le terme *modò* n'emportât une condition et un mode, lorsqu'il est joint à celui de *dùm*, et lorsqu'il est seul ?

Nous employons avec peine un seul moment pour réfuter cette objection ; on ne l'auroit pas faite, si on avoit lu l'exacte et docte répétition de Barthole sur la loi 1. ff. *de Conditionibus et demonstrationibus*, et sur la loi 40, §. 5 (1), où il explique tous les termes qui emportent une condition et un mode, et met entre ces termes celui de *dummodò*.

Mais ne cherchons point des moyens éloignés pour détruire cette subtilité ; *dummodò* a toujours voulu dire *pourvu que* ; la seule construction de la phrase le prouve ici invinciblement : *Dummodò in nullam personam extraneam transferatur*. Si *dummodò* vouloit dire *donec*, *quamdiù*, tant que, il y auroit *transferetur*.

La seconde interprétation a un peu plus de couleur, sans être beaucoup plus solide.

1.° On dit que le seigneur a voulu faire un fief héréditaire, puisqu'il s'est servi du terme *heredes*.

Deux réponses à cette observation.

Première réponse. La plupart des feudistes, comme Balde, Isernias et autres, expliquent le terme *héritier* en matière féodale, de l'héritier du sang et non pas des biens, *heres sanguinis non bonorum* ; et c'est effectivement en ce sens que ce terme est toujours pris dans le livre des fiefs.

La seule difficulté que l'on pourroit agiter, ce seroit de savoir si, quoique le fief affecté aux mâles soit hors de l'hérédité, le fils ne doit pas néanmoins être héritier de son père, pour le posséder, suivant une disposition du livre des fiefs ; mais cette difficulté n'intéresse point les créanciers, puisque, quand même le fils seroit héritier, le fief ne seroit pas sujet aux dettes, et que, d'ailleurs, suivant Mathieu *de afflictis*, et presque tous les feudistes, il suffit d'être héritier par bénéfice d'inventaire.

Seconde réponse. Si ces termes *héritiers mâles* se trouvoient seuls, ils pourroient donner lieu à

(1) *Num*. 7. *num*. 1, 2, 3, 4.

une question ; mais ils sont suivis par ceux qui contiennent la prohibition d'aliéner ; et ces derniers termes lèvent toute la difficulté, comme nous l'expliquerons bientôt.

2.° On prétend que, s'il y a ici une affectation aux mâles, une prohibition d'aliéner, cette clause est uniquement l'ouvrage du donataire.

Il est facile de réfuter cette objection.

1.° Qui a jamais entendu dire que celui qui ne donne rien puisse faire une substitution ? Le bienfait doit précéder la charge, *Non honoratus non potest onerari.* Or, ici Jean de Caumont, ni Aimeric ne donnent rien ; ils reçoivent un fief pour eux, pour leurs héritiers mâles ; ils sont donataires, et jamais donateurs.

2.° Quel seroit le sens de cette substitution faite par le donataire en acceptant la donation ? Il faudroit qu'il eût dit : *J'accepte la donation pour moi, pour mes descendans mâles, à condition, ou pourvu qu'elle ne passe point dans une famille étrangère ;* en sorte que si par hasard elle passoit un jour dans une famille étrangère, le donataire ne voudroit plus accepter la donation. Interprétation absurde. La condition de ne point aliéner ne le regardoit pas, mais le donateur. Reprenons encore la suite des termes : *Dedit, donavit Aimerico pro se, suisque heredibus masculis, dummodò in nullam personam extraneam transferatur.* Jusqu'à ce terme *dummodò*, c'est le donateur qui parle, c'est lui qui donne à Aimeric de Caumont, à son neveu, à ses héritiers mâles. Il faut supposer qu'en cet endroit le donataire l'interrompt, et insère cette condition : *Pourvu que la terre ne passe pas à une personne étrangère.* Cette supposition est ridicule en toutes manières.

Au contraire, la troisième interprétation est juste, facile, naturelle, conforme à la suite, aux termes de la clause. Quoi de plus ordinaire et de plus naturel, que la prohibition d'aliéner, apposée par un donateur ? Il affecte son bienfait aux mâles, et, pour assurer l'exécution de cette loi, il prohibe l'aliénation *extrà familiam*.

Que peut-on opposer? Une seule objection.

Dans la suite de l'Acte, on donne à la maison de Caumont le droit d'user, de jouir et de disposer, *prout donator faciebat, tanquam de re merè et purè propriâ*.

Il étoit inutile de faire une longue dissertation pour montrer, par le témoignage des auteurs de la seconde race, la différence et l'opposition qui sont entre le terme *propre* et le terme *bénéfice*, c'est-à-dire, qu'il y a de la différence entre usufruit et propriété. Tous ceux qui ont quelque connoissance de l'antiquité en conviennent.

Mais qu'en résulte-il? Qu'on a permis aux donataires de disposer comme de leurs biens propres.

S'il n'y avoit que cette clause dans l'acte, il est certain qu'indépendamment des formules de Marculphe et des capitulaires de Charlemagne, le donataire auroit la faculté d'aliéner.

Mais qu'est-ce qui précède cette clause, et qu'est-ce qui la suit?

Ce qui la précède, c'est une clause essentielle, apposée *in instanti donationis et acceptationis*, que l'on ne pourra aliéner. Tout le reste se réfère à cette clause *quæ informat totum contractum*.

Ce qui la suit, ce sont jusqu'à six réserves expresses qui rappellent la première clause; et dans quel endroit? Immédiatement après ces clauses générales qui semblent permettre l'aliénation, *Stipulatione præmissâ repetitâ, modo et formâ prætactis*.

Mais surtout il y a une réserve si expresse après l'endroit où il est dit que le donataire pourra disposer *tanquam de re merè et purè suâ propriâ*, qu'elle lève toute difficulté.

Voici ce que l'on réserve : *Appellationum jure, ressorto, superioritate, homagio, et aliis causis superiùs in omnibus et per omnia tactis, semper ipsi domino donatori et suis reservatis*.

Il est visible que la dernière partie de la clause ne peut tomber que sur la prohibition d'aliéner; car il n'y a que trois charges dans l'inféodation; l'hommage, le ressort, la prohibition d'aliéner. Les deux premières sont exprimées nommément. *Appellationum jure, ressorto, et homagio reservatis;* donc les termes que l'on ajoute, *et aliis causis superiùs tactis*, ne peuvent convenir qu'à la prohibition d'aliéner; donc elle est reservée en quelque manière expressément.

Voilà, Messieurs, quelle est la juste, la naturelle explication des clauses de l'Acte.

Mais, outre ces clauses expresses, il y en a une tacite, que l'on prétend être une suite nécessaire de celles qui sont exprimées.

Nous entendons parler du droit de retour au profit du seigneur en cas d'aliénation.

Nous examinerons bientôt jusqu'où ce droit de retour peut être étendu, et quels effets il peut avoir dans la jurisprudence présente; nous ne cherchons, à présent, qu'à découvrir l'esprit et l'intention des parties.

Or, nous ne doutons pas que leur dessein n'ait été de renfermer une clause tacite de retour dans la prohibition d'aliéner.

Il est vrai que ce droit n'est pas nettement exprimé, comme nous le trouvons dans une autre concession.

Mais il y en a assez pour le présumer par une conséquence nécessaire des clauses expresses qui sont dans l'acte.

Sans nous étendre ici en de longues dissertations sur les effets de la prohibition d'aliéner, nous nous bornerons à deux principes; l'un, qu'en général elle n'est pas favorable, comme étant contraire à la liberté naturelle, et qu'ainsi elle n'annulle point de plein droit l'aliénation, *L. Eâ Lege* 3. Cod. *de conditione ob causam datorum*; l'autre, que cette règle souffre une exception considérable, tirée de la loi 7, §. 2, ff. *de Distractione pignorum*, lorsque le donateur s'est réservé un droit réel sur la chose donnée, *prohibetur alienatio*. Barthole, Balde, Paul de Castre, M. Cujas et plusieurs autres.

Ici, sans difficulté, le donateur s'est réservé un droit réel; la seigneurie directe, l'hommage, le ressort; donc l'aliénation est prohibée.

Or, quelle est la peine légitime et proportionnée de la contravention à une telle disposition? la privation du fief; car à qui le donneroit-on? Seroit-ce à l'acquéreur? mais l'aliénation est nulle; Seroit-ce au vassal qui l'a vendu? mais il s'en est rendu indigne : *Cadit in pœnam commissi*.

Il ne reste que le seigneur, auquel, à la vérité, les enfans du vassal pourroient le redemander en vertu de la substitution féodale; mais s'il n'y en avoit point, le seigneur demeureroit propriétaire en vertu du droit de retour.

Si ce retour se fait en faveur du seigneur, il semble qu'il doit se faire sans charge de dettes, suivant la doctrine de Dumoulin (1).

C'est ce que nous examinerons plus en détail dans la troisième partie.

Réunissons nos réflexions sur la qualité du titre. Deux choses à examiner. La première : *Le titre est-il donation ou inféodation?* Sans difficulté, c'est une inféodation. La seconde : *Quelle est la loi de l'investiture?* Clauses expresses, affectation aux mâles, prohibition d'aliéner; clause tacite, renfermée dans le droit de retour au seigneur.

Voilà ce que les contractans ont voulu faire. Voyons s'ils l'ont pu, ou plutôt si leur volonté est revêtue, dans son principe, de toutes les solennités nécessaires, et si, dans ses suites, son exécution a pu être perpétuelle.

(1) §. 30. §. 22. *n.* 84.

TROISIÈME QUESTION.

Validité et exécution de l'acte.

Tout ce que nous vous avons proposé jusqu'à présent n'est, à proprement parler, qu'une simple explication par laquelle nous avons tâché d'assurer et la vérité et la qualité du titre. Il faut maintenant traiter les questions qui regardent la décision, et rétablir, en peu de paroles, les principes simples, mais solides, sur lesquels nous croyons qu'elle peut être fondée.

Nous avouerons d'abord que nous souhaiterions de trouver ici, ou des autorités précises, ou, ce qui est au-dessus de toutes les autorités, les préjugés certains et uniformes de vos arrêts, pour nous servir de guide et d'exemple dans la recherche des maximes que nous devons vous proposer.

Mais puisque nous sommes destitués de ce secours, nous tâcherons, au défaut des auteurs et des arrêts, de n'établir que des principes si clairs, et en même temps si incontestables, que nous ne puissions presque nous tromper dans les conséquences que nous en tirerons.

Commençons d'abord par mettre devant vos yeux l'état de la question, afin que la difficulté paroisse dans son jour, et qu'il soit plus aisé de reconnoître par quelle voie on peut parvenir à la décision.

Supposons pour cela trois principes, que l'on vous a établis de la part de M. le duc de Bouillon et du sieur duc de Lauzun. Il n'y en a pas un seul que l'on puisse raisonnablement contester ; mais aussi il faut convenir qu'il n'y en a pas un seul qui soit décisif pour la prétention de ceux qui les avancent.

Premier principe. La loi de l'investiture déroge à toutes les coutumes.

Cette proposition ne peut être raisonnablement contestée.

1.° Il suffit de considérer quelle a été la fin de toutes les rédactions des coutumes. C'étoit d'établir un droit certain indépendant des preuves testimoniales de l'usage (1), qui tînt lieu de droit commun, et qui suppléât au défaut de tous les titres; mais jamais les rédacteurs des coutumes n'ont eu en vue d'abroger tous les titres d'investiture.

Il en est du contrat d'inféodation, comme de tous les autres contrats qui ont la force de déroger au droit commun, qui sont susceptibles de toutes sortes de conventions permises, et qui ne se règlent par les règles générales écrites dans la coutume, que quand ils ne contiennent point de loi particulière. Ainsi les contrats de mariage dérogent à la disposition de la coutume sur la communauté, à celle qui règle le douaire, à celle qui regarde certains biens, comme acquêts ou comme meubles, en les rendant propres par convention, etc.

2.° Il y a un très-grand nombre de coutumes qui ont réservé expressément les droits particuliers des seigneurs; et cette réserve, si juste et si nécessaire,

(1) On peut voir le livre intitulé : *Les anciennes et nouvelles coutumes locales de Berry et celles de Loris* (*), *commentées par Gaspard Thaumas de la Thaumassière*, Bourges, 1679, *in-fol.* Cet auteur, dont M. le chancelier d'Aguesseau conseilloit la lecture, comme très-utile pour l'intelligence du droit coutumier, a recueilli, dans cet ouvrage, plusieurs chartes données par différens seigneurs à leurs habitans, en les affranchissant et les rendant de condition libre. On y voit la source de plusieurs dispositions des coutumes. Il y avoit eu de pareilles chartes dans presque tout le royaume, et elles ont servi de règle dans les lieux où elles s'étoient conservées. Mais lorsqu'elles ne se trouvoient point, on ordonnoit une *enquête par turbes* (**), pour connoître quel étoit l'usage le plus commun dans le pays. La rédaction des coutumes a eu pour objet de marquer les règles observées dans chaque province ou ville, sans être dans la nécessité d'ordonner une preuve de l'usage de chaque lieu.

(*) *Part. I, chap.* 1, 2 *et suiv.*

(**) Du Cange, *Glossar. voc.* Turba.

doit être suppléée dans toutes celles qui n'ont rien de contraire.

3.° Enfin, tous les auteurs sont d'accord sur ce point : Pontanus, Dumoulin, Tiraqueau, Choppin, d'Argentré, Gaïl, Salvaing de Boissieu, Charondas. On peut s'arrêter à Dumoulin et à Pontanus ; l'un et l'autre, en établissant des degrés différens, auxquels on doit remonter successivement pour juger les questions de fief, marquent, pour premier degré, le titre d'inféodation ; donc la coutume ne fait que suppléer à l'absence ou au silence de ce titre ; mais elle se tait quand il parle : *Silet quando titulus clamat.*

Second principe. Il peut y avoir, même en France, des fiefs de deux sortes. Les uns, qui, n'étant point réglés par aucune loi particulière, sont compris dans la loi générale. Les autres, qui sont établis sur des titres particuliers qui contiennent certaines affectations à des familles ; fiefs auxquels quelques docteurs donnent le nom de fiefs *ex pacto et providentiâ* ; fiefs qui portent, plus justement que tous les autres, le nom de fiefs de famille, *familiaria*, et que Dumoulin appelle très-proprement *fiefs conventionels et substitutionnels.*

Pourquoi voudroit-on soutenir qu'il n'y a aucun fief en France de cette qualité ? Il n'y a point de loi qui les défende. Et, d'ailleurs, Pontanus (1) et Dumoulin (2) reconnoissent formellement qu'il peut y en avoir. Le passage du dernier est formel. *Apud nos regulariter supervacuæ sunt illæ feudorum divisiones, ex quo feuda à patrimonialibus bonis ferè non differunt, nisi in quantum aliter per constitutionem feudi invenitur dispositum.*

Donc il peut se faire que la constitution d'un fief l'ait excepté de la patrimonialité, et affecté aux seuls mâles.

(1) *In Cons. Blesens.* titre 5, *de Feudis.*

(2) *Fine Præfat. in tit.* de Feudis, *Vet. consuet. Parisiens.*

Troisième Principe. Ces sortes de fiefs substitutionnels ne sont point chargés des dettes des possesseurs; on y observe la règle des substitutions : *Capitur à gravante non à gravato, à domino concedente, in vim primæ Investituræ*, dit Dumoulin (1). *Non venit tanquam heres ultimi Vassalli, nec tenebitur de debitis et factis defuncti*, dit le même auteur (2). Tiraqueau, Gaïl, Lapeirère, et M. Louet, établissent le même principe.

Toutes ces maximes peuvent être véritables; mais ce n'est point là, MESSIEURS, ce qui forme la vraie difficulté de cette cause.

L'unique question que vous avez à décider, consiste à savoir quelles sont les conditions, les solennités nécessaires pour constituer un fief de cette qualité, et pour donner à l'acte d'investiture ce caractère de publicité, qui est absolument nécessaire pour déroger au droit général du Royaume, et nuire aux droits d'un tiers.

Or, c'est précisément ce qu'aucun des docteurs n'a traité, et c'est ce que nous tâcherons d'éclaircir dans le reste de ce discours.

Pour le faire avec quelque ordre, il faut observer d'abord que la clause de prohibition d'aliéner, qui fait la difficulté de cette cause, peut être considérée, ou comme une substitution ordinaire, ou comme la condition expresse de l'inféodation qui affecte le fief, et qui change sa nature

Envisageons donc cette clause sous ce double rapport, et comme substitution, et comme loi de fief; et, pour trouver les principes que nous cherchons, commençons par vous remettre devant les yeux, en très-peu de paroles, le progrès du droit et sur les fiefs et sur les substitutions; et, parce qu'il y a encore une autre espèce de disposition qui approche fort de l'une et de l'autre, c'est-à-dire, ce que l'on appeloit

(1) *Consil.* 50, *n.* 37, 39, 48.

(2) *Veter. Cons.* §. 33, *n.* 85.

autrefois *loi de famille*, et qu'on respecte encore en Allemagne sous le nom de *Pacta Gentilitia*, nous observerons, en un mot, les changemens qui sont arrivés à cet égard.

Le progrès du droit sur les fiefs est certain, et n'a pas besoin de preuve.

Nous ne dirons rien sur ce sujet qui ne soit connu de tout le monde.

Ce qui, dans la suite, a porté le nom de *fief*, n'étoit originairement qu'une espèce d'usufruit, appelé *bénéfice*, qui séteignoit avec la vie de celui à qui il étoit accordé.

Dans la suite, on a étendu cette grâce, d'abord aux fils et aux petits-fils, jusqu'à un certain degré; ensuite à tous les descendans mâles; après eux, aux plus proches parens du vassal, et enfin aux filles, et à ceux qui en étoient issus.

Dans tout le temps de ce progrès du droit, l'aliénation, l'engagement, l'hypothèque du fief étoit défendue (1); et, quoique l'on eût permis, pendant quelque temps, l'aliénation d'une partie, une loi plus sévère ôta bientôt cette liberté aux vassaux. Les livres des fiefs des Lombards nous en rendent témoignage.

Mais enfin, en France, les fiefs cessèrent bientôt d'être inaliénables; ils devinrent tous patrimoniaux comme le surplus des biens, et l'on convertit en droit utile pour le seigneur, ce droit honorable qui interdisoit l'aliénation aux vassaux.

Sans vouloir faire ici des dissertations inutiles sur le temps où cet usage s'est établi, il est certain qu'il étoit général long-temps avant l'inféodation que nous examinons. Elle est de 1460; et, dès le siècle précédent, Jean *Faber* marque, en plusieurs endroits de ses ouvrages, que tous les fiefs en France étoient patrimoniaux; et il ne le remarque point comme une chose nouvelle, mais comme un usage très-ancien de ce royaume. Cet usage a toujours subsisté depuis ce temps là, et subsiste encore aujourd'hui.

La plupart des coutumes du royaume l'autorisent également (1).

Tel a été en général le progrès du droit sur les fiefs.

Passons au progrès du droit sur les substitutions.

Anciennement, la liberté de substituer à l'infini n'étoit point restreinte ; elle le fut par Justinien, et réduite au quatrième degré par la Novelle 159. Cependant cette Novelle n'étoit point observée. Toutes les grandes maisons étoient pleines de substitutions à l'infini. Cet abus fut corrigé par l'ordonnance d'Orléans, *art.* 59, et par celle de Moulins, *art.* 58.

Il est très-important de remarquer, 1.° que les termes généraux de ces ordonnances comprennent les substitutions de toute nature, et en quelques actes qu'elles se trouvent ; 2.° qu'elles ont un effet rétroactif, malgré les titres antérieurs, certains et existans.

Deux précautions établies par ces ordonnances, contre les inconvéniens des substitutions trop étendues, 1.° de les rendre publiques ; 2.° de les réduire à deux degrés, ou à quatre, selon qu'elles auroient précédé ou suivi l'ordonnance, et cela, quoique publiques.

Venons au progrès du droit sur les lois ou pactes de famille.

Il y en avoit autrefois, presque dans toutes les grandes maisons, qui se réduisoient pour la plupart

(1) On peut voir le *Glossaire du Droit français*, par Ragueau, revu et augmenté par M.e Eusèbe de Laurière, sur le mot *pauvreté jurée*. De l'ancien état des fiefs sont dérivées les dispositions de quelques coutumes qui permettent de ne les vendre qu'en cas de *nécessité* ou *pauvreté jurée* et attestée ; celles des coutumes de Flandres, où ils ne sont pas disponibles, à moins qu'on ne remette le fief au seigneur Suzerain, pour le concéder à celui à qui l'on veut le faire passer, et celles de toutes les coutumes qui ont défendu de disposer à cause de mort, et quelques-unes même entre-vifs, au-delà d'une certaine quotité des biens qui ont été transmis par succession.

à une disposition favorable, qui ne donnoit aux filles qu'une provision (1), et non une propriété.

Les anciens arrêts avoient respecté ces lois de famille, dans l'ancienne maison de Bourbon, en 1211, et dans celle d'Angoulême, en 1527.

Mais enfin, la dernière jurisprudence les a abrogées. C'est ce qu'on peut prouver par des arrêts rendus pour la maison de Montmorency, pour la maison de Laval, pour la maison d'Albret en particulier. Ces arrêts sont rapportés par Peleus, par M. Marion, avocat-général, par Choppin et par d'autres auteurs.

La raison que Choppin en rend est que les successions sont de droit public : *Nec mutari debet natura feudi Gallici, privatæ familiæ constitutione summum quemdam principem agnoscentis.*

Quelle conséquence tirons-nous de ces progrès du droit ?

Tout est revenu au droit commun ; toutes les prohibitions d'aliéner, toutes les clauses de réversion au seigneur, d'affectation à certaines personnes, ont été réduites dans des bornes légitimes : fiefs, substitutions, lois de famille, tout est soumis à l'autorité de la loi générale.

Cela supposé, quelles sont les maximes que nous croyons pouvoir établir ?

Considérons d'abord la clause dont il s'agit, comme une loi de fief. Il est question de savoir si cette loi de fief a des caractères assez publics pour pouvoir être respectée, et préférée même au droit commun.

Ne supposons que des principes clairs et évidens.

Première proposition. Le droit le plus conforme à

(1) Quelquefois on fixoit la somme qui leur seroit donnée en dot, ou l'on marquoit qu'elles seroient dotées convenablement en argent ; ce qui répond au *mariage avenant,* ou à la légitime que les mâles paient à leurs sœurs comme une créance dans la coutume de Normandie.

la nature, et la loi civile, rendent tous les biens patrimoniaux, et les mettent tous également dans cette grande communauté qui compose la société civile. Tout est dans le commerce par ces deux droits.

Seconde proposition. La prohibition d'aliéner est odieuse; elle détruit la liberté naturelle et civile; donc, pour la rendre perpétuelle, il faut quelque chose d'aussi fort et d'aussi puissant que la loi même qui établit la liberté du commerce.

Troisième proposition. De là il suit que, pour mettre un bien perpétuellement hors du commerce, il faut ou une loi, ou un usage qui en tienne lieu, ou une disposition de l'homme autorisée par la loi; sans cela, deux défauts essentiels dans la prohibition perpétuelle d'aliéner.

1.° Celui qui l'a faite n'aura eu ni le caractère ni l'autorité nécessaires.

2.° Cette prohibition ne sera point publique; ainsi elle ne pourra nuire à ceux qui auront contracté de bonne foi, et dans une juste ignorance.

Quoique l'évidence de ces propositions en établisse suffisamment la vérité, on peut encore les confirmer par une induction générale, qui achève de la porter au dernier degré de clarté et de certitude.

Que l'on parcoure toutes les espèces de biens qui sont inaliénables, on n'en trouvera aucun qui ne le soit par une loi publique, ou par un usage connu de tout le monde, ou par une disposition publique autorisée par la loi.

Les biens d'église ne peuvent être aliénés que sous certaines conditions; mais il y a des lois précises qui le décident.

Les apanages sont inaliénables; mais les ordonnances du royaume le déclarent: les lettres qui établissent chaque apanage en particulier sont toujours enregistrées en la cour.

Les biens substitués sont inaliénables tant que la substitution dure; mais, outre que les substitutions sont limitées à certains degrés, il faut encore qu'elles soient insérées dans les registres publics, et que, par une publication judiciaire, elles aient passé, pour ainsi dire, en force de loi solennelle.

Les majorats, en Espagne, ne peuvent jamais être aliénés ni hypothéqués; mais il y a des lois précises qui autorisent cette espèce de substitution perpétuelle, et qui en avertissent tous ceux qui peuvent contracter avec les possesseurs des majorats.

Les duchés, marquisats et comtés sont inaliénables, aux termes de l'édit de 1566, puisqu'ils sont chargés, par la disposition de cet édit, d'une condition perpétuelle de retour à la couronne; mais c'est une loi publique; et, d'ailleurs, la prohibition d'aliéner a paru si peu favorable, que, malgré les motifs importans d'une loi fondée sur la véritable nature des fiefs de ce genre, dans le grand nombre d'érections de duchés qui ont été faites depuis l'édit, nous n'en connoissons qu'une seule dans laquelle on n'ait pas dérogé expressément à cette loi.

Les anciens fiefs, surtout en Italie, et dans le droit des Lombards, étoient hors du commerce; mais il y avoit un usage aussi fort qu'une loi, et plusieurs lois expresses, entr'autres celles de l'empereur Conrad, qui établissoient cette jurisprudence.

Nous avons parcouru toutes les espèces de biens inaliénables, auxquels on peut ajouter encore le domaine de nos rois, dans lequel nous trouverons toujours cette même condition essentielle, puisque la prohibition d'aliéner est connue par les lois et les titres publics.

Il ne reste que l'emphytéose, qui constamment revient au seigneur sans charge de dettes, quoiqu'elle ne soit point publiée; et c'est en effet l'exemple qui approche le plus de l'espèce présente.

Mais nous y trouvons trois différences essentielles.

La première, que l'emphytéose est pour un temps beaucoup plus court que les inféodations perpétuelles. Elle ne s'étend pas au-delà du terme de cent ans; ainsi, il y a moins d'inconvéniens.

La seconde, encore plus considérable, est que le preneur d'un bail emphytéotique ne se dit point propriétaire ; et on ne présume pas qu'il prenne cette qualité, puisqu'il s'exposeroit au danger d'être condamné comme stellionnataire.

La troisième, enfin, est que les créanciers ont au moins cette ressource, qu'ils peuvent faire vendre et adjuger le reste du bail emphytéotique ; au lieu que, par rapport à un fief tel que celui dont il s'agit, ils sont destitués de tout secours ; car on ne dira pas qu'ils pourront faire vendre l'usufruit de la terre de Verteuil, jusqu'à ce que la maison de Lauzun soit éteinte ; et ce n'est pas à quoi tendent les demandes sur lesquelles vous avez à prononcer.

Que résulte-t-il des principes que nous venons d'expliquer, et de l'induction que nous en avons tirée ?

La liberté du commerce, établie par la nature et par la loi, ne peut être ôtée que par une autorité aussi forte que la nature et la loi, et qui soit aussi publique que l'une et l'autre. La raison et les exemples s'accordent parfaitement pour établir cette vérité ?

De là que s'ensuit-il, si ce n'est que, puisqu'on prétend que le fief de Verteuil est inaliénable, il faut qu'on rapporte ou une loi, ou un usage, ou une solennité établie par la loi, qui ait pu autoriser et rendre publique la disposition par laquelle on a mis un bien considérable hors du commerce ?

Examinons donc si ces circonstances se rencontrent dans l'inféodation de Verteuil.

1.° Il est certain qu'il n'y avoit alors aucun usage public qui autorisât ces conditions : on ne rapporte que cet acte et celui de Saugeac, où la même condition se trouve, mais beaucoup mieux expliquée. Au contraire, cet acte résiste à l'usage public et général du royaume, et surtout à celui de la province de Guyenne, attesté par *Faber* et *Benedicti*.

2.° Il est constant que nulle loi, nulle coutume

n'autorisoit cette prohibition d'aliéner, perpétuelle et sans aucune exception, et ne la rendoit publique.

On n'a pu citer que la coutume de Bordeaux, *art.* 101, qui porte que quand il est dit, dans la Baillette, que le tenancier ne pourra *acaser* ou *sousacaser*, c'est-à-dire, donner en fief et emphytéose, il ne pourra constituer rente annuelle.

Mais cette coutume n'a aucune application au point que nous examinons ; elle n'a pour objet que d'empêcher d'établir sur le fonds une rente constituée, parce que, suivant l'usage de ce temps-là, les rentes constituées étoient considérées comme une charge, comme une servitude réelle du fief qui le diminuoit *ipso jure*, qui l'*abrégeoit*, pour se servir des termes consacrés en cette matière. Il falloit, suivant cet usage, que les rentes fussent inféodées, comme on le voit dans les coutumes de Senlis, de Clermont, de Vallois. Or, cet abrégement de fief ne pouvoit se faire sans le consentement du seigneur; mais, outre que cet usage est aboli, c'est qu'il est certain que, dans le temps même qu'il subsistoit, il n'empêchoit point l'hypothèque générale sur le fief. Bernard *Automne*, que M. de Bouillon a si souvent cité, le dit expressément. Enfin, il y a plusieurs articles dans la coutume de Bordeaux qui établissent indéfiniment la liberté d'aliéner.

3.° Au défaut de coutume, de loi et d'usage, voyons s'il y a quelque disposition publique autorisée par la loi.

Au contraire, tout est clandestin dans cet acte.

Première marque de clandestinité. Le fief de Verteuil relevoit du roi ; cependant le seigneur d'Albret l'aliène et l'inféode sans le consentement du roi. Nous ne rechercherons point si le consentement étoit regardé comme absolument nécessaire dans l'usage de ces provinces, et de quel poids pourroit être cet usage. Il est certain toujours que l'autorité publique du souverain ne s'est point jointe à l'autorité particulière du seigneur pour établir cette prohibition d'aliéner.

Seconde marque de clandestinité. L'insinuation requise par les parties, regardée par elles-mêmes comme essentielle, n'a cependant pas été faite.

Nous savons bien qu'on a donné deux réponses à cette objection, qui paroissent d'abord également considérables :

1.° Qu'après trente ans on n'est pas recevable à opposer le défaut d'insinuation ;

2.° Qu'il n'y a que les héritiers ou les créanciers du donateur qui aient droit de proposer cette nullité.

Les maximes qu'on a rappelées sont véritables, mais elles ont besoin d'explication.

Pour cela, il faut distinguer nécessairement l'insinuation de la publication.

L'insinuation a lieu pour les donations, la publication pour les clauses de substitutions. La première ne tend qu'à prévenir les fraudes que l'on pourroit pratiquer contre les héritiers, contre les créanciers qui auroient un droit acquis dans le temps de la donation. La seconde, au contraire, pourvoit uniquement à l'intérêt, à la sûreté des créanciers et des acquéreurs, qui pourroient, dans la suite, contracter ou acquérir dans l'ignorance de la substitution : l'une regarde la substance de l'acte, en sorte que l'acte est déclaré nul par le défaut de l'insinuation ; l'autre ne regarde que les effets et l'exécution des clauses particulières de l'acte. Quoiqu'elle n'ait pas été faite, la substitution transfère toujours la propriété, mais chargée de dettes. Enfin, l'insinuation peut aisément se présumer, faite après un certain espace de temps, parce qu'elle ne déroge point au droit public; au lieu que la publication, ayant pour but d'assurer l'exécution des clauses qui dérogent au droit commun, elle est absolument de rigueur, et nous ne voyons point qu'on l'ait jamais présumée.

Il faut ajouter à ces réflexions, qu'avant l'ordonnance de Moulins, l'insinuation tenoit lieu en même temps et d'insinuation et de publication; et cela étoit conforme à l'esprit du droit: *Si quidem clandestinis ac domesticis fraudibus facilè quidvis pro negotii opportunitate confingi potest, vel id quod verè gestum est aboleri.* Loi *datâ* 27, Cod. *de Donationibus.*

Ces principes supposés, rien n'est plus facile que de répondre aux deux objections que l'on fait contre le défaut d'insinuation.

L'insinuation est présumée après trente ans. Cela est vrai pour la validité de l'acte, mais non pour l'exécution des clauses insolites auxquelles le public est intéressé; ou, si l'on veut, cela est vrai pour l'insinuation proprement dite, et non pour l'insinuation, en tant qu'elle comprend la publication.

Le défaut d'insinuation ne peut être opposé par les héritiers ou les créanciers du donataire; mais il n'en est pas de même du défaut de publication, puisque la publication n'est ordonnée qu'en faveur des créanciers du donataire chargé de substitution.

Donc l'insinuation de l'acte dont il s'agit, qui servoit en même temps de publication, étoit nécessaire de droit pour avertir le public; elle étoit nécessaire dans l'intention des contractans, qui n'ont point voulu suppléer à ce défaut par la division de la donation en parcelles, mais seulement aux nullités qui se trouveroient dans l'insinuation, et qui, d'ailleurs, ne l'ont pas pu quand ils l'ont voulu. Cette insinuation, également essentielle et pour les contractans et pour le public, n'a jamais été faite.

Troisième marque de clandestinité. Jusqu'à la dernière audience, on ne rapportoit qu'un seul acte de foi et hommage où les conditions de l'investiture fussent rappelées, encore n'étoit-il pas signé, et il étoit de 1468.

On y ajoutoit un aveu de 1540, qui garde un profond silence sur la prohibition d'aliéner, quoiqu'il énonce des bagatelles; et comment veut-on que des créanciers en soient avertis? Il semble qu'une omission de cette qualité soit une dérogation à cette prohibition. Mais, quand on pourroit suppléer ce défaut par le titre, il est toujours certain que rien ne marque mieux combien l'acte a été peu connu.

Il est vrai que, depuis la dernière audience, on a rapporté un acte de foi et hommage rendu au roi, en 1606, par un des auteurs du sieur duc de Lauzun, où l'on a ajouté que c'est sous les rétentions et réserves mentionnées en la donation de 1460, et spécialement qu'à faute de mâles, la seigneurie retourneroit à la maison d'Albret.

Mais, outre que cet acte est unique depuis 1468, est-il public? A-t-il été revêtu de quelque forme solennelle qui ait averti les créanciers? Pouvoient-ils même en être instruits? Devoient-ils aller feuilleter dans toutes les archives des seigneurs dominans des terres de la maison de Lauzun, et leur auroit-on permis de le faire?

Quatrième marque de clandestinité. C'est ce fait que nous avons déjà remarqué comme fin de non-recevoir; mais s'il n'est pas suffisant pour arrêter, dans son principe, la demande du sieur duc de Lauzun, il sert du moins à faire voir combien le droit commun a prévalu, et dans quel profond oubli cette loi de l'investiture a été laissée?

Le seigneur et le vassal l'ignorent également; tous deux demandent la vente d'une terre qu'ils soutiennent aujourd'hui inaliénable.

Le seigneur même produit le titre, et, après cela, persiste à consentir formellement à la vente. Comment peuvent-ils imputer aux créanciers une ignorance dans laquelle eux-mêmes les ont engagés?

Ce n'est pas dans ces circonstances que l'arrêt de Clermont a prononcé la décharge des dettes en faveur de l'aîné de cette illustre maison.

L'extrait qui nous a été mis entre les mains prouve le concours de plusieurs circonstances, toutes également décisives.

1.° Les inféodations avoient été faites dans le

temps que l'usage et la loi générale du Dauphiné rendoient tous les fiefs inaliénables. La première inféodation étoit de 1203, la seconde de 1340. Or, ce n'est qu'en 1475 que l'on a rendu, par un arrêt général, tous les fiefs du Dauphiné patrimoniaux. Le fief de Clermont n'est point compris dans cette décision, par les raisons que nous expliquerons bientôt.

2.° En même temps que le seigneur prononçoit la défense d'aliéner le fief servant, il s'engageoit aussi à ne point vendre le fief dominant; la corrélation du seigneur et du vassal semble exiger cette réciprocité, et l'on pourroit douter, avec beaucoup de raison, si un seigneur peut défendre l'aliénation même en faveur des ayans cause, ou si cette prohibition n'a effet que pour la maison du donateur.

3.° Une multitude d'actes de foi et hommage, d'aveux et dénombremens, tous déposés dans les archives de la chambre des comptes de Dauphiné, avoient renouvelé cette condition.

4.° Enfin, toutes les fois qu'on avoit fait quelque aliénation ou quelque démembrement, on avoit obtenu des lettres patentes pour l'autoriser, qui reprenoient la clause des inféodations. Ces lettres patentes avoient été registrées au parlement de Dauphiné; et voilà ce caractère de solennité et de publicité que nous cherchons.

Ici nous ne voyons rien de semblable.

Passons, en un mot, à l'ordonnance des substitutions : observons les *termes*; ils sont généraux, et comprennent toutes sortes de substitutions, dans quelque acte que ce soit; son *esprit* milite également pour les fiefs. Nulle différence à cet égard entre la substitution faite dans une donation, ou une disposition de dernière volonté, et la substitution apposée à une inféodation.

Si Dumoulin eût écrit depuis cette ordonnance, il l'auroit appliquée aux fiefs substitutionels, puisqu'il les compare en tout aux substitutions.

Pourroit-on aujourd'hui, par une donation déguisée sous le nom d'inféodation, éluder les dispositions de l'ordonnance? Cependant elle a un effet rétroactif pour les substitutions contenues dans des actes antérieurs.

Ajoutons, en finissant, trois réflexions.

Première réflexion. Le droit ancien de l'inaliénabilité des fiefs a été changé, non parce que les titres manquoient, mais pour l'intérêt public.

Seconde réflexion. En Dauphiné, tous les titres étoient conformes au droit des fiefs d'Italie. On y suivoit même les compilations des usages des fiefs comme une loi : cela a duré jusqu'au temps de Guy-Pape, et cependant on a changé cet usage par un arrêt.

Troisième réflexion. Les coutumes de ligne éteinte, comme d'Argentré l'explique parfaitement, n'ont point d'autre fondement que la loi de l'investiture. Cependant les fiefs situés dans ces coutumes sont inaliénables et sujets aux dettes.

Pourquoi tout cela? C'est une suite de la faveur de la liberté publique. Jamais cette faveur n'a été plus grande que dans cette cause. Ce sont ici des créanciers légitimes, des créanciers qui perdent. S'ils se sont trompés sur la qualité de la terre, ils ont été induits en erreur par le seigneur et par le vassal, qui voudroient profiter d'une ignorance à laquelle ils on donné lieu eux-mêmes.

Arrêt du 21 août 1697.

Entre messire Antonin Nompart de Caumont, duc de Lauzun, demandeur en requête par lui présentée à la cour le trois mars mil six cent quatre-vingt-quinze, à ce que la donation de Charles, prince d'Albret, du sept février mil quatre cent soixante, en faveur d'Emeric et Jean de Caumont, ses enfans mâles, descendans en ligne directe dudit Jean de Caumont, seigneur de Lauzun, de la terre et seigneurie de Verteuil et ses dépendances, fût exécutée selon sa forme et teneur; en conséquence, que ledit sieur duc de Lauzun, comme aîné mâle de la maison de Caumont de Lauzun, descendant en ligne directe dudit Jean de Caumont, auroit délivrance des choses données, et que la terre et seigneurie de Verteuil lui appartiendroit en toute propriété, franche et quitte de toutes dettes à titre de donataire, aux charges, clauses et conditions de ladite donation; et cependant faire défenses au sieur poursuivant le décret de ladite terre, et à son procureur, et à tous autres de faire procéder à l'adjudication de ladite terre, jusqu'à ce qu'autrement par la cour en ait été ordonné, et condamner les contestans aux dépens, d'une part; et messire Antoine Gaston de Roquelaure, duc et pair de France, lieutenant-général des armées du roi, gouverneur des ville et citadelle de Leytours, poursuivant les criées, vente et adjudication, par décret en la cour, de ladite terre et seigneurie de Verteuil; messire François Nompart de Caumont, chevalier de Lauzun, héritier bénéficiaire de messire Gabriel Nompart de Caumont, comte de Lauzun, partie saisie; M.e Pierre Gillet, procureur du sieur de Bouran, plus ancien procureur des créanciers opposans, et messire Godefroy-Maurice de la Tour d'Auvergne, duc de Bouillon et d'Albret, défendeur, d'autre; et entre ledit sieur duc de Lauzun, demandeur en autre requête du neuf dudit mois de mars, à ce qu'il fût reçu appelant de la saisie réelle de ladite terre et seigneurie de Verteuil, faite sur ledit sieur chevalier de Lauzun, à la requête dudit sieur duc de Roquelaure, le dix-huit mars mil six cent quatre-vingt-six, et opposant à l'exécution de l'arrêt de congé d'adjuger de ladite terre, du vingt-cinq février mil six cent quatre-vingt-dix; faisant droit sur lesdites appellations et oppositions, mettre lesdites appellations de ladite saisie réelle et ce dont est appel au néant, et en le recevant opposant audit arrêt de congé d'adjuger, que les fins et conclusions qu'il a prises par sadite requête dudit jour troisième dudit présent mois de mars, lui seront faites et adjugées avec dépens, d'une part; et ledit sieur duc de Roquelaure, audit nom de poursuivant le décret de ladite terre, intimé et défendeur; et ledit sieur François Nompart de Caumont, chevalier de Lauzun, esdits noms, parties saises; et ledit Gillet, procureur dudit sieur de Bouran, audit nom de procureur plus ancien des créanciers, défendeur, d'autre; et entre ledit sieur duc de Lauzun, demandeur en lettres en forme de requête civile, obtenues en chancellerie le vingt-trois avril mil six cent quatre-vingt-quinze, contre les arrêts de la cour, confirmatifs de la saisie réelle de ladite terre de Verteuil, arrêt de congé d'adjuger d'icelle, du vingt-cinq février mil six cent quatre-vingt-dix; arrêt d'adjudication, sauf quinzaine, et arrêt d'ordre des biens vendus sur la maison de Lauzun, du vingt août mil six cent quatre-vingt-treize, et en requête par lui présentée à la cour le vingt-trois dudit mois d'avril mil six cent quatre-vingt-quinze, à ce qu'en entérinant lesdites lettres en forme de requête civile, les parties seroient remises en tel et même état qu'elles étoient auparavant ledit arrêt du vingt-cinq février mil six cent quatre-vingt-dix, arrêt d'adjudication, sauf quinzaine, et arrêt d'ordre, du vingt août mil six cent quatre-vingt-treize; et au surplus, que toutes les autres fins et conclusions par lui prises lui seroient faites et adjugées, et ledit sieur duc de Roquelaure condamné en tous ses dépens, dommages et intérêts, d'une autre part; et ledit sieur duc de Roquelaure, esdits noms, défendeur, d'autre; et entre ledit sieur duc de Roquelaure, audit nom de poursuivant le décret de ladite terre et seigneurie de Verteuil, demandeur en requête du vingt-huit mars mil six cent quatre-vingt-quinze, à ce qu'en déboutant ledit sieur duc de Lauzun de sa requête et demande du trois dudit mois de mars, il fût condamné dès à présent aux intérêts du prix de la terre de Verteuil, si mieux il n'aimoit en délaisser la jouissance audit sieur duc de Roquelaure, pour la somme de trois mille cinq cents livres, au lieu de celle de douze cents livres, qui est le prix du bail judiciaire, aux dommages et intérêts et aux dépens; et ledit sieur duc de Lauzun, défendeur, d'autre; et entre dame Marthe d'Estournes, marquise d'Hautefort, créancière de la maison de Lauzun, demanderesse en requête du cinq mars audit an mil six cent quatre-vingt-quinze, à ce qu'elle fût reçue partie intervenante en la cause ci-dessus d'entre les parties; faisant droit sur son intervention, que ledit sieur duc de Lauzun seroit débouté de ses requêtes et demandes en propriété de ladite terre de Verteuil, et condamné aux dépens, et jusqu'à ce qu'il seroit sursis au décret des terres de Verteuil et de Saint-Barthélemi, et ledit messire Antonin Nompart de Caumont, duc de Lauzun, et ledit sieur duc de Roquelaure, audit nom de poursuivant le décret desdites terres, défendeur, d'autre; et entre messire Godefroy-Maurice de la Tour d'Auvergne, duc de Bouillon, comte de Turenne, duc d'Albret, et de Château-Thierry, comte d'Auvergne, d'Evreux et du Bas-Armagnac, gouverneur et lieutenant-général pour le roi du haut et bas Auvergne, pair et grand chambellan de France, demandeur en requête du dix mai mil six cent quatre-vingt-seize, tendante à ce qu'il fût reçu partie intervenante en ladite instance; faisant droit sur ladite intervention, ordonner que ladite terre, par droit de réversion, suivant la clause apposée dans la donation du sept février mil quatre cent soixante, qui sera exécutée selon sa forme et teneur, demeurera, appartiendra et sera réunie au domaine du duché d'Albret en toute propriété, franche et quitte de toutes les dettes hypothécaires de la maison de Caumont, et, en conséquence, mainlevée pure et simple lui sera faite de ladite saisie réelle et criées de ladite terre de Verteuil, et oppositions formées en icelle, même des baux judiciaires d'icelle, lesquels seront rayés, tant des registres des décrets de la cour que de celui du commissaire aux saisies réelles, à ce faire contraint, et les contestans condamnés aux dépens; et lesdits ducs de Roquelaure et de Lauzun, défendeurs, d'autre; et entre ladite dame Marthe d'Estournes, marquise d'Hautefort, demanderesse en cinq requêtes des treize, vingt, vingt-trois, vingt-huit avril et premier juin audit an mil six cent quatre-vingt-quinze; la première, à ce que distraction lui seroit faite de ladite terre et seigneurie de Verteuil, avec ses circonstances et dépendances, et qu'elle lui demeureroit irrévocablement et en pleine propriété, sur le pied de l'estimation, ou de la somme de soixante mille livres, si mieux n'aiment les ducs de Roquelaure et de Lauzun la porter à si haut prix qu'elle soit payée de toutes ses collocations portées par l'arrêt d'ordre de Lauzun, du vingt août mil six cent quatre-vingt-treize, ce qu'ils seroient tenus d'opter dans huitaine, sinon déchus en vertu de l'arrêt qui interviendroit, et sans qu'il en fût besoin d'autre, et les contestans condamnés aux dommages et intérêts, et aux dépens; la seconde, à ce qu'en déboutant lesdits sieurs ducs de Lauzun et de Bouillon de leurs demandes, fins et conclusions, ordonner que ladite terre de Verteuil lui demeureroit et appartiendroit irrrévocablement et en pleine propriété, sur le pied de la somme de soixante mille livres, ou de l'estimation, et que ledit sieur duc de Lauzun seroit condamné au paiement de la somme de deux cent mille livres pour le rapport des fruits, avec les intérêts du jour de l'échéance de chacune année, si mieux n'aiment lesdits sieurs ducs de Roquelaure et de Lauzun porter ladite terre à si haut prix, qu'elle soit payée de ses collocations portées par ledit arrêt d'ordre de Lauzun, dudit jour vingt août mil six cent quatre-vingt-treize, et que lesdits sieurs ducs de Bouillon, de Roquelaure et de Lauzun seroient condamnés aux dommages par elle soufferts et à souffrir, et aux dépens; la troisième, à ce que la donation de ladite terre de Verteuil, du sept février mil quatre cent soixante, soit déclarée nulle, et prescrite par le défaut d'acceptation, d'insinuation, publication et d'exécution; et, en conséquence, que les fins et conclusions prises par ladite dame marquise d'Hautefort lui seroient faites et adjugées avec dépens, et lesdits sieurs ducs de Lauzun et de Bouillon déboutés de leurs demandes, fins et conclusions, avec dommages, intérêts et dépens; la quatrième, à ce qu'il fût ordonné en premier lieu que lesdits sieurs ducs de Lauzun, de Bouillon et de Roquelaure, et ledit sieur chevalier de Lauzun, seroient tenus de représenter, de produire et de joindre, dans huitaine, pour tout délai, tous les actes de foi et hommages, aveux et dénombremens qu'ils seront pareillement tenus de représenter, de produire et de joindre, dans le même délai de huitaine, aux instances concernant ladite terre de Verteuil, les prétendus originaux sur lesquels ils ont fait tirer et collationner les trois copies de ladite donation, dudit acte de foi et hommage, et dudit dénombrement de ladite terre de Verteuil, des sept février mil quatre cent soixante, quinze juin mil quatre cent soixante-huit, et vingt-deux octobre mil cinq cent quarante, sinon, et à faute de ce faire dans ledit temps, et icelui passé, qu'il demeureroit pour constant et vérifié qu'il n'a été fait aucune donation ni acte de foi et hommage, ni dénombrement de ladite terre et baronnie de Verteuil, et que c'est un ancien propre de la maison de Lauzun, échu au sieur chevalier de Lauzun, comme héritier bénéficiaire de Gabriel et Jacques, comtes de Lauzun, son père et son frère, à la succession desquels ledit sieur duc de Lauzun a renoncé, et les contestans condamnés aux dépens, et la dernière, à ce qu'acte lui fût donné de ce qu'elle sommoit et dénonçoit au sieur duc de la Force, et sieur président de Gassion, la demande dudit sieur duc de Lauzun en distraction de ladite terre de Verteuil, ses lettres en forme de requête civile, et ses appellations de ladite saisie réelle et criées de ladite terre de Verteuil; et, en conséquence, que l'arrêt qui interviendroit entre ledit sieur duc de Lauzun, ledit sieur duc de Roquelaure et elle, seroit déclaré commun avec eux; ce faisant, condamnés à faire cesser les demandes et poursuites dudit sieur duc de Lauzun, aux dommages et intérêts soufferts et à souffrir, et en tous les dépens, tant en demandant, défendant, que de la sommation, d'une autre part; et ledit sieur duc de Lauzun, ledit sieur duc de Bouillon, ledit sieur duc de Roquelaure, audit nom de poursuivant le décret de ladite terre de Verteuil, ledit François Nompart de Caumont, chevalier de Lauzun, partie saisie; et ledit Gillet, procureur dudit sieur de Bouran, et plus ancien procureur des créanciers opposans, défendeur, d'autre; et encore entre ledit messire Godefroy-Maurice de la Tour d'Auvergne, duc de Bouillon et d'Albret, demandeur en requête par lui présentée à la cour, le vingt du présent mois d'août, à ce qu'acte lui fût donné de ce qu'en tant que besoin seroit, il révoquoit d'abondant les déclarations portées par sa requête du dix-sept février mil six cent quatre-vingt-quinze, et qu'il n'insiste aux conclusions par lui prises par ladite requête, qu'au cas seulement que la cour ne jugeroit à propos d'ordonner l'exécution de l'acte d'inféodation du sept février mil quatre cent soixante, et où la cour ordonneroit l'exécution dudit acte; qu'acte lui seroit donné de ce qu'il n'insistoit plus dans ses conclusions que pour être payé par préférence sur le prix des baux judiciaires de la terre de Verteuil, et sur les autres biens dudit sieur de Lauzun, des droits seigneuriaux et autres profits de fief à lui dus, sans préjudice d'autres droits, noms, raisons et actions; ce faisant, que les fins et conclusions qu'il a prises par sa requête du huit juillet lui seront faites et adjugées, avec dépens, d'une autre part; et les directeurs des créanciers de la maison de Neuf-Bourg de Sarcelles, poursuivans en sous-ordre de la créance de Lauzun sur la maison de Neuf-Bourg et de Vigeon, et subrogés aux criées, vente et adjudication par décret de ladite terre et seigneurie de Verteuil, au lieu et place dudit sieur duc de Roquelaure, et ayant repris en son